市场营销学

主编　王启万　　陈欣欣　　佟金萍

中南大学出版社
www.csupress.com.cn
·长沙·

《市场营销学》编委会名单

主　编：王启万　陈欣欣　佟金萍

副主编：邹驾云　陈　璐　王嘉馨　贾　靖

　　　　杨　露　李　萌　陆瞳瞳　潘伟强

　　　　邵　伟　邹　健

前　言

市场营销学从西方诞生至今已有一百多年的历史，在我国也经历了40多年的改革实践和理论探索，其理论体系已经相当成熟和完善。然而，进入21世纪后，随着互联网技术在营销中的应用，新的营销工具、手段、方法和理念不断涌现，很多新的营销现象也需要及时归纳总结。同时，在经济全球化的大背景下，我国成长为世界第二大经济体，经济总量已从20世纪70年代占全球的1.8%发展到2021年占全球的18%以上，不论是经济格局，还是企业经营环境都发生了翻天覆地的变化，并且这种变化还在持续着。而正是我国市场环境的激烈变化和新的营销方式的出现，促使我们编写了本书。

本书在体系结构上保持了市场营销学体系的基本构架，在内容上进行了整合和提炼，并且吸收了营销理论的最新成果，将这些新的理论成果穿插在各章节内容中。本书第13章为新媒体营销，将新媒体营销作为单独的章节，对新媒体和新媒体营销、网络营销、数字营销等内容进行了专门的讲解。本书最后一章专门介绍了市场营销新发展，包括绿色营销、关系营销、文化营销、体验营销、大数据营销、私域营销等内容。

本书的特色主要体现在：第一，在理论上，兼顾知识的系统性、前沿性和创新性。在突出经典的市场营销理论之外，吸收了市场营销学理论的最新成果，并保持了体系的完整，内容丰富而实用。第二，在实务上，突出现实性、可操作性和应用性。注重案例及相关材料的新颖性，注重我国本土化的案例分析，更多地反映21世纪以来国内外市场营销的最新实践，并且根据各章内容，针对性地穿插足够数量并具典型意义的案例和相关知识。第三，在思想上，基于经典的营销学理论，结合中国新时期发展，每章都安排了"中国营销·案例分析""思考与应用"和"课外阅读"等练习和实践，体现了中国营销、大国自信，将思政教育及知识应用能力的培养结合起来，让学生既能学习营销学前沿理论，又能在中国特色社会主义建设中进行营销分析与营销理论应用。

本书编者均为高等学校一线教师，并长期从事管理类学科教学。在编写本书的过程中，我们得到了许多专家学者的指导和支持，还参阅了许多相关文献资料，限于篇幅未能一一列出，在此一并表示衷心的感谢！也恳切希望广大读者和专家学者不吝赐教，使本书不断完善。

编者

2023 年 6 月

目　录

第1章 市场营销学导论

1.1 市场和市场营销

案例导入

一汽"大换位"
带来"大跨越"

1.1.1 市场

1.1.1.1 市场的内涵

市场是一种以商品交换为内容的经济联系形式。它是社会分工和商品生产的产物,是商品经济中社会分工的表现。在社会产品存在不同所有者的情况下,生产劳动的社会分工使它们各自的产品互相变成了商品,即出现了商品的供与求,从而产生了相互交换商品的劳动产品市场。因此,市场是一个商品经济的范畴,哪里有社会分工和商品生产,哪里就有市场。市场必然会随着社会分工的发展而扩大,社会分工的精细程度决定了市场的发展水平。

市场是一个发展中的概念。市场在经济活动中所起的作用正在日益凸显,其内涵也需要不断延伸和扩充。人们可从不同的角度去理解市场。不同的学科,甚至同一学科对市场的理解也不同。常见的市场定义有以下三种:

(1)市场是商品交换关系的总和。即参与交易活动的所有买者和卖者之间的交换关系,这是经济学对市场的理解。经济学要求商品供给与需求在总量上平衡,如果供不应求,则价格就会上涨,进而会抑制需求,刺激生产;反之供过于求,则物价下跌,抑制生产,刺激需求,使供求趋于平衡。人们通常说的市场调节、市场供给中的市场就是这一含义。

(2)市场是商品交换的场所。这是市场的最早定义。场所是指买卖双方发生作用的地点或地区。美国市场营销定义委员会1941年就是这样定义市场的。我国《易经》中也有对市场的描述:"日中为市,致天下之民,聚天下之货,交易而退,各得其所。"尽管这一古老的市场定义已不能包容当今市场极其丰富的内涵和外延,但它仍然客观存在,还被广泛使用,譬如多数企业都要考虑其产品销往哪些地区和在何种场合销售。

(3)市场是一切有特定需求或欲望并且愿意和可能从事交换来使需求或欲望得到满足

1

的现实的和潜在的购买者的集合。营销者的工作是理解特定市场上的需求和欲望，并选择企业可以提供最好服务的市场，而后，为这些顾客生产出能创造顾客价值和顾客满意的产品和服务，获得可营利的长期客户关系。人类的需要是市场形成的基础。所谓需要是指人们与生俱来的为其生存和发展而感到的未得到满足的状态，包括生理需要、社会需要、自我实现的需要。欲望是人类需要的形式，受文化和个人特征的影响。如对食物的需要，很多西方人想吃汉堡包，而中国人大多想吃米饭、馒头或面条。当有购买能力作为支持时，欲望就变成了需求。

同前面的"场所观"相比，上述定义突出了市场概念的动态性和作为卖方的能动性，符合现代市场营销的特征。并且，它是站在卖方的角度，作为供给的一方来界定市场的，符合市场营销学研究视点。因为，现代营销学主要是在 20 世纪 50 年代之后买方市场的背景下建立起来的，而且着重研究卖方如何进行市场营销管理以适应买方的要求。因此，现代市场营销学一般都采用这一定义。

通常，人们将卖方的总和（集合）称为行业，买方的总和（集合）称为市场。行业和市场之间的关系如图 1-1 所示。

图 1-1　市场的内涵

1.1.1.2　市场的构成要素

从经济学观点来看，市场的基本内容是商品供求和商品买卖。市场是由下列三要素组成的：①存在一定量的商品和劳务，这是人们进行交换的物质基础，它使商品交换成为可能；②存在提供商品的卖方和具有购买欲望与购买能力的买方；③商品的价格符合买卖双方的利益要求，即双方都能接受。

从市场营销学观点来看，对一切既定商品，市场包含三个要素：①人口，即存在有某种需要的消费者（用户）。②购买力，即为满足这种需要所拥有的可供交换的资源，它由买方的收入水平决定。③购买动机，即人们想要在市场上获得某种商品的具有购买力的一种欲望，具体表现为一系列的购买动机和购买行为。简而言之，即：

市场＝人口＋购买力＋购买动机

市场的三要素缺一不可，只有将三者结合起来才能形成现实的市场，才能决定市场的规模和容量。企业必须进行科学分析和预测。例如，一个国家或地区人口众多，但收入很

【案例1-1】

陪伴家庭消费新升级，国美全零售平台全面发力

低，购买力有限，则不能构成很大的现实市场；反之，一个国家或地区购买力虽然很高，但人口稀少，也形成不了庞大的现实市场。只有人口多且购买力高，才有可能形成一个现实的庞大市场。但是，如果一个地方的商品不适合需要或消费者（用户）意识不到对这一商品的需要，导致不能引起人们的购买欲望，那么对卖方来说，也仍然不能成为现实市场。

1.1.1.3 市场的分类

市场是一个有机整体，并随着交换关系的复杂化而愈加复杂。认识市场，揭示其内部运动的规律是市场营销决策和管理的基础，因此有必要对市场进行分类。就我国目前的市场来说，可做以下划分（见图1-2）：

（1）按照市场所在的地理位置，可分为国内市场和国际市场。国内市场是指国界内的市场。国内市场可分为城市市场和农村市场。国际市场是指国外市场。国际市场还可以按不同的国家进行划分。由于各国的社会制度、风俗习惯、地理位置、资源禀赋、经济发展、科学技术等方面的差异，国际市场结构十分复杂，每个国家或地区的市场都各有特点。

（2）按照市场的交换方式，可分为易货交易市场、现货交易市场和期货交易市场。易货市场指买卖双方各以等值的货物进行交换，同时成交、交货，不用货币支付的市场；现货市场是指出售商品并立即交货的市场；期货市场可以是买卖商品的远期交货合同市场，也可以是远期外汇交易的合同市场。对远期交货合同市场而言，商品本身并不出现在期货市场，只凭合同进行交易，通常在商品交易所进行。就远期外汇交易的合同市场来说，交易双方在成交后并不立即办理交割，而是事先约定币种、金额、汇率、交割时间等交易条件，到期才进行实际交割。

（3）按照竞争的态势可分为完全垄断市场、寡头垄断市场、垄断竞争市场、完全竞争市场。完全垄断市场主要表现为一个行业只有一家企业，或者说一种产品只有一个销售者或生产者，没有或基本没有替代者。即一家公司独自拥有制造某产品的全部或绝大部分原材料，或通过专利取得垄断地位，或通过极高的声誉占据垄断地位。寡头垄断市场是指一种产品在拥有大量消费者（用户）的情况下，由少数几家大企业控制了绝大部分的生产量和销售量。其缘由在于资源的有限性、技术的先进性、资本规模的集聚以及规模经济效益等形成的排他性。垄断竞争市场是指一个行业中有许多企业生产和销售同一种产品，每个企业的产量或销量只占总需求的一小部分，不同企业的产品替代性大。完全竞争市场是指一个行业中有非常多的独立生产者，并且多以相同的方式向市场提供同类的、标准化的产品。

（4）按照购买者的不同，可分为消费者市场、生产者市场、中间商市场、政府市场。消费者市场是指购买产品是为了个人或家庭消费的买主市场，这种市场的购买行为只与人们的生活消费相关。生产者市场是指购买产品是为了加工制造的买主（用户）市场。中间商市场是指购买产品是为了转售的买主市场。政府市场是指为了执行政府职能而购买或租用产品的各级政府和下属部门。消费者市场为个人市场，与之相对，其他三种市场称为组织市场。

（5）按照买卖双方在市场中的主导地位，可分为买方市场和卖方市场。买方市场是指一种产品的供应超过了所有顾客（消费者、用户）对它的需求，使顾客即买方在交换过程中的力量大于卖方的力量，并在交换过程中处于主动地位的市场。买方市场的形成是市场营销理论和实践产生发展的前提。卖方市场是指一种产品的供应小于所有顾客对它的需求，使卖方在交换过程中处于主动地位的市场。

除了上述几种主要的分类方式之外，市场还有其他方式的分类。如按照生产过程将市场分为初级产品市场、中间产品市场和最终产品市场；按照市场外部力量作用的强度将市场分为自由市场和管制市场等。

【材料1-1】

北京冬奥会创造消费新市场

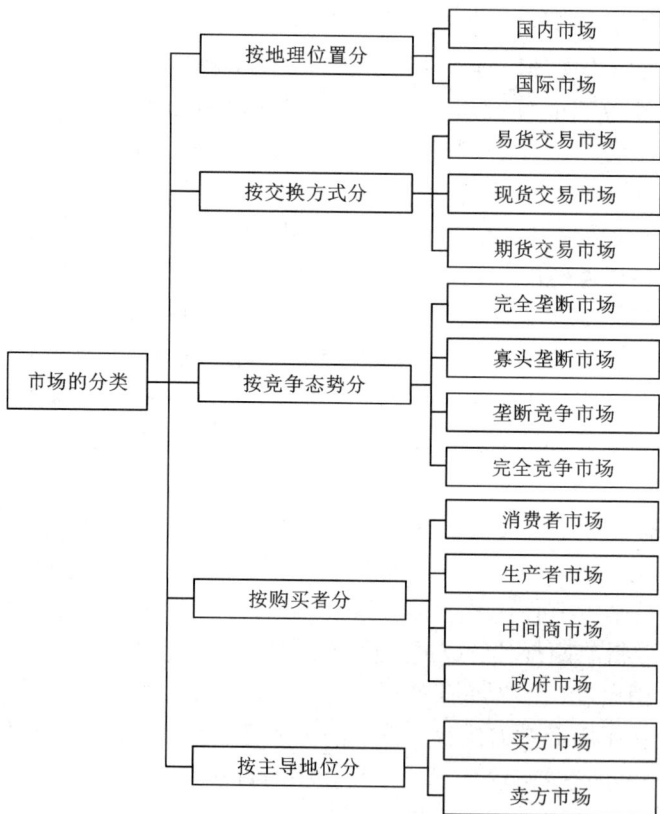

图1-2　市场的分类

1.1.2　市场营销

"市场营销"一词译自英文"marketing"。英文marketing具有双层含义，既指一门科学，又指一种经营活动。作为一门科学，其主要译法有"市场学""销售学""市场经营学""市场推销学""营运学""行销学"等。而作为一种经济活动或经济学行为，其译法有"市场营销活动""行销""市场经营"等。多数国内的学者对将其译为"市场营销学"和"市场营销"的观点比较认同。Marketing，其本身是与市场有关的科学和活动，而"营"具有"谋划""策划"和"运营"之意，"销"即"销售"。

市场营销作为一种活动，其概念具有非常丰富的内涵，要想全面把握它的本质，就要从不同的角度、不同的时段去认识和理解。市场营销源自企业的营销活动和实践，且随着营销环境的变化和商务模式的创新会被赋予新的内容和职能。早期的营销活动仅限于流通领域，当时人们对营销概念的理解也是狭义的。20 世纪 50 年代后，营销活动突破了流通领域，向生产领域和消费领域延伸，与此相适应，营销的含义也随之丰富。

1.1.2.1　市场营销的内涵

美国市场学家史丹顿说："一个推销员或销售经理谈到营销，他真正讲到的可能是销售；一个广告客户业务员所说的营销可能就是广告活动；而一个百货企业部门经理谈到的营销可能是零售商品计划。他们都谈到了营销，但是，都只谈到了整个营销活动的一部分。"

在理论界，营销的概念也不断发展，在不同时期有不同的主流理解和表述。如美国市场营销协会（AMA）在 1960 年提出的市场营销定义为："引导货物和劳务从生产者流转到达消费者或用户所进行的一切企业活动。"1985 年，AMA 将其重新定义为："个人和组织对理念（或主意、计策）、货物和劳务的构想、定价、促销和分销的计划与执行过程，以创造达到个人和组织的目标的交换。"2004 年，AMA 提出了市场营销的新定义："它是一种组织职能，也是为了组织自身及利益相关者的利益而创造、传播、传递客户价值，管理客户关系的一系列过程。"

菲利普·科特勒把市场营销定义为："个人或集体通过创造能与他人交换的产品或价值，以获得其所需之物的一种社会和管理过程。"这一定义是人们目前最为推崇和广为接受的概念，其要点包含以下方面：

（1）市场营销的最终目标是"使个人或群体满足欲望和需要"。

（2）市场营销的核心是"交换"。交换过程是一个主动、积极寻找机会，满足双方需要和欲望的社会过程和管理过程。

（3）营销者创造的产品和价值满足顾客需求的程度以及对交换过程管理的水平决定了交换过程能否顺利进行。

营销活动的范围并不限于从已制成的产品到送达最终顾客之间的商业经营过程，如推销。推销仅仅是市场营销"冰山"的顶端，市场营销最重要的部分不是推销。推销仅仅是市场营销的几个职能之一。如果营销人员做好识别顾客需要的工作，发展适销对路的产品，并且搞好定价、分销和实行有效的促销，那么这些货物就很容易销售出去。"市场营销的目标就是使推销成为不必要。"因此，营销活动在市场调研、产品筛选、原材料准备、产品制造时就已开始。另外，营销的终点也并不限于产品送达顾客手中，营销人员还应了解产品出售后能否使顾客满意，顾客是否会继续购买使用，顾客是否会向其亲友或同行推荐，从而增加产品的销路或企业的信誉，以及向顾客进一步提供产品售后服务等。同时，一个恰当的营销活动的范围不仅不能只局限于商品和服务的营销，而且还应包括机构、人物、地点和观念等。

营销把顾客导向置于中心地位，企业只有在满足顾客需求后才能达到自己的目的。利润对企业固然重要，但应该将其看成是满足顾客需求后的"副产品"或顾客对自己的奖励。同时，营销不仅要关心扩大需求，还要设法使需求与供给相协调。此外，把握营销的实质还应注意以下几点：

（1）营销是一种创造性行为。有些营销者把响应营销与创造营销区别开来。响应营销是寻找已存在的需求并满足它。创造营销是发现和解决顾客并没有提出要求但会热烈响应的问题，这是营销的核心内容，因为企业应该比顾客走得更远一些。

（2）营销是一种自愿的交换行为。交换是基于人的需求而产生的自觉行为，是构成营销活动的基础。

（3）营销是一种满足人们需求的行为。人类的各类需求和欲望是营销工作的出发点，在这里人们的各种需求指的是他们没有得到满足的感受状态，而营销的目的就是满足需求。

（4）营销是一种管理过程。营销是分析、计划、执行和控制的管理过程。具体来说，它主要包括两方面的工作：一是研究市场，即研究顾客的需要和需求量，从而做出经营什么、经营多少等决策；二是开展整合营销活动，即通过生产和经营适销对路的产品，选择适当的分销网络，以适当的价格并应用适当的传播手段在满足顾客的同时获取利益。

（5）营销是一种企业参与社会的纽带。营销是联结企业与社会的纽带。企业在制定营销策略时必须权衡三方面的利益，即企业利润、顾客需要和社会利益，只有同时满足这三者利益的企业才能长久地获得营销的成功。

1.1.2.2　市场营销的职能

企业的营销能力是其盈利的保证。如果没有充足的对于产品和服务的市场需求来创造利润，那么企业的财务、运营和其他方面的努力都只能是徒劳。因而，企业所有的部门都必须了解、服务和满足顾客需求，营销也已成为当今企业的核心职能。正如管理学大师彼得·德鲁克所说："企业都有两项职能，也仅有这两项基本职能：营销和创新。营销是企业与众不同的、独一无二的职能。"市场营销使产品从企业的实验室和仓库走向了市场，实现了产品自身的价值，满足了顾客需求，为顾客创造了价值，同时，企业也实现了自身的价值。"顾客是企业得以生存的基础，企业的目的就是创造顾客。"依据营销的本质，市场营销的职能体现为以下方面（见图1-3）。

（1）市场分析与策划。通过对宏观环境、产业环境、竞争者、顾客心理和行为等的调查分析，准确把握多方面因素对市场需求和生产的约束，为企业确定目标市场、产品组合、定价、分销、沟通等提供依据。同时，通过品牌创意和整合广告、新闻、事件等传播手段，以一种简洁的、具有强烈视觉听觉冲击力的表现形式向目标顾客展示品牌所代表的生活或生产方式，让受众（潜在顾客）知晓、接受，激发他们的购买欲望，为顺利地实现销售职能创造条件。

（2）销售与顾客管理。销售人员通过各种有效手段向目标顾客介绍、展示产品的功能、特点和使用方法，将顾客的需求和欲望转化为对企业产品的实际购买行为，并做好售后服务工作，及时了解和帮助顾客解决产品购买、使用中遇到的困难和问题，如安装、使用、维修等。此外，做好顾客管理，即了解和把握潜在的和现实的顾客需求、行为等趋向，建立顾客数据库，建立与其沟通和互动的正常渠道，前瞻性地发现和满足其新需求。

（3）流程建立与部门协调。建立企业营销运作的业务流程、标准、制度和激励政策并监督合作者，如经销商、辅助商（品牌机构、广告商、物流商、律师事务所、会计师事务所）等，使内部各部门和外部的合作者在营销过程中分工协作更加高效。协调就是依据业务流程规范有效地预防和协调日常运作过程中部门间、企业间的各种可能的冲突，保证企业的各种活动、所有部门和合作者都围绕实现顾客需求、创造卓越的顾客价值这一中心进行。

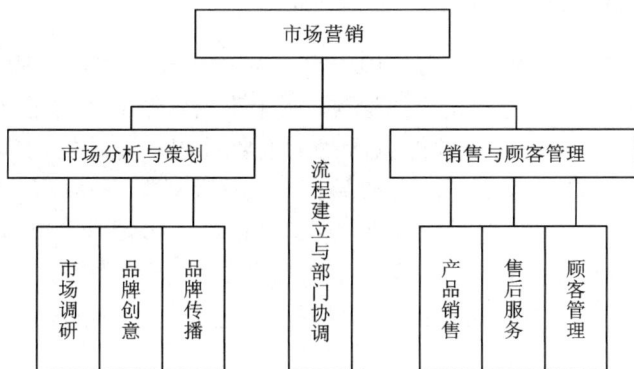

图 1-3　市场营销的职能

1.2　市场营销学的产生和发展

　　20 世纪初期，市场营销学在美国产生。随着社会经济及市场经济的发展，市场营销学从传统市场营销学演变为现代市场营销学，其应用领域也从营利组织扩展到非营利组织，从美国流传到欧洲、日本和其他国家。当今，市场营销学已成为同企业管理相结合，并同经济学、行为科学、人类学、数学等学科相结合的应用边缘管理学科。

　　市场营销学在西方的产生与发展绝非偶然，而是同商品经济的发展、企业经营哲学的演变密切相关的。市场营销学的发展大致经历了以下阶段。

1.2.1　萌芽阶段（1900—1920）

　　人类的市场经营活动，从市场出现就开始了。但在 20 世纪之前，市场营销还没有成为一门独立学科。进入 20 世纪，各主要资本主义国家经过工业革命，生产力迅速提高，垄断组织加快了资本的积聚和集中，使生产规模迅速扩大，资本主义的固有矛盾日趋尖锐，频频爆发的经济危机迫使企业日益关心产品销售，与此相适应，市场营销学也开始创立。

　　1902 年，美国密执安大学、加州大学和伊利诺伊大学的经济系开设了市场学课程。阿切·W·肖在 1915 年出版了《关于分销的若干问题》一书，率先把商业活动从生产活动中分离出来，并从整体上考察了分销的职能。但当时他尚未使用"市场营销"一词，而是把分销与市场营销视为一回事。韦尔达、巴特勒和威尼斯在美国最早使用"市场营销"这一术语。韦尔达提出"市场营销应当定义为生产的一个组成部分"，并认为"市场营销开始于制造过程结束之时"。1910 年，执教于威斯康星大学的巴特勒教授正式出版《市场营销方法》一书，首先使用市场营销作为学科名称。而后，弗莱德·克拉克于 1918 年编写了讲义《市场营销原理》，并被多所大学作教材用；邓肯也于 1920 年出版了《市场营销问题与方法》。这一阶段的市场营销理论同企业经营哲学——生产观念相适应,其依据是传统的经济学,以供给为中心。

1.2.2　功能研究阶段(1921—1945)

这一阶段以营销功能研究为特点。1932 年,克拉克和韦尔达出版了《美国农产品营销》一书,对美国农产品营销进行了全面论述,指出市场营销的目的是"使产品从种植者那儿顺利地转到使用者手中"。这一过程包括三个重要且相互有关的内容:集中(购买剩余农产品)、平衡(调节供需)、分散(把农产品化整为零)。这一过程包括七种市场营销功能:集中、储藏、财务、承担风险、标准化、推销和运输。1942 年,克拉克出版的《市场营销学原理》一书,在功能研究上有所创新,把市场营销功能归结为交换功能、实体分配功能、辅助功能等,并提出了推销是创造需求的观点,这实际上是市场营销的雏形。

1.2.3　形成阶段(1946—1955)

1952 年,范利、格雷斯和考克斯合作出版了《美国经济中的市场营销》一书,全面地阐述了市场营销如何分配资源和指导资源的使用,尤其是指导稀缺资源的使用;市场营销如何影响个人分配,而个人收入又如何制约营销;以及市场营销还包括为市场提供适销对路的产品。同年,梅纳德和贝克曼在出版的《市场营销学原理》一书中,提出了市场营销的定义,认为市场营销是"影响商品交换或商品所有权转移,以及为商品实体分配服务的一切必要的企业活动"。梅纳德归纳了研究市场营销学的五种方法,即商品研究法、机构研究法、历史研究法、成本研究法及功能研究法。总的来说,这一时期已形成市场营销的原理及研究方法,传统市场营销学已形成。

1.2.4　管理导向阶段(1956—1965)

奥尔德逊在 1957 年出版的《市场营销活动和经济行动》一书中,提出了"功能主义"。霍华德在《市场营销管理:分析和决策》一书中,率先提出从营销管理角度论述市场营销理论和应用,从企业环境与营销策略二者关系来研究营销管理问题,强调企业必须适应外部环境。麦卡锡在 1960 年出版的《基础市场营销学》一书中,对市场营销管理提出了新的见解。他把消费者视为一个特定的群体,即目标市场,认为企业制定市场营销组合策略,有助于适应外部环境,满足目标顾客的需求,实现企业经营目标。

1.2.5　协同发展阶段(1966—1980)

这一时期,市场营销学逐渐从经济学中独立出来,同管理科学、行为科学、心理学、社会心理学等理论相结合,市场营销学理论也更加成熟。

在此时期,乔治·道宁在 1971 年出版的《基础市场营销:系统研究法》一书中,提出了系统研究法,认为公司就是一个市场营销系统。"企业活动的总体系统,通过定价、促销、分配活动,并通过各种渠道把产品和服务供给现实的和潜在的顾客。"他还指出,公司作为一个系统,同时又存在于一个由市场、资源和各种社会组织等组成的大系统之中,它会受到大系统的影响,同时又会反作用于大系统。

1967 年,菲利普·科特勒出版了《营销管理:分析、计划与控制》一书,更全面、系统地发展了现代市场营销理论。他对营销管理下了精粹的定义：营销管理就是通过创造、建立和保持与目标市场之间的有益交换和联系，以达到组织的各种目标而进行的分析、计划、执行和控制过程。

菲利普·科特勒突破了传统市场营销学，提出营销管理的任务只是刺激消费者需求的观点，进一步提出了营销管理任务还影响需求的水平、时机和构成，因而提出营销管理的实质是需求管理，市场营销是与市场有关的人类活动，既适用于营利组织，也适用于非营利组织，从而扩大了市场营销学的范围。

1984 年，菲利普·科特勒根据国际市场及国内市场贸易保护主义抬头，出现封闭市场的状况，提出了大市场营销理论，即 6P 战略，将原来的 4P（产品、价格、分销及促销）加上两个 P（政治权力及公共关系）。他还提出了企业不应只被动地适应外部环境，而且也应该影响企业的外部环境的战略思想。

1.2.6　分化扩展阶段（1981 至今）

在此期间，市场营销领域又出现了大量丰富的新概念，使得市场营销这门学科出现了变形和分化的趋势，其应用范围也在不断地扩展。

1981 年，莱维·辛格和菲利普·科特勒对"市场营销战"这一概念以及军事理论在市场营销战中的应用进行了研究。几年后，列斯和特罗出版了《市场营销战》一书。1981 年，瑞典经济学院的克里斯琴·格罗路斯发表了论述"内部市场营销"的论文，科特勒也提出要在企业内部创造一种市场营销文化。1983 年，西奥多·莱维特对"全球市场营销"问题进行了研究，指出过于强调对各个当地市场的适应性，将导致生产、分销和广告方面规模经济的损失，从而使成本增加。1985 年，巴巴拉·本德·杰克逊提出了"关系营销""协商推销"等新观点。1986 年，科特勒提出了"大市场营销"这一概念，提出了企业如何打进被保护市场的问题。

进入 20 世纪 90 年代以来，关于市场营销、市场营销网络、政府市场营销、市场营销决策支持系统、市场营销专家系统等新的理论与实践问题开始引起学术界和企业界的关注。进入 21 世纪后，互联网的发展推动着网上虚拟活动的发展，使基于互联网的网络营销得到迅猛发展。

1.3　市场营销管理哲学的演变

营销哲学，就是企业在开展营销活动的过程中，在处理企业、顾客和社会三者利益方面所持的态度、思想和理念。习近平总书记指出："理念是行动的先导，一定的发展实践都是由一定的发展理念来引领的。发展理念是否对头，从根本上决定着发展成效乃至成败。实践告诉我们，发展是一个不断变化的进程，发展环境不会一成不变，发展条件不会一成不变，发展理念自然也不会一成不变。"了解营销哲学的演变，对于企业更新观念，自觉适应快速变化的市场新形势，加强营销管理，具有十分重要的意义。

企业的市场营销活动是在其特定的市场营销观念指导下进行的，反映了企业的价值观和对营销的思维方式。市场营销观念是在一定的历史条件下产生的，伴随企业外部环境的变化而变化。因此，从某种意义上来说，市场营销学产生和发展的过程就是新的营销观念产生和发展的过程。根据西方发达国家的市场营销实践历程，市场营销观念的演进可大致分为五个阶段，即生产观念阶段、产品观念阶段、推销观念阶段、市场营销观念阶段和社会市场营销观念阶段。前三个阶段的观念是以企业为中心的观念，后两个阶段的观念分别称为以顾客为中心的观念和以社会长远利益为中心的观念。

1.3.1 生产观念

生产观念是指导经营者行为的最古老的观念之一。这种观念产生于生产力水平较为低下的社会，当时大多数市场属于求大于供的卖方市场，产品的价值实现相对容易。因而，企业的营销观念不是从顾客需求出发，而是从企业生产出发，即将"企业能够生产什么"作为自己开展营销活动的出发点。在这种观念指导下的企业营销管理的主要内容就是千方百计地改善生产技术，提高劳动生产率，增加产量以实现降低单位产品生产成本的目

【案例1-2】

福特汽车的 T 型车

标，并在此基础上更大程度地降低产品销售价格以刺激顾客需求、增加产品销售量。显然，生产观念是一种重生产、轻市场的商业哲学。

特别需要说明的是，除了物资短缺、产品供不应求的情况之外，有些企业在开拓出一个新市场后的一段时间内，出于扩大市场份额、提高自身竞争能力等目的，也会更多地借用生产观念作为自己在这一个时期营销管理的指导思想。

但是，生产观念的逻辑推论中也存在谬误：提高劳动生产率，确实可以达到增加产品产量并降低生产成本的目的。降低生产成本也可以降低产品的销售价格。但是，降低产品销售价格对于刺激需求的增加的有效性是值得讨论的。试想：一位顾客已经购买了空调，此时企业的空调销售价格下跌10%，他是否会决定再去买一台空调机？如果不会，可见降价仅对刺激潜在需求有效。所以，企业经营者在采用生产观念指导自己的营销管理实践时，一定要考虑通过前期销售已经满足了多少顾客的需求，以及剩下期盼企业降价的"潜在需求"有多少，再进一步确定企业的营销方略。

1.3.2 产品观念

产品观念也是一种较早的企业经营观念。这种观念认为，消费者最喜欢高质量、性能好和有特色的产品，企业只要生产出质量好的产品，就不用担心没有销路，正所谓"酒香不怕巷子深"。这种观念主要产生于产品供不应求的"卖方市场"的背景下，它使企业总是在产品的质量上下功夫，而漠视顾客的需求，因此经常出现顾客不认可、不买账的情况。此外，最容易滋生这一观念的情境就是企业发明一项新产品之初。

【案例1-3】

爱尔琴钟表公司的产品观念

产品观念还易使企业患"市场营销近视症"，即不恰当地把注意力放在产品上，而不是放在市场需求上，导致在市场营销管理中缺乏远见，只看到自己的产品质量好，看不到市场需求在变化，从而将企业拖入困境。

1.3.3　推销观念

推销观念大致产生于西方 20 世纪 20 年代末至 50 年代前，表现为"我卖什么，顾客就买什么"。它认为，消费者通常表现出一种购买惰性或抗衡心理，如果听之任之，消费者一般不会足量购买企业的产品。因此，企业必须积极推销和大力促销，以刺激消费者大量购买该企业产品。在现代市场经济条件下，在那些非渴求物品市场，即购买者一般不会想到要去购买产品或服务的市场，企业往往也大量使用推销手段。许多企业在产品过剩时，也常常奉行推销观念。这种观念虽然比前两种观念前进了一步，由等顾客上门到开始重视广告术及推销术，体现了一定的主动性，但其实质仍然是以企业和生产为中心。

上述三种观念的共同点在于以企业为中心，将企业的利益作为其行为取向，并置于最高位置，开展营销活动和处理相关问题。

1.3.4　市场营销观念

市场营销观念是以顾客为中心的观念，它是作为对上述诸观念的挑战而出现的一种新型的企业经营哲学。市场营销观念认为，实现企业目标的关键在于正确确定目标市场的需要和欲望，并且比竞争者更有效地传送目标市场所期望的物品或服务，进而比竞争者更有效地满足目标市场的需要和欲望。

市场营销观念是以满足顾客需求为出发点的，即"顾客需要什么，就生产什么"。随着社会生产力的迅速发展，市场趋势表现为供过于求的买方市场，同时广大居民个人收入迅速提高，有可能对产品进行选择，企业之间的竞争加剧，许多企业开始认识到，只有转变经营观念，才能求得生存和发展。

市场营销观念的出现，使企业经营观念发生了根本性变化，也使市场营销学发生了一次革命。市场营销观念同推销观念相比具有重大的差别，两者的比较见表 1-1。

表 1-1　市场营销观念与推销观念的比较

类别	市场营销观念	推销观念
中心	企业生产可以销售的产品	企业销售可以生产的产品
出发点	市场	企业
手段	营销组合	推销和促销
目的	通过顾客满意来获取利润	通过销售来获取利润

1.3.5　社会市场营销观念

社会市场营销观念是以社会长远利益为中心的观念。这一观念认为，企业的任务是确定各个目标市场的需要、欲望和利益，并以保护或提高消费者和社会福利的方式，比竞争者更有效、更有利地向目标市场提供能够满足其需要、欲望和利益的物品或服务。社会市场营销观念要求市场营销者在制定市场营销策略时，要统筹兼顾三方面的利益，即企业利润、消费者需求满足和社会人类福利(见图1-4)。

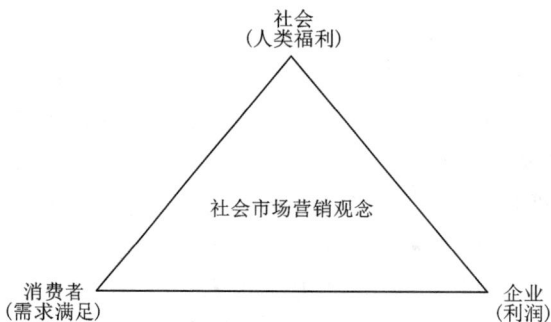

图1-4　社会市场营销观念三方利益均衡

20世纪70年代,全球环境恶化、资源短缺、人口激增、通货膨胀和社会服务得不到重视等问题凸显,企业一心追逐利润,漠视社会责任,其中环境责任问题突出。例如,快餐汉堡包提供了可口但不利健康的食品。汉堡包脂肪含量太高,餐馆出售的油炸食品和肉饼这两种产品都含有过多的淀粉和脂肪。出售时采用方便包装,产生了过多的包装废弃物。在满足消费者需求的同时,这些餐馆可能损害了消费者的健康。人们要求企业要顾及消费者整体利益与长远利益的呼声越来越高。在此背景下,西方营销学者们提出社会市场营销观念,即企业生产经营不仅要考虑消费者需要,而且要考虑整个社会的长远利益,要在企业自身、消费者和社会利益中取得均衡。

上述五种企业经营观的产生和存在都有其历史背景和必然性,都是与一定的条件相联系、相适应的。企业为了生存和更好地发展,必须牢固树立具有现代意识的市场营销观念、社会市场营销观念。另外,科特勒和凯勒在其所著的第17版《营销管理》中,综合市场营销学的一些新成果,提出了全面营销观念的概念和理论。全面营销观念认为营销应贯穿于"事情的各个方面",而且要有广阔的、统一的视野。全面营销观念综合了关系营销、整合营销、内部营销和社会市场营销理论,试图从认知上协调市场活动的广度和复杂性,其本质是一种综合的理论,而非全新的营销观念。

【案例1-4】

奥康的舒适
战略环保行动

1.4　营销道德与伦理

伦理涉及的是个人道德准则和价值观,而法律则是由法院强制执行的社会价值观与标准。根据伦理和法律的关系可以把营销决策归为四类:道德且合法、道德但不合法、不道德但合法、不道德也不合法。各种营销决策涉及的营销道德问题示例见图1-5。但在现实中,以下四种因素也会对营销道德行为产生影响。

```
           销售决策                              产品决策
            贿赂?                            产品增加和删除?
         偷窃商业机密?                          专利权的保护?
          轻视顾客?                          产品质量的安全性?
          表述错误?                             产品保证?
         泄露顾客信息?
           歧视?                               包装决策
                                           合理包装和决策?
           广告决策                              额外成本?
         欺骗性的广告?                            稀缺资源?
         诱惑性的广告?                             污染?
          促销折扣?
                                               价格决策
           分销决策                              价格合谋?
          独家经销?                            掠夺式定价?
          联合协议?                             价格歧视?
         经销商的权利?                            最低定价?
                                             价格上涨?
                                            欺骗式定价?

                          竞争关系决策
                         反竞争的收购?
                          进入壁垒?
                         掠夺式定价?
```

图 1-5　营销决策涉及的营销道德问题示例

（1）社会文化规范。文化是群体成员习得并共享的一系列价值观、观念和态度。文化扮演着判定什么是道德上正确与公平的社会性力量角色。同时，社会价值观和态度也同样影响个人、群体、商业机构和组织间的伦理和法律关系。

（2）商业文化和行业惯例。商业文化是由有效的游戏规则、竞争行为与非道德行为间的界限以及商业活动的运作准则构成的。商业文化不仅影响买卖双方交易关系中的伦理行为（交换伦理、竞争伦理），也影响卖方之间的竞争行为。交换伦理要求买卖双方之间的交换能够实现双赢。

有两种不道德的行为最为常见——经济间谍和贿赂。经济间谍指的是从公司竞争对手处收集商业秘密或私有信息。这种行为是不合法并且不道德的，当事人或企业也会受到严厉的惩罚。间谍活动包括非法入侵、偷窃、诈骗、误传、搭线窃听、翻查竞争者的废旧文件以及违法的不完整的用人合同。给予和收受贿赂与回扣是另一种形式的非道德竞争行为。贿赂与回扣通常伪装成礼物、咨询费和赞助费等。相较于消费者营销领域，这种行为在企业间电子商务（B2B）及对政府营销中更为普遍。

（3）企业文化。企业文化对伦理行为也会存在一定影响。企业文化是指在企业里全体成员习得并共享的一套价值观。它体现在正式规范对伦理行为的预期以及管理高层与同事的伦理行为中。

（4）个人道德观念。伦理选择最终建立在决策者个人道德观念的基础上，主要有两种个人道德观念指导着营销行为的发生：道德理想主义与实用主义。道德理想主义是一种认为无论结果如何,个人的权利及义务均为天赋的个人道德观念。这种观念被道德家及消费者利益团体所推崇。实用主义是通过评估伦理行为后果的成本和收益,专注于"最大多数人的最大化利益"的个人道德观念。

另外,随着全球消费者保护运动和环保运动的成熟,营销者需要为社会和环境负起更大的责任。因此,越来越多的企业开始关注提升消费者福祉。消费者福祉是与消费品相关的处于消费生命周期的不同阶段中主观幸福感和客观幸福感的一种理想状态,它连接着消费者对消费品的满意度和消费者的生活质量。消费生命周期指消费者从购买产品到产品废弃处置的整个过程,包括产品获得(购买)、准备(安装)、消费(使用)、所有权(占有)、维修(修理)、处置(产品卖出、折价或是报废)。主观幸福感与客观幸福感不同。主观幸福感是消费者对自身经历的一种评价。客观幸福感指由专家对消费者消费生命周期中成本与获利的一种评价。

从消费者福祉角度来看,企业不仅要给消费者带来满意,而且要致力于提升消费者福祉,要致力于改善消费者在整个消费过程中各个环节的体验,为提高消费者的生活质量、增进人类福祉做出贡献。同时在营销过程中,企业还要保护利益相关者的利益。这在一定程度上为企业塑造了一个良好的内外部环境,不仅有利于企业的长期发展,也能为企业带来长期利润。早在日本工业化初期,著名企业家涩泽荣一就曾谈到算盘和儒学之间的关系。他认为一个好的商人应该一手拿算盘,一手拿《论语》,即要在商业利益和道德原则之间、在私利与公益之间取得平衡。

本章小结

1. 市场的内涵。市场是一切有特定需求或欲望并且愿意和可能从事交换来使需求或欲望得到满足的现实的和潜在的购买者的集合。市场构成的三要素:存在有某种需要的消费者(用户/人口);为满足这种需要所拥有可供交换的资源(购买力);人们想要在市场上获得某种商品的具有购买力的一种欲望(购买动机)。

2. 市场营销的含义。市场营销是个人或集体通过创造能与他人交换的产品或价值,以获得其所需之物的一种社会和管理过程。

3. 市场营销的职能。一是市场分析与策划;二是销售与顾客管理;三是流程建立与部门协调。

4. 市场营销学的产生与发展大致经历了五个阶段,即萌芽阶段、功能研究阶段、形成阶段、管理导向阶段、协同发展阶段、分化扩展阶段。

5. 市场营销观念的演进大致经历了五个阶段,即生产观念阶段、产品观念阶段、推销观念阶段、市场营销观念阶段、社会市场营销观念阶段。

思考与应用

1. 在市场的概念中也包括了潜在的购买者,这有何意义?

2. 市场营销的本质是什么?如何理解在当今企业中市场营销成为其核心职能?

3. 比较生产观念与产品观念。

4. 比较推销观念、市场营销观念、社会市场营销观念。

5. 简述市场营销学的形成与发展过程。

6. 对照市场营销观念,讨论现阶段企业营销实践面临的问题与挑战。

7. 假设你是一家生产日常洗涤用品的公司的营销人员,请在考虑公司利润目标的情况下,讨论既能满足消费者需求又能保证社会利益的营销设想。

📖 课外阅读

1. 王竹. 市场营销学[M]. 北京:航空工业出版社,2015.

2. 张俊,周永平. 市场营销:原理、方法与案例[M]. 北京:人民邮电出版社,2016.

3. 麦克丹尼尔,兰姆,海尔. 市场营销学[M]. 上海:上海人民出版社,2013.

4. 科特勒,凯勒. 营销管理(第15版)[M]. 上海:上海人民出版社,2016.

5. 科特勒. 营销革命4.0:从传统到数字[M]. 北京:机械工业出版社,2018.

6. 王永贵,洪傲然. 营销战略研究:现状、问题与未来展望[J]. 外国经济与管理,2019.

📖 中国营销·案例分析

老字号玩转互联网营销

同仁堂开发养生咖啡,王致和、全聚德打造卡通版品牌形象……当下,国潮风席卷消费市场,拥有几十年甚至上百年历史的老字号也融入这股大潮,释放生机蓬勃的发展信号:

(1)屡出新品——国货越来越潮。北京珐琅厂应用创新景泰蓝技术制成的珐琅腕表;北冰洋的低糖、无糖、养生饮料……不少老字号纷纷出新品、潮品,向消费市场展示了新面貌。北京稻香村日前推出的特色食品"五毒饼"深受年轻人喜爱:浅黄色饼皮上,印有蛇、蝎子、蜈蚣、壁虎、蛤蟆五种动物的卡通形象,动作、神态各异;内里搭配椰皇芝士、香烤乳酪、榴梿等馅料,口感新奇美味。

"现在年轻人对中国制造、对国货的认同度越来越高。"在北京老字号协会副会长兼秘书长孙月婷看来,国潮给老字号带来巨大机遇,对老字号而言,做好传承与创新尤为重要。

什么是国潮? 中国传媒大学经济与管理学院教授姚林青认为,"国潮"是以品牌为载体,既能满足年轻消费者的张扬个性及对时尚的追求,又回归传统文化的一种流行现象。这种理解概括了"国潮"包含的要素——中国、潮流、文化和品牌。

"对于现在的'国潮',前三者是必备要素,品牌有时反而不占主导地位,比如新近流行的民乐、唐妆等,但老字号是自带文化和品牌元素的集合体。加之每个老字号都是其诞生年代的先进商业文明代表,经过岁月洗礼,形成现代社会的文化符号。"天猫新国货业务负责人施兰婷对本报记者表示,老字号国潮化并非丢弃传统文化,而是结合潮流转型发展,拿好传承接力棒。

(2)跨界推广——跟年轻人玩到一起。如何贴近潮流? 对许多相关人士而言,秘诀是跟年轻人玩到一起。"老字号要打开思路，顺应时代发展，在全媒体时代创新营销方式，需要在销售、宣传、跨界合作、多元化、IP 化等方面做更多努力。"孙月婷说。

"是冲着抽盲盒去的。"90 后女孩小王去年购买了一套青岛啤酒产品，其中包含两瓶联名款啤酒和一件潮物。她告诉记者，自己对啤酒本没有偏好，但盲盒吸引了她，"可能抽到画有联名图案的瓷盘，也可能抽到小钥匙包，但在打开之前不会知道抽着什么。"如果说联名是沟通老字号与年轻人的妙招，那么以盲盒形式推出产品则是更具吸引力的营销方式。

据 Mob 研究院《2020 盲盒经济洞察报告》，盲盒已成为潮流玩具中受众面最广、热度最高的品类，具有强惊喜感，这种惊喜感价值甚至高于商品本身。当老字号与盲盒碰撞，有望形成一片新蓝海。

玩转社交媒体也是接近年轻人的一个新途径。在小红书上，同仁堂新零售子品牌知嘛健康的帖子往往可以收获上千个赞。借助社交媒体，知嘛健康不需要再像同仁堂那样通过口口相传来扩大知名度、积累好感度，而是用一个帖子就可以让屏幕前的养生青年了解新产品。

不过，并非所有打动年轻人的行为都能获得长久认可，施兰婷表示，"赶潮"手段必须建立在品牌和产品自身品质过硬的基础上。

（3）电商助力——拓宽销售渠道。"过去提起老字号，总是和'前门''大栅栏'这种具有历史感的地方联系起来。为老家的长辈带礼盒，总还要去现场购买。"在京读书的学生小张说，"现在不一样了，上网就能买到。"

蓬勃发展的电商，为老字号打开了更宽广的销售渠道。商务部流通产业促进中心发布的《老字号数字化转型与创新发展报告》显示，2020 年，中华老字号旗舰店发布新品 3 万多个，新产品成交同比上升 66%。另一项数据显示，在某社交媒体电商板块，有越来越多老字号入驻进来，获得新的市场增量。2022 年"6·18"期间，泸州老窖直播带货，销量环比增幅超过 160%，同期百雀羚、恒源祥等的销量也有明显增加。

电商助力老字号销售之余，扶持其转型的计划也在陆续展开。天猫日前启动老字号"拓新计划"，预计 5 年内投入 10 亿元，从品牌营销、新品研发等方面助力老字号复兴。

资料来源：人民网，2021 年，内容有改动。

思考问题：

1. 老字号的转变体现了现代营销观念的哪些变化？
2. 你还知道哪些老字号品牌？你对它们有哪些营销建议？

第 2 章 市场营销战略规划

2.1 战略与战略规划

案例导入

格力电器的
"多元化"战略

战略一词最早是军事方面的概念，战略的特征是发现智谋的纲领。在西方，战略一词源于希腊语 "strategos"，意为军事将领、地方行政长官，后来演变成军事术语，指军事将领指挥军队作战的谋略。在中国，战略一词历史久远，"战"指战争，"略"指谋略。企业战略是对企业各种战略的统称，其中既包括竞争战略，也包括营销战略、发展战略、品牌战略、融资战略、技术开发战略、人才开发战略、资源开发战略等。企业战略虽然有多种，但基本属性是相同的，都是对企业的谋略，都是对企业整体性、长期性、基本性问题的谋划。如果选择了一种战略，那么公司便在不同的竞争方式中做出了选择。从这个意义上来说，战略选择表明了这家公司打算做什么，以及不做什么。

所谓战略规划，就是制定组织的战略目标并将其实施。它是一个正式的过程和仪式。战略规划需要企业在分析自己所处的外部环境与内部条件的基础上，做出具有全局性的、长期性的企业经营与发展的构思和规划。它是充分利用环境中的机会群，确定企业同环境的关系，规定企业从事的经营范围、成长方向和竞争对策，合理地调整企业结构和分配企业资源，从而使企业获得优势。它具有全局性、未来性、系统性、竞争性、相对稳定性等特征。

战略规划内容的制定处处都体现了平衡与折中，都要在平衡折中的基础上考虑回答以下四个问题：

我们想要做什么？——确定目标

我们可以做什么？——确定方向

我们能做什么？——找到环境和机会与自己组织资源之间的平衡

我们应当做什么？——做出计划

战略规划的有效性包括两个方面。一方面，是战略正确与否。正确的战略应当做到组织资源和环境的匹配。另一方面，是战略是否适合于该组织的管理过程，也就是和组织活动匹配与否。一个有效的战略一般有以下特点：

（1）目标明确——战略规划的目标应当是明确的，不应是二义的。其内容应当使人得到振奋和鼓舞。目标要先进，但经过努力是可以达到的，其描述的语言应当是坚定和简练的。

（2）可执行性良好——好的战略的说明应当是通俗的、明确的和可执行的，它应当是各级领导的向导，可使各级领导确切地了解它、执行它，并能使自己的战略和它保持一致。

（3）组织人事落实——制定战略的人往往也是执行战略的人。一个好的战略计划只有有了好的人员执行，才能实现。因而，战略计划要一级级落实，直到个人。

（4）灵活性好——一个组织的目标虽然可能不随时间而变，但它的活动范围和组织计划的形式却无时无刻不在改变。现在制订的战略计划只是一个暂时的文件，只适用于现在，应当对它进行周期性的校核和评审。

2.2 总体战略规划

企业总体战略是指为实现企业总体目标，对企业未来发展方向做出的长期性和总体性战略，它是统筹各项分战略的全局性指导纲领。企业的最高管理层必须做好以下四个规划活动：界定公司使命；区分战略业务单元；规划投资组合；制定成长战略。

2.2.1 界定企业使命

所谓企业使命是指企业在社会经济发展中所应担当的角色和责任，是企业的根本性质和存在的理由，说明企业的经营领域、经营思想，可为企业目标的确立与战略的制定提供依据。

企业在明确其业务使命之前，必须先弄清现代管理学之父彼得·德鲁克提出的五个经典问题：我们的使命是什么的？我们的顾客是谁？我们的顾客重视什么？我们的成果是什么？我们的计划是什么？并且谨慎而全面地回答它们。

界定企业使命时需要考虑的因素包括：

（1）企业的历史。如香格里拉酒店过去一直是一家豪华饭店，那么在规定任务时就应尊重其历史，对它的要求就要高于普通饭店。若过去它一直是名不见经传的小店，那么一下子提出要冲出亚洲、声震世界就很不现实。

（2）企业所有者和管理者的意图。意图是主观的，往往受客观现实制约，但有时也能改变现实。如海尔在欧洲市场上的一片降价声中，岿然不动，最后维护了其利益，和领导层抱定的"优质优价"、走高档品路线的意图是分不开的。

（3）企业环境的发展变化。环境的变化会给企业造成一定的环境威胁或带来市场机会。如国际上推行无氟冰箱时，新飞等企业早有准备，这对它们来说就是市场机会，而大多数企业措手不及，这对它们来说就是环境威胁。

（4）企业的资源条件。这个因素决定企业可能经营什么业务。例如，高进入壁垒的行业和产品对资源有较强的选择性，如高科技产业，并不是有资金就可以了。相对来说，餐饮业对资源的要求就不太高。

（5）企业的特有能力。如麦当劳公司也许也能进入太阳能行业，但是其特长是经营为大众服务的廉价快餐，所以若经营太阳能可能还要走很多弯路，且不见得就会成功。这就是说，企业在规定其任务时要扬长避短，只有这样才能有较大的把握。

许多企业在明确其使命之后，为了向组织的经理、员工传达使命，使他们共同肩负使命，并向顾客和其他利益相关者传导，往往会编制使命说明书。企业使命说明书指的是为了引导企业朝着一个方向前进，在上述工作的基础上，企业决策层以书面报告形式，提出本企业的使命。

企业使命说明书的形式多种多样，其内容应包括以下基本要素：

（1）企业经营领域。包括企业的生产范围、市场范围、地理范围等内容。

（2）企业主要经营政策。这是企业对重大问题的参照标准，是企业员工对顾客、竞争者等对象的态度和指导方针。

（3）企业发展远景。指明企业未来 10 年、20 年的发展方向，把企业当前的任务与企业的宏伟蓝图联系起来，引导和激励员工向同一方向努力奋斗。

企业使命说明书，可全面阐述企业的发展目标、方向和机会，使企业内每个成员都负有一种使命感，同时其内容必须具体化，并具有一定的弹性和预见性。在现代社会中，一个业务必须被看成是顾客需求满足的过程，而不是一个产品生产的过程。企业使命说明书应该是市场导向型的，而非产品导向型的。表 2-1 对企业使命说明书的市场导向和产品导向定义进行了比较。

表 2-1　企业使命说明书的市场导向定义和产品导向定义比较

公司	市场导向的定义	产品导向的定义
佳能公司	我们帮助改进办公效率	我们生产复印机
哥伦比亚电影公司	我们经营娱乐	我们制作电影
不列颠百科全书	我们从事信息生产和传播事业	我们出售百科全书
资生堂	我们出售希望	我们生产化妆品

2.2.2　区分战略业务单元

战略业务单元（strategic business units，SBU），是指一个拥有独立的使命和目标，并且可以独立于公司其他业务而单独计划的单元，它可以是一个公司或公司内的一条产品线，也可以是一个产品或品牌。一个理想的战略业务单元应该具备以下特征：

（1）有独立的业务。它是一项独立业务或相关业务的集合体，但在计划工作中能与公司其他业务分开而单独作业。

（2）有不同的任务。它有区别于其他业务单位的具体任务，虽然大目标相同，但是是从不同的方向去努力。

（3）有自己的竞争者。它在各自的领域都有现实的或潜在的对手。

（4）掌握一定的资源。它掌握公司分配资源的控制权，以创造新的资源。

（5）有自己的管理班子。它往往有一位经理，并且由这位经理负责战略计划、利润业绩，以及控制影响利润的大多数因素。

（6）能从战略计划中得到好处。它有相对的独立权，能按贡献分得应有的利润和其他好处。

（7）可以独立计划其他业务。它可以扩展相关业务或新的业务。

2.2.3 规划投资组合

由于各个战略业务单元的历史、现状和前景不同，资源配置就必然不同。规划投资组合就是考虑如何把企业有限的资金合理地在它们中进行配置，以形成竞争优势。规划投资组合分为两步：①公司必须分析它当前的业务组合，并且决定每项业务今后的发展（哪些应该投入更多资金，哪些应该减少投入，哪些应该不再投入）；②通过制定开发、扩大或减少业务规模的战略（公司将强大的资源投入获利更大的业务，逐步消减或退出较弱的业务），形成今后的投资组合。

通过区分战略业务单元来规划投资组合，最流行的方法之一就是 BCG 矩阵。该方法是由波士顿咨询集团（Boston Consulting Group，BCG）在 20 世纪 70 年代初开发的。BCG 矩阵将组织的每一个战略业务单元（SBUs）标在一种二维的矩阵图上（见图 2-1），从而显示哪个 SBUs 提供高额的潜在收益，以及哪个 SBUs 是组织资源的漏斗。

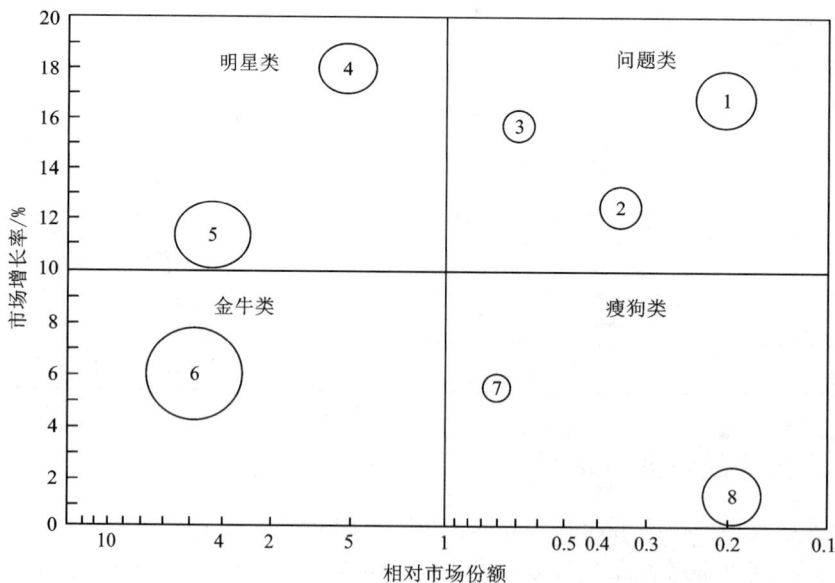

图 2-1 BCG 矩阵

在图 2-1 中，纵坐标上的市场增长率代表业务所在市场的年销售增长率，其以 10% 为临界，大于 10% 的增长率被认为是高的。横坐标上的相对市场份额表示该战略业务单元的市场份额与该市场最大竞争者的市场份额之比。0.1 的相对市场份额表示该公司战略业务单元的销售额仅占市场领导者销售额的 10%；而 10 的相对市场份额就表示该战略业务单元是该市场的领导者，并且是位于市场第二位公司销售额的 10 倍。以 1.0 为分界线，相对市场份额分为高、低两部分。矩阵中的圆圈代表企业所有的战略业务单元，圆心的位置表示各单位市场增长率及相对市场份额情况，圆圈面积表示各业务单位销售额大小。市场销售增长率/市场份额矩阵分成四格，相应战略业务单元按它们在矩阵中的位置被分成了四类。

（1）明星类业务（高增长、高市场份额）。这个领域中的产品处于快速增长的市场中并且占有支配地位的市场份额，但或许会也或许不会产生正现金流，因为还要取决于新工厂、设备和产品开发对投资的需要量。明星类业务是由问题类业务继续投资发展起来的，可以视为高速成长市场中的领导者，它将成为公司未来的现金牛业务。但这并不意味着明星类业务一定可以给企业带来源源不断的现金流，因为市场还在高速成长，企业必须继续投资，以保持与市场同步增长，并击退竞争对手。企业如果没有明星类业务，就失去了希望，但群星闪烁也可能会闪花企业高层管理者的眼睛，导致其做出错误的决策。这时企业高层管理者必须具备识别它们的能力，将企业有限的资源投入在能够发展成为现金牛业务的明星类业务上。

（2）问题类业务（高增长、低市场份额）。处在这个领域中的是一些投机性产品，带有较大的风险。这些产品可能利润率很高，但占有的市场份额很小。它往往是一个企业的新业务。为发展问题类业务，企业必须建立工厂，增加设备和人员，以便跟上迅速发展的市场，并超过竞争对手，这些都意味着大量的资金投入。问题类业务投资必须小心确定，只有那些符合企业发展长远目标、企业本身具有资源优势、能够增强企业核心竞争力的业务才值得投入更多，而且目的应是扩大它的市场份额，甚至可以不惜放弃近期收入来达到这一目的，否则就要逐步淘汰。

（3）现金牛业务（低增长、高市场份额），即金牛类业务。处在这个领域中的产品会产生大量的现金，但未来的增长前景是有限的。它是成熟市场中的领导者，是企业现金的来源。由于市场已经成熟，企业不必大量投资来扩展市场规模，同时作为市场中的领导者，该业务享有规模经济和高边际利润的优势，因而会给企业带来大量现金流。企业往往用现金牛业务来支付账款并支持其他三种需要大量现金的业务。

（4）瘦狗类业务（低增长、低市场份额）。这个领域中的产品既不能产生大量的现金，也不需要投入大量现金。这些产品也没有希望改进其绩效。一般情况下，这类业务常常是微利甚至亏损的。瘦狗类业务存在的原因更多的是感情上的因素，虽然一直微利甚至亏损经营，但就像人养了多年的狗一样恋恋不舍而不忍放弃。其实，瘦狗类业务通常要占用很多资源，如资金、管理部门的时间等，多数时候是得不偿失的。

将企业业务在市场增长率/相对市场份额矩阵中的位置定位后，企业可确定其业务组合是否健康。一般来说，相对市场份额越高，业务的盈利能力越强，利润水平越会与市场份额同向增长。另外，市场增长率高，业务单位所需资源也多，因为它们要继续发展和巩固。例如一个失衡的业务组合就是有太多的瘦狗类或问题类业务，或太少的明星类和金牛类业务。

明确了业务组合，企业就应为每个业务单元确定目标、战略和预算。企业有四种不同的战略可以选择，即发展、维持、收获和放弃。

（1）发展战略。增加投资，提高业务的市场份额。发展战略一般适用于市场增长率较高而市场份额相对较低的问题类业务，若提高它们的市场份额就会使它们成为明星类业务。

（2）维持战略。继续投资，维持高的市场份额和大量的现金收入，主要适应于强大的金牛类业务。

(3)收获战略。增加短期现金回收，不考虑长期的影响，主要适用于发展不佳的金牛类业务。这类业务虽然能够产生大的现金流，但是考虑到其发展前景不那么乐观，就逐渐减少这类业务的费用。当然，这种战略也适用于问题类业务和瘦狗类业务。

(4)放弃战略。出售或清算业务，以便将资源转移到更有利的领域。这一战略适用于盈利价值很小、对公司发展不利的瘦狗类业务和问题类业务。

对于不同的业务，应该根据具体情况采用不同的战略；同一类业务，在不同情况下，也要采取不同的战略。企业在制定战略之前要深思熟虑，以便做出正确的选择。

2.2.4 制定成长战略

成长型战略或增长型战略，又称扩张型战略、进攻型战略。从企业发展的角度来看，任何成功的企业都应当经历长短不一的成长型战略实施期，因为从本质上说只有成长型战略才能不断地扩大企业规模，使企业从竞争力弱小的小企业发展成为实力雄厚的大企业。

企业可以选择的成长战略类型包括：密集型成长——在其现有的业务领域里寻找发展机会；一体化成长——建立或收购与目前企业业务有关的业务；多样化成长——增加与企业目前业务无关、富有吸引力的业务。

2.2.4.1 密集型成长

密集型成长战略是在现有的业务领域内寻找未来发展的各种机会。企业的经营者在寻求新的发展机会时，应首先考虑现有产品是否还能得到更多的市场份额，然后考虑是否能为其现有产品开发一些新市场，最后考虑是否能为其现有的市场发展若干有潜在利益的新产品。美国学者安索夫在20世纪50年代提出了产品/市场扩展矩阵，以区分密集型成长战略的不同类型，见图2-2。

	现有产品	新产品
现有市场	市场渗透	产品开发
新市场	市场开发	(多样化)

图2-2 产品/市场扩展矩阵

密集型成长战略包括以下三种：

(1)市场渗透。企业通过更大的市场营销，努力提高现有产品或服务在现有市场上的销售收入。选择这种途径的企业的主要情况是，其特定产品与服务在当前市场中还未达到饱和，现有用户对产品的使用率还可显著提高，而企业规模的提高可带来较大的竞争优势。

（2）市场开发。企业将现有产品或服务打入新的地区市场。选择这种途径的企业一般在现有经营的领域非常成功，本身还具备一定的市场开拓能力优势，另外行业也存在未开发或未饱和的市场。

（3）产品开发。企业通过改进和改变产品或服务而增加现有市场产品销售量。选择这种途径的企业，在行业内往往拥有非常强的研究与开发能力，还具备现有成功的、处于产品生命周期中成熟阶段的产品，且企业参与竞争的行业属发展快速的高技术行业。

2.2.4.2　一体化成长

一体化成长战略是指企业充分利用自己在产品、技术、市场上的优势，向经营领域的深度和广度发展的战略。选择这种途径的企业要考虑哪些活动应该在自己内部展开，哪些活动可以安全地转包给外部的企业，而不是一味地横向和纵向发展。图 2-3 概括了不同一体化成长战略的类型。

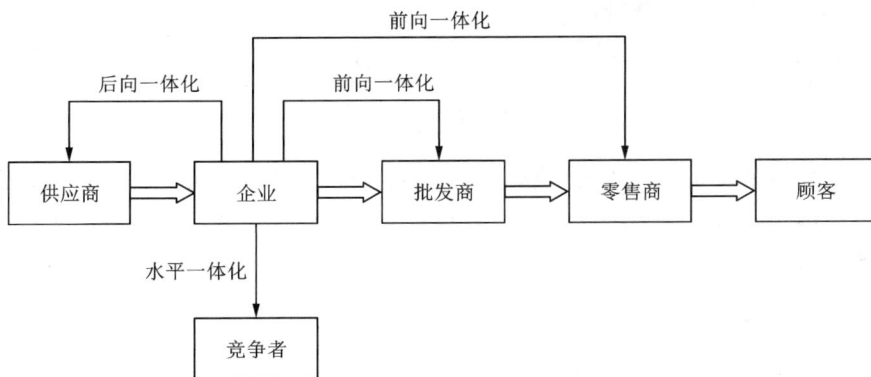

图 2-3　不同一体化成长战略的类型

一体化成长战略包括以下三种：

（1）后向一体化。这是指收购、兼并上游的供应商，拥有或控制自己的供应系统，将企业业务扩展到上游领域的战略。这一战略主要适用于供应商盈利太高或机会更好的情况，扩展上游业务可为企业争取更多收益。

（2）前向一体化。这是指收购、兼并下游的厂商，拥有或控制自己的下游供应链环节，将企业自身的业务扩展到下游领域的战略。这一战略在为企业增加收益的同时，也增强了对下游环节的控制和影响，如渠道成员、顾客等，有利于争取市场主动权。

（3）水平一体化。这是指获取对同类企业的所有权或控制权，或实行各种形式的联合经营，以扩大规模和实力，或取长补短，共同开发和利用新的机会的战略。

【案例2-1】

紫金矿业收购湘源
锂矿挺进全球锂业前十

2.2.4.3　多样化成长

多样化又称多角化、多元化，就是企业尽量增加产品大类和品种，跨行业生产经营多种多样的产品或业务,扩大企业的生产经营范围和市场范围,充分发挥企业特长,充分利用企业的各种资源,提高经营效益,保证企业的长期生存与发展。

多样化成长战略包括以下三种:

(1)同心多样化经营战略,也称集中多样化经营战略,指企业利用原有的生产技术条件,制造与原产品用途不同的新产品。同心多样化经营的特点是原产品与新产品的基本用途不同,但它们之间有较强的技术关联性。

(2)水平多样化经营战略,也称横向多样化经营战略,指企业生产新产品销售给原市场的顾客,以满足他们新的需求。水平多样化经营的特点是原产品与新产品的基本用途不同,但它们之间有密切的销售关联。

(3)混合多样化经营战略,也称整体多样化经营战略,指企业向与原产品、技术、市场无关的经营范围扩展。混合多样化经营需要充足的资金和其他资源,故多为实力雄厚的大公司所采用。

2.3 规划经营战略

经营战略是各个战略业务单元根据总体战略的要求,开展业务、进行竞争和建立相对优势的基本安排,是总体战略在各个业务单元的具体体现。规划经营战略的关键是战略环境分析和战略目标选择。

2.3.1 战略环境分析

战略环境分析是指对企业所处的内、外部竞争环境进行分析,以发现企业的核心竞争力,明确企业的发展方向、途径和手段。

2.3.1.1 内部环境分析

企业内部环境包括企业的物质环境和文化环境。它反映了企业所拥有的客观物质条件和工作状况以及企业的综合能力,是企业系统运转的内部基础。企业内部环境分析一般包括企业资源分析、企业文化分析和企业能力分析。

(1)企业资源分析。企业的任何活动都需要借助一定的资源来进行,企业资源的拥有和利用情况决定其活动的效率和规模。企业资源包括人力资源、物力资源、财力资源、技术资源、信息资源等。

(2)企业文化分析。企业文化分析主要是分析企业文化的现状、特点以及它对企业活动的影响。企业文化是企业战略制定与成功实施的重要条件和手段,它与企业内部物质条件共同组成了企业的内部约束力量。

(3)企业能力分析。企业能力是指企业有效地利用资源的能力。拥有资源不一定能有效运用,因而企业有效地利用资源的能力就成为企业内部环境分析的重要因素。

2.3.1.2 外部环境分析

影响企业业务的主要宏观环境因素包括经济、人口、科技、政治法律、社会文化、自然生态等,微观环境因素包括顾客、竞争者、分销商、供货商等。

在战略环境分析中,对行业内竞争环境的分析尤为重要,迈克尔·波特于 20 世纪 80 年代初提出的波特五力模型是一种针对行业的有效的战略分析工具(见图 2-4)。他认为行业中存在着决定竞争规模和程度的五种力量,即潜在进入者、替代品、买方、供应方、产业竞争对手。

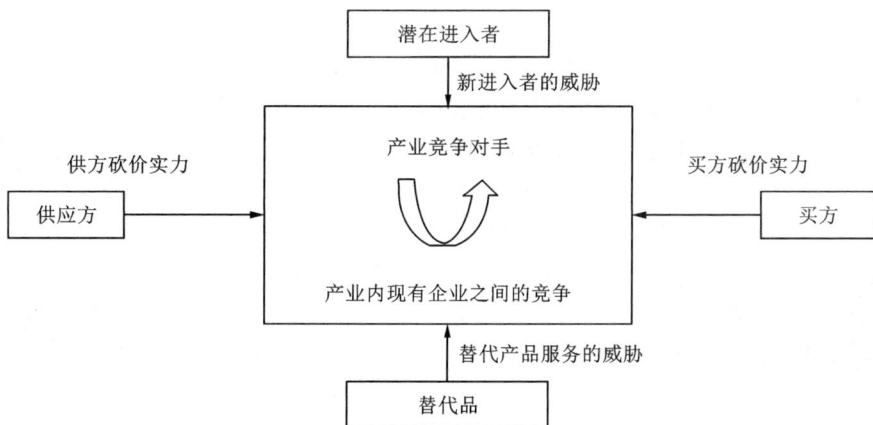

图 2-4　波特五力模型

(1)潜在进入者的威胁。潜在进入者进入后,将通过与现有企业瓜分原有市场、激发新一轮竞争,对现有企业形成巨大的威胁。

(2)替代品的威胁。替代品是指与本行业产品具有相同或相似功能的其他产品。替代品产生威胁的根本原因往往是它在某些方面具有超过原产品的优势,如价格低、质量高、性能好、功能新等。

(3)买方的压力。购买者对本行业的竞争压力表现为购买要求提高,如要求低价、高质、优服务等;还表现为利用现有企业之间的竞争对生产厂家施加压力。

(4)供应方的压力。企业从事生产经营所需的各种资源一般都要从供应者处获得,而供应者一般都要从价格、质量、服务等方面入手,以谋取更多的盈利,因此会给企业带来压力。

(5)产业内现有企业之间的竞争。这是通常意义下的竞争,主要竞争方式为价格竞争、广告战、新产品引进等。这种竞争的激烈程度取决于多种因素,如竞争者的多少及其力量的对比、行业发展的快慢、利润率的高低、行业生产能力与需求的对比、行业进入或退出障碍的大小等。

2.3.2　战略目标选择

根据企业使命界定的企业总体目标,结合战略环境分析的结果,就可以在计划时间内制定特定的目标,并细化成每个部门、每个管理层次上的目标。

由于战略目标是企业使命和功能的具体化,一方面,有关企业生存的各个部门都需要有目标;另一方面,目标还取决于个别企业的不同战略。因此,企业的战略目标是多元化的,既包括经济目标,又包括非经济目标;既包括定性目标,又包括定量目标。尽管如此,各企业需要制定目标的领域却是相同的，所有企业的生存都取决于同样的一些因素。德鲁克在《管理的实践》一书中提出了企业八个关键领域的目标：

（1）市场方面的目标：应表明本企业希望达到的市场占有率或在竞争中达到的地位。

（2）技术改进和发展方面的目标：对改进和发展新产品，提供新型服务内容的认知及措施。

（3）提高生产力方面的目标：有效地衡量原材料的利用率，最大限度地提高产品的数量和质量。

（4）物质和金融资源方面的目标：获得物质和金融资源的渠道及其有效的利用。

（5）利润方面的目标：用一个或几个经济目标表明希望达到的利润率。

（6）人力资源方面的目标：人力资源的获得、培训和发展，管理人员的培养及其个人才能的发挥。

（7）职工积极性发挥方面的目标：对职工进行激励、发放报酬等方面的措施。

（8）社会责任方面的目标：注意公司对社会产生的影响。

一般而言，企业的目标是几个目标的组合，即目标体系。企业在设定组织目标时需要注意使目标的层次与组织的结构层次相适应。企业制定的各种目标必须满足以下四个条件：

（1）目标必须按轻重缓急有层次地安排。企业应该将形势迫切、需要马上达到的和一定要达到的目标放在首位，如短期内进行的事关企业命运的产品转型目标等。

（2）在可能的条件下，目标应该用数量表示。数量可使目标量化到每一个指标，使目标更明确，这样组织在努力的过程中就会有一个更明确的方向，执行起来也会容易很多。同时，这对于衡量组织是否达到目标也是一把精确的标尺。

（3）目标水平应该现实。目标要在分析机会和优势的基础上制定，而非主观愿望的产物，应做到既切实可行又与使命相协调，目标水平过高或过低都会给目标乃至使命的实现带来不同程度的影响。

（4）各项目标之间应该协调一致。目标只有协调一致，才能在实现的过程中相辅相成，如销售最大化和利润最大化要同时达到基本上是不可能的。

2.3.3　选择竞争战略

战略目标指明企业发展方向，竞争战略则指出企业如何获取竞争优势。竞争优势是企业优于竞争者，并提供其竞争者所不能提供的顾客价值的某一方面的能力。如果企业具有某种竞争对手所没有或相对缺乏的特殊能力，那么它就具备了竞争优势。企业竞争战略要解决的核心问题就是如何通过确定顾客需求、竞争者产品及该企业产品这三者之间的关系，来奠定该企业产品在市场上的特定地位并维持这一地位。迈克尔·波特在《竞争战略》一书中提出了三种基本竞争战略：差异化战略、成本领先战略、集中化战略，如图2-5所示。

2.3.3.1　差异化战略

所谓差异化战略，是指为使企业产品与竞争对手产品有明显的区别，形成与众不同的特点而采取的一种战略。企业要突出自己产品与竞争对手之间的差异性，主要有以下四种基本途径：

战略优势

差异性　　　　　　　　低成本

整个产业

战略目标

差异化战略　　　　　　成本领先战略

集中化战略

细分市场

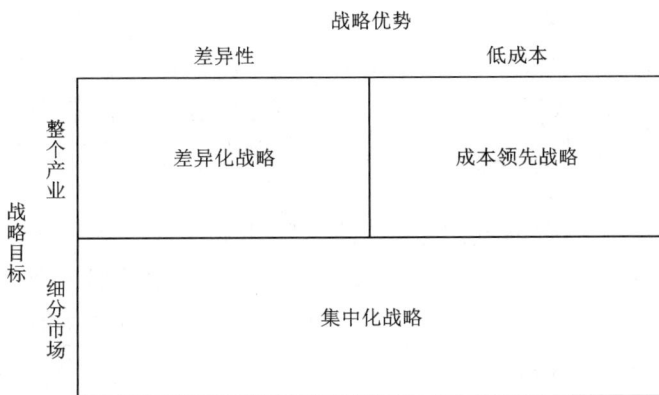

图 2-5　三种基本竞争战略类型

(1)产品差异化。产品差异化的主要因素有特征、工作性能、一致性、耐用性、可靠性、易修理性、式样和设计。

(2)服务差异化。服务的差异化主要包括送货、安装、顾客培训、咨询服务等因素。

(3)人事差异化。训练有素的员工应能体现出以下六个特征:胜任、礼貌、可信、可靠、反应敏捷、善于交流。

(4)形象差异化。形象是公众对产品和企业的看法和感受,塑造形象的工具有名称、颜色、标识、标语、环境、活动等。

如果一个企业能够取得并保持自己的差异化优势,并使消费者乐意接受其产品和服务较高的价格,那么这种价格就足以弥补其形成自身特色而发生的额外成本。

当然,对于要在某些方面做到与众不同的企业而言,付出的代价往往会比较高。要使差异化战略充分发挥竞争优势,企业必须在形成自身独特性的同时,与竞争对手的成本比较,争取保持既受到市场认可的独特性,又使成本尽可能降低。

2.3.3.2　成本领先战略

成本领先战略是指企业通过降低自己的生产和经营成本,以低于竞争对手的产品价格,获得市场占有率,并获得同行业平均水平以上的利润。根据企业获取成本优势的方法不同,可以把成本领先战略概括为如下几种类型:

【案例2-2】

小米公司的
成本领先战略

(1)简化产品型成本领先战略,就是使产品简单化,即将产品或服务中添加的花样全部取消。

(2)改进设计型成本领先战略。

(3)材料节约型成本领先战略。

(4)人工费用降低型成本领先战略。

(5)生产创新及自动化型成本领先战略。

2.3.3.3　集中化战略

集中化战略也称为聚焦战略，是指企业或事业部的经营活动集中于某一特定的购买者集团、产品线的某一部分或某一地域市场的一种战略。这种战略的核心是瞄准某个特定的用户群体、某种细分的产品线或某个细分市场，获得原本并不拥有全面竞争优势的目标市场中的有利地位。

集中化战略的运用可以是着眼于企业目标市场上的成本优势，在某些细分市场上成本领先并争取竞争优势（称为成本聚焦战略）；也可以着眼于在企业目标市场上取得差异化优势，在满足特定市场中消费者需求上获取竞争优势（称为差异化聚焦战略）。

2.3.4　制订战略计划

为了保证战略的执行，制订战略计划时必须要有企业许多层次的人员参加。制订企业战略计划与企业的市场营销活动有着密切的关系，战略计划人员至少在以下五个方面要依赖企业市场营销部门。

（1）依靠市场营销部门获得有关新产品和市场机会的启迪。

（2）依靠市场营销部门来评估每个新机会，特别是有关市场是否足够大，企业是否有足够的市场营销力量来利用这一机会等问题。

（3）市场营销部门还要为每一个新机会制订详尽的市场营销计划，具体陈述有关产品、价格、分销和促销的战略和战术。

（4）市场营销部门对市场上实施的每项计划都负有一定的责任。

（5）市场营销部门必须对随时出现的情况做出评价，并在必要时采取改正措施。

总之，市场营销部门在战略计划的制订和实施过程中，担负着关键性的任务。

2.3.4.1　战略计划的基本方法

大企业有三种基本的战略计划方法：一是从上到下，计划主要由公司总部开始并控制；二是从下到上，计划主要是部门（分公司）的责任，总部只给出简单的引导，说明其要求，并对所提交上来的计划进行检查；三是上下联动，计划由公司总部（高层）和部门（低层）共同进行。

一般来说，企业会以业务的背景假设和业务运行的基础为前提，在充分探索和把握其长期趋势和方向（这些可能花费数年时间）后，制订两三年的中期计划，并制订与中期计划相一致的短期年度计划预算。

2.3.4.2　战略计划的影响因素

企业战略计划的一个核心思想是使企业目标与市场机会相匹配，使企业的营销活动与市场环境的变化相协调。战略计划的影响因素包括以下两种：

（1）制约、影响企业营销活动的因素。制约或影响企业营销活动的因素，从企业能否控制的角度来划分有两大类。一类是企业可控制因素。这是指影响企业营销活动，并为企业本身所能控制和运用的各种营销手段。这些手段的综合运用，就是所谓的市场营销组合问题。能否适应市场环境的变化，实现市场营销组合的优化，在很大程度上决定着企业经营的成败。另一类是企业不可控因素。这是指影响企业营销活动,却为企业所不能控制的各种外部的环境因素。对于企业营销来说,这些外部因素或称环境因素的变化,既会给企业带来市场机会,也会形成环境威胁,企业不可能改变它们,而只能适应它们。

(2)制约、影响企业利润的因素。企业所在行业进入的难易程度,竞争对手的状况,产品供求状况,产品是否存在替代品,以及原材料、劳动力资源的供给状况等,决定着企业盈利的多少。但即使上述外部条件使企业的利润潜量比较大,也不等于企业实际利润大。因为,实际利润的大小还取决于企业本身的资源状况和工作水平,包括资金供给的多少,物质技术设备的数量和质量,技术力量的强弱,管理人员素质的高低,企业组织结构的优化与否,企业在公众中的形象,以及全体职工的价值观念、精神风貌和工作态度等。显然,企业应当在利润潜量较大,自己又有能力、有条件进入的业务范围内开展营销活动。即使外部条件已定,利润潜量较小,也有一个如何通过自己的努力去实现一定的利润水平的问题。因此,从影响企业利润的角度考虑上述内外各种主客观因素,是企业制订战略计划时必须首先考虑的更为根本性的问题。

2.4　市场营销管理过程

市场营销管理过程是企业为实现目标,完成任务而发现、分析、选择和利用市场机会的管理过程。其具体包括发现和评价市场机会、选择目标市场、设计市场营销组合以及执行和控制市场营销计划,如图 2-6 所示。不同层次的营销经理(公司、部门、业务或产品层次)都应按照以上步骤编制营销计划。

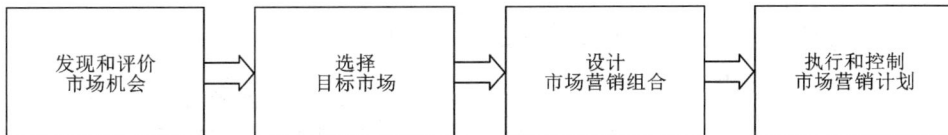

图 2-6　市场营销管理过程

2.4.1　发现和评价市场机会

市场机会就是未满足的需要。营销者需要通过对市场营销环境的监测、研究,并综合对市场结构、消费者需求和行为的分析,发现和评价市场机会。

营销人员必须广泛收集市场信息,进行专门的调查研究,并且除充分了解当前情况外,还要按照经济发展的规律,预测未来发展的趋势,分析、评价哪些才是适合本企业的营销机会(就是对企业的营销具有吸引力的、能享受竞争优势的市场机会)。市场上一切未满足的需要都是市场机会,但能否成为企业的营销机会,还要看它是否适合于企业的目标和资源,是否能使企业扬长避短,发挥优势,比竞争者或可能竞争者获得更大的超额利润。

2.4.2 选择目标市场

企业选定符合自身目标和资源的营销机会以后，还要对市场容量和市场结构进行进一步分析，并确定市场范围。无论是从事消费者市场营销还是从事产业市场营销的企业都不可能为具有某种需求的全体消费者服务，而是只能满足部分消费者的需求。因此，企业必须明确在能力可及的范围内要满足哪些消费者的需求，首先进行市场细分，然后选择目标市场，最后进行市场定位。这些内容本书将在"目标市场营销战略"这一章中专门介绍。

2.4.3 设计市场营销组合

市场营销组合是指企业用于追求目标市场预期销售量水平的可控营销变量的组合。市场营销组合包含的可控变量很多，可以概括为四组变量，也就是"4P"：产品(product)、价格(price)、渠道(place)和促销(promotion)。每个变量下还有具体的营销工具，如图2-7所示。

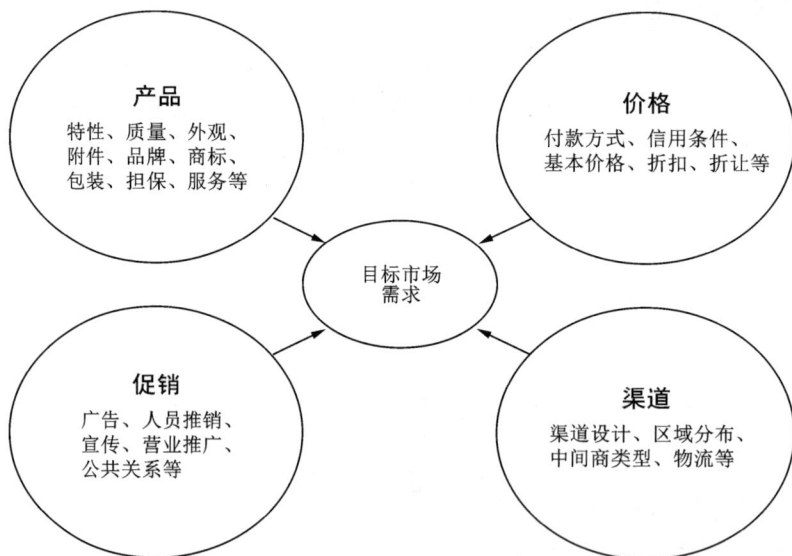

图 2-7 市场营销组合

市场营销组合因素对企业来说都是可控因素，即企业根据目标市场的需求，可自主制定产品策略、价格策略、渠道和促销策略。但这种自主权是相对的，要受到自身资源和目标的制约及各种主观和客观因素的影响。

产品策略包括产品发展、产品计划、产品设计、交货期等决策的内容。其影响因素包括产品的特性、质量、外观、附件、品牌、商标、包装、担保、服务等。

价格策略包括确定定价目标、制定产品价格原则与技巧等内容。其影响因素包括付款方式、信用条件、基本价格、折扣、折让等。

促销策略是指主要研究如何促进顾客购买商品以实现扩大销售的策略。其影响因素包括广告、人员推销、宣传、营业推广、公共关系等。

渠道策略是指主要研究使商品顺利到达消费者手中的途径和方式等方面的策略。其影响因素包括渠道设计、区域分布、中间商类型、物流等。

上述四个方面的策略组合起来总称为市场营销组合策略。市场营销组合策略的基本思想在于：从制定产品策略入手，同时制定价格、促销及分销渠道策略，组合成策略总体，以便达到以合适的商品、合适的价格、合适的促销方式，把产品送到合适地点的目的。企业经营的成败，在很大程度上取决于这些组合策略的选择和它们的综合运用效果。

2.4.4　执行和控制市场营销计划

企业市场营销管理的第四步是执行和控制市场营销计划。只有有效地执行计划，才能实现企业的战略任务。因此，这是营销过程中极其重要的步骤。

2.4.4.1　市场营销计划的执行

市场营销计划是企业整体战略规划在营销领域的具体化。其执行包括以下五个方面：

(1)制定详细的行动方案。为了有效地实施营销战略，应明确营销战略实施的关键性决策和任务，并将执行这些决策和任务的责任落实到个人或小组。

(2)建立组织结构。组织结构必须与企业自身特点和环境相适应，规定明确的职权界限和信息沟通渠道，协调各部门和人员的行动。

(3)设计决策和报酬制度。科学的决策体系是企业成败的关键，而合理的奖罚制度能充分调动人的积极性，充分发挥组织效应。

(4)建立适当的企业文化和管理风格。企业文化是指企业内部人员共同遵循的价值标准和行为准则，对企业员工起着凝聚和导向作用。企业文化与管理风格相联系，一旦形成，就会对企业发展产生持续、稳定的影响。

2.4.4.2　市场营销计划的控制

在市场营销计划的执行过程中，可能会出现问题，造成偏差，因此需要一个控制系统来保证营销目标的实现。营销控制指度量和评价市场营销战略、计划的结果，采取纠正措施来保证目标的达成，其过程如图 2-8 所示。

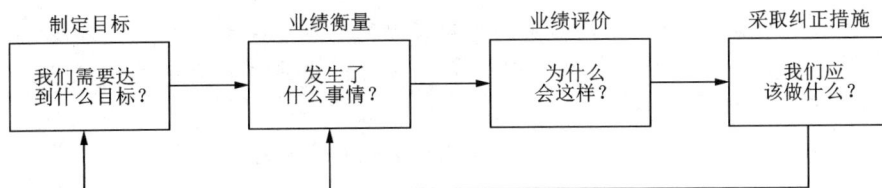

图 2-8　营销控制过程

营销控制包括四个步骤：①管理层设计具体的营销目标。②衡量市场业绩。③分析评价实际业绩和预期业绩不同的原因。④采取纠正措施来消除实际业绩与目标的差异，这可能需要改变方案甚至改变目标。

营销控制主要包括年度计划控制、盈利能力控制、效率控制和战略控制。

年度计划控制是企业在本年度内采取制定目标、业绩衡量、业绩评价、采取纠正措施的控制步骤，检查实际绩效与计划之间的偏差，并采取改进措施，以确保营销计划的实现与完成。

盈利能力控制是测定不同产品、不同销售区域、不同顾客群体、不同渠道以及不同订货规模的盈利能力。盈利能力控制可帮助管理人员决定各种顾客群体活动是否扩展、减少或取消，具体控制指标有销售利润率、资产收益率、存货周转率等。

效率控制包括销售人员效率控制、广告效率控制、促销效率控制和分销效率控制，通过对这些环节的控制可以保证营销组合因素功能执行的有效性。

战略控制是企业采取一系列行动，使实际市场营销工作与原规划尽可能一致，并且在控制中通过不断评审和信息反馈，不断对战略进行修正。战略控制必须根据最新的情况重新评估计划和进展，对企业来说，这是难度最大的控制。

本章小结

1. 总体战略规划。总体战略规划内容包括界定企业使命、区分战略业务单元、规划投资组合、制定成长战略。企业使命是核心价值观的载体与反映，是企业生存与发展的理由，是企业根本的、最有价值的、崇高的责任和任务，它回答的是"我们的事业是什么，我们要做什么、为什么这样做"的现实问题，表达了企业存在的根本目的和原因。企业使命应以市场为导向而非以产品为导向。

2. 战略业务单元。它是指一个拥有独立的使命和目标，并且可以独立于公司其他业务而单独计划的单元。它可以是一个公司、公司内的一条产品线，也可以是一个产品或品牌。

3. 投资组合规划。它就是考虑如何把企业有限的资金合理地在它们中进行配置，以形成竞争优势。市场增长率/市场份额矩阵（波士顿矩阵）分为四格，相应战略业务单元按它们在矩阵中的位置被分成了四类：问题类、明星类、金牛类和瘦狗类。

4. 企业实现业务发展的途径。一是在其现有的业务领域寻找发展机会——密集型成长；二是建立或收购与目前企业业务有关的业务——一体化成长；三是增加与企业目前业务无关但富有吸引力的业务——多样化成长。

5. 规划经营战略。其主要内容包括评估企业环境、确定组织目标、选择竞争战略、形成战略计划。企业制定的各种目标必须满足四个条件：按轻重缓急有层次地安排、尽可能量化、目标水平应该现实、各项目标之间协调一致。企业有三种基本竞争战略：成本领先战略、差异化战略和集中化战略。

6. 战略计划的影响因素。战略计划的影响因素包括制约、影响企业利润的因素和制约、影响企业营销活动的因素。

7. 市场营销管理过程。其内容包括发现和评价市场机会、选择目标市场、设计市场营销组合、执行和控制市场营销计划。

8. 营销计划的构成部分。包括执行概述、当前营销状况、威胁和机会分析、目标和问题、营销战略、行动方案、预算、控制。营销控制是指度量和评价市场营销战略、计划的结果，采取纠正措施来保证目标的达成。营销控制的类型有年度计划控制、盈利能力控制、效率控制、战略控制。

思考与应用

1. 企业使命的作用是什么？如何制定企业使命并不断创新？
2. 以"波士顿矩阵"为投资组合分析工具，说明企业理想的业务组合在四个象限的分布情况。
3. 密集型成长战略有哪些？选择时主要依据哪些因素？
4. 以某一企业成长为例，说明其是如何把握发展机遇制定成长战略的。
5. 规划经营战略包括哪些内容？
6. 企业的战略目标一般包括哪些方面？目标之间应满足哪些条件？
7. 收集某一企业的营销计划，并对其合理性进行分析。

课外阅读

1. 蓝海林. 企业战略管理[M]. 北京：中国人民大学出版社，2018.
2. 吕巍，周颖. 战略营销：谋局胜于夺势[M]. 北京：机械工业出版社，2007.
3. 科特勒，凯勒. 营销管理[M]. 北京：中国人民大学出版社，2016.
4. 韦尔奇. 杰克·韦尔奇自传[M]. 北京：中信出版社，2004.
5. 波特. 竞争战略[M]. 北京：中信出版社，2014.

中国营销·案例分析

比亚迪新能源汽车的市场竞争环境及战略分析

1. 比亚迪新能源汽车的竞争环境分析
(1) 比亚迪新能源汽车外部宏观环境分析。

政治法律环境。我国在"十二五"期间出台了许多扶持和促进小排量汽车发展的政策和法规。早在 2012 年发布的《节能与新能源汽车产业发展规划（2012—2020 年）》里，国家就进一步加大了发展新能源汽车的决心。在该规划中，不仅制定了提供专项资金支持新能源发展、减税等政策，还为我国新能源汽车制定了发展目标。

经济环境。近年来经济发展速度放缓，我国也正在积极进行供给侧结构性改革。我国正在主动调整产业结构，大力发展绿色经济，促进经济和社会的可持续发展。在我国未来经济保持较快平稳增长和居民消费水平逐步提高的基础上，汽车消费尤其是国家产业扶持的新能源汽车的消费具有较好的前景。

社会文化环境。近些年来，大家对新能源汽车越来越青睐。新能源汽车对能源的需求要远低于传统汽车，客观上起到了保护环境和节约资源的效果，使用成本较低。基于此，许多地方政府和个人已经加入了新能源汽车购买的队伍。

技术环境。从目前我国纯电动汽车的电池技术来看，比亚迪作为传统的电池生产企业，其锂电池生产企业的技术水平在全球来说也处于领先水平。我国在电池的循环使用寿命和电池容量方面，科技水平和研发能力也居于世界领先地位。

（2）波特五力模型分析。

现有竞争者。市场上现在主要有两大新能源汽车企业类型：一是传统汽车生产企业延伸开发生产新能源汽车，二是如比亚迪和特斯拉之类的完全新的汽车行业参与者。比亚迪的主流新能源汽车"秦"的整体动力性能是优异的。同时，从使用成本来看，比亚迪"秦"的成本优势遥遥领先，而且其三厢轿车的设计更贴近国人的消费理念。可以说，现阶段比亚迪生产出的新能源汽车无论在技术上还是成本上在中国市场上都有比较明显的优势。

买方的议价能力。对于比亚迪新能源汽车来说，其市场需求主要是政府采购需求和市场采购需求两大块。政府采购新能源汽车的议价能力是比较弱的。除了政府采购需求之外，新能源汽车更需要市场对它的认可，整个市场的认可才是新能源汽车的最终动力。而对于市场采购需求而言，消费者的议价能力在现阶段是相对较强的。

供应商的议价能力。和传统汽车零部件供应商相比，新能源汽车企业专用零部件的供应商的议价能力较强。因为新能源汽车刚起步，可供选择的供应商数量有限，而这些零部件决定着汽车的质量和成本，所以不仅供应商少而且替代品也十分有限。储能电池是新能源汽车的核心部件，而比亚迪原本是电池生产商，这使得比亚迪新能源汽车的上下游整合能力远超其竞争对手，也导致比亚迪的性能和售价都比竞争对手有优势。

潜在入侵者的威胁。我国在 2009 年实行的《新能源汽车生产企业及产品准入管理规则》中指出新能源汽车企业的设立需要符合 8 项基本条件，这些严格的准入条件使得许多企业都被挡在大门之外，因此新能源汽车行业的潜在入侵者的威胁相对比较小。

替代品的威胁。由于新能源汽车本身就是一个作为替代传统汽车的新产品，传统能源的紧张以及环境污染的问题使得各国政府通过各种政策手段来支持新能源汽车的发展，传统汽车带来的威胁会逐步减小。

2. 比亚迪新能源汽车的竞争战略

（1）成本领先战略。

利用原有优势实现成本领先。比亚迪在电池方面有着丰富经验，同时比亚迪模仿其他成功汽车企业，但是又不局限于单纯模仿，而是从不同品牌的汽车中吸取客户喜欢的元素，并将其整合到自己的产品上来加以创新，使其产品更贴近消费者。

技术创新以实现成本领先。现阶段，新能源汽车的产业化的技术制约主要有两个方面：动力蓄电池能量储存和电池的使用寿命。比亚迪是目前国内唯一掌握车用磷酸铁锂电池规模化生产技术的企业，在世界上也处于领先地位。

（2）差异化战略。

2010 年 9 月，比亚迪纯电动客车 K9 在湖南长沙的比亚迪工厂下线。在 K9 诞生之前，深圳市政府就已经明确将向比亚迪公司采购纯电动客车。迄今为止，已经有超过 3000 辆比亚迪纯电动客车通过政府采购渠道在深圳各条马路上行驶。

经过以上分析，我们可以得出结论：外部宏观政策是比亚迪新能源汽车取得竞争优势的主要推动力；拥有先进的新能源汽车电池生产技术是比亚迪新能源汽车保持竞争优势的核心关键。

资料来源：向熳，《比亚迪新能源汽车的市场竞争环境及战略分析》，《中国市场》，2016 年第 32 期，

内容有改动。

思考问题：

1. 比亚迪新能源汽车是如何选择基本竞争战略的？

2. 谈谈比亚迪新能源汽车是如何创新的。

3. 谈谈比亚迪作为民族品牌带给我们的启示。

第 3 章 市场营销环境

3.1 市场营销环境概述

案例导入

别了，黑莓手机！

企业营销活动的核心是顾客及需求，然而顾客不是孤立的，而是生存在一定环境之中的。环境既影响顾客的需求与行为，也影响企业与顾客之间的关系，环境力量的变化既可以给企业营销带来市场机会，也可以形成某种环境威胁。企业营销者是否能全面、及时和准确地识别环境，监测、把握各种环境力量的变化，对于企业抓住机会、避开威胁，开展有效的市场营销活动具有重要意义。

3.1.1 市场营销环境的含义

市场营销环境是一个内涵广泛，且处于不断发展和完善中的概念。一般认为，市场营销环境是指存在于企业营销系统外部而难以控制的因素和力量，这些因素和力量是影响企业营销活动进行及其目标实现的外部条件。菲利普·科特勒认为："市场营销环境由企业营销职能外部的因素和力量所组成，这些因素和力量影响着营销者成功地保持和发展自身同其目标市场客户交换的能力。"营销学者一般将市场营销环境分为微观市场营销环境和宏观市场营销环境两部分，如图 3-1 所示。

微观市场营销环境又称直接营销环境，指与企业联系紧密、直接影响企业营销活动的各个参与者，由供应商、中间商(营销中介)、顾客、竞争者和社会公众构成。

宏观市场营销环境又称间接营销环境，指影响企业营销活动的一系列巨大的社会力量和因素，主要包括人口环境、经济环境、政治法律环境、科学技术环境、社会文化环境及自然生态环境等因素。

此外，按照企业的内外部环境，营销环境可分为企业内部营销环境和企业外部营销环境。按照对企业营销活动的影响，营销环境可分为不利环境和有利环境，即形成威胁的环境和带来机会的环境。按照对企业营销活动影响时间的长短，营销环境也可分为长期营销环境和短期营销环境。

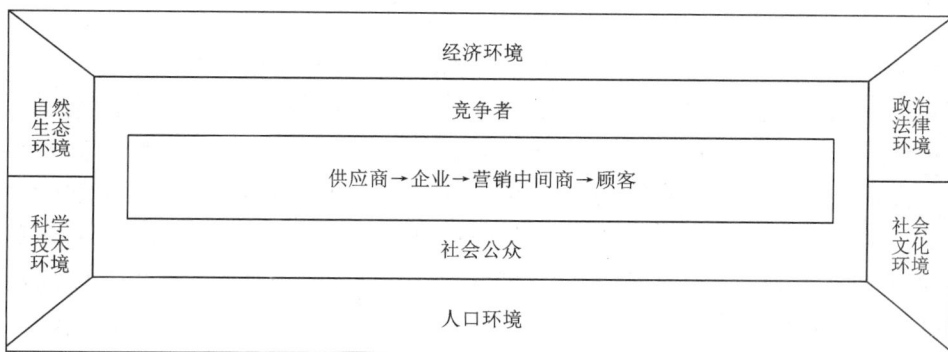

图 3-1　市场营销环境的构成及相互关系

3.1.2　市场营销环境的特点

一般情况下，宏观市场营销环境因素决定微观市场营销环境因素，宏观市场营销环境常常通过微观市场营销环境作用于企业的市场营销活动，而企业的市场营销活动就是在宏观市场营销环境和微观市场营销环境二者既相互影响又相互制约的共同作用下展开的。由宏观市场营销环境和微观市场营销环境构成的市场营销环境具有以下特点。

3.1.2.1　客观性

市场营销环境的客观性又可称为不可控性。营销环境作为企业外在的一种客观存在，是不以营销者意志为转移的，而且有着自己的运行规律和发展趋势。也就是说，企业营销管理者虽然能分析认识市场营销环境，但无法摆脱环境的约束，也无法控制营销环境，特别是间接的社会力量更难以把握，比如企业不可能控制一个国家的人口增长、社会文化习俗等。但是，企业可以制定并不断调整市场营销策略，主动适应环境的变化和要求。"适者生存"既是自然界演化的法则，也是企业营销活动的法则。

3.1.2.2　差异性

不同的国家、民族、地区之间在人口、经济、社会文化、政治、法律、自然地理等各方面均存在着巨大的差异；不同的企业之间，微观环境也千差万别。例如，各个地方政府都会制定鼓励某些产业发展、同时限制某些产业发展的政策，因此处于不同产业领域的企业所面对的政策环境是不同的。即使处于同一产业领域的企业，由于目标市场和定位的差异，他们的竞争者、营销渠道等环境因素也不尽相同。这就要求企业要善于分析自己所处环境与其他企业所处环境的不同，制定具有企业特色的营销策略。市场营销环境的差异性不仅表现在不同的企业受不同环境的影响，而且表现在同样一种环境因素的变化对不同企业的影响也不相同。例如，互联网的发展使线上购物成为零售终端的主流模式，而风靡一时的大型购物中心却因此受到巨大冲击。正是由于外界环境因素的差异性，企业要想始终保持竞争力，就要对市场环境进行深入的分析，采取有针对性的营销策略，从而保证与市场环境相吻合。

3.1.2.3 相关性

市场营销环境是一个系统，构成环境的各种因素间存在着相关性，某一因素的变化会带动其他因素的相互变化，从而形成新的营销环境。例如人口的增加会带来更大的市场规模，但也可能会导致人均收入水平下降，从而使消费结构发生变化；营销渠道的变化也可能改变产业领域内各企业的竞争结构，一个企业市场份额的增加或减少，必然导致其与竞争者之间的力量强弱对比变化，并由此影响公众的态度；文化水平的提高和科学技术的进步会推动经济的发展；而法律法规是企业进行经济活动的行为准则，这些准则的变动，也必然会影响到企业的发展。

3.1.2.4 动态性

营销环境是企业营销活动的基础和条件，但这并不意味着营销环境是静止的、一成不变的。构成营销环境的诸因素都受众多因素的影响，每一环境因素都会随着社会经济的发展而不断变化。例如，2020年开始的新冠疫情改变了国民的行为方式和生活习惯，呈现了线上化、健康化、便捷化、非接触式消费的四大趋势，也使在线教育、远程医疗、远程办公、智慧餐厅等消费场景成为行业关注热点。营销环境的变化，既会给企业提供机会，也会给企业带来威胁。当然，市场营销环境的变化是有快慢大小之分的，比如，科技、经济等因素的变化相对快而大，因而对企业营销活动的影响相对短且跳跃性大；而人口、社会文化、自然因素等相对变化较慢较小，因而对企业营销活动的影响相对长而稳定。因此，企业必须时刻观察市场动态，以敏锐的头脑分析市场环境，从而发现市场机会。对蕴含巨大潜力的市场，如果企业能够较早地通过市场环境的变幻捕捉到市场机会以及对运营模式变革的需求，就能较早地抢占竞争优势。

面对市场营销环境的变化，企业制定的应对策略能否取得成功，关键在于企业能否对环境变化的趋势做出正确判断和适时把握企业机会。为此，企业应注意做好以下工作：

（1）重视和加强对企业营销环境变化的监测。现在，企业对营销环境变化进行监测和研究的重视程度是前所未有的。许多企业不仅建立了专门的组织和委派了专职人员进行持续不断的监测，而且明确由企业内部的一名高层决策人员负责该项工作。建立并有效运行这种预警系统，可以使企业对营销环境变化的趋势有一个系统的、全面的和比较客观的分析，进而使企业采取相应的对策也就有了较坚实的基础。

（2）重视和增强企业战略的可调整性。企业要力图通过自己的努力，建立一个适合本企业或组织发展的战略目标体系。此目标体系应当留有充分的可调整的空间和余地，一旦遇到环境变化，便能够及时地做出反应和采取适当的对策。

【材料3-1】

中国消费市场
规模与发展趋势

3.2 微观营销环境分析

微观营销环境包括企业本身、供应商、营销中介、顾客、竞争者和社会公众等因素。

微观营销环境与企业形成了协作、竞争、服务与监督的关系，直接影响着企业为目标市场服务的能力。

企业在分析外部营销环境前，必须先分析企业的内部条件或内部营销环境。企业内部由各职能部门组成，营销部门与行政、财务、研发、采购、生产等诸多部门构成了一个系统组织。营销部门又由品牌人员、市场研究人员、新媒体及促销人员、销售经理及销售代表等组成。各部门一方面独立地开展本职工作，另一方面又不可避免地与其他部门发生联系。部门之间既有多方面的合作，也存在着工作目标不同和争取资源方面的矛盾。各职能部门的业务状况和协调关系，会直接影响企业整个营销活动的决策和实施效果。因此，营销部门在制订营销目标与计划、开展营销活动时，首先要充分考虑企业内部环境因素，处理好各部门之间的关系，进行有效沟通与协调，争取高层管理部门和其他职能部门的理解和支持，营造良好的企业内部环境。

3.2.1 供应商

供应商是向企业及其竞争者提供生产经营所需资源的企业或个人，包括提供原材料、零配件、设备、能源、服务、资金及其他用品等的企业和个人。供应商对企业营销业务有实质性的影响，其所供应的原材料数量和质量将直接影响产品的数量和质量，所提供的资源价格会直接影响产品成本、价格和利润。供应商对企业供货的稳定性和及时性，是企业营销活动顺利进行的前提。实力强的供应商，可以通过限制必备元件的生产来提高价格，进而影响企业在竞争中的地位。企业对供应商的影响力要有足够的认识，应尽可能与其保持良好的关系，并开拓更多的供货渠道，甚至采取逆向发展战略，兼并或收购供应商企业。

为保持与供应商的良好合作关系，企业必须和供应商保持密切关系，及时了解供应商的变化与动态，使货源供应在时间和连续性上能得到切实保证；除了保证产品本身的内在质量外，还要有各种售前和售后服务；对主要原材料和零部件的价格水平及变化趋势，要做到心中有数，应变自如。根据不同供应商所供货物在营销活动中的重要性，企业对为数较多的供应商，可按照资信状况、产品和服务的质量与价格等进行等级分类，以便合理协调、抓住重点、兼顾一般。为了减少供应商的影响和制约，企业必须避免过于依赖单一的供应商，而尽可能地联系多个供应商。

3.2.2 营销中介

营销中介主要是指协助企业推广和分销产品给最终消费者的机构，包括中间商、物流机构、营销服务机构和金融机构。营销中介是企业市场营销活动中不可缺少的一环，只有通过有关营销中介提供的服务，企业才能把产品顺利地送到目标消费者手中。

3.2.2.1 中间商

中间商是协助企业寻找消费者或直接与消费者进行交易的商业企业，包括商人中间商和代理中间商。商人中间商（如批发商、零售商等）购买商品进行再销售，拥有商品所有权。代理中间商（如代理人、经纪人、制造商代表等）专门介绍客户或与客户协商交易合同，但并不拥有商品所有权。由于中间商对企业产品从生产领域流向消费领域具有极其重要的影响，企业必须选择使用合适的中间商，保持与中间商的良好关系，有效激励中间商，发挥其在产品分销方面的作用，促进产品的销售。

3.2.2.2 物流机构

物流机构是指协助厂商储存并把货物运送至目的地的专业组织，其职能包括包装、运输、仓储、装卸、搬运、库存控制和订单处理等方面，可为企业创造时间和空间效益。近年来，物流在商业中的价值变得愈发明显和重要，企业要从成本、速度、安全性和方便性等因素考虑制定合理的物流策略，选择合适的物流机构合作。

3.2.2.3 营销服务机构

营销服务机构是个广义的范畴，主要指为厂商提供营销服务的各种机构，包括市场调研公司、财务公司、广告公司、各种广告媒体和营销咨询公司等，其所提供的专业服务是企业营销活动不可缺少的。企业可自设营销服务机构，也可委托外部营销服务机构代理有关业务，并定期评估其绩效。

3.2.2.4 金融机构

金融机构是指协助企业融资或分担商品购销储运风险的机构，如银行、信托公司、保险公司等。金融机构不直接从事商业活动，但对工商企业的经营发展至关重要。在市场经济中，企业间的财务往来要通过银行结算，企业财产和产品要通过保险取得风险保障，银行贷款利率上升会增加企业成本，而信贷来源受到限制更会使企业陷入困境。同时，各类金融平台提供的消费贷也能帮助企业提升目标市场的短时购买力，从而扩大市场规模，增加商机。因此，企业应与这些机构保持良好的关系，以保证融资及信贷业务的稳定和渠道的畅通。

3.2.3 顾客

顾客即购买者，这里指所有向企业购买产品、服务的组织和个人，包括居民购买者和组织购买者。居民购买者就是消费者，组织购买者包括生产者、中间商、政府和社团等。购买者是最重要的微观环境因素，决定着企业的成败，营销者必须认真研究分析不同购买者的购买行为，以便采取适当的营销对策。购买者的购买动机千差万别，并且存在不断变化的需求，因此要求企业以不同的方式提供相应的产品和服务，进而影响着企业营销策略的制定和竞争能力的形成。企业面对的挑战是，如何对市场中不断改变的需求保持敏感，找出没有被满足的市场需求并抓住客户群，从而把握住发展的机遇。

3.2.4 竞争者

只要存在着商品生产和商品交换，就必然存在着竞争。从行业、产业角度来看，有提供相同或相似、可相互替代的产品或服务的企业；从市场、顾客角度来看，有为相同或相似顾客服务的企业。在市场营销实践中，目标市场往往不可能为某一家企业所垄断，大量的竞争者会形成激烈的竞争局面。此外，还有来自代用品生产者、潜在加入者、原材料供应者和购买者等多种力量的竞争。复杂的竞争因素影响着行业格局，也影响着企业的市场地位和利润空间。所以企业除了需要认真研究现实和潜在的消费者，还必须认真研究其竞争者。

从消费需求的角度来看，竞争者可以分为以下四种类型：

（1）品牌竞争者：提供不同品牌的相同规格、型号的同种产品的企业。

（2）形式竞争者：提供不同形式（款式、规格、型号）的相似、同类产品的企业。

（3）一般竞争者：提供不同品种的相近产品，以不同方式满足顾客同种愿望、需要的企业，也称为平行竞争者。

（4）愿望竞争者：提供不同类的产品，满足不同顾客愿望、需要，但与自己争夺同一顾客群的有限购买力的企业，也称为隐蔽竞争者。

就像菲利普·科特勒所说："别克汽车所面临的竞争对手不只是汽车制造商，还包括摩托车、自行车、卡车的制造商。最后，进一步广泛地说，竞争对手指所有竞争相同顾客的'钱包'的公司，别克汽车将与所有销售、提供耐用消费品、国外旅游、新房子、房屋装修等的公司竞争。公司应当避免'竞争者近视症'。公司可能被潜在的竞争者而非现在的对手打败。"也正如美国 20 世纪 30 年代"大萧条"时期，接管日趋没落的凯迪拉克汽车公司的经营者意识到的那样，那些肯花 7000 美元买一辆凯迪拉克的人，不是为了买一个交通工具，而是为了体现自己的声望地位，凯迪拉克汽车实际上是在同钻石和貂皮大衣竞争。这一观念的转变，使凯迪拉克公司取得了长足发展。

竞争对手的状况将直接影响企业的营销活动，无论是在产品销路、资源，还是在技术力量方面的对峙，常常是此消彼长的。因此，企业必须清楚地了解以下情况：竞争企业的数量有多少；竞争企业的规模和能力的大小强弱；竞争企业对竞争产品的依赖程度；竞争企业所采取的营销策略及对其他企业策略的反应程度；竞争企业借以获取优势的特殊的原材料来源及供应渠道。

3.2.5　社会公众

公众原泛指面临共同问题，有共同目的、利益、兴趣、意识等且联系在一起的社会群体。这里的社会公众是狭义的，指对一个组织完成其目标的能力有着实际或潜在兴趣或影响的群体。由于公众会对企业发展产生重要的影响，大多数企业都建立了公共关系部门，以采取积极的措施来处理与主要公众之间的关系。公共关系部门负责收集与企业有关的公众意见和态度，发布消息、沟通信息，以建立信誉。企业所面临的社会公众主要有以下几种：

3.2.5.1　金融公众

金融公众是指影响企业融资能力的机构或个人，比如银行、投资公司、证券公司、股东等。企业可以通过发布真实而乐观的年度财务报告，回答关于财务问题的询问，稳健地运用资金，在金融公众中树立信誉。

3.2.5.2　媒体公众

媒体公众主要指大众传媒，如报社、通讯社、杂志社、出版社、公共信息服务网站等专门向大众广泛、大规模传播信息的新闻机构及其工作人员，此外也包括各种新媒体平台的运营主体和拥有众多粉丝的自媒体工作者。他们掌握传媒工具，有着广泛的社会关系，能直接影响社会舆论对企业的认识和评价。企业必须与媒体建立友善的关系，争取更多、更好的有利于本企业的新闻、特写、社论等，创造良好的舆论环境。

3.2.5.3 政府公众

政府公众主要指与企业营销活动有关的各级政府机构部门。它们所制定的方针、政策，对企业营销活动或是限制，或是支持。同时有些政府部门还直接负责监管企业经营活动。企业一旦取得政府公众的支持和帮助，其营销活动就会非常顺利和高效。企业的发展战略与营销计划必须和政府的发展计划、产业政策、法律法规保持一致，要注意咨询有关产品安全卫生、广告真实性等法律问题，倡导同业者遵纪守法，并向有关部门反映行业的实情，争取有利于产业发展的立法。

3.2.5.4 社团公众

社团公众是指与企业营销活动有关的各类群众团体，如消费者协会、行业协会、商会、工会、青联、妇联、文联、科协、市场学会等非政府组织。企业营销活动关系到社会各方面的利益，必须密切注意来自这些社团公众的意见和建议，及时调整企业营销决策。

3.2.5.5 社区公众

社区公众是指企业附近的居民、单位和社区组织。社区是企业的邻里，企业在其营销活动中，要避免与周围公众的利益发生冲突，保持与社区的良好关系，为社区的发展做出一定的贡献，这样做有助于企业形象的提升。

3.2.5.6 一般公众

一般公众是指上述各种公众之外的社会公众。这些公众还可分为现实公众和潜在公众；顺意公众(持赞同、支持态度者)、逆意公众(持反对态度者)和独立公众(持中间态度或态度不明朗或未表态者)；稳定性公众、临时性公众以及流散性公众。其中，影响力强的政府官员、社会名流、专家学者、大众传媒(网络)、群众团体是社会公众的"意见领袖"，能影响大量的"意见追随者"。企业需要了解公众对其产品及活动的态度，力争在他们心中建立良好的企业形象，为企业发展和品牌营销创造良好的社会基础。

3.2.5.7 内部公众

内部公众主要指企业的员工，包括高层管理人员和一般员工。企业的营销计划需要全体员工的充分理解、支持和具体执行。企业应该经常向员工通报有关情况，介绍企业发展计划，激发员工的工作责任感，有效发挥他们的聪明才智，同时关心员工福利，提高员工满意度，增强内部凝聚力。这样做不但能为顺利实现企业的营销目标提供良好的支持，而且员工的责任感和满意度也会传播并影响外部公众，从而有利于塑造良好的企业形象。

3.3 宏观营销环境分析

宏观营销环境是指可能给企业营销活动带来市场机会和环境威胁的一系列社会力量

和外部因素，包括人口环境、经济环境、自然环境、科技环境、政治法律环境、社会文化环境等因素。企业及其微观营销环境的参与者，无不处于宏观营销环境之中，并受其影响。宏观营销环境因素对所有在同一领域或地域范围中的企业是相同的，但同一领域或地域范围中的不同企业受到的影响程度却不尽相同。分析宏观营销环境的目的在于更好地认识环境，通过制定有利的营销战略和策略，努力适应并利用社会环境及其变化，把握机会、规避风险，以实现企业的营销目标。

【案例3-1】

Costco 成功试水中国

3.3.1　人口环境

人口是构成市场的第一位因素。市场是由有购买欲望同时又有支付能力的人构成的，人口数量直接影响市场的潜在容量，尤其是生活必需品的市场容量。人口环境指的是与人的因素相关的环境总和，包括性别、年龄、民族、婚姻状况、职业、密度、居住分布、流动性、文化教育等，它对市场格局产生影响，也影响企业的营销活动。

3.3.1.1　人口数量

一个国家或地区总人口数量多少，是衡量市场潜在规模的一个基本要素。经济学家指出，如果一个国家的劳动年龄人口占总人口的比重较大，抚养负担比较轻，则为经济发展创造了有利的人口条件，这一现象称为"人口红利"。反之，当人口下降时，经济就会衰退。2021 年中国人口总数超 14 亿，城镇人口占全国人口比例高达 64.72%。随着人民收入不断提高，中国无疑已成为世界最大的潜在市场。但随着人口出生率的下降，中国迎来人口拐点，这意味着中国的经济增长模式将从人口红利向人才红利转变，由高端产业带动 GDP 增长。

【材料3-2】

我国全面开放
三孩生育政策

3.3.1.2　人口结构

（1）年龄结构。不同年龄的消费者对商品和服务的需求是不一样的。不同的年龄结构就形成了各自具有年龄特色的市场。企业了解了不同年龄结构所具有的需求特点，就可以决定企业产品的研发方向，更加精准地找到目标市场。当前，许多国家人口老龄化加速，人类寿命延长，死亡率下降。人口老龄化是当今世界发展的必然趋势。我国 2021 年人口统计数据表明，65 岁及以上人口占总人口的 13.5%，按照联合国的划分标准，我国已接近老龄化社会。随着老年人口绝对数和相对数的增加，银色市场日渐形成并迅速扩大。一个老龄化的社会，其消费品必然更多地面向老年人，对医疗、护理、养老等行业的需求也都会增加。而出生率的下降，会给婴幼儿商品、教育等行业生产经营者带来威胁，但同时也使年轻夫妇有更多的闲暇时间用于旅游、娱乐和在外用餐。

（2）性别结构。性别差异会给人们的消费需求带来显著的差别，反映到市场上就会出现男性用品市场和女性用品市场。企业可以针对不同性别的不同需求，生产适销对路的产品，制定有效的市场营销策略，开发更大的市场。

（3）教育与职业结构。人的教育程度与职业不同，对市场需求也会表现出不同的倾向。随着高等教育规模的扩大，人们的受教育程度普遍提高，收入水平也逐步增加，健康、美容、技术、旅行、金融服务、豪华汽车、奢侈食品和娱乐行业等，成为市场增长潜力巨大的主要行业。

（4）家庭结构。家庭是商品购买和消费的基本单位。家庭的生命周期阶段、家庭构成、家庭成员平均人数对市场需求总量和结构都有十分重要的影响。两口之家和有孩家庭的生活方式和消费结构有明显的不同，而选择晚婚或单身的人群增加，其高收入和繁忙的工作会促进方便食品和便捷购物的市场繁荣。

（5）民族结构。我国是一个统一的多民族国家。民族不同，文化传统、生活习性也不相同，具体表现在各民族在饮食、居住、服饰、礼仪等方面的消费需求都有自己的风俗习惯。企业营销要重视民族市场的特点，开发符合民族特性、受其欢迎的商品。

3.3.1.3 人口的密度和地理分布

人口分布是企业确定目标市场和渠道分布的前提。人口的密度是指一定时间内一定地区的居住人数与该地区的土地面积之比，通常以每平方公里居民人数表示。人口在地区上的分布，关系市场需求的异同。所处的地理位置不同，人们对商品的需要也会有着明显的差别。这些差别表现在衣、食、住、行等各个方面。人口的密度和地理分布还与人口的流动有关。当前，我国的一个突出现象就是农村人口向城市流动，内地人口向沿海发达地区流动。企业营销人员应关注到这些地区消费者需求不仅在量上增加，而且也会引起消费结构的变化，这就要求企业提供更丰富的产品和服务才能满足不同消费者的需求。

3.3.2 经济环境

经济环境指企业营销活动所面临的外部社会经济条件。经济环境影响供给和需求，因而对企业成功与否影响重大，是影响企业营销活动的主要环境因素，一般包括经济发展状况、收入、消费者支出模式和消费结构、消费者的储蓄和信贷等。

3.3.2.1 经济发展状况

经济发展状况主要指一个国家或地区总的经济发展水平和发展状况。在经济全球化的条件下，国际经济状况也是影响企业营销活动的重要因素。企业应重点分析两个方面的内容：经济发展阶段和经济发展态势。处在不同经济发展阶段和经济发展态势不同的国家或地区，呈现不同的市场需求特征，进而会影响企业的市场营销活动。

（1）经济发展阶段。罗斯托在《经济成长的阶段》一书中将世界经济发展进程分为六个阶段，每个阶段的需求规模及结构具有明显的差异。

第一阶段为传统经济社会阶段。以自然经济为主是这一阶段的经济特征。处于这一阶段的国家，难以形成有效的市场需求，仅对有限范围内的生活必需品有少量需求。

第二阶段为经济起飞前的准备阶段，指一国或地区的经济正向起飞阶段过渡。这一阶段，现代科学技术已经得到应用。大部分发展中国家都处于这一阶段。这种国家对劳动密集型产业的生产设备和技术有一定需求，人均收入的增长也扩大了对消费品的需求。

第三阶段为经济起飞阶段。这一阶段，国家或地区经济增长，工农业向现代化迈进，经济的发展为产业用品提供了大量的市场机会，消费品市场也具有相当规模，对耐用消费品的需求不断增加。

第四阶段为经济成熟阶段。这一阶段，经济稳定持续发展，高新技术得到广泛应用，农业在经济中所占比重明显下降，与国际经济的联系进一步密切，对外贸易迅速发展。同时，对资本密集型和技术密集型产业的设备需求增加；人民收入迅速增长，对耐用消费品的需求急剧上升，用于休闲、娱乐方面的支出增加。

第五阶段为大众高度消费阶段。这一阶段，工业高度发达，社会服务部门发展迅速，服务性消费支出占有较大比重，社会进入大量生产、大量消费的阶段。

第六阶段为追求生活质量阶段。这一阶段，主导部门是公共服务业和私人服务业，主要提供劳务享受。

属于前三个阶段的国家称为发展中国家，而处于后三个阶段的国家称为发达国家。

（2）经济发展形势。国内和国际经济的总体形势可以对企业的繁荣产生深远的影响。经济往往会根据"商业周期"来波动。20 世纪早期到中期，很多世界经济体经历了重要的经济增长阶段，这主要是由发展中国家的不断增长的需求以及西方发达市场的廉价信贷的可获得性推动的。许多行业的命运，如零售业、服务业、耐用消费品和商品业，都与这种经济模式密切相关。经济全球化使国与国之间的联系日益紧密，相互依存度增加。2007年发源于美国的"次贷"危机，迅速波及全球，引发全球性的金融危机，并影响到实体经济，使世界经济增长明显减速。我国沿海企业出口产品积压，出口外销型企业纷纷倒闭，对外投资大幅缩水，房地产剧烈下滑，相关行业全面亏损，股市下跌。在全球的联合干预下，金融危机的应对取得初步成效。2009 年世界经济从急跌到企稳回升，开始由衰退走向复苏。此外，经济全球化加剧了发展不平衡，一些国家内部的贫富差距加大，发达国家与发展中国家的经济鸿沟也进一步扩大。发达国家失业率上升，贫困人口增加，社会、政治矛盾凸显；一部分发展中国家被边缘化，国际竞争力越来越弱，影响国内稳定。同时，国际贸易争端增加，贸易保护主义抬头，国与国之间的竞争加剧。就我国国内形势而言，虽然经济保持高速增长，极大地增强了综合国力，人民生活得到了显著改善，但仍存在经济发展不够平衡、经济结构不尽合理、贫富差距增加和就业压力加大等困难与问题。企业的生存和发展离不开国际和国内经济背景，企业要注意经济形势的复杂性和多变性，力求准确认识与判断，善于从中把握机遇，制定市场营销战略，规划市场营销活动。

3.3.2.2　收入

收入因素是构成市场的重要因素，甚至是极为重要的因素。市场需求是指有支付能力的购买者的需求。收入水平表现在市场上就是实际购买力的高低。收入水平越高，市场的容量就越大。收入指标反映收入水平的高低，它是由一系列指标构成的。

（1）国内生产总值。它是衡量一个国家经济实力与购买力的重要指标。国内生产总值增长越快，对商品的需求和购买力就越大，反之就越小。

（2）个人收入。即城乡居民从各种来源所得到的收入。各地区居民收入总额可用来衡量当地消费市场的容量，也在一定程度上决定商品需求的构成，人均收入多少则反映了购买力水平的高低。我国统计部门每年采用抽样调查的方法，取得城镇居民家庭平均每人全年收入、农村居民家庭平均每人全年总收入和纯收入等数据。一般来说，人均收入增长，对商品的需求和购买力就增大，反之就减小。

（3）个人可支配收入。这是指在个人收入中减除缴纳税金和其他经常性转移支出后，可用于消费或储蓄的那部分收入，它构成了实际的购买力。个人可支配收入是影响消费者购买生活必需品的决定性因素。

（4）个人可任意支配收入。在个人可支配收入中，有相当一部分要用来维持个人或家庭的生活以及支付必不可少的费用，只有在可支配收入中减去这部分维持生活的必需支出（比如房租、水电、食物、衣着等开支），剩下的才是个人可任意支配收入。这部分收入是消费需求变化中最活跃的因素，也是企业开展营销活动时要考虑的主要对象。这部分收入一般用于购买高档耐用消费品、娱乐、教育、旅游等，是影响非生活必需品或服务需求的主要因素。

3.3.2.3 消费者支出模式和消费结构

随着消费者收入变化，消费者支出模式会发生相应变化，继而使一个国家或地区的消费结构也发生变化，西方一些经济学家通常用恩格尔系数来反映这种变化。19 世纪德国统计学家恩格尔根据统计资料得出消费结构变化之间的规律。恩格尔所揭示的这种消费结构的变化通常用恩格尔系数来表示，即恩格尔系数=食品支出金额/家庭消费支出总额。恩格尔系数越小，食品支出所占比重越小，说明生活越富裕，生活质量越高；恩格尔系数越大，食品支出所占比重越高，表明生活越贫困，生活质量越低。

恩格尔系数是衡量一个国家、地区、城市、家庭生活水平高低的重要参数。根据联合国粮农组织提出的标准，恩格尔系数 59% 以上为贫困，50%～59% 为温饱，40%～50% 为小康，30%～40% 为富裕，低于 30% 为最富裕。企业根据恩格尔系数可以了解目前市场的消费水平，也可以推知今后消费变化的趋势及对企业营销活动的影响。

除消费者收入外，消费者支出模式还受到以下两个因素的影响。

（1）家庭生命周期的阶段影响。据调查，没有孩子的年轻人家庭，往往把更多的收入用于购买冰箱、电视机、家具、陈设品等耐用消费品上；拥有孩子的家庭，往往在孩子的娱乐、教育等方面支出较多，而用于购买家庭消费品的支出较少。当孩子长大独立生活后，家庭收支预算又会发生变化，用于保健、旅游、储蓄等方面的支出会增加。

（2）家庭所在地的影响。如住在农村与住在城市的消费者相比，前者用于交通方面的支出较少，用于农业投入方面的支出较多，而后者用于衣食、交通、娱乐方面的支出较多。

消费结构是指在消费过程中人们所消耗的各种消费资料的构成，即各种消费支出占总支出的比例关系。优化的消费结构是优化的产业结构和产品结构的客观依据，也是企业开展营销活动的基本立足点。改革开放四十多年，我国消费者支出发生了很大变化，具体表现为：随着家庭收入的增加，用于食品的开支占收入的百分率保持不变，用于住房、教育等方面的开支占收入的百分比上升。

3.3.2.4 消费者的储蓄和信贷

消费者的购买力还要受储蓄和信贷的直接影响。当收入一定时，储蓄越多，现实消费量就越小，但潜在消费量却很大；反之，储蓄越少，现实消费量就越大，但潜在消费量却很小。储蓄目的的不同，往往影响到潜在需求量、消费模式、消费内容、消费发展方向。这就要求有效的产品和劳务。例如，1979 年中国放宽对家用电器产品的进口时，日本电视机厂商发现，尽管中国人可任意支配的收入不多，但中国人有储蓄习惯，且人口众多。于是，他们决定开发中国黑白电视机市场，不久便获得成功。当时，西欧某国电视机厂商虽然也来中国调查，却认为中国人均收入过低，市场潜力不大，结果贻误了时机。

消费者信贷就是消费者凭信用先取得商品使用权，然后按期归还贷款，以购买商品，这实际上是消费者提前支取未来的收入，提前消费。信贷消费允许人们购买超过自己现实购买力的商品，从而创造了更多的就业机会、更多的收入及更多的需求；同时，消费者信贷还是一种经济杠杆，可以调节积累与消费、供给与需求的矛盾。西方国家广泛存在的消费者信贷对购买力的影响也很大。比较盛行的消费者信贷主要有短期赊销、购买住宅分期付款、购买昂贵的消费品分期付款、信用卡信贷等几类。随着我国商品经济的日益发达，人们的消费观念大为改变，信贷消费方式也逐步开展起来。值得注意的是，过度消费信贷也会带来风险，甚至引发经济危机。

3.3.3　政治法律环境

政治和法律环境可以通过制定开展商业活动的规则来影响市场营销决策，是影响企业营销的主要宏观市场环境因素。政治环境引导企业营销活动的方向，法律环境为企业规定经营活动的准则，两者相互联系，共同对企业的市场营销活动产生作用。

3.3.3.1　政治环境

政治环境是指企业市场营销活动的外部政治形势和状况。良好的政治格局是国家发展经济、企业从事市场营销活动最基础的保障。社会稳定、民族和谐的状况不仅影响经济发展和人民收入，而且影响人们的心理预期，导致企业经营和市场需求的变化。国家的发展方针、政府政策规定了国家经济发展的方向和速度，也直接关系到社会购买力和市场需求的增长。政府制定的一系列具体政策，如人口政策、能源政策、物价政策、财政政策、货币政策等都会对企业营销活动带来直接或间接的影响。例如，国家通过降低银行利率或增加购买补贴来刺激消费的增长；通过征收个人所得税来调节消费者收入的差距，从而影响购买力；通过增加产品税，如对香烟、酒等商品增税来抑制人们的消费需求。

在国际政治环境的分析中，尤其要关注"政治权力"与"政治冲突"对企业营销活动的影响。政治权力往往表现为由政府机构通过采取某种措施约束外来企业或产品，如进口限制（配额、苛刻的技术标准）、外汇控制、劳工限制、绿色壁垒等。政治冲突是指国际上的重大事件与突发事件，如政变、暴动、战争等，它对企业市场营销的影响可能是灾难性的。

3.3.3.2　法律环境

法律环境是指国家或地方政府颁布的各项法规、法令和条例等。法律环境对市场需求的形成和实现具有一定的调节作用。熟悉法律环境，既有助于企业按照法律规范开展市场营销活动，又有助于企业运用法律手段保障自身利益。市场营销活动中正当的竞争是在法律保障下进行的，在法律允许的范围内企业可以充分发挥自身的管理能力、技术能力、营销能力。

对从事国际营销活动的企业来说，不仅要遵守本国的法律制度，还要熟悉和遵守外国的法律制度和有关的国际法规、惯例和准则。例如，欧洲国家新规定了禁止销售不带安全保护装置的打火机，这无疑限制了中国低价打火机的出口。日本政府也曾规定，任何外国公司要进入日本市场，都必须要找一个日本公司合伙，以此来限制外国资本的进入。只有掌握这些国家的相关政策，才能制定有效的营销策略，在国际营销中争取主动权。

3.3.4　社会文化环境

社会文化是指一个社会的民族特征、价值观念、生活方式、风俗习惯、伦理道德、教育水平、语言文字、社会结构等的总和。它主要由两部分组成：一是全体社会成员所共有的基本核心文化，二是随时间变化和外界因素影响而容易改变的社会亚文化。人类在某种社会中生活，必然会形成某种特定的文化。不同国家或地区的人民、不同的社会与文化，代表着不同的生活模式，对同一产品可能持有不同的态度，会直接或间接地影响产品的设计、包装，信息的传递方法，产品被接受的程度，分销和推广措施等。社会文化因素通过影响消费者的思想和行为来影响企业的市场营销活动。所以，企业在从事市场营销活动时，应重视对社会文化的调查研究，并做出适应的影响决策。社会文化包含的内容很多，以下是几个与现代企业营销关系较为密切的社会文化因素。

3.3.4.1　教育水平

教育是按照一定目的要求，对受教育者施以影响的一种有计划的活动，是传授生产经验和生活经验的必要手段，反映并影响着一定的社会生产力、生产关系和社会经济状况。教育程度不仅影响劳动者收入水平，而且影响消费者对商品的鉴别力，影响消费者心理、购买的理性程度和消费结构，从而影响企业营销策略的制定和实施。

3.3.4.2　宗教信仰

人类的生存活动充满了对幸福、美好的向往和追求。在生产力低下、人们对自然现象和社会现象迷惑不解的时期，这种追求容易带着盲目崇拜的宗教色彩。沿袭下来的宗教色彩，逐渐形成一种模式，影响人们的消费行为。某些国家和地区的宗教组织在教徒购买决策中也有重大影响。一种新产品出现后，宗教组织有时会提出限制或禁止使用，因为认为该商品与宗教信仰相冲突。所以企业可以把影响大的宗教组织作为自己的重要公共关系对象，在营销活动中也要针对宗教组织设计适当方案，以避免由于矛盾和冲突给企业营销活动带来损失。

3.3.4.3　价值观念

价值观念指人们对社会生活中各种事物的态度和看法。不同的文化背景下，人们的价值观念差异很大，影响着消费需求和购买行为。对于不同的价值观念，营销管理者应研究并采取不同的营销策略。一种新产品的出现，可能会引起社会观念的变革。而对于一些注重传统、喜欢沿袭传统消费方式的消费者，企业在制定促销策略时应把产品与目标市场的文化传统联系起来。例如我国出生于 1995 年至 2009 年的"Z 世代"消费者，热爱中国传统文化，文化自信感强。他们热衷于追捧具有国潮元素的产品，这种价值观念带动了一批国风品牌的崛起，为中国消费市场带来了新的经济增长点。

3.3.4.4　消费习俗

消费习俗是指人们在长期经济与社会活动中形成的一种消费方式与习惯。研究消费习俗有利于消费用品的生产与销售，了解目标市场消费者的禁忌、习惯、避讳等也是企业进行市场营销活动的重要前提。

3.3.4.5　审美观念

审美观念通常是指人们对事物的好坏、美丑、善恶的评价。不同的国家、民族、宗教、阶层和个人，往往因社会背景不同，审美标准也不尽一致。不同的审美观念对消费的影响是不同的。现代企业应了解不同的审美观念所引起的不同消费需求，特别是要把握不同文化背景下的消费者审美观念及其变化趋势，有针对性地制定市场营销策略。

在研究社会文化环境时，我们还要重视亚文化群对消费需求的影响。每一种社会文化的内部都包含若干亚文化群。因此，企业市场营销人员在进行社会和文化环境分析时，可以把每一个亚文化群视为一个细分市场，生产经营适销对路的产品，满足消费者需求。

3.3.4.6　语言文字

语言文字是社会文化构成的要素之一，也是人类进行交流的基本工具。不同国家、不同地区、不同民族往往都有自己独特的语言文字，即使是同一个国家或地区，其语言文字也可能不完全相同。所以企业在进入一个新的市场时，必须考虑语言文字的运用。

3.3.5　技术环境

技术对人们生活和企业命运有着重大的影响。科学技术是社会生产力的新的和最活跃的因素。新技术革命既给企业市场营销造就了机会，也可能带来威胁。企业的机会在于寻找和利用新技术，开发新的更加适合消费者需求的产品和服务。但新技术的突然出现，加快了现有产品更新换代，又会使企业面临新的威胁。例如，1948 年晶体管诞生后，晶体管行业很快取代了原有的电子管行业。但是，后来大规模集成电路的发明，又直接威胁了晶体管的生产与经营。再如，音乐数字技术的诞生，改变了传统唱片行业的运营模式和竞争格局。尽管这些毁灭是积极和充满生机的，但对个别企业来讲，不主动认识和预见科技环境可能出现的变化，则蕴藏和潜伏着生存的危机。正因为如此，创新理论的创始人熊彼特认为"技术是一种创造性的毁灭"。

当前世界范围内新技术革命的兴起引起了各国的普遍关注，新技术革命对经济和社会的发展已经开始并将继续产生深刻影响。为了迎接新技术革命的挑战和防范新技术带来的冲击，有远见的政府和企业，在新技术研究和开发上不惜花费大量资金，提升创新能力，力争以技术优势来赢得产业或产品优势。

国家知识产权局统计数据显示，截至 2022 年 6 月，格力电器累计申请国内外专利100030 件，专利授权 57683 件。其中，发明专利申请量为 49963 件，PCT 专利申请量为2310 件，专利数量和质量稳步增长，创新发展动能持续增强。值得一提的是，从 2016 年起，格力电器发明专利授权量连续六年稳居全国前十，2021 年位居全国第七，也是家电行业唯一一家进入前十的企业。正是依靠科技创新提高产品竞争力，格力电器才从一个年产值不足 3 亿元、年产量不足 2 万台的专业化空调企业发展成年产值超 2000 亿元的多元化科技型工业集团。当今世界正经历百年未有之大变局，新一轮科技革命和产业变革深入发展，自主创新扮演着不可替代的重要角色，发挥着不可或缺的能动作用。可以说，在创新驱动发展的路上，格力电器始终有着不变的初心和不懈的努力，正成为中国制造转型发展中的擎旗者。

3.3.6　自然环境

自然环境是指自然界提供给人类各种形式的物质资料，如阳光、空气、水、森林、土地等。营销中的自然环境因素主要是指营销活动所需要或受其影响的自然资源和生态环境。这种影响活动是相互的。当前，大气污染、温室效应、臭氧层破坏、土地沙漠化、自然灾害频发、水污染、海洋生态危机、物种濒危、垃圾难题、人口膨胀等问题愈加突出，自然资源短缺以及生态环境恶化已经威胁到人类的生存和发展，可持续发展成为世界各国都要足够重视的问题。因此，政府对自然资源和环境的管理日益加强，环保组织的影响日益增大，民众的绿色消费意识日益增强，生态营销、绿色营销成为企业维护社会长远福利的不二选择。

人们对自然资源和生态的关注，已经深深地影响着人们使用能源的方式及对资源消耗和产品性能的要求，节能减排成为政府和企业家们的共识。企业在多个领域研发太阳能、核能、风能及其他形式能源的实用性技术，市场空间巨大。仅在汽车市场，2021年全年全球广义新能源乘用车销量就达到了 937 万辆，插混、纯电动、燃料电池的狭义新能源车全球销量达到了 623 万辆，同比增长118%。其中中国新能源乘用车世界份额达到 53%，且市场走势强劲。目前节能减排生态保护涉及几乎所有的传统产业，并成为产业结构调整、产品技术研发的主旋律。

【材料3-3】

实现"双碳"目标
贵在统筹兼顾

3.4　营销环境分析

营销环境分析是企业制定市场营销策略的基础和依据。企业通过客观地分析环境，辨明营销环境的变化趋势及其对企业可能造成的影响，可从中正确地识别出有利因素和不利因素，结合自身的优势和劣势条件，有针对性地确定和调整自己的战略和计划。这种市场营销环境分析的方法也被称为 SWOT 分析法，即 strengths（优势）、weaknesses（劣势）、opportunities（机会）、threats（威胁）分析法。所谓 SWOT 分析，就是将与研究对象密切相关的各种主要内部优势、劣势、外部机会和威胁等，通过调查列举出来，并依据矩阵形式排列，然后用系统分析的思想，把各种因素相互匹配起来加以分析，从中得出相应的结论。

从整体上看，SWOT 可以分为两部分：第一部分为 S、W，主要用来分析内部条件；第二部分为 O、T，主要用来分析外部条件。企业利用这种方法可以从中找出对自己有利的、值得发扬的因素，以及对自己不利的、要避开的因素，进而发现存在的问题，找出解决的办法，并明确以后的发展方向，为领导者和管理者做决策和规划提供依据。

3.4.1　外部环境分析

环境中凡是对企业经营有利的因素，称为市场机会；而所有对企业经营不利的因素，称为市场威胁。机会和威胁不是绝对的，一家企业的不利因素，可能是另外一家企业的有利因素。这需要企业根据自身经营状况、资源状况以及环境变化进行综合分析，寻找机会，回避威胁。

3.4.1.1　环境机会分析

环境机会也称为市场机会、商机，本质上是指市场上存在的"未满足的需求"，其条件的形成既可能来源于宏观环境也可能来源于微观环境。为企业赢得利益的大小标明了市场机会的价值，市场机会的价值越大，对企业利益需求的满足程度也越高。评价市场机会价值大小主要考虑两个方面：一是机会给企业带来的潜在利益大小；二是机会的可行性强弱。

市场机会的潜力大小可以用市场需求规模、利润率和发展潜力来衡量。市场机会的可行性是指企业把握市场机会并将其化为具体利益的可能性。一个企业能否成功的决定性因素是企业家能否抓住关键的市场机会。但市场、环境机会并不等于每一个企业的营销机会，从特定企业角度来看，只有与该企业的经营目标、范围相一致，并有利于发挥该企业优势，能获得比其竞争对手更多利益的环境机会，才是对该企业富有吸引力的营销机会。企业在每一特定市场机会中成功的概率，取决于其经营实力同该市场客观需要的成功条件相符合的程度。按机会潜力大小和可行性强弱组合可构成市场机会价值评估矩阵图，如图3-2所示。

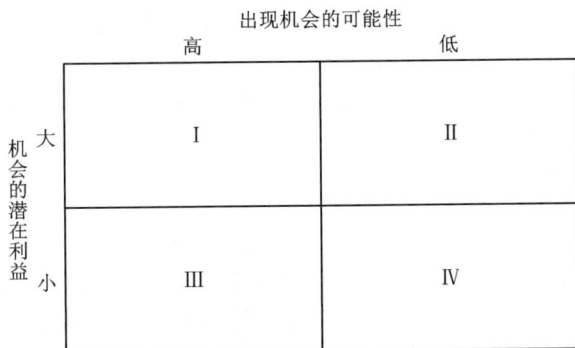

图 3-2　市场机会价值评估矩阵图

图3-2的四个区域中，区域Ⅰ是最好的市场机会，企业必须高度重视，因为它的潜在利益和出现的可能性都很大；区域Ⅱ和区域Ⅲ不是企业的主要市场机会，但也是企业不容忽视的，因为区域Ⅱ虽然出现的可能性低，但潜在利益很大；区域Ⅲ潜在利益小，但出现的可能性却很大，因此，企业必须注意区域Ⅱ和区域Ⅲ的特点，制定相应对策；区域Ⅳ的市场机会、潜在利益和出现可能性都很小，但要留意它的发展变化。

3.4.1.2 环境威胁分析

环境威胁又称为市场风险,是指营销环境中对企业营销不利或限制企业营销活动发展的各种因素总和。环境威胁主要来自两方面:一是环境因素直接对企业营销活动产生威胁,二是企业的目标或资源同环境机会相矛盾。因此,营销者要善于分析营销环境,识别环境威胁或潜在的环境威胁,并正确评估威胁的可能性和严重性,以采取相应的对策措施。

营销者对环境威胁的分析主要从两个方面考虑:一是分析环境威胁对企业的潜在严重性;二是分析环境威胁发生的可能性大小,如图3-3所示。

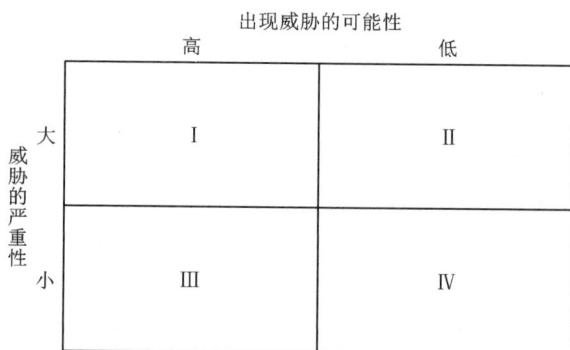

图 3-3 市场威胁矩阵图

图3-3所示的四个区域中,区域Ⅰ是企业的最大环境威胁,因为它的潜在威胁的严重性大,出现的可能性也大,企业必须高度重视、严密监视并及早制定应对策略;区域Ⅱ和区域Ⅲ不是企业的主要威胁,但企业也不能忽视,因为区域Ⅱ虽然出现的可能性较小,但潜在威胁性较大,区域Ⅲ虽然对企业影响不大,但出现的可能性很大;企业对区域Ⅳ的环境威胁也要加以留意,关注其发展趋势。

3.4.1.3 综合环境分析

在企业实际面临的客观环境中,单纯的环境威胁和市场机会是很少的。一般情况下,营销环境都是机会与威胁并存的综合环境,根据综合环境中威胁水平和机会水平的大小不同,可以将其描述为如图3-4所示的四种类型。

图3-4中,区域Ⅰ表示企业面对理想环境,即机会大和威胁水平低,利益大于风险。这是企业遇到的最好综合环境,企业应充分利用环境中的市场机会。对处在理想环境的业务(理想业务),企业应看到机会难得,甚至转瞬即逝,必须抓住机遇,迅速行动;否则,丧失战机,后悔不及。

区域Ⅱ表示企业面对风险环境,即机会大,环境威胁也大,机会和威胁同在,高风险和高收益共存。对这类环境的业务(风险业务),企业必须全面分析自身的优势与劣势,审慎决策,既不宜盲目冒进,也不应迟疑不决、坐失良机,要扬长避短,创造条件,争取突破性的发展。

威胁水平

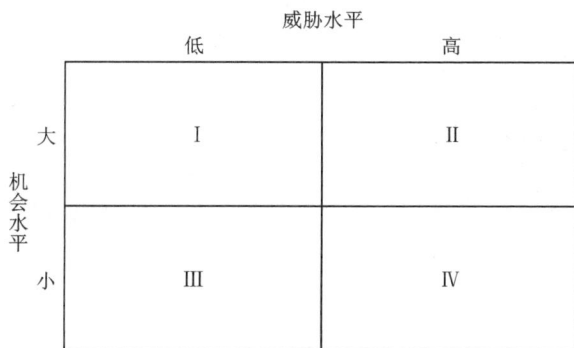

图 3-4　综合环境矩阵图

区域Ⅲ表示企业面对成熟环境，即机会小，威胁水平也比较低。这是一种比较平稳的环境。在这种情况下，企业要按常规经营，规范管理，以维持正常运转，为开展理想业务和冒险业务准备必要的条件。

区域Ⅳ表示企业面对困难环境，即风险大而机会小。这是企业遇到的最差综合环境。面对这样的环境，企业必须想办法扭转局面，走出困境或减轻威胁，必要时还必须果断决策，退出在该环境的经营。

企业是一个具有应变功能的组织生命体，应具备逐渐适应环境变化并寻找新的发展机会的本能。如果某环境造成企业长期连续的困境，就表明企业的应变功能存在严重缺陷，是企业内部管理的问题。

3.4.2　内部环境分析

识别环境中有吸引力的机会是一回事，拥有在机会中成功所必需的竞争能力是另一回事。每个企业都要定期检查自己在营销、财务、制造和组织能力等核心要素方面的优势与劣势，只有这样才能有的放矢地制定和调整竞争策略。

所谓竞争优势是指一个企业超越其竞争对手的能力，这种能力有助于实现企业的主要目标——赢利。但竞争优势并不一定完全体现在较高的盈利率上。竞争优势可以指消费者眼中一个企业或它的产品有别于其竞争对手的任何优越的东西，它可以是产品线的宽度，产品的大小、质量、可靠性、适用性、风格和形象以及服务的及时、态度的热情等。

由于企业是一个整体，而且竞争性优势来源十分广泛，在做优劣势分析时必须从整个价值链的每个环节，将企业与竞争对手做详细的对比。如产品是否新颖，制造工艺是否复杂，销售渠道是否畅通，以及价格是否具有竞争性等，只有这样，才可以扬长避短，或者以实击虚。如果一个企业在某一方面或几个方面的优势正是该行业企业应具备的关键成功要素，那么，该企业的综合竞争优势也许就强一些。需要指出的是，衡量一个企业及其产品是否具有竞争优势，只能站在现有及潜在用户角度上，而不是站在企业的角度上。

企业在维持竞争优势过程中，必须深刻认识自身的资源和能力，采取适当的措施。一个企业一旦在某一方面具有了竞争优势，势必会吸引竞争对手的注意，同时竞争对手也会逐渐做出反应。一旦竞争对手直接进攻企业的优势所在，或采取其他更为有力的策略，就会使这种优势受到削弱。因此，企业要意识到竞争优势在市场环境中是一个动态因素，只有保持不断审视的态度，同时重视企业内部环境的协调配合，才能保持和发展自身的竞争优势。

3.4.3 构建SWOT矩阵

根据各因素的评价结果，将优势、劣势分别与机会、威胁相组合，形成SO、ST、WO及WT战略，如图3-5所示。

内部环境 \ 外部环境	机会O	威胁T
优势S	增长型战略(SO) (Ⅰ)	多种经营战略(ST) (Ⅳ)
劣势W	扭转型战略(WO) (Ⅱ)	防御型战略(WT) (Ⅲ)

图3-5 SWOT矩阵

区域Ⅰ的SO战略是充分利用企业优势与外部机会的战略，当外部环境为特定优势提供了有利条件时，应当采取增长型战略，如开发市场、增加产量等。例如，良好的产品市场前景、供应商规模扩大和竞争对手有财务危机等外部环境，配以企业市场份额提高等内在优势即可成为企业收购竞争对手、扩大生产规模的有利条件。

区域Ⅱ的WO战略是一种扭转型的战略模式。企业面临着巨大的外部机会，却受到内部劣势的限制时，应充分利用环境带来的机会，设法清除劣势。例如，企业弱点是原材料供应不足和生产能力不够。原材料供应不足会导致生产能力闲置、单位成本上升，而生产能力不够导致的加班加点会产生额外的人工费用。在产品市场前景看好的前提下，企业可利用供应商扩大规模、新技术设备降价、竞争对手财务危机等机会，实施纵向整合战略，以保证原材料供应，同时可考虑购置生产线来克服生产能力不足及设备老化等劣势。通过克服这些弱点，企业可进一步利用各种外部机会，降低成本，取得成本优势，最终赢得竞争优势。在企业自身实力不够的情况下，若市场环境能够提供一个机会让企业扭转局势，那么企业就要好好把握这样的机会，打一个漂亮的翻身仗。

区域Ⅲ的WT战略是旨在减少内部弱点、回避外部环境威胁的防御型战略。企业在内忧外患时，往往面临生存危机，降低成本也许会成为改变劣势的主要措施。当企业成本状况恶化、原材料供应不足、设备老化、生产能力不足，无法实现规模效益，使企业在成本方面难以有大的作为时，企业可采取目标集聚战略或差异化战略，来回避成本劣势及其带来的威胁。

区域Ⅳ的ST战略是指企业利用自身优势，回避或减轻外部威胁所造成的影响。企业可以利用自己的优势，在多元化经营上寻找长期发展的机会；或进一步增强自身竞争优势，以对抗竞争对手的威胁。例如，竞争对手利用新技术大幅度降低成本，给企业造成很大的成本压力；同时材料供应紧张带来价格上涨；消费者要求大幅度提高产品质量；企业要支付高额环保成本等。以上这些都会导致企业成本状况进一步恶化，使之在竞争中处于非常不利的地位。但是，若企业拥有充足的资金、熟练的技术工人和较强的产品开发能力，便可利用这些优势开发新工艺，简化生产工艺过程，提高原材料利用率，从而降低材料消耗和生产成本。此外，新技术、新材料和新工艺的开发与应用是最具潜力的成本降低措施，同时也可提高产品质量，从而回避外部威胁影响。

3.4.4　企业面对环境影响的应对策略

策略制定后，企业决策层需要对 SO、WO、ST、WT 战略进行甄别和选择，确定企业目前应该采取的具体战略与策略。一般来说，企业决策层要结合企业使命、价值观、经营战略、竞争态势、政策导向等多种因素进行综合考虑。

3.4.4.1　威胁中的企业应对策略

企业面对环境威胁，如果不果断采取措施，避免威胁，那么其不利的影响势必伤害企业的市场地位，甚至使企业陷入困境。营销者对环境威胁进行分析的目的在于采取对策、避免危害。企业面对环境威胁，可以采取的对策有三种：

（1）反抗策略。即企业利用各种不同手段影响环境的发展变化，限制不利环境对企业的威胁，例如企业开展大市场营销就是对环境威胁的一种反抗。

（2）减轻策略。即企业调整市场策略，加强对环境的适应，以减轻环境威胁的严重性和危害性。比如，针对国外的技术壁垒，中国企业改进产品技术，进入国际市场。

（3）转移策略。当营销环境已经严重地威胁到企业的营销活动时，企业可以转移到其他市场或进入其他行业开展经营活动。例如由于劳动力成本很高，很多发达国家将劳动密集型产业转移到发展中国家。

3.4.4.2　机会中的企业应对策略

对市场机会，企业可以采取的对策有两种：

（1）利用策略。即企业充分调动和运用自身资源和能力，利用市场机会开展营销活动，扩大销售，提高市场占有率。

（2）放弃策略。当市场机会的潜在利益和出现的可能性都较小时，企业可以放弃市场机会，以免造成企业资源的浪费。

🌀 本章小结

1. 市场营销环境。市场营销环境是指存在于企业营销系统外部而难以控制的因素和力量，这些因素和力量是影响企业营销活动进行及其目标实现的外部条件。

2. 微观市场营销环境。微观市场营销环境是指与企业的营销活动直接发生关系的组织与行为者的力量和因素，包括企业内部环境、供应商、营销中介、顾客、竞争者和社会公众等。微观市场营销环境与企业形成了协作、竞争、服务与监督的关系，直接影响着企业为目标市场服务的能力。

3. 宏观市场营销环境。宏观市场营销环境是指可能对企业营销活动造成市场机会和环境威胁的一系列社会力量和外部因素,包括人口环境、经济环境、自然环境、科技环境、政治法律环境、社会文化环境等。企业及其微观市场营销环境的参与者,无不处于宏观市场营销环境之中,并受其影响。宏观市场营销环境因素对所有在同一领域或地域范围中的企业是相同的,但同一领域或地域范围中的不同企业受到的影响程度不尽相同。分析宏观市场营销环境的目的在于更好地认识环境,通过制定有利的营销战略和策略,努力来适应并利用社会环境及其变化,把握机会、规避风险,以实现企业的营销目标。

4. 营销环境分析。营销环境分析是企业制定市场营销策略的基础和依据。企业通过客观地分析环境,辨明营销环境的变化趋势及其对企业可能造成的影响,可从中正确地识别出有利因素和不利因素,结合自身的优势和劣势条件,有针对性地确定和调整自己的战略和计划。这种市场营销环境分析的方法也被称为 SWOT 分析法,即 strength(优势)、weak(劣势)、opportunity(机会)、threaten(威胁)分析法。

思考与应用

1. 什么是市场营销环境?它有哪些特性和类型?分析市场营销环境意义何在?
2. 营销者应该怎样正确对待营销环境的变化?
3. 宏观市场营销环境包括哪些因素?各有何特点?
4. 微观市场营销环境包括哪些因素?
5. 结合实际,谈谈人口因素对我国企业营销活动的影响。
6. 什么是 SWOT 分析?如何应用 SWOT 分析工具对企业进行环境分析?
7. 试分析一个企业实例,指出该企业存在的机会与威胁,以及应采用什么对策。

课外阅读

1. 孔庆新. 市场营销(第二版)[M]. 北京:清华大学出版社,2016.
2. 夏德森. 市场营销学[M]. 北京:北京理工大学出版社,2016.
3. 刘洁. 市场营销环境[M]. 北京:机械工业出版社,2016.
4. 陆军. 营销管理[M]. 上海:华东理工大学出版社,2017.
5. 张罡,王宗水,赵红. 互联网+环境下营销模式创新:价值网络重构视角[J]. 管理评论,2019,31(3).
6. 于萍. 移动互联环境下的场景营销:研究述评与展望[J]. 外国经济与管理,2019,41(5).
7. 华红兵. 移动营销管理(第三版)[M]. 北京:清华大学出版社,2020.
8. 武妍捷,王素娟. 复杂商业环境、企业市场进入与市场营销[J]. 山西财经大学学报,2021(5).

中国营销·案例分析

字节跳动公司的营销环境

2019 年 1 月 17 日，引擎大会在北京举行，其中字节跳动公司指出越来越多的跨国企业将 CMO 的职位改为 CGO，这也说明市场营销的角色里面越来越多地体现了增长这一元素。可眼下营销环境的巨大变化，使得增长这个目标实现起来更加困难。因此营销也需要不断进化、不断创新来适应环境的变化。

字节跳动公司也根据营销环境的变化，调整了自己的营销模型。由此，它在会议上提出了"激发—转化—共鸣"的 TAS（Trigger—Action—Sympathize Ring）营销新模型。首先，要在路径上变得更短促，直接激发大众立刻形成转化。其次，在传播的信息上，要以更轻但更高密度、更有爆发力的方式出现，与用户产生更大的共鸣。具体内容如下：

（1）Trigger（激发）：通过数据激发和创意激发，形成营销的最短路径。数据激发主要基于用户的兴趣特征、内容需求、场景需求的数据，提供高精度、高时效、高融合的洞察与发现。

（2）Action（行动）：基于超级品牌馆等用户的内容消费场景、POI 等用户的主动探索场景，促成用户的高效行动，并借助企业蓝 V 等平台与工具实现更有效的粉丝管理。

（3）Sympathize Ring（共鸣环）：通过创作联盟、平台自制及合作生态等模式，打造 UGC 内容、PGC 内容、OGC 内容以及 BGC 内容，深度沟通品牌与用户，构建移动营销的全生态闭环。

大会正式发布了字节跳动的商业品牌——巨量引擎。大会不仅围绕平台生态、技术创新、短视频下一程、商业营销等话题进行了探讨，还与在场近 2000 位品牌主分享了 2019 年今日头条、抖音短视频、火山小视频、西瓜视频、穿山甲的营销布局。重点内容如下：

（1）今日头条从内容生产到内容分发，全面释放营销新势能。在内容生产环节，今日头条将通过社会化生产，无缝连接品牌与创作者；以自制内容打造平台级内容生态；携手顶级内容平台，共建生态合作。今日头条将贴合内容消费场景，通过图文内容、短视频、话题、搜索、小程序等多个流量入口，实现用户的规模化覆盖，构建营销闭环。

（2）抖音将在内容生态建设上投入更多精力，实现明星达人共建、原创音乐扶持、娱乐 IP 打造及垂类内容深耕。首先，在产品创新上不断演进，"抖音榜单"如抖音热搜、明星爱 DOU 榜、DOU 听音乐榜助力热门内容持续发酵。其次，在内容生态建设上，抖音将推出更多充满年轻、流行、美好、正能量等元素的 IP 和计划，打造优质文化内容的发源地。最后，在营销上，2019 年抖音实现营销原点三重助力：感染助力的 TV 计划、口碑助力的 Link 计划、承载助力的超级品牌计划，实现抖音营销体系全能布局、营销场景全面贯通。

（3）火山小视频将聚焦城镇休闲、中坚力量、职业技能三大人群圈层，并发布火山小视频六大产品升级和全新 Slogan："在火山，热爱生活"，力求实现规模增长（expanse）、娱乐为先（entertainment）、乐于互动（engagement）、圈层影响（elevation）和消费力强（expense）5E 的新线市场五大目标，并提出玩转新线市场四部曲，为撬动新线市场价值提供全新思路。

资料来源：《中国日报网》，《2019 引擎大会：探寻移动营销的增长之道》，2019 年，内容有改动。

思考问题：

1. 字节跳动公司面临的营销环境有哪些市场机会和威胁？

2. 为适应营销环境的发展变化，字节跳动公司制定了哪些营销策略？

第4章 市场购买行为

4.1 消费者市场购买行为

案例导入

特斯拉不断提高品牌忠诚度

市场就是未满足需求的现实和潜在的购买者的集合，市场营销的核心就是最好地满足购买者的需求。全面及时了解消费者需求，掌握消费者市场的特点及其发展趋势，研究影响消费者购买行为的主要因素及其购买决策过程，对于开展有效的营销活动至关重要。

按顾客购买产品和服务的目的或用途不同，市场可分为消费者市场和组织市场。消费者市场是指个人或家庭为了生活消费而购买产品和服务的市场。生活消费是产品和服务流通的终点，故消费者市场也称为最终产品市场。一般而言组织市场虽然购买数量庞大，但最终服务对象还是消费者，仍要以满足消费者的需要为中心。

4.1.1 消费者市场的特征

与其他市场相比，消费者市场具有以下特征：

（1）从交易的商品来看，它是供人们最终消费的产品，而购买者是个人或家庭，因而它更多地受到消费者个人因素诸如文化修养、消费习惯、收入水平等方面的影响；其商品花色多样、品种复杂，生命周期短；其商品的专业技术性不强，替代品较多，因而价格需求弹性较大，即价格变动对需求量的影响较大。

（2）从交易的规模和方式来看，消费品市场购买者众多，市场分散，成交频繁，但交易数量零星。因此，绝大部分商品都是通过中间商销售，以方便消费者购买。

（3）从购买行为来看，消费者的购买行为具有很大程度的可诱导性。这是因为消费者在决定采取购买行为时，不像生产者市场的购买决策那样，常常受到生产特征的限制及国家政策和计划的影响，而是具有自发性、感情冲动性。同时，消费品市场的购买者大多缺乏相应的产品知识和市场知识，属非专业性购买，对产品的选择受广告宣传的影响较大。由于消费者购买行为的可诱导性，生产和经营部门应注意做好产品的宣传广告，指导消费，一方面当好消费者的参谋，另一方面有效地引导消费者的购买行为。

（4）从市场动态来看，由于消费者的需求复杂，供求矛盾变化频繁，加之随着城乡交往、地区间的往来日益频繁，旅游业的发展，国际交往的增多，人口流动性的增大，购买力的流动性也随之加强。因此，企业要密切注视市场动态，提供适销对路的产品，同时还要注意增设购物网点和在交通枢纽地区创设规模较大的购物中心，以适应流动购买者的需求。

4.1.2　消费者市场的购买对象

按照消费者在购买行为上的差异可将购买对象分为日用品、选购品、特殊品。

（1）日用品。日用品又称为便利品或易耗品，是消费者经常消耗，需要经常购买，价格低廉，购买时不需做太多选择的商品，如牙膏、卫生纸等。人们经常购买这类商品，对它们相当熟悉，故买前不需做多少计划、比较和选择，而且一般会以能方便地买到作为首选条件。因此这类商品往往因在货架上被看到、能够就近方便地买到或遇到了特价出售的机会，而被消费者毫不犹豫地购买。

（2）选购品。选购品是消费者在购买前要经过充分的挑选、比较才决定购买的商品。选购品，一般较经久耐用，购买频率较低。消费者在购买前大多对它们并不十分熟悉，加之这类商品单价较高，若购买不当，经济损失较大，所以情愿多花费一些时间、精力，多收集一些有关的信息数据，对商品在质量、性能、价格、款式、花色、品种等方面进行充分比较之后，才做出购买决策。典型的选购品有服装、家具、手表、电视机、冰箱等。

（3）特殊品。特殊品是消费者对其有特殊偏好的商品。其中一些商品的消费者在购买时不会计较价格高低和购买地点的方便与否，如钢琴、高级音响、专业相机等。这类商品或服务大多价格昂贵，但消费者认为它们能为自己提供特别的利益，且没有其他商品可以替代。因此，他们不太在乎价格的昂贵或购买地点的方便与否。也有一些商品其价格并不十分昂贵，但在某些消费者心目中有特殊的地位，如某些时尚商品和名牌商品。换言之，特殊品的本质在于消费者是否认为该种商品对自己具有独特意义，从而不惜代价，不加选择，以购之为要。还有一些商品由于资源有限而成为特殊品，如著名的旅游胜地、名人字画、稀有的宝石或古董等。

如按商品的耐用程度和使用频率分类，消费者的购买对象可分为耐用品和非耐用品。非耐用品是指使用次数较少，消费者需经常购买的商品，如食品、化妆品等。生产这类产品的企业，要特别注意销售点的设置，以方便消费者购买。耐用品指能多次使用、寿命较长的产品。消费者购买这类商品时，较为慎重。生产这类商品的企业，要注意技术创新，提高产品质量，并做好售后服务，满足消费者的购后需求。

当前，随着我国主要社会矛盾发生变化，人民对美好生活的需要日益增长，消费结构也呈现不断升级的趋势。消费升级一般表现为3种形式，如材料4-1所示。其中，服务型消费对我国经济增长的贡献率有所提升，文化消费、健康消费及信息消费等保持快速上升趋势。因此，企业只有把消费升级同满足人民对美好生活的需要紧密结合，把精力用在提升产品和服务质量上，不断推陈出新，才能赢得消费者的心。

【材料4-1】

消费升级

4.1.3 影响消费者购买行为的因素

消费者生活在纷繁复杂的社会中,其购买行为受到诸多因素的影响。消费者的购买决策深受不同的文化、社会、个人和心理因素组合的影响(见表4-1)。下面分别阐述这四方面因素的具体内容对消费者购买行为的影响。

表 4-1 影响消费者购买的主要因素

文化因素	社会因素	个人因素	心理因素
文化 亚文化 社会阶层	参照群体 家庭 社会角色 社会地位	家庭生命周期 职业 经济收入 受教育水平 个性 生活方式 自我概念	动机 知觉 学习 信念 态度

4.1.3.1 文化因素

文化、亚文化和社会阶层等文化因素对消费者购买行为具有最广泛和最深远的影响。文化是知识、信念、艺术、法律、伦理、风俗和其他由一个社会的大多数成员所共有的习惯、能力等构成的复合体。

(1)文化是一个综合的概念,它几乎包括了影响个体行为与思想过程的每一个方面。对于一些生理驱动力,例如饥饿,文化尽管不直接决定它们的本性或发生频率,却影响它们是否得到满足以及满足的时间和方式。文化不仅影响我们的偏好,而且影响我们如何做决策,甚至影响我们如何感知周围的世界。此外,文化是一种习得行为,它不包括遗传性或本能性行为与反应。由于人类绝大多数行为均是经由学习获得而不是与生俱来的,文化确实广泛影响着人们的行为。文化差异引起消费者购买行为的不同,主要表现在婚丧嫁娶、服饰、饮食、建筑风格、传统节日、礼仪等方面。如东方文化强调集体精神、孝道等。

(2)亚文化是由社会或自然因素形成的,在某些方面有别于整体文化的地区性文化或群体文化。社会越复杂,亚文化越多。总体来讲,主要有民族亚文化群体、宗教亚文化群体、种族亚文化群体、地理亚文化群体等。

(3)社会阶层也称社会分层,是指根据财富、权力、知识、职业或声望等标准将社会成员区分为高低不同的等级序列。同一社会阶层的人往往具有相同的价值观、生活方式、思维方式和审美观。随着我国社会的发展,社会结构日益多元化,大致来说可以分成低收入阶层、中等收入阶层、高收入阶层(富裕阶层)。一般来说,这三个阶层分别呈现以下特点:低收入阶层注重产品的功能性;中等阶层崇尚简洁和清晰;高收入阶层崇尚个性和独具一格。

4.1.3.2 社会因素

人们在做出购买决定时,一般乐于听取所信赖之人的意见以降低购买决策中的潜在风险,并希望从他人的想法和行为中获取慰藉。因此,消费者购买行为也受到诸如参照群体、家庭、社会角色和社会地位等一系列社会因素的影响。

（1）参照群体。参照群体也称相关群体，是对个人的信念、态度和价值观产生影响，并作为其评价事物尺度的群体。参照群体既可以是实际存在的，也可以是想象中的，并且按其作用可以分为主要群体和次要群体。主要群体是指个人经常性受到其影响的非正式群体，如亲密朋友、同事、邻居、名人专家等。这样的群体影响着一个人的兴趣、爱好、消费习惯，而且其影响往往是潜移默化的。次要群体是指个人并不经常受到其影响的正式群体，如工会、职业协会等。尽管其影响不如主要群体，但同样会在兴趣、爱好方面相互影响，从而影响消费者的购买行为。

（2）家庭。家庭是由婚姻、血缘或收养而产生的亲属间的共同生活组织。家庭是社会组织中的基本单位，是消费者最基本的参照群体，对消费者的购买行为有重要影响。一个家庭中的每个成员都受到这个家庭的熏陶和影响，也可以说家庭影响着一个人从小的生活情趣、方式、个人爱好和习惯，并常常体现在对商品的需求、评价和购买习惯方面。在购买行为中，不同的家庭成员可能充当不同的角色，对购买也起着不同的影响。通常在购买行为中，家庭成员有以下五种不同的角色：发起者、影响者、使用者、购买者和决策者。对于不同商品，家庭成员充当的购买角色是不同的，购买家用电器时，男主人往往充当购买决策者，而购置新家具时，充当决策者的则是女主人为多。

（3）社会角色。社会角色是与人的社会地位相联系并按规范执行的行为模式，是人的各种社会属性和社会关系的反映，是社会地位的外在表现。任何一个人都要扮演不同的社会角色，如一个人在家庭中是妻子、母亲，在社会上是公司职员等。

（4）社会地位。社会地位是人们在各种社会关系网中所处的位置，它是对决定人们身份和地位的各种要素综合考察的结果。这些要素包括个人的政治倾向、经济状况、家庭背景、文化程度、生活方式、价值取向、审美观及其所担任的角色和所拥有的权利等。消费者的购买行为会随着社会地位的变化而发生显著的变化。人们在购买商品时往往会结合自己在社会中所处的地位和扮演的角色来做决策，例如，公司总经理和一般员工在衣食住行等方面的需求和选择一般都会有较大的差异。

4.1.3.3　个人因素

消费者年龄、性别、所处的家庭生命周期阶段、个性、职业、经济状况、生活方式以及自我概念等个人因素是影响其购买行为的主要因素。

（1）家庭生命周期。家庭生命周期是指一个家庭从产生到子女独立发展的过程。家庭生命周期发展中的不同阶段，会有不同的爱好与需要，因此也会有不同的购买重点。按年龄、婚姻、子女等状况，家庭生命周期可分为八个阶段：①未婚期阶段——年轻、单身；②新婚期阶段——年轻夫妇，没有子女；③"满巢"Ⅰ阶段——年轻夫妇，有6岁以下幼儿；④"满巢"Ⅱ阶段——年轻夫妇，有6岁或6岁以上孩子；⑤"满巢"Ⅲ阶段——年纪较大的夫妇，有独立的孩子；⑥"空巢"Ⅰ阶段——年纪较大的夫妇，与子女已分居，未退休；⑦"空巢"Ⅱ阶段——年纪较大的夫妇，与子女已分居，退休；⑧鳏寡时期——年老、单身，即失去配偶后，只剩下一位老人。

（2）个性。个性也称作人格或个性心理特征，是指决定个体对外在环境反应的本质的稳定的心理倾向和人格心理的总和。人格倾向包括人的需要、动机、兴趣和信念等，其往往会决定人对现实生活的态度、趋向和选择。日本东京的 R&D 调查公司根据他们所做的调查,将人们的个性分为四种类型,并以此来分析人们的生活欲望与生活方式(见表4-2)。

表 4-2　个性与生活欲望、生活方式

个性特征	生活欲望	生活方式
活跃好动	改变现状 获得信息 积极创造	不断追求新的生活 渴望了解更多的知识和信息 总想做些事情来充实自己
喜欢分享	和睦分享 有归属感 广泛社交	愿与亲朋好友共度好时光 想同其他人一样生活 不放弃任何与他人交往的机会
追求自由	自我中心 追求个性 甘于寂寞	按自己的意愿生活而不顾及他人 努力与他人有所区别 拥有自己的世界而不愿他人涉足
稳健保守	休闲消遣 注意安全 重视健康	喜欢轻松自在,不求刺激 重视既得利益的保护 注重健康投资

个性心理特征包括人的能力、气质和性格,决定人在行为方式上的个人特征。由于各人的先天素质不同、社会活动不同,每个人在人格倾向性和人格心理特征方面也各不相同,并且会形成不同的人格。这种个性的差别还会导致购买行为的不同。如在选择服装方面,性格外向的人喜欢色彩明亮、款式新颖的服装,性格内向的人喜欢简洁、色彩深沉的服装。性格外向的人活泼多言,容易受销售人员、广告等外界因素影响;性格内向的人沉默寡言,在购物时往往犹豫不决。

(3)职业与经济状况。不同职业的消费者扮演着不同的社会角色,承担并履行不同的责任和义务,有着不同的价值观和行为准则,对商品的需求和兴趣也各不相同。经济状况的好坏、收入水平的高低对消费者的购买行为有更为直接的影响,人们的消费心理和购买模式往往随着经济状况的变化而变化。不同的收入水平,决定了不同的购买能力,亦决定了需求的不同层次和倾向。比如现实社会中存在两种人:一种是众多为了省钱而不惜花费大量时间的人,另一种是少数为了节省时间而不惜花费大量金钱的人。他们的消费需求和购买过程差别很大。现在的消费升级就是指消费结构的升级,即各类消费支出在总消费支出中的结构升级和层次提高,它直接反映了消费水平和发展趋势,表现为品牌选择、消费方式、消费观念的升级。

(4)生活方式。生活方式是指在一定社会制度下社会群体及个人在物质和文化生活中各种活动形式和行为特征的总和,包括劳动方式、消费方式、社会交往方式及道德价值观念等。生活方式具有社会性、民族性、时代性、类似性、多样性、差异性等特点。生活水平、生活质量是生活方式在质和量两个方面的反映。生活方式类型不同,人们的消费重点也有所区别。如"娱乐型"人,生活丰富多彩,紧跟时尚;"生活型"人,购物以满足家庭舒适生活为主;"事业型"人,喜欢购买书籍等。

（5）自我概念。自我概念即自我观念，是指个人关于自己的观念体系，即消费者想使自己成为一种什么样的人。它包括三个方面：一是认知，即对自己的品质、能力、外表、社会意义等方面的认识；二是情感，包括自尊、自爱和自卑等；三是评价意志，指自我评价。自我概念可分为现实的我、理想的我、动力的我和幻想的我。由于自我概念不同，人们的购买行为有很大的差异性。如在服饰选择方面，如果消费者想把自己塑造成风度翩翩的"绅士"，就会偏重购买名牌西装、领带、皮鞋等；如果消费者想把自己塑造成自然潇洒、悠闲自在的人，则购买的衣物会以休闲类型为主。

【材料4-2】

"她力量"：女性
悦己消费表现亮眼

4.1.3.4　心理因素

消费者的动机、知觉、学习和态度是影响其购买行为的主要心理因素。

（1）动机。动机是指人发动和维持其行动的一种内部状态，它是一种升华到一定强度的需要，能够及时引导人们去探求满足需要的目标。美国心理学家、人本主义心理学创始人马斯洛在1954年发表的《动机与人格》一书中，提出了人类"需求层次模型"，如图4-1所示。他认为，人类的需求是以层次的形式出现的，由低级需求开始逐级向上发展到高级需求。他将个人需求分为五个层次，即生理需求、安全需求、社会需求、尊重需求和自我实现需求。生理需求与安全需求属于物质需求，社会需求、尊重需求和自我实现需求属于精神需求。

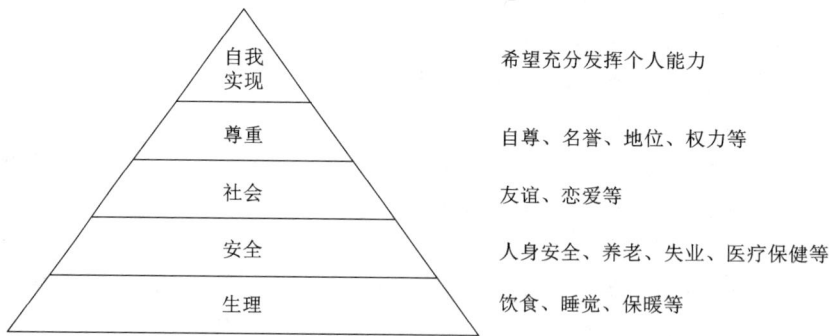

图4-1　人类需求层次模型

一般来讲，人的需求由低到高逐渐上升，人在低级层次需求被满足之后，才能追求高级层次的需求，但是在现实生活中，人们也会有满足功利性需求与享乐性需求的动机。功利性需求强调的是产品的客观的、有形的属性，比如一部汽车每升汽油的里程数、一条牛仔裤的耐穿性等。享乐性需求是主观的、经验的，是消费者寻找一种产品来满足对刺激、自信或幻想的需要。许多产品可以满足人们的享乐性需要，譬如电影、网络游戏等。当然，消费者购买一件产品也可能是因为它同时满足了这两种需求。

（2）知觉。知觉是人对客观事物各个部分或属性的整体反映。它同感觉一样，由客观事物直接作用于分析器官而引起，但比感觉更完整、复杂。人们常常根据实践活动的需要和心理倾向主动地收集信息，辨认物体及其属性。人们对同一刺激物会产生不同的知觉，其原因在于知觉具有选择性的特征。

知觉是消费者对消费对象的主观反应过程，这一过程受到消费对象特征和个人主观因素的影响。知觉的选择性是人对同时作用于感觉器官的各种刺激有选择地做出反应的倾向。它使人的注意力指向少数重要的刺激或刺激的重要方面，从而能更有效地认识外界事物。它包括选择性注意、选择性曲解和选择性记忆。

一是选择性注意。选择性注意是人在注意时，从当前环境中的许多刺激对象或活动中选择一种或几种刺激，使自己产生高度的兴奋、感知和清晰的意识。比如一个想买彩色电视机的消费者，走进琳琅满目的大商场，尽管呈现在他面前的有电冰箱、洗衣机、空调，但他真正关心、注意的只有电视机的广告和展销的电视机产品，而对其他产品的广告和样品不会留下太深的印象。引起选择性注意的原因有两种：①客观因素，如刺激强度大、新奇、对比鲜明、反复出现、不断变化等；②主观因素，如需要、动机、精神状态、知识经验、任务、世界观、价值观等。如消费者在家电商场买电视机时，只注意收集电视机品牌和价格等有关信息，而对冰箱等其他家用电器视而不见。

二是选择性曲解。又称选择性知觉，指人们对感觉到的事物，并不是照相似的反映出来，而是往往按照自己的先入之见或根据自己的兴趣、爱好，即按个人意愿来说明、解释。

三是选择性记忆。人们只是记住那些与自己的看法、信念相一致的东西。对于购买者来说，他们往往会记住自己喜爱的品牌商品的优点，而忘掉其他竞争品牌商品的优点，这就是选择性记忆。

（3）学习。学习是指后天经验引起的个人知识、结构和行为的改变。人类的行为大都来源于学习，人们的学习过程就是驱使力（即动机）、刺激物、提示物反应和强化的结果。如在中国，人们右侧通行，司机见红灯就停、绿灯就行就是一种后天学习的结果。

（4）态度。态度是人们对人或事物持有的一种稳定的行为反应倾向。它有三种成分：①认知成分。认知成分是指个人对有关事物的信念。消费者对产品的认知决定其对产品或服务的品牌信念。消费者的品牌信念一旦形成，就会对品牌产品产生偏好，因此把握住消费者的品牌偏好进行产品市场定位，是企业获取竞争优势的有效手段之一。②情感成分。情感成分是消费者对产品或服务的情感反应。它是消费者对品牌的评估，是决定消费者购买行为的因素，如喜欢或厌恶等情绪反应。③行为成分。行为成分是指消费者是否购买消费品的行为倾向。

在现实生活中，通常可以根据态度的三种成分，通过促销手段改变消费者的品牌信念，使消费者形成新的品牌偏好；也可以通过舆论领袖的示范效应，改变消费者对产品属性理想标准的认识，形成一套全新的产品理想标准，使消费者喜欢企业的产品。

4.1.4　消费者购买行为与模式

数字革命深刻地影响了消费者行为，使消费者从搜索到购买、支付、使用和处理产品的方式都发生了变化。同时，消费者的媒体习惯也发生了巨大改变，这就使得营销人员不得不仔细对待，更有效地与消费者接触和互动。因此，营销者在分析了影响购买者行为的主要因素之后，还需要了解消费者如何真正做出购买决策，即了解参与决策的角色、购买行为的类型，以及购买行为的模式等。

【案例4-1】

"本色"与"本土"
缔造宜家神话

4.1.4.1 参与决策的角色

人们在做购买决策的过程中可能扮演不同的角色，包括①发起者，即首先提出或有意向购买某一产品或服务的人。②影响者，即其看法或建议对最终决策具有一定影响的人。③决策者，即对是否买、为何买、如何买、何处买等购买决策做出完全或部分最后决定的人。④购买者，即实际购买人。⑤使用者，即实际消费或使用产品或服务的人。

消费者的购买行为按照购物目的的不同可分为个人购物和家庭购物两种模式。个人购物是为了个人消费而购买产品，而家庭购物则是为了家庭成员共同使用而购买产品。消费者在进行个人购物时，可能同时扮演上述五种角色。而在进行家庭购物时，往往是由家庭成员承担不同的决策参与角色。随着购买环境和产品的不同，家庭成员在购买决策过程中的角色还会发生变化。一般而言，以下四个因素决定了家庭决策是由夫妻双方共同制定，还是由其中一方制定：①性别角色印象。坚持传统的性别角色印象的夫妻往往会按照产品的性别类型来做出决策，即产品被分为"男性化的"和"女性化的"。②配偶资源。给家庭贡献更多资源的配偶一般会拥有更大的影响力。③消费经验。夫妻中拥有更多购物经验的一方会更多地制定决策。④社会经济地位。中等收入阶层家庭要比低收入阶层或高收入阶层家庭做出更多共同决策。

当家庭成员认为自己很重要或很有新意，或对备选方案有强烈的看法时，决策容易增加成员之间的冲突。冲突的程度决定了家庭决策的类型。影响家庭购买决策冲突程度的一些特定因素包括①投入程度。例如，一般来说，在家居住的青少年会比住在集体宿舍的大学生更关心家庭所购买的物品。②产品效用。例如，一位喜欢喝咖啡的妈妈与她特别爱喝可乐的儿子相比，显然对于购买新的咖啡机更感兴趣。③责任担当。人们更可能在有长期影响和约束的购买决策上产生意见分歧，例如对于是否养一只狗的家庭决策，家庭成员很可能在谁负责遛狗和喂食等问题上发生冲突。④权力掌握。在传统家庭中，丈夫比妻子拥有更多的决策权，而妻子则比孩子拥有更多的决策权，依此类推。在家庭决策中，如果一个成员总是利用其所拥有的权力满足自身的优先考虑，家庭便很容易产生冲突。

4.1.4.2 购买行为的类型

不同消费者购买决策的复杂程度不同，这是因为购买决策受到各种因素的影响，其中最主要的因素是参与程度和品牌差异大小。同类产品不同品牌差异越大、产品价格越高，消费者越缺乏产品知识和购买经验、感受到的风险越大，购买决策过程就越复杂。比如，牙膏、食品与电脑、汽车的购买复杂程度显然是不同的。阿萨尔根据购买者的参与程度和产品品牌差异程度区分了四种购买类型，见图4-2。

(1)复杂的购买行为。当消费者高度参与，并且了解现有各品牌、品种和规格之间具有显著的差异时，会产生复杂的购买行为。复杂的购买行为指消费者购买决策过程完整，要经历大量的信息收集、全面的产品评估、慎重的购买决策和认真的购后评价等各个阶段。消费者一般在购买那些较昂贵、不常购买、风险较高以及彰显个性的产品时非常仔细，通常的情况下还需要学习大量产品类型的知识。

高度介入产品的营销人员必须了解高度介入消费者的信息收集和评价行为。他们需要帮助购买者了解有关产品的属性和各个属性的重要性。此外，营销者还需要区别其与其

	高介入度	低介入度
品牌差异大	复杂的购买行为	寻求多样化的购买行为
品牌差异小	减少失调感的购买行为	习惯性的购买行为

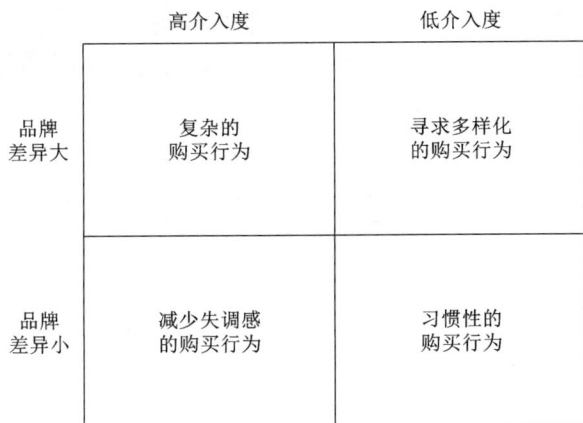

图 4-2 购买行为的四种类型

他品牌的特征，例如可以用大篇幅的印刷品来介绍品牌利益。同时，他们还必须动员商店销售人员和购买者的朋友来影响购买者最终的品牌选择。

（2）减少失调感的购买行为。当消费者高度参与，但是并不认为各品牌之间有显著差异时，会产生减少失调感的购买行为。减少失调感的购买行为指消费者并不广泛收集产品信息，并不精心挑选品牌，购买决策过程迅速而简单，但是购买以后会认为自己所买产品具有某些缺陷或其他同类产品有更多的优点，进而产生失调感，怀疑原先购买决策的正确性。对于这一类型的购买行为，营销者要提供完善的售后服务，通过各种途径经常提供有利于本企业和产品的信息，使消费者相信自己的购买决策是正确的。

（3）寻求多样化的购买行为。当消费者是低度参与者，并了解现有品牌和品种之间具有的显著差异时，则会产生寻求多样化的购买行为。寻求多样化的购买行为指消费者购买产品有很大的随意性，并不深入收集信息和评估比较就决定购买某一品牌，在消费时才加以评估，但是在下次购买时又转换其他品牌。转换的原因可能是使用中发现原来的产品缺陷，或是厌倦原有的口味，或是想找找新感觉。

对于寻求多样化的购买行为，市场领导者和市场挑战者的营销策略是不同的。市场领导者力图通过占有货架、避免脱销和提醒购买的广告来鼓励消费者形成习惯性购买。而市场挑战者则以较低的价格、折扣、赠券、赠送样品和强调适用新品牌的广告来鼓励消费者改变原习惯性购买行为。

（4）习惯性的购买行为。当消费者是低参与者，并认为各品牌之间没有什么显著差异时，就会产生习惯性购买行为。习惯性的购买行为指消费者并未深入收集信息和评估品牌，只是习惯于购买自己熟悉的品牌，在购买后可能评价也可能不评价产品。

对习惯性的购买行为，相应的营销策略是利用价格与销售促进吸引消费者使用；投放大量重复性广告，加深消费者印象；增加购买参与程度和品牌差异。

4.1.4.3 购买行为的模式

（1）消费者购买行为的主要内容。消费者可能每天都会做出消费决策，会对买什么、在什么地方买、怎么买、买多少、什么时候买和为什么买等问题做出选择。企业要计划市场营销活动,对这些问题的研究是必要的,但是还需要进一步研究消费者购买的原因,尽管问题的答案通常深藏在消费者的头脑里。总体来说,消费者市场研究需关注以下七个问题:

①消费者市场由谁构成?——购买者(occupants)。

②消费者市场购买什么?——购买对象(objects)。

③消费者市场为何购买?——购买目的(objectives)。

④消费者市场的购买活动有谁参与?——购买组织(organizations)。

⑤消费者市场怎样购买?——购买方式(operations)。

⑥消费者市场何时购买?——购买时间(occasions)。

⑦消费者市场何地购买?——购买地点(outlets)。

由于上述七个问题中的英文的首字母都是O,所以也称为"7O"研究法。

(2)消费者购买行为的模式分析。对营销者而言,消费者研究最核心的问题是消费者对企业的各种营销手段将会有什么反应。对此问题的研究中比较具有代表性的是"刺激—反应"模式(如图4-3),这也是消费者购买行为的基本模式。该模式反映了产品、价格、渠道、促销等市场营销刺激和经济、技术、政治、文化等其他外界环境因素刺激进入消费者的意识后,消费者根据自身的个性、心理、生理、经济特点处理这些信息,做出购买决策,最后做出反应——是买还是不买。"消费者黑箱"是指消费者在受到外部刺激后所进行的心理活动过程。因为它对企业来说,是一种看不见、摸不着、不透明的东西,所以称为"消费者黑箱"。

【材料4-3】

消费者为什么要"团购"?

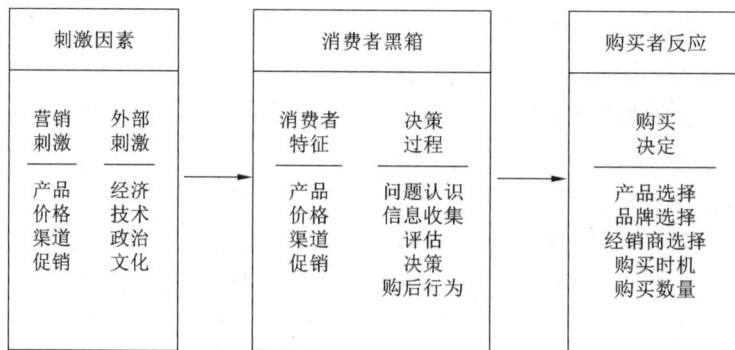

刺激因素		消费者黑箱		购买者反应
营销刺激	外部刺激	消费者特征	决策过程	购买决定
产品 价格 渠道 促销	经济 技术 政治 文化	产品 价格 渠道 促销	问题认识 信息收集 评估 决策 购后行为	产品选择 品牌选择 经销商选择 购买时机 购买数量

图4-3 消费者的刺激—反应模式

营销者要试图弄清楚这些因素是如何在"消费者黑箱"里面被转换成购买者反应的。"消费者黑箱"由两部分组成:一是消费者的性格影响其如何观察这些刺激因素并做出反应;二是消费者的决策过程本身也影响其行为。

营销刺激因素包括产品、价格、渠道和促销手段(4P),其他因素包括消费者所处环境中的一些大方面的外部力量和事件,比如经济、技术、政治和文化等。所有这些因素进入消费者的"消费者黑箱",然后转换成一系列可以观察到的购买者反应:产品、品牌、经销商的选择,以及对购买时机和购买数量的确定。

目前,利用数据库技术和大数据分析技术,企业可以更加有效地研究"消费者黑箱"。因为企业可以通过及时有效的消费行为信息的收集、存储和分析,为消费者购物路径提供引导,这就为企业的营销决策更加精准提供了条件。尤其是通过消费者购买商品和服务的时间、品类、网站以及广告点击情况等了解和掌握消费者的购买特征,以及通过消费者从上网选择到最后是否下单经历的时间、路径等信息来判断决策过程特征,可以更加精细和准确地获得"消费者黑箱"的变化情况。同时,利用数据记忆和大数据分析,企业能够得到"购买者反应"大致的趋势。但由于这一管理决策优势,一些企业却让消费者感到遭遇了"大数据杀熟",即老顾客看到的商品或服务价格不如或高于新顾客看到的。

【案例4-2】

鸿星尔克与"野性消费"

4.1.5　消费者购买的决策过程

消费者的购买决策过程由一系列相互关联的活动构成,它们早在购买发生以前就已经开始,而且一直延续到实际购买之后。购买决策过程可划分为以下五个前后相继的阶段(如图4-4)。实际上,主要是复杂型购买要经过这样完整的五个阶段,在其他购买类型中,消费者往往省去其中的某些阶段,有时也颠倒它们的顺序。

图4-4　消费者购买决策过程

4.1.5.1　引起需要

当消费者感到一种需要而且准备购买某种商品去满足时,对这种商品的购买决策过程就开始了。来自内部的和外部的刺激都可能引起需要和诱发购买动机。营销人员应该注意识别引起消费者某种需要和兴趣的环境,并充分注意两方面的问题:一是了解那些与本企业的产品有实际或潜在关联的驱动力;二是消费者对某种产品的需求强度会随着时间的推移而变化,并且被一些诱因触发。在此基础上,企业还要善于安排诱因,促使消费者对企业产品产生强烈的需求,引起消费者的某些需要并诱发其购买动机。

4.1.5.2　收集信息

消费者形成了购买某种商品的动机后,如果不熟悉这种商品的情况,就要先收集信息。为了向目标市场有效地传递信息,企业需要了解消费者获得信息的主要来源及其作用。消费者的信息来源主要有个人来源(家庭、微信群、朋友圈、邻居和其他熟人)、商业性来源(广告、售货员介绍、商品展览与陈列、商品包装、网红、平台主播等)、公众来源(互联网、报刊、电视等大众宣传媒介的客观报道和消费者团体的评论)、经验来源(触摸、试验和使用商品)等。营销人员应对消费者使用的信息来源认真识别,评价各自的重要程度，询问消费者最初接收品牌信息时有何感觉等。

在互联网、物联网、人工智能、大数据、云计算等数字化技术迅猛发展的时代背景下，大部分消费者更愿意相信朋友、家人、朋友圈里的人。很多人在社交媒体上向陌生人求助，并采纳他们的意见，而较少依赖广告宣传和专家意见。

需要注意的是，由于受文化因素的影响，不同文化背景下的消费者在信息的收集（如寻求信息的来源、寻求信息的密度、寻求信息的持续时间和咨询的信息量等）和使用（如使用的信息量、信息类型、信息排序、信息来源可信度、信息的挑选方式等）方面存在着明显的差异。

4.1.5.3 评价方案

消费者对产品的判断大都是建立在直觉和理性基础之上的。消费者的评价行为一般要涉及以下几个问题：

(1)产品属性。即产品能够满足消费者需要的特性。例如计算机的存储能力、图像分辨率、软件的适用性等；手表的准确性、式样、耐用性等。但消费者不一定将产品的所有属性都视为同等重要。营销人员应分析本企业产品具备哪些属性，以及不同类型的消费者分别对哪些属性感兴趣，以便进行市场细分，为不同需求的消费者提供具有不同属性的产品。

(2)属性权重。即消费者对产品有关属性所赋予的不同的重要性权数。消费者被问及如何考虑某一产品属性时立刻想到的属性，叫作产品的特色属性。但特色属性不一定是最重要的属性。在特色属性中，有些虽然可能被消费者遗忘，但一旦被提及，消费者就会认识到它们的重要性。市场营销人员应更多地关心属性权重，而不是属性特色。

(3)品牌信念。即消费者对某品牌优劣程度的总的看法。由于消费者个人经验、选择性注意、选择性曲解以及选择性记忆的影响，其品牌信念可能与产品的真实属性并不一致。

(4)效用函数。即描述消费者所期望的产品满足感随产品属性的不同而有所变化的函数关系。它与品牌信念的联系体现在：品牌信念指消费者对某品牌的某一属性已达到何种水平的评价，而效用函数则表明消费者要求该属性达到何种水平他才会接受。

(5)评价模型。即消费者对不同品牌进行评价和选择的程序和方法。

4.1.5.4 决定购买

经过对供选择品牌的评价，消费者形成了对某种品牌的偏好和购买意向。但是，受以下三个因素的影响，消费者不一定能实现或立即实现其购买意向：①其他人的态度。比如，如果与消费者关系很密切的人坚决反对购买，消费者就很可能改变购买意向。②一些不可预料的情况。例如，如果出现家庭收入减少，急需在某方面用钱或得知准备购买的品牌令人失望等意外情况，消费者也可能改变购买意向。③预期风险的大小。在所购商品比较复杂、价格昂贵因而预期风险较大的情况下，消费者可能采取一些避免或减少风险的习惯做法，包括暂不实现甚至改变购买意向。因此，根据消费者对品牌的偏好和购买意向来推测购买决定并不十分可靠。决定了购买意向的消费者往往还要做出一些具体的购买决策，如购买哪种品牌、在哪家商店购买、购买量、购买时间，在某些情况下还要决定支付方式。

4.1.5.5　购后行为

消费者购买商品后，往往会通过使用及他人的评判，对其购买选择进行检验，把他所觉察的产品实际性能与以前对产品的期望进行比较。消费者若发现产品性能与期望大体相符，就会感到基本满意；若发现产品性能超出了期望，就会感到非常满意；反之就会感到失望和不满。消费者是否满意，会直接影响其购买后的行为。如果感到满意，他下次就很可能购买同一品牌的产品，并常对其他人称赞这种产品，而这种称赞往往比广告宣传更有效。如果感到不满，他除了可能要求退货或寻找能证实产品优点的信息来减少心理不平衡以外，还会常常采取公开投诉或私下的行动发泄不满，如向生产或经营企业、新闻单位和消费者团体反映意见，向家人、亲人和熟人抱怨，劝说他们不要购买该种产品，甚至不要购买该企业的其他产品。

企业应采取各种措施，尽可能使消费者购买后感到满意。产品宣传需要实事求是，并适当留有余地。另外，企业还应该经常征求消费者意见，加强售后服务，同消费者保持联系，为他们反馈意见提供适当的渠道，以便迅速采取补救措施。

4.2　组织市场购买行为

组织市场是由各种组织机构形成的对企业产品和服务需求的总和。它可以分为三种类型：产业市场、中间商市场和政府市场。

4.2.1　产业市场

4.2.1.1　产业市场的特点

在某些方面，产业市场与消费者市场具有相似性，两者都具有为满足某种需要而担当购买者角色、制定购买决策等特点。然而，消费者市场是个人市场，产业市场是法人市场，消费者购买的目的是个人和家庭生活，而企业市场购买的目的是生产销售或服务。因此，两者仍有较大的差异，尤其是在市场结构与需求、购买单位性质、购买行为类型与购买决策过程等方面。因此与消费者市场相比，产业市场及其购买行为有以下特点：

(1)购买者数量少。在产业市场上，购买者是企业，其数量必然比消费者市场少得多。企业的主要设备若干年才买一次，原材料、零配件则根据供货合同定期供应。许多行业的企业市场都由少数几家或一家大公司的大买主所垄断。

(2)购买规模大。由于企业运行和生产对原材料、设备的需要，包括消费品的需求，与消费者市场相比，产业市场的购买规模要大得多。加之，行业产品生产相对集中，所需原材料、设备的采购也就相对集中，因此购买规模更显庞大。

(3)购买者区域集中。由于各地资源、交通和历史沿革情况不同，竞争促进某些行业在地域分布上趋于集中。生产者的集中化有助于降低销售成本。产业市场的营销人员对地理分布集中性方面所表现出来的任何趋势都会十分留意。

(4)需求的引申性。产业购买者对产业用品的需求，归根结底是从消费者对消费品的需求引申出来的。例如,产业购买者采购棉花,是因为消费者要购买衣服以及床上用品。如果消费者对这些消费品需求疲软的话,那么,所有用以生产这些消费品的企业产品的需求也会下降。因此,行业营销者必须密切关注最终消费者的购买类型和影响他们购买行为的各种环境因素。

(5)需求缺乏弹性。产业用品的需求是缺乏弹性的。产业市场对许多产品和服务的需求受价格变动的影响较小,短期需求尤其如此。例如,皮革价格下降,制鞋商也不会购买更多的皮革。同样,皮革价格上涨,他们对皮革的购买量也不会减少,除非他们能找到满意的替代品。

(6)需求波动大。产业购买者对于产业用品和劳务的需求比消费者的需求更容易发生变化。在现代市场经济条件下,工厂设备等资本货物的行情波动会加速原材料的行情波动。如上所说,产业市场的需求是"引申需求"。消费者需求的少量增加能导致产业购买者需求的大大增加。这种必然性,西方经济学学者称为加速理论。有时消费者需求只增减10%,就能使下期产业购买者需求出现200%的增减。因为产业市场的需求变化很大,所以生产产业用品的企业往往实行多角化经营,尽可能增加产品品种,扩大企业经营范围,以减少风险。

(7)专业人员购买。由于所需的零部件,特别是主要设备的技术性强,零部件的质量对产品质量、成本会产生重大影响,企业通常都雇有经过训练的、内行的专业人员负责采购工作。因此,产业采购一般从零部件本身的性能、质量来衡量评价其对企业的适用性,而不会过分地依赖广告等外部宣传来做评价。并且产业采购主要设备的工作较复杂,参与决策的人员比消费者市场多,决策过程更为规范,通常由若干技术专家和最高管理层组成采购委员会领导采购工作。

(8)直接购买。产业购买者往往向生产者直接采购所需用品,而不通过中间商采购,尤其是那些单价高、有高度技术性的机器设备,如大型发电机组、飞机等。

(9)相互购买。产业购买者往往通过相互购买来满足他们的需要,即"你买我的产品,我就买你的产品",这种习惯性的做法叫互惠。

(10)租赁方式。重型机器、车辆、飞机等大型设备单价高,通常用户需要融资才能购买,而且技术设备更新快,因此企业所需要的机器设备等有越来越多的部分不采取完全购买方式,而是通过租赁方式取得。承租人能得到一系列好处:获得较多的可用资本,得到出租人最新的产品和上乘的服务以及一些税收利益。出租人则最终将得到较多的净收益,并有机会将产品出售给那些无力支付全部货款的购买者。

4.2.1.2 产业市场的购买对象

产业市场不仅购买许多与消费者需求相同的大量产品,如家具、文具纸张、服装、轿车、个人电脑等,而且在多数情况下购买许多消费者不需要的产品,如钢铁、大型计算机、卡车、成套设备、发电机组、化工产品等。生产者购买的产品,一般可分为原材料、主要设备、附属设备、零配件、半成品和消耗品。

(1)原材料。它指生产某种产品的基本原料,是用于生产过程起点的产品。原材料分为两大类:一类是在自然形态下的森林产品、矿产品与海洋产品,如铁矿石、原油等;另一类是农产品,如粮、棉、油、烟草等。这类产品供货方较多,且质量上没有什么差别。因此，在营销上要根据各类产品的特点采取适当的措施，如对矿产品、海洋产品等自然形态的产品宜采取直接销售，分配路线应尽可能短，运输成本应尽可能低。而对农产品则应加强对产品的保管，减少分销环节，有些产品还可以由商业收购网点集中供给生产企业。

（2）主要设备。它指保证企业进行某项生产的基本设备，会直接影响企业的产品质量和生产效率。主要设备包括重型机床、汽车装配线、大中型计算机等。这类产品一般体积较大，价格昂贵，技术复杂。生产者企业购买主要设备是一项重大决策，不仅要求产品的性能先进、有效，而且希望有良好的服务。产品供应者应注意产品性能的改进、宣传和售后服务工作，以使购买者对本企业的产品建立良好的信任感。

（3）附属设备。机械工具、办公设备等均属附属设备。相对主要设备而言，附属设备对生产的重要性略小一些，价格亦较低，供应厂家较多，产品标准化突出，采购人员可做出购买决定，并可选择供应商。这类产品在购买时比较注重价格。对这类产品的销售，要充分发挥价格机制和广告促销的作用，多采用间接销售的形式销售产品。

（4）零配件。它指已经完工、已构成用户产品的组成部分的产品，如集成电路块、仪表、仪器、轴承、轮胎、发动机等。零配件虽不能独立发挥生产作用，却直接影响生产的正常进行。这类产品品种复杂，专用性强，及时并按标准供货是零配件购买者最基本的要求。零配件供应者可以通过直接销售的方式，采取合理的定价策略，满足购买者的需求，提高市场占有率。

（5）半成品。它指经过初步加工、以供生产者深加工的产品。例如由铁矿砂加工成生铁，又由生铁加工成钢材等。半成品可塑性强，其质量、规格有明确要求，产品来源较多，供应者除确保供货及时外，还应加强销售服务。可以说，销售服务是半成品供应者最有利的竞争手段。

（6）消耗品。它指保证和维持企业正常生产而消耗的产品，如煤、润滑油、办公用品等。这类产品价格低、替代性强、寿命周期短，多属重复购买，购买者较注重购买是否方便。供应者要通过广泛分销，并以优惠价格、及时交货实现营销目标。

4.2.1.3　产业市场购买决策过程的参与者

在任何企业中，除了专职的采购人员之外，还会有一些其他人员也参与购买决策过程。所有参与购买决策过程的人员构成采购组织的决策单位，称为采购中心。它一般由下列五种人员组成：

（1）使用者。使用者是指产业用户中将使用产品或服务的人员。公司要购买实验室使用的实验设备，其使用者是实验室的技术人员；要购买打印机，其使用者是办公室的秘书。使用者往往是最初提出购买某种产业用品意见的人，在计划购买产品的品种、规格中起着重要作用。

（2）影响者。影响者是指从产业用户的内部和外部直接或间接影响购买决策的人。他们常协助企业确定产品规格，并提供评估备选产品的信息。在众多的影响者中，企业外部的咨询机构和企业内部的技术人员是特别重要的影响者。

（3）采购者。采购者是指具体执行采购决定的人。他们是企业里有组织采购工作正式职权的人员，其主要任务是交易谈判和选择供应者，也可能会协助确定产品规格。在较复杂的采购工作中，采购者还包括企业的高层管理人员。

(4)决定者。决定者指企业里有权决定购买产品和供应者的人。在一般的采购中,采购者就是决定者,或至少是审批者。而在复杂的采购中,决定者通常是公司的主管。

(5)控制者。控制者指控制企业外界信息流向的人,如采购代理商、技术人员、秘书等。他们可以组织或阻止供应商的销售人员与使用者和决定者见面。

应该指出的是,并不是所有的企业采购任何产品都必须由上述五种人员参加决策。一个企业的采购中心的规模和参加的人员,会因采购产品种类的不同和企业自身规模的大小及企业组织结构不同而有所区别。如企业欲购一台大型设备和买一部普通电话,前者由于技术性强,价格较高,因而参与决策的人较多,采购中心的规模较大;而后者因其技术性和价格都没有特殊之处,属普通购买,因此其决策者可能就是采购者,涉及采购中心的人员也较少。在一些企业,采购的中心成员只有一人或几人,而另一些企业则有数人或数十人,有的企业还设有专管采购的副总裁。

对供应者的营销人员来说,关键是了解一个用户(现实的和潜在的)采购中心的组成人员,他们各自所具有的相对决定权,以及采购中心的决策方式,以便采取富有针对性的营销措施。供货企业的市场营销人员必须了解谁是主要的决策参与者,以便影响最有影响力的重要人物。

4.2.1.4 影响产业市场购买行为的因素

同消费者购买行为一样,产业购买行为也同样会受到各种因素的影响。对产业购买决策起作用的因素主要是质量、价格、服务等这些基础性和经济性因素。在不同供应商产品的质量、价格和服务差异较大的情况下,生产者的采购人员会高度重视这些因素,仔细收集和分析资料,进行理性的选择。而在不同供应商的产品质量、价格和服务基本上没有差异的情况下,生产者的采购人员几乎无须进行理性的选择,因为任何供应商的产品和服务都能满足公司的要求,这时其他因素就会对购买决策产生重大影响。

影响企业购买行为的主要因素可概括为四个:环境因素、组织因素、人际因素和个人因素,如图4-5所示。

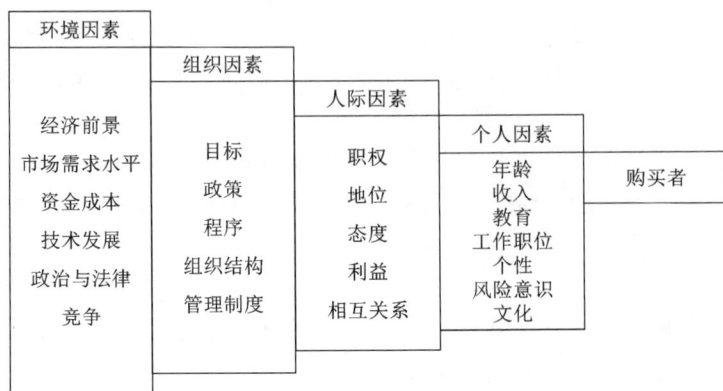

图4-5 影响企业购买行为的主要因素

(1)环境因素,指企业无法控制的宏观环境力量,包括全球和国家的经济前景、市场需求水平、技术发展、竞争态势等。这些因素对产业发展影响甚大,从而也必然影响到企业用户的采购。例如，当经济前景欠佳、风险较大时，企业必然要缩减投资，减少采购量，这时供应者只有降价到一定程度，才有足够刺激，产业用户才愿意购买并承担一定风险。原材料的供给状况是否紧张，也是影响产业用户采购的重要环境因素。一般企业都愿购买并储存较多紧缺物资，因为保证供应不中断是采购部门的主要职责。此外，技术、政治与法律、竞争等环境因素的变化，也都会影响产业用户的采购，营销者应密切注意，设法将环境威胁转化成营销机会。在我国，国家政策的变化是影响产业投资的一个关键因素，也是企业最需关注并加以预测和掌握的主要因素。

（2）组织因素，指购买者的具体目标、政策、程序、组织结构和管理制度等。企业营销人员必须尽量了解这些问题。因为，正是这些因素规定了组织的正式购买行为、原则和程序。如组织结构规定了采购决策权的集中或分散，决策权的集中或分散则取决于：①采购部门在企业中的地位，即采购部门是一个承担采购任务的专业职能部门还是仅仅是一个负责收集市场信息，向生产、技术部门提供建议的部门；②采购是各个子公司独立进行还是总公司统一进行。购买者的生产组织模式或管理制度对其采购也会产生重要影响，如精益生产，它使公司生产更多品种产品，并使成本更低、时间更短、劳动力更省、质量更高。精益生产包括了准点、严格的质量控制、频繁和准时交货、供应商靠近主要的客户、电脑订货系统、向供应商提供稳定的生产计划、单一供货来源和与供应商的前期合作。准点要求及时供货、"零库存"，对企业的采购程序影响极大。

（3）人际因素，指组织内部参与购买过程的各种角色的职权、地位、态度、利益和相互关系对购买行为的影响。采购中心（小组）往往由很多相互影响的成员构成（使用者、影响者、决定者、采购者和控制者），各个成员身份、地位、威信和感染力、说服力等方面各有特点。并且，非正式组织的各种人际关系也会影响采购决策。尽管人际关系因素往往是非常微妙的，评估这些人际关系因素以及采购中心（小组）的动态性常常是困难的，然而，毫无疑问，供应者如能够掌握这些关系并施加影响，将有助于获得订单。

（4）个人因素，指组织内部参与购买过程的有关人员，存在于其自身的影响购买行为的因素，如年龄、教育、个性、风险意识等因素。组织的购买者行为虽是组织行为，但最终还是要由人做出决策并付诸实施。因而，购买决策过程中每个成员的动机、感知和偏好等很难不影响购买行为。因此，供应者应了解客户采购决策人员的个人特点，并处理好个人之间的关系。

4.2.1.5 产业市场的购买类型

产业市场购买的类型可分为三种：直接重购、修正重购和全新采购。

（1）直接重购。这是一种在供应者、购买对象、购买方式都不变的情况下购买以前曾经购买过的产品的购买类型。这种购买类型所购买的多是低值易耗品，花费的人力较少，无须联合采购。这种采购类型，原有的供应者不必重复推销，而应努力使产品的质量和服务保持一定的水平，以减少购买者时间，争取稳定的客户关系。

（2）修正重购。购买者若想改变产品的规格、价格、交货条件等，就需要调整或修订采购方案，包括增加或调整决策人数。对于这样的购买类型，原有的供应者要清醒地认识到面临的挑战，积极改进产品规格和服务质量，大力提高生产率，降低成本，以保持现有的客户；新的供应者要抓住机遇，积极开拓，争取更多的业务。

（3）全新采购，指购买者首次购买某种产品或服务。由于是第一次购买，买方对新购产品心中无数。在这种情形下，成本或风险越大，参与决策的人数就越多，他们收集信息的努力也会越大，决策所花时间也就越长。全新采购是营销人员的最大机会和挑战，他们不仅要影响决策的关键因素，还要提供帮助和信息。

4.2.1.6　产业市场购买决策过程

产业市场用户的购买决策过程与消费者的购买决策过程有一些相似之处，但也有许多不同。产业市场用户的购买决策过程大致分为八个阶段：

（1）提出需要。企业内部的某些成员认识到要购买某种产品，以满足企业的某种需要，这是采购决策的开始。提出需要一般是由两种刺激引起的：①内部刺激。例如，企业为了适应生存和发展，决定开发、生产某种新产品，因此需要购置生产新产品的机器设备和原材料；一些机器发生故障或损坏报废，需要购买某些零部件或新的机器设备；发现已采购的生产资料有些缺陷不能满足企业生产经营的要求，必须更换供应商。②外部刺激。例如，购买者因为参加一个展销会、看见一个广告或是接到一个可以提供更好产品或更低价格的销售人员的电话而产生新的想法；工程技术人员通过有关的信息资料发现更好的代用品。提出需要的核心问题是发现问题进而解决问题的动力。在这一阶段，供应商应通过广告、人员推销等形式帮助或促使有关生产资料的购买企业发现问题并提出需要。

（2）确定需要。确定需要指确定所需产品的数量和规格。简单的采购由采购人员直接决定，而复杂的采购则必须由企业内部的使用者和工程技术人员共同决定。需确定的内容包括：①对设备的确认需求。比如，为生产某种新产品，提高某种老产品的质量、产量或降低消耗，经工艺研究需购置某种设备，并已被厂务会批准购置若干台。②对原材料、标准件的确认需求。根据企业计划产量和定额资料可以确定某种原材料、标准件的需要量，再查阅该物资的库存量，进而确定需购买的数量。

（3）说明需要。企业的采购组织确定需要以后，要指定专家小组，对所需品种进行价值分析，做出详细的技术说明，供采购人员参考。在对产品进行分析时，一般采用价值分析法。所谓价值分析法，实际上是一种降低成本的分析方法，它是由美国通用电气公司采购经理迈尔斯于1947年发明的。1954年，美国国防部开始采用价值分析技术，并改称为价值工程。价值分析中所说的"价值"，是指某种产品的"功能"与这种产品所耗费的资源（即成本或费用）之间的比例关系，也就是经营效益（或经营效果）。

其公式为：V（价值）＝F（功能）/C（成本）

公式中的F是指产品的用途、效用、作用，也就是产品的使用价值；C为成本或费用。迈尔斯看到，人们购买某种产品实际上要购买的是这种产品的功能。价值分析的目的是耗费最少的资源，生产或取得最大的功能，提高经营效益。产业购买者在采购工作中要进行价值分析，调查研究本企业要采购的产品是否具备必要的功能。

（4）物色供应商。为了选购满意的产品，采购人员要通过工商企业名录等途径，物色服务周到、产品质量高、声誉好的供应商。生产者对所需原材料、标准件及外协件的供应者，必须做深入的调查、了解、分析和比较后才能确定。对原材料、标准件供应商，主要从所提供产品的质量、价格、信誉及售后服务方面进行分析、比较。对大批量外协件供应商的了解内容除上述几个方面外，还必须深入提供外协件的各企业内部，调查了解该企业的生产技术、检验水平及企业管理能力，经分析、比较后再确定。供货商应通过广告等方式，努力提高企业在市场上的知名度。

（5）征求建议。对已物色的多个候选供应商，购买者应请他们提交供应建议书，尤其是对价值高、价格贵的产品，还应要求他们写出详细的说明。对经过筛选后留下的供应商，购买者应要求他们提出正式的说明。因此，供应商的营销人员应根据市场情况，写出实事求是而又别出心裁、打动人心的产品说明，力求全面而形象地表达所推销产品的优点和特性，力争在众多的竞争者中脱颖而出，获得成交机会。

（6）选择供应商。采购者在得到供应商的有关资料后，要通过比较分析选择供应商。在选择过程中，应主要考虑以下因素：①交货能力；②产品质量、价格、规格；③企业信誉；④维修服务能力；⑤生产技术水平；⑥结算方式；⑦企业管理和财务状况；⑧对顾客的态度；⑨地理位置。这实际上就是要最终确定实现采购方案的最佳途径。采购中心的成员会根据这些属性对供应商进行评估，并识别最好的供应商。购买者也许会选择一个或几个供应商。许多购买者更喜欢选择多个供应来源，这样可以避免完全依赖于一个供应商，并在一段时间内还可以比较不同供应商的价格和绩效。

（7）签订合同。用户选择了供应商以后，就可以发订单，与供方签订供货合同，明确所需产品的规格、数量、要求、交货期、保修条件、结算方式等。对于维护、维修和操作条款，购买者可能更青睐一揽子合同而不是周期性的购买订单。一揽子合同是指建立一种长期的关系，在这种关系中，供应商承诺在特定的时间内根据协议的价格向购买者重复供应所需物品。因此，一揽子合同避免了每次需要存货时再次签订购买协议过程中的花费。同时，它使购买者可以书写更多但更小的采购订单，从而带来了较低的库存水平。一揽子合同导致更多的单一来源采购，以及从该来源购买更多的商品。这种方法使供应商和购买者的关系更加密切，同时使其他供应商很难涉足其间，除非购买者对原供应商的价格或者服务不满意。

（8）评估与检查。用户购进产品以后，采购部门会与使用部门联系，了解、检查所购产品的使用情况，并请他们估计产品或服务的满意度等级。评估、检查供应商合同履行情况，可为以后采购提供依据。评估、检查工作可能导致购买者继续、变更或是放弃他们原先的采购安排。对供应商来说，经常了解购货企业的反应，及时改进产品、服务及营销工作，努力满足用户的合理需要，是赢得用户的信赖和连续购买的重要条件。

以上这八个阶段仅仅是对产业市场购买决策过程的一个简单展现，实际过程往往要复杂得多。在修正重购或直接重购的情况下，其中的某些阶段可能被缩短或是跳过。每个组织会以自己的方式购买，而且每次采购都有独特的要求，购买者也不会按照同样的顺序进行不同采购。不同的采购中心参与人员会涉及整个过程的不同阶段。此外，一个购买者在一个给定的时间内可能包含许多不同的购买类型，以及购买过程的不同阶段。销售人员必须统筹管理好整个客户关系，而非只做一次性买卖。

4.2.2　中间商市场

中间商在地理分布上虽比产业购买者分散，但比消费者集中。产业市场的大部分特征中间商也具备。中间商的购买行为与购买决策同样受到环境因素、组织因素、人际因素和个人因素的影响。然而，相比之下，中间商的购买行为与决策也有一些独特之处。

4.2.2.1 中间商购买行为的主要类型

中间商的购买行为可分为如下三种类型。

(1)购买全新品种。即中间商购买某种从未采购过的新品种。在这种情况下，可根据欲购买产品市场前景的好坏、买主需求程度、产品获利的可能性等多方面因素决定是否购买。其购买决策过程的主要步骤与产业购买者大致相同，也由提出需要、确定需要、说明需要、物色供应商、征求建议、选择供应商、签订合同和评估与检查这八个阶段构成。

(2)选择最佳卖主。即中间商对将要购买的品种已经确定，但需考虑选择最佳的供应商，确定从哪家卖主进货。当中间商拟用自己的品牌销售产品时，或由于自身条件限制不能经营所有供应商(而只能是其中一部分供应商)的产品时，就需要从众多的供应商中选择最优者。

(3)寻求最佳条件。即中间商并不想更换供应商，但试图从原有供应商那里获得更为有利的供货条件，如更及时的供货、更合适的价格、更积极的广告支持与促销合作等。

4.2.2.2 中间商的主要购买决策

中间商的主要购买决策包括配货决策、供应商组合决策和供货条件决策。配货决策是指决定拟经营的品种结构，即中间商的产品组合。供应商组合决策是指决定拟与之从事交换活动的各有关供应商。供货条件决策是指决定具体采购时所要求的价格、交货期、相关服务及其他交易条件。

在以上所有决策中，最基本、最重要的购买决策是配货决策。因为中间商经营的产品组合会影响到从哪家供应商进货，即中间商的供应商组合，进而影响到中间商的市场营销组合和顾客组合。中间商的配货战略主要有四种：

(1)独家配货，即中间商决定只经营某一家制造商的产品。

(2)专深配货，即中间商决定经营许多家制造商生产的同类各种型号规格的产品。

(3)广深配货，即中间商决定经营种类繁多、范围广但尚未超出行业界限的产品。

(4)杂乱配货，即中间商决定经营范围广且没有关联的多种产品。

4.2.3 政府市场

政府市场是指为履行政府的主要职能而采购或租用货物的各级政府单位，即政府市场由各级政府机关组成，它们在市场上的活动是购买或租用商品，以实现政府的主要职能。一个国家的政府机关庞大而复杂，我国更是如此。各国政府通过税收、财政预算，掌握了大量的财政收入。这些收入往往要通过预算支出，用来购买维持政府机关运转及实现其职能所需的各种货物和服务，或者用于建立为国民服务的各种设施，这样就形成了很大的市场。政府机关采购的货物包罗万象，无所不有，因此，政府市场也和生产者市场、中间商市场一样，是一个庞大而复杂的市场。

4.2.3.1 政府市场的相关主体

(1)采购人。所谓采购人，是指使用财政性资金采购物资或服务的国家机关、事业单位或者其他社会组织。政府财政部门是政府采购的主管部门，负责管理和监督政府采购活动。

（2）政府采购机构。所谓政府采购机构，是指政府设立的负责使用本级财政性资金集中采购和招标组织工作的专门机构。

（3）招标代理机构。所谓招标代理机构，是指依法取得招标代理资格，从事招标代理业务的社会中介组织。

（4）供应人。所谓供应人，是指与采购人可能或者已经签订采购合同的供应商或者承包商。

4.2.3.2　影响政府市场的因素

政府市场与产业市场一样，也受到环境因素、组织因素、人际因素和个人因素的影响。同时还受到社会公众的监督、国内外政治经济形势、自然灾害及非经济指标等因素的影响。

本章小结

1. 消费者市场。它是指个人或家庭为了生活消费而购买产品和服务的市场。按照消费者在购买行为上的差异可将购买对象分为日用品、选购品、特殊品。

2. 影响消费者购买行为的因素。消费者的购买行为、购买决策在很大程度上受到文化、社会、个人和心理因素组合的影响。

3. 消费者购买评价。消费者购买评价受购买本身、购后冲突、产品使用和产品包装处置的影响。

4. 产业市场。产业市场的特点有：购买者数量较少但规模较大，购买者往往集中在少数地区，需求是引申需求、缺乏弹性、波动大，由专业人员通过直接购买、相互购买及租赁方式取得产业用品。

5. 产业市场购买对象：原材料、主要设备、附属设备、零配件、半成品和消耗品。影响产业购买行为的因素：环境因素、组织因素、人际因素和个人因素。产业市场购买的类型可分为直接重购、修正重购和全新采购。产业市场购买决策过程大致分为提出需要、确定需要、说明需要、物色供应商、征求建议、选择供应商、签订合同和评估与检查这八个阶段。

6. 政府市场。它是指为执行政府的主要职能而采购或租用货物的各级政府单位，即政府市场由各级政府机关组成，它们在市场上的活动是购买或租用商品，以实现政府的主要职能。

思考与应用

1. 影响消费者购买行为的因素有哪些？它们是怎样影响消费者的购买行为的？

2. 人们在购买决策中可能扮演的角色是什么？对企业进行营销管理的启示有哪些？

3. 消费者购买行为的类型有哪些？分别具有什么特点？在什么样的条件下适用？

4. 哪些因素会影响家庭购买决策冲突程度？

5. 消费者面对不满意的产品或服务时通常会采取哪些行动？

6. 什么是组织市场? 组织市场的主要类型有哪些?

7. 产业购买决策的参与者主要有哪些? 采购中心对营销管理的启示是什么?

8. 什么是供应商管理? 其主要内容是什么?

9. 常见的组织市场买卖关系有哪几种?

10. 组织市场有哪些特点?

课外阅读

1. 麦克丹尼尔, 兰姆, 海尔. 市场营销学(第八版)[M]. 上海: 格致出版社, 2013.

2. 孙永波, 刘晓敏. 电商新趋势下影响网络消费者购买行为因素研究[J]. 北京工商大学学报(社会科学版), 2014, 29(04): 93-101.

3. 马瑟斯博, 霍金斯. 消费者行为学(第 13 版)[M]. 北京: 机械工业出版社, 2018.

4. 科特勒, 卡塔加雅, 塞蒂亚万. 营销革命 4.0: 从传统到数字[M]. 北京: 机械工业出版社, 2018.

5. 科特勒, 卡塔加雅, 许丁宜. 营销制胜[M]. 北京: 中国人民大学出版社, 2019.

6. 科特勒, 阿姆斯特朗. 市场营销原理(全球版·第 15 版)[M]. 北京: 清华大学出版社, 2019.

7. 郭国庆. 市场营销学通论[M]. 北京: 中国人民大学出版社, 2020.

中国营销·案例分析

步步为营: 喜马拉雅 FM 的付费教育之路

喜马拉雅 FM 创始人余建军曾说, 喜马拉雅的初心是让有才华的人做内容, 用声音分享人类智慧, 将声音内容精准提供给有需要的人。因此为用户创造价值从创业之初就成了喜马拉雅的发展使命。喜马拉雅在这两个群体之间架起了一座桥梁——帮助用户筛选更有价值的信息, 为用户解决知识焦虑的同时也解决那些知识大 V 的变现需求。

但是在中国互联网发展的前 20 年, 用户享受了大量的免费信息, 想得到网络上的新闻、学习资料, 只需在网上稍加搜索就可以浏览到。喜马拉雅在早期走的也是免费提供内容给用户的道路, 它以大量优质内容免费承接用户流量, 在吸引了一大批忠实用户之后, 不得不将收费盈利的撒手锏提上日程。但是用户在吃了这么多的免费大餐之后, 已经开始消化不良了。当用户的"免费使用"与企业的"免费思维"认知不一致时, 付费之惑就产生了: 网上的内容还需要花钱购买吗? 在以盈利为目的的知识付费行业, 企业需要在强大的消费习惯面前, 反复求索, 找到可行通路, 其中还有个双方适应的过程。

为了抓住核心用户的使用心理, 满足其需求, 喜马拉雅要做的是步步为营地打破传统思维的禁锢, 引导他们改变认知和习惯, 不仅要培养他们的版权意识, 还要引导他们进行付费尝试。明确了平台的发展方向, 喜马拉雅从核心用户入手, 全面打开市场。初期, 通过推送软文的方式, 针对主播、上班族、车友、亲子等目标用户群体进行推广。为了抓住每一个细分领域的用户并且迎合其使用习惯, 从 2013 年开始喜马拉雅引入了大数据团队,将用户的每一次点击和搜索都记录下来并产生数据，然后再基于年龄、性别、地域、职业等维度形成用户画像，通过其算法实现个性化的智能推荐，从而大幅提升用户使用体验和黏性。同时，喜马拉雅很早就意识到要想占领知识付费的高地就得提高用户的版权意识，通过掌握独一无二的作品授权，保证内容的专业性，激活潜在消费者的消费诉求，保障付费订阅的成功，并通过打赏系统、免费试听及明星加盟等方式提高用户的付费意愿。

用户了解并开始使用付费节目后，如何增强用户黏性，使得用户长期留在平台上付费又成为一个新的任务。喜马拉雅主要通过听众与主讲人之间不断沟通和长期承诺来激发用户归属感，取得用户的信任，培养用户的忠诚度，由此增强内容黏性。同时，不断优化喜马拉雅平台的功能，比如让用户快速找到感兴趣的频道、更便利地找到优质内容及定时播放等，通过提高内容质量及优化平台服务，打消用户的后顾之忧。

受众从"免费获取互联网知识"转变为接受"付费购买知识产品"，不仅是认知模式和思维能力的进步，更是知识经济商业模式的一次升级换代。未来，喜马拉雅想做的事情还有很多。余建军说："希望布局4、5线城市乃至农村市场，并利用喜马拉雅的内容和用户行为数据资源优势，围绕人工智能、物联网进行战略布局，专注于用户的精准内容服务。"同时，还应看到，虽然付费音频内容的市场看起来火爆异常，但是消费者喜欢免费的东西已成习惯，让用户可持续地在平台上为知识付费是有难度的，更何况音频知识。对于消费者来说，并非所有的付费内容都值得去为之掏腰包，对于内容的品质和有用性，他们有着自己的取舍标准。对音频的发展来说，如果解决下半场的持续化付费问题是关键，那么内容为王就是平台竞争间的核心因素。音频在用户场景上的伴随性和共时性是其作为用户获取信息的媒介的优势，但对知识内容的碎片化消费不能成为用户为知识音频付费的主要说服点，因为与其他形式的知识获取方式相比，音频的单位信息量较少，速度较慢，学习效果有待商榷，在内容呈现上也比较单一，而用户对知识获取的需求和期望往往较高。要想携大量用户继续领跑移动电台行业，喜马拉雅FM任重而道远。

资料来源：刘宏等.步步为营：喜马拉雅FM的付费教育之路.中国管理案例共享中心，2019.内容有改动。

思考问题：

1.结合案例材料分析，喜马拉雅FM为什么要进行消费者教育。

2.消费者购买知识类产品的决策与购买传统商品的决策有什么不同？这种不同在互联网时代发生了哪些变化？

3.结合案例材料分析，喜马拉雅FM对用户行为的引导可分为哪几个阶段并且分别采取了什么策略，在不同阶段，教育的侧重点分别是什么。

第 5 章 市场营销调研与预测

5.1 市场营销调研

案例导入

海友酒店的
消费者行为调研

市场营销调研是指运用科学的方法系统地、客观地辨别、收集、分析和传递有关市场营销活动的信息，为企业营销管理者制定有效的市场营销决策提供依据。它是市场营销信息系统的主要组成部分之一。

5.1.1　市场营销调研的类型

5.1.1.1　按市场调研的目的分类

根据研究的问题、目的、性质和形式的不同，市场营销调研一般分为探测性调研、描述性调研、因果关系调研和预测性调研等四种类型。

（1）探测性调研。探测性调研是指当市场情况不十分明了时，为了发现问题，找出问题的症结，明确进一步深入调查的具体内容和重点而进行的非正式的调查。例如，产品销量不高，问题既可能出在产品质量和功能上，也可能是价格、渠道、促销策略、对手竞争、需求变化等原因造成的。在无法确定究竟是什么原因时，宜采用探测性调研初步了解情况，发现原因所在，为正式深入调研扫清障碍。

探测性调研一般不如正式调研严密、详细，一般不制定详细的调研方案，尽量节省时间以便迅速发现问题。并且，在调研时主要利用现成的历史资料、业务资料和核算资料，或政府公布的统计数据和长远规划、学术机构的研究报告等现成的二手资料进行研究，或邀请熟悉业务活动的专家、学者、专业人员对市场有关问题做出初步研究。

（2）描述性调研。描述性调研是指对需要调研的客观现象的有关方面进行事实资料的搜集、整理和分析的正式调研。它主要是对调研对象所面临的不同因素、不同方面现状的调查研究，其资料数据的采集和记录着重于对客观事实的静态描述。它要解决的问题是说明"是什么"，而不是"为什么"。它主要描述调研现象的各种数量表现和有关情况，为市场研究提供基本资料。例如，消费者需求描述调研，主要是搜集有关消费者收入、支出、商品需求量、需求倾向等方面的基本情况。描述性调研要求有详细的调研方案，要进行实地调研；掌握一手资料和二手资料，尽量将问题的来龙去脉、相关因素描述清楚；系统地搜集、记录、整理有关数据和有关情况，为进一步的市场调查研究提供市场信息。

描述性调研具有六要素：为何调研，向谁调研，从调研对象中获取什么信息，获取调研对象何时的信息，在何地获取调研对象的信息，以什么方式、方法获取信息。描述性调研的目的在于描述总体的特征和问题。描述性调研一般采用大样本概率抽样调研的方法，调研结果是结论性的、正式的。

(3)因果关系调研。因果关系调研是指为了探测有关现象或市场变量之间的因果关系而进行的市场调查。因果关系调研所回答的问题是"为什么"，它的目的在于找出事物变化的原因和现象间的因果关联关系，找出影响事物发展变化的关键因素，以便做出科学的经营决策。例如，在价格与销量、广告与销量的关系中，要想找出哪个因素起到主导作用，就需要采用因果关系调研。

(4)预测性调研。预测性调研是指为了预测市场未来的变化趋势或企业生产经营前景而进行的具有推断性的调查。它所回答的问题是"未来市场前景如何"，其目的在于掌握未来市场的发展趋势，为企业的经营管理决策和市场营销决策提供依据。例如，消费者购买意向调研、宏观市场运行态势调研、旺季市场走势调研、服装需求趋势调研等都是带有预测性的市场调研。

预测性调研可以充分利用描述性调研和因果关系调研的现成资料，但要求搜集的信息要符合预测市场发展趋势的要求，既要有市场的现实信息，又要有市场未来发展变化的信息，如新情况、新问题、新动态、新原因等方面的信息。

5.1.1.2　按购买商品的目的分类

市场调研按照购买商品的目的不同，可以划分为消费者市场调研和生产者市场调研。

(1)消费者市场调研。消费者是指以满足个人生活需要为目的的商品购买者和使用者。消费者购买商品的目的是满足个人或家庭生活需要。消费者市场是最终产品的消费市场。其调研的目的主要是了解消费者需求数量和结构及其变化。而消费者的需求数量和结构的变化，受到多方面因素的影响，如人口、经济、社会文化、购买心理和购买行为等。对消费者市场进行调研，除直接了解消费者的需求数量及其结构以外，还必须对诸多影响因素进行调查。

(2)生产者市场调研。生产者市场的购买者主要是生产企业、单位，购买的产品多为初级产品、中间产品或者生产资料，购销活动具有定期、大量和缺乏一定弹性的特点。其购买的目的是生产出新的产品或进行商品转卖。生产者市场调研主要是对市场商品供应量、产品的经济生命周期以及商品流通的渠道等方面的内容进行调查。

市场调研的类型，还可以按照调研登记时间是否连续划分为一次性调研、定期性调研和连续性调研。按照调研对象范围的不同，市场调研还可以划分为全面调研和非全面调研。

5.1.2　市场营销调研过程

市场营销调研是一种科学的工作方法，必须尊重科学、尊重客观规律。为了使市场营销调研取得良好的预期效果，必须制订周密的调研计划，按步骤做好必要的准备工作，认真实施。市场营销调研一般分为调查准备、调查设计、调查实施、调查资料处理四个阶段（如图 5-1）。

```
┌─────────────────┐   ┌─────────────────┐   ┌─────────────────┐   ┌─────────────────┐
│ 1. 调查准备阶段 │ → │ 2. 调查设计阶段 │ → │ 3. 调查实施阶段 │ → │ 4. 调查资料处理阶段 │
└─────────────────┘   └─────────────────┘   └─────────────────┘   └─────────────────┘

┌─────────────────┐   ┌─────────────────┐                         ┌─────────────────┐
│ 1.1界定市场调查问题 │   │ 2.1确定调查项目 │                         │ 4.1分析整理资料 │
├─────────────────┤   ├─────────────────┤      ┌──────────┐       ├─────────────────┤
│ 1.2初步调查     │ → │ 2.2设计抽样和方法 │ →    │ 资料收集 │ →     │ 4.2撰写调研报告 │
├─────────────────┤   ├─────────────────┤      └──────────┘       ├─────────────────┤
│ 1.3编写市场调查方案 │   │ 2.3设计调查问卷 │                         │ 4.3追踪调查结果 │
└─────────────────┘   ├─────────────────┤                         └─────────────────┘
                      │ 2.4非正式调查   │
                      └─────────────────┘
```

图 5-1　市场营销调研过程

5.1.2.1　调查准备阶段

调查准备阶段要做的工作为界定市场调查问题、初步分析、编写市场调查方案。

（1）界定市场调查问题。界定市场调查问题主要是明确调查主题和调查范围。调查主题是市场调查所要说明或解决的具体问题，直接决定着调查方案的内容。正确地提出问题是正确认识问题并解决问题的前提。调查的主题必须具体、明确，不能过于笼统。调研范围的区分，直接影响到调查收集资料的范围。调查主题可以有很多，组织者必须根据一定的目的，确定每一次市场调查的主题。调查范围一般可以从地区上确定市场的区域范围，从商品使用上确定调查的群体范围。如果范围界限不清，调查中就可能出现资料信息收集不全、信息杂乱、资料庞杂、收集资料范围过大等问题。确定调查范围后，还要研究本次调查的直接目的，或者提出这次调查要解决的主要问题，一般可以采用设问方式来进行。例如，①这次为什么要做调查？②想要调查什么情况？③了解情况后有什么用途？如果能准确回答上述问题，那么，这次调查就有了进行活动的必要依据，就能期望获得良好效果。

在常规商业调查中，界定市场调查问题是经过调查合同来明确的，是一个标准的经济合同，具有法律意义。该法律合同对整个市场营销调研的基本框架和要点做了明确的规定，明确了双方的权利和义务，以及专业争议问题的沟通和处理模式。

（2）初步调查。在调查准备阶段，还必须围绕选定的主题进行一些初步的探索性调查。初步调查的主要目的不是直接回答调查主题所要解决的问题，而是为问题的解决寻找方向，为设计调查方案提供可靠的客观依据。初步调查的作用有：①确定市场调查的起点和重点。如果起点过高或过低，就会造成调查脱离实际或简单重复；如果重点不突出，就难以设计出高质量的调查方案，就不可能取得具有较大价值的调查结果。②研究调查的指标、方法和实施的具体步骤。这些都是设计调查方案的重要内容。这个阶段应该重视文案调查法。该方法又称二手资料调查法或桌面调查法，是指利用市场调查机构内部和外部现有的各种信息，对调查内容进行分析研究的一种调查方法。文案调查法所收集的资料以文献性信息为主，通常是已经加工过的次级资料，又称二手资料，例如，年鉴、报纸、杂志、报表等。收集资料之后，要合理评价资料的针对性、适用性、时效性、参考性，充分利用二手资料。

（3）编写市场调查方案。市场调查方案（或市场调查计划书）的内容包括以下方面：

①调查主题、调查背景、调查目的；②资料来源和评价，包括第一手资料、第二手资料、评价标准和原则；③调查地点、调查时间进程安排、调查人员、调查对象、调查的具体内容；④调查方法、样本设计、回访设计；⑤调查数据的统计和分析方法；⑥报告的形式；⑦调查费用预算和责任；⑧其他合作事项。

5.1.2.2　调查设计阶段

调查设计阶段所要做的工作包括确定调查项目、设计调查方法、设计调查问卷、非正式调查(预调查)。

(1)确定调查项目。调查项目是指对调查单位的哪些方面进行调查，是调查问题的进一步细化和分解。调查项目的确定取决于调查的目的和任务，以及调查对象的特点与数据资料收集的可能性。调查项目包括调查对象基本特征项目、调查主题的主体项目、调查问题的相关项目。如对消费者的需求调查，既要有消费者的基本项目(年龄、性别、职业、文化程度、家庭人口等)，又要有消费者需求量、购买动机、购买行为等需求调查的主体项目，还应有消费者收入、消费结构、储蓄、就业、产品价格等引起需求变动的相关项目，还可以延伸到消费者的态度、体验、品牌偏好等消费者心理的测量和调查。

(2)设计调查方法。设计调查方法主要指选择适当的组织调查方式、采集资料的方法。从样本角度，目前组织调查的方式有普查、重点调查、典型调查和抽样调查。抽样调查包括随机抽样和非随机抽样。调查方式的选择取决于调查的目的、内容以及时间、地点、费用等条件下市场的客观实际情况。从调研方法角度，采集资料的方法有询问法、观察法、实验法、网络调查法。

采集资料的方法主要考虑调查资料收集的难易程度、调查对象的特点、数据取得的源头、数据的质量要求等因素。这个阶段要设计出具体的抽样方法，合理估算出样本数量，明确抽样控制方法。

(3)设计调查问卷。调查项目确定以后，就可以设计调查问卷或者调查表——收集市场调查资料的工具。调查问卷既可作为书面调查的记载工具，也可作为口头询问的提纲。调查问卷设计应以调查项目为依据，力求科学、完整、系统和适用，要能够确保调查数据和资料有效收集，提高调查质量。问卷设计要考虑被调查者配合的方法、被调查者的能力和态度，要注意对其隐私的保护。问卷界面要友好，简洁美观，并进行人性化版面设计。问卷的选项设计和量表设计要经过实践检验(预调查)，并便于区分和编码，且具有良好的统计功能。

问卷的规模要根据调查目标来设计，既要考虑调查对象的具体情况，结合样品和调查现场的具体情况，通盘考虑访员的行为和应答模式，又要考虑督导的管理方法，以及决定必要的回访比例和回访方式。

(4)非正式调查(预调查)。非正式调查是指对初步设计出来的问卷在小范围内进行试验性调查，以便弄清问卷在初稿中存在的问题，了解被调查者是否对所有问题都乐意回答或能够回答，哪些问题是多余的，还有哪些不完善或遗漏的地方。如果发现问题，应立即修改，使问卷更加完善。

试验性调查的目的并不是获得完整的问卷，而是要求回答者对问卷各方面提出意见，以利于修改。同时，预调查要注意观察和收集目标对象的意见和态度、填写的时间和疑问、访问人员的行为礼仪等。初步调研的数据可以检验调查问题的准确性，预设统计方法的可行性、抽样方法的合理性。预调查是正式调查成功的重要前提和基础。经过一轮或者多轮的预调查和问卷修改，即可印制正式问卷。

5.1.2.3 调查实施阶段

这个阶段主要是开始全面广泛地收集与调查活动有关的信息资料。在实际调查中，要根据各种不同调查方法的要求，采用多种形式，由调查人员分头开展调查活动。

调查可以采用一次性调查，也可以采用一个设计周期内的连续性调查；在调查队伍的组建和培训方面，认真培训和模拟调查人员，可以推动调查的顺利进行；在具体执行调查时，应合理安排访问人员和督导人员的工作计量和监督模式，避免诚信问题导致的数据失真和误差。调查正式结束后，可以考虑采取一定比例的抽样复核，以审核调查的真实性和准确度。

5.1.2.4 调查资料处理阶段

在调查资料处理阶段，调查人员会将分头收集到的市场信息资料进行汇总、归纳、整理和审核，对信息资料进行分类编号和编码，然后对资料进行初步加工。比如，进行统计汇总，计算出各种比例，并制成各式统计图表，然后撰写调查报告，将调查结果形成书面报告。报告完成后，市场调查人员还要追踪市场调查结果，检查落实情况，了解调查报告中所提的建议在执行中有什么问题。调查资料处理阶段由三个步骤组成。

（1）收集分析资料。收集整理调查资料一般由专人进行，资料应编号保存，问卷需要审核和编码，录入计算机形成数据库，然后制成相应的图表，以供统计分析使用。

（2）撰写调查报告。即运用调查得到的大量市场信息，分析问题，观察市场，然后撰写调查报告。调查报告一般有两种类型：一种是专业性报告，读者对象是市场研究人员，其内容要详尽，并介绍调查的全过程，说明采用何种调查方式、方法，对信息资料怎样进行取舍，怎样得到调查结果等；另一种是一般性调查报告，读者对象是经济管理部门、职能部门的管理人员、企业的领导者。这种报告要求重点突出，介绍情况客观、准确、简明扼要，避免使用调查的专门性术语。这两类报告均可以附有必要的图表，以便直观地说明市场情况。

（3）追踪调查结果。完成调查报告，并不是调查活动的终结，还要对调查结果进行追踪，即再次通过市场活动实践，检验报告所反映的问题是否准确，所提建议是否可行、效果如何，并总结市场调查的经验教训，以提高市场调查的能力和水平。很多时候，追踪调查结果，能发现市场的新变化和新趋势，能够引导出新一轮调研的启动。市场调查的四个阶段和若干步骤是必须的，但其中几个具体步骤并不是简单、机械地排列，有时步骤有详有简，甚至有交叉、有反复。

市场调查是一种科学的工作方法，必须尊重科学、尊重客观规律。为了使市场调查取得良好的预期效果，必须制订周密的调查计划，按步骤做好必要的准备工作，认真实施。市场调查一般分为调查准备、调查设计、调查实施、调查资料处理四个阶段。为了保证市场调查活动正常进行并取得良好效果，维持正常的社会经济秩序，保证市场经济健康发展，一方面要靠健全的法律来制约，另一方面还要靠基本的道德和职业守则来规范。

5.1.3　市场调研的方式

5.1.3.1　全面市场调研

全面市场调研又称市场普查。它是指调研者为了搜集一定时空范围的调研对象的较为全面、准确、系统的调研资料，对调研对象总体的全部个体单位所进行的逐一的、无遗漏的全面调研，是为了特定的调研目的而专门组织的一次性全面调研。

全面市场调研一般采用普查员直接登记或调研者自填的方式来搜集资料。在组织全面市场调研时，应做到四个统一来保证全面调研活动的顺利开展，即统一规定调研项目，统一规定调研的标准时点，统一制定各种标准，统一调研的步骤和方法。

全面市场调研虽然能够全面了解总体的特征，并且调研资料的准确性和标准化程度也较高，但由于其涉及面广、工作量大、费用高，应用范围较窄。其主要应用于企业内部有关人力、物力、财力资源和产供销情况的调研；企业员工满意度、忠诚度测评；内部人事制度、分配制度等改革的测评；供应商的调研；经销商、代理商的调研等。

5.1.3.2　典型市场调研

典型市场调研是指调研者为了特定的调研目的，利用总体的有关先决信息，从调研对象(总体)中有意识地选择一部分有代表性的单位组成样本而进行的专门调研。其目的是通过典型单位来认识总体的规律性及其本质。

与其他市场调研方式相比，典型市场调研能够获得比较真实、广泛和丰富的材料，也便于将调查和研究结合起来以揭示事物的内在规律性，并且有利于节约调研的人力、物力和财力。但是，由于样本的选择存在主观判断，难以完全避免主观随意性，无法用科学的手段对样本总体做出准确的测定，缺乏持续性。

5.1.3.3.　重点市场调研

重点市场调研是指调研者为了特定的调研目的从调研对象(总体)中选择一部分重点单位组成样本而进行的一种非全面调研。重点单位是指其标志总量占总体标志总量绝大部分的那些单位。这些重点单位构成的样本，称为重点样本。重点样本中的单位数目虽然不多，但是在调研总体中处于十分重要的地位。重点样本不具有普遍的代表性，不能用重点样本的指标来推断总体平均指标，但可以用它来估计总体的粗略值。

重点调研较适合用于调研对象和调研内容都集中的情况。比如，通过某类农产品重点产区的产、销调研，可以测算该农产品资源，分析其供求变化。又如，某调研者需要了解某年全国棉花收购进展，只要调研这年湖北、江苏、河北、山东、新疆等主要产棉区的棉花收购状况即可。

5.1.3.4　抽样市场调研

调研市场抽样是一种非全面调研。它是从研究对象中抽取部分单位进行调研，并用调研结果来推断总体的一种调研方法。根据抽取样本单位的方式不同，抽样调研大致可以分为两类：一类是概率抽样，或称随机抽样；另一类是非概率抽样。我国一般只把概率抽样称作抽样调研，而把非概率抽样称为典型调研、重点调研等。抽样调研涉及三个问题：抽样单位、抽样方式及样本数目。抽样单位是指总体中所有被调研的对象或范围。例如对消费者调研的抽样单位可能是某省（或市、县、乡等）的所有消费者家庭。抽样方式随研究目的不同而有所不同，探索性研究仅用非概率抽样程序就可以了，但为了对总体进行正确的定量估计，必须使用随机抽样，使总体中的每一成员被抽中的机会均等，并使总体中的次数分布与样本分布相适应。通常可从两方面评价某种抽样方式的优劣：一是精确度标准；二是调研费用的多少。

（1）概率抽样。概率抽样就是按照随机原则进行抽样，即调研总体中每一个个体被抽到的可能性都是一样的，这是一种客观的抽样方法。随机抽样方法主要有简单随机抽样、等距抽样、分层抽样和分群抽样。

（2）非概率抽样。常用的非概率抽样主要有：①任意抽样。任意抽样也称便利抽样。这是纯粹以便利为基础的一种抽样方法。街头访问是这种抽样最普遍的应用。这种方法抽样偏差很大，结果极不可靠。一般用于准备性调研，在正式调研阶段很少采用。②判断抽样。判断抽样是根据样本设计者的判断进行抽样的一种方法，它要求设计者对母体有关特征有相当的了解。在利用判断抽样选取样本时，应避免抽取"极端"类型，而选择"普通型"或"平均型"的个体作为样本，以增加样本的代表性。③配额抽样。配额抽样与分层抽样类似，要先把总体按特征分类，根据每一类的大小规定样本的配额，然后由调研人员在每一类中进行非随机的抽样。这种方法比较简单，又可以保证各类样本的比例，比任意抽样和判断抽样样本的代表性都强，因此实际应用较多。

5.2 市场营销调研的主要方法

5.2.1 文案调研法

5.2.1.1 文案调研法的概念

文案调研法又称为间接调研法、二手资料调研法。它是调查人员在充分了解市场调查目的后，利用企业内部和外部现有的各种信息、情报资料，对调研内容进行分析、研究的一种调研方法。文案调研法主要是通过查看、阅读、检索、筛选、剪辑、购买、复制等手段收集二手资料。二手资料是经过他人收集、记录、整理所积累的各种数据和资料的总称。

文案调研法是收集已经加工过的次级资料，而不是收集原始资料。文案调研法以收集文献性信息为主，所收集的资料包括动态和静态两个方面，尤其偏重从动态角度收集各种反映市场变化的历史和现实材料。

5.2.1.2 文案调研法的作用

文案调研法的具体作用表现在以下两个方面：

（1）文案调研为实地调研创造有利条件。通过文案调研，企业可以初步了解调研对象的性质、范围、内容和重点等，并获得实地调研无法或难以取得的市场环境等宏观资料，有利于进一步开展和组织实地调研，取得良好的效果。文案调研所收集的资料还可用来证实各种调研假设，即可通过对以往类似调研资料的研究来了解实地调研的设计，用文案调研资料与实地调研资料进行对比，鉴别和证明实地调研结果的准确性和可靠性。

（2）文案调研为市场研究提供重要参考依据。文案调研适用面广，利用文案调研可以探讨各种现象发生的原因并进行说明，有利于洞悉企业市场营销活动的得失，提出改进的建议，把握市场发展的新契机，为企业决策提供依据。

5.2.1.3　文案调研法的资料来源

文案调研法的资料主要包括企业内部和外部资料。内部资料主要是企业内部市场营销部门搜集的资料。外部资料是指来自企业外部的各种相关信息资料，通常包括报纸、杂志、广告、统计年鉴、会议资料、学术论文等。市场营销是一种开放式的活动，高层决策人员所需要的资料大多是外部资料，因此外部资料的搜集在市场调研项目中占主要地位。但外部资料的搜集要比内部资料的搜集困难，而且费时、费用较高且较难控制。内部资料的主要来源包括业务资料、统计资料、财务资料和企业累积的其他资料等。企业内部资料的搜集相对比较容易，调查费用低，调查的各种障碍少，能够正确把握资料的来源和搜集过程，因此，应尽量利用企业的内部资料。

5.2.2　实地调研法

实地调研法是在没有明确理论假设的基础上，调研人员直接参与调研活动，收集资料，依靠本人的理解和抽象概括，从收集的资料中得出一般性结论的研究方法。实地调研所收集的资料常常不是数据性资料而是描述性资料。与人们在社会生活中的无意观察相比，实地调研是进行有目的、有意识和更系统、更全面的观察和分析。

实地调研法有访问调研法、观察法、实验法三种具体方法。选择哪种方法与调研目标、调研对象和调研人员的素质等有直接关系。每种调研方法的反馈率、真实性和调研费用是不同的。

5.2.2.1　访问调研法

访问调研法又称询问调研法、询问调查法，是指调研人员将所要调研的事项，以当面、电话或书面的形式对被调研者进行询问，以获得所需资料的一种调研方法。它是市场调研中最常用、最基本的调研方法之一。

访问调研法的特点是通过直接或间接的问答方式来了解被调研者的意见和看法。整个访谈过程是调研人员与被调研者相互影响、相互作用的过程，也是沟通的过程。

访问调研法根据调研人员与被调研者接触的方式不同，可分为面谈访问调研、电话调研、邮寄调研、留置调研等。

5.2.2.2　观察法

观察法是指调研人员根据特定的研究目的，利用感觉器官和其他科学手段，有组织、有计划地对研究对象进行考察，以取得研究所需资料的方法。用观察法时，调研人员不直接向被调研者提问，而是从旁边观察被调研者的行动、反应。

（1）观察法的优点。观察法客观、真实、准确、可靠；时效性长，可作为其他方法的补充；不要求被调研者具有配合调查的语言表达能力或文字表达能力；所获得的资料可靠性高，简便易行，灵活性强。

（2）观察法也存在一定的局限性。观察法只能观察到人的外部行为，不能说明其内在动机，如被调研者的兴趣、偏好、心理感受、购买动机、态度、看法等；调研成本高、时间较长；观察活动受时间和空间的限制，被调研者有时难免受到一定程度的干扰而不完全处于自然状态等。总之，应用观察法时，必须扬长避短，尽量减少观察误差。观察法最好同其他调研方法结合起来使用。对某一个特定的调研问题，应从成本和数据质量的角度出发，选择合适的观察方法。通常采用的观察方法包括人员观察法和机器观察法两类。

5.2.2.3 实验法

（1）实验法的有关概念。实验法的主要相关概念有①自变量：实验人员可以控制和改变的量。②因变量：因自变量的变化而变化的量。③外生变量：在实验过程中除自变量外，同样影响因变量变化的量。④测试单位：在实验过程中接受测试的个体。⑤实验组：接受实验的被研究对象。⑥控制组（对照组）：不接受实验组处理的个体。

（2）实验法是因果调研法。访问调研法和观察法一般是在不改变环境的情况下收集资料。实验法则是指在保持其他因素不变的情况下，从影响调研问题的许多可变因素中选出一个或两个因素进行控制实验，然后对实验结果进行分析，以确定研究结果是否值得大规模推广的方法。实验法是一种类似于实验求证的调研方法，又称为因果调研法。它通过对实验对象和环境以及实验过程的有效控制，分辨各种因素之间的相互影响关系及程度，从而为决策提供依据。

（3）实验法的特点。实验法的特点是实验人员选定和控制自变量，并观察这些自变量对因变量的影响，也就是把调研对象置于非自然状态下开展市场调研。在实验法中，实验人员在事先设计的条件下进行调研，容易受一些可变动的因素的干扰，对实验假设件以外的其他条件的影响无法控制，对实验人员自身行为所引起的影响难以避免。因此，在设计实验条件时，应充分考虑各种内在和外在的因素。同时，在实验调研过程中，实验人员应尽量使自己保持中立、客观的立场。

【案例5-1】

杜邦公司的"市场瞭望哨"

（4）实验法的适用范围。实验法只适用于对当前市场现象的影响分析，对历史情况和未来变化影响较小。企业准备改变产品品质、变换造型、更换包装、调整价格、改换渠道、变动广告、推出新产品、变动产品陈列等，都可采用实验法测试其效果，并且可利用展销会、试销会、交易会、订货会等场合进行测试。

5.2.3 网络调研法

网络调研法是传统调研法在新的信息传播媒体上的应用，是随着互联网的发展而兴起的一种新的调研方式。它是指在互联网上针对调研问题进行调研设计，收集资料及分析、咨询等活动。与传统调研方法相类似，网络调研法也有对原始资料的调研和对二手资料的调研两种方式，即利用互联网直接进行问卷调研，收集一手资料（也可称为网上直接调研）；或利用互联网，从互联网收集二手资料（称为网上间接调研）。由于越来越多的传统报纸、杂志、电台等媒体，还有政府机构、企业等纷纷网络化，网络成为信息海洋，信息极其丰富，此时的关键是如何发现和挖掘有价值的信息，而不是如何找到信息。

　　网络调研自 20 世纪 90 年代开始流行。网络调研有其鲜明的特色：自愿性、定向性、及时性、互动性、匿名性、共享性等。

5.2.3.1　网络调研法的优缺点

　　（1）网络调研的优点。网络调研组织简单，费用低；匿名性好，便于被调研者畅所欲言，调研结果较为客观；访问速度快，信息反馈及时；便于对采集信息的质量实施系统的检验和控制；没有时间、地域限制；互联网的交互性使网络调研的周期大大缩短。

　　（2）网络调研的缺点。网络调研的样本对象具有一定的局限性；所获信息的准确性和真实性难以判断；开展网络调研需要配备一定的技术人员。

5.2.3.2　网络调研的操作流程

　　网络调研是企业利用互联网获取信息的重要手段。与传统调研类似，网络调研必须遵循一定的步骤。

　　（1）选择搜索引擎。搜索引擎能储存从搜索网站数据库中获得的信息。这些信息可以借助一系列的关键词和其他参数进行识别。

　　（2）确定调研对象。互联网是企业与顾客的有效沟通渠道，企业可以充分利用该渠道直接与顾客进行沟通，了解企业的产品和服务是否满足顾客的需求，同时了解顾客对企业潜在的期望和改进建议。在确定网络调研的目标时，需要考虑的是调研对象是否上网，网民中是否存在调研对象，其规模有多大。只有网民中的有效调研对象足够多时，才可能得出有效的结论。

　　（3）确定调研方法和设计问卷。网络调研主要采用问卷调研法，因此设计调研问卷是网络调研的关键。因为互联网交互机制的特点，网络调研可以采用调研问卷分层设计。这种方式适合过滤性的调研活动，因为有些特定问题只限于一部分调研对象，所以可以借助层次的过滤寻找适合的调研对象。

　　（4）选择调研方式。开展网络调研时采取较多的方法是被动调研法，即将调研问卷放到网站等待调研对象自行访问和接受调研。因此，吸引调研对象参与调研是关键。为提高网民参与的积极性，可提供免费礼品、调研报告等。另外，必须向调研对象承诺并且做到有关个人隐私的任何信息不会被泄漏和传播。

　　（5）访问相关调研对象。调研人员通过电子邮件向互联网上的个人主页、新闻组和邮件清单发出相关查询，利用搜索引擎对个人站点进行访问。

　　（6）分析、统计信息。调研人员对访问本公司站点的人数进行统计，从而分析消费者的分布范围和潜在消费者市场所在地。

　　（7）整理、分析相关信息，形成调研报告。撰写调研报告是网络调研的最后一步，也是调研成果的体现。撰写调研报告主要是在分析调研结果的基础上对调研的数据和结论进行系统的说明，并对有关结论进行探讨性的说明。

5.2.4 大数据调研法

5.2.4.1 大数据与调研

大数据是指无法在一定时间范围内用常规软件工具进行捕捉、管理和处理的数据集合，是需要新处理模式才能具有更强的决策力、洞察发现力和流程优化能力的海量、高增长率和多样化的信息资产。大数据不仅有"大"的特点，还有很多其他特点。在这方面，业界有不同的见解，但是总体而言，可以用"4V+1C"，即 variety（多样性）、volume（海量）、velocity（快速）、vitality（灵活）以及 complexity（复杂）这 5 个单词来概括。

5.2.4.2 大数据调研应用

大数据应用于市场和用户研究仍处于探索阶段，依然面临着诸多挑战，但我们不可否认的是大数据应用于市场和用户研究将带来研究速度和效率的极大提升。随着大数据相关技术的发展和成熟，我们有理由相信，利用大数据可以进行更好的市场洞察和用户洞察。

【案例5-2】

红领西服：用大数据来定制西服

（1）大数据用于市场细分。区别于传统的市场细分，大数据应用于市场细分在以下方面可起到更为重要的作用：数据采集的维度更为全面，数据采集更为实时，尤其是行为数据的采集更为及时、细致和全方位。用大数据算法进行细分模型建模，可以吸纳更多的细分维度，从而可以细分出更小、同质性更高的细分群体。数据更新更快，计算速度更快，市场细分模型更新速度更快，更能及时反映用户需求的变化，从而可以做出更准确、更及时的市场细分。市场细分可以和营销渠道、营销活动进行实时关联和调优，企业通过大数据算法判定的细分群体可以实时地进行有效营销活动推荐，并可以用大数据计算有效推广渠道，从而更有效地传递给细分群体。

（2）大数据用于产品测试。在大数据和互联网时代，我们可以用更快速和更为准确的方式来进行产品测试。在产品的开发期，我们可以通过电商平台或者微博、论坛等社会化媒体对现有产品的网上评论进行收集，通过自然语言处理和数据挖掘手段来了解消费者的不满和产品的改进方向；或者通过灰度测试来了解新版本的效果，即让一部分用户继续用老版本，另一部分用户开始用新版本，如果用户对新版本没有什么反对意见，就逐步扩大范围，把所有用户都迁移到新版本上来。灰度测试和发布可以保证整体产品系统的稳定，使企业在初始灰度测试的时候就发现问题、调整问题。

在产品的介绍上，企业对于产品的包装、外观设计和价格等也可以通过灰度测试和发布的方式来掌握消费者的反馈以进行相关的调优。

在产品的成长期和成熟期，企业同样可以通过大数据手段收集消费者对自身产品和竞争产品的评论，通过自然语言处理和数据挖掘掌握消费者对产品的不满，以改进产品。比如，宝洁这种对传统市场调研非常重视的企业，目前就已经利用大数据方式进行产品测试，尤其是通过电商平台收集每一个产品的评价和反馈，以促进产品改进和创新。

5.3 市场预测

5.3.1　市场预测概述

5.3.1.1　市场预测的定义

市场预测是指在市场调研的基础上，预测者利用一定的市场预测方法，测算一定时期内市场供求变化趋势，从而为企业的营销决策提供科学的依据。

5.3.1.2　市场预测的类型

按照不同的标准，可以将市场预测划分为多种类型。

（1）按预测的空间范围来划分，市场预测可以分为宏观市场预测和微观市场预测。

宏观市场预测是对整个市场的预测，即把整个行业发展的总体情况作为研究对象，研究企业生产经营过程中的宏观环境因素。宏观市场预测的预测内容包括世界、地区和国家经济变化趋势，金融市场变化趋势，生产的总体变化趋势，消费需求的变化趋势及国际贸易的变化等内容。

微观市场预测则是从单个企业的角度出发，预测市场上影响企业生产经营的各个要素的变化趋势。微观市场预测是企业制定正确的营销组合策略的前提条件。微观市场预测以企业产品的市场需求量、销售量、市场占有率、价格变化趋势、成本等作为主要内容。

宏观市场预测是微观市场预测的综合与扩大，微观市场预测是宏观市场预测的基础和前提。

（2）按预测商品的范围来划分，市场预测可以分为单项商品预测、同类商品预测和商品总量预测。

单项商品预测是指预测者对某一种具体商品或具体品牌的商品的市场前景所进行的预测与判断，如具体商品的品牌、质量、规格、款式等市场需求的预测。

同类商品预测是指预测者对某一类商品的市场需求变化趋势的预测，如汽车生产企业对电动汽车的发展趋势所做的预测。

商品总量预测是指预测者对消费者在未来一定时期内对某种商品需求变动趋势进行的总量预测。

（3）按预测时间的长短来划分，市场预测可以分为短期预测、中期预测和长期预测。

短期预测通常是指预测期在 1 年以内的市场预测，这类预测活动在企业经营活动中是最频繁的。通过短期预测企业能及时了解市场动态，掌握市场行情变化，提高经营决策水平。与中长期预测相比，短期预测要求更具体、更明确，因此在短期预测中定量预测方法使用比较多。

中期预测通常是指预测期在 1 年以上 5 年以内的市场预测，一般是对影响市场长期发展的宏观因素如经济、技术、政治、社会等因素进行预测，以便为企业制订年度计划和修订长期计划提供依据。

长期预测通常是指预测期在 5 年以上的预测，主要是对市场未来发展趋势和运行规律的综合性分析和判断，一般以此明确宏观经济或企业的发展方向和具体目标。

（4）按预测的方法来划分，市场预测可以分为定性预测和定量预测。

定性预测是指预测者依靠具有熟练的业务知识、丰富的经验和强大的综合分析能力的人员，根据已掌握的历史资料和数据，对事物的未来发展做出性质和程度上的判断，并综合各方面的意见，对未来进行预测。

【案例5-3】

上海迪士尼的市场调研

定量预测是通过数学模型、利用历史数据或因素变量来对需求进行预测，即根据已掌握的比较完备的历史统计数据，运用一定的数学方法进行科学的加工整理，借以揭示有关变量之间的规律性联系，并用于推断事物的未来发展变化情况。

5.3.1.3　市场预测的内容

（1）市场需求预测。市场需求预测是对市场需求进行质和量的两方面的预测。在质的方面，主要是指对商品品种、品质、包装、款式、品牌、技术等变动趋势的预测；在量的方面，主要是指对市场需求量的预测，既包括总体市场需求量的预测，也包括单种产品需求量的预测。另外，商品的需求结构的预测也是市场需求预测的重要组成部分。

（2）市场供给预测。市场供给预测同市场需求预测一样，也包括质和量两个方面，既包括对市场供给的商品品种、品质、包装、款式、品牌、技术等变动趋势的预测，又包括对市场供给量的预测。

（3）商品市场寿命周期预测。无论长短，每一类商品都有其市场寿命周期，对商品的市场寿命周期变化趋势的预测是企业预测的重要内容之一。商品市场寿命周期主要是从销售量、获利能力等因素的变化来进行分析。

（4）销售预测。销售预测是对产品销售的量、花色、品种、规格、款式等的一种单项商品预测。

（5）科技发展趋向预测。世界科学技术发展迅猛，近年来，人类所取得的科技成果非常多，科技成果商品化的周期大大缩短，产品的市场寿命周期也大大缩短。科学技术迅猛发展对企业的生产经营活动产生了巨大的影响，因此，作为生产企业要了解和掌握科技的发展趋势，从而做出适当的生产经营决策。

5.3.2　市场预测方法

市场预测的具体方法有很多。总体来说，市场预测方法可以分为定性预测方法和定量预测方法两大类。

5.3.2.1　定性预测方法

定性预测方法是一种不依托数学模型，而依靠预测者的业务知识、经验和综合分析的能力主观判断预测未来的方法。这种方法只能定性地估计某一事件的发展趋势、优劣程度等，预测结果的准确性取决于预测者的知识、经验和能力。定性预测方法一方面用于定量分析之前，为定量分析做准备工作；另一方面，与定量分析方法结合使用，以提高预测的可靠程度。除此之外，定性预测还可以对定量预测的结果进行评价。定性预测方法具体有以下几种：

（1）购买者意向法。即通过直接询问购买者的意向和意见，据以判断销售量。如果购买者的购买意向是明晰的，这种意向会转化为购买行为，并且购买者愿意向调研者透露。因此，这种方法特别有效。因为该法在消费者数量很多的场合下难以逐一调研，所以在产业用品和耐用消费品上使用较多。同时，购买者意向会随着时间转移，因而适宜短期调研。例如，向消费者调研："在未来六个月内你打算买小汽车吗？"答案有六个不同的选择（见表5-1）。

表 5-1 购买者意向调研表

0.00	0.20	0.40	0.60	0.80	1.00
肯定不买	不太可能	有点可能	很有可能	非常可能	肯定购买

（2）销售人员意见法。销售人员意见法是综合利用销售人员对未来销售的判断加以预测。销售人员由于经常接近购买者，对购买者和竞争者有较全面深刻的了解，比其他人有更充分的知识和更敏锐的洞察力。但由于以下原因，销售人员所做的需求预测往往要进行修正：①受其最近销售成败的影响，他们的判断可能会过于乐观或过于悲观，即常常走极端；②销售人员可能对经济发展形势或企业的市场营销总体规划不了解；③为使其下一年度的销售大大超过配额指标，以获得升迁或奖励的机会，销售人员可能会故意压低其预测数字；④销售人员也可能对这种预测没有足够的知识、能力或兴趣。

例：某企业有 3 名销售员，分别负责 3 个地区的产品销售工作，他们对各自负责的地区下一年度的产品销售预测情况如表 5-2 所示。

表 5-2 销售人员对下一年度产品销售预测情况

销售员	销售状态	销售额预测（万元）	概率	期望值
甲	最高销售	21	0.3	6.3
	正常销售	17	0.6	10.2
	最低销售	15	0.1	1.5
乙	最高销售	18	0.2	3.6
	正常销售	16	0.6	9.6
	最低销售	14	0.2	2.8
丙	最高销售	25	0.2	5.0
	正常销售	22	0.5	11.0
	最低销售	20	0.3	6.0

表 5-2 中的概率是销售员对销售状态发生的可能性做出的预测。根据表中的预测数据，各地区下一年度的销售预测情况分别为：

甲：6.3+10.2+1.5＝18.0

乙：3.6+9.6+2.8＝16.0

丙：5.0+11.0+6.0＝22.0

因此，将 3 名销售员对各个地区的预测情况进行综合汇总后，企业可以得到下一年度的产品销售预测结果：

18.0+16.0+22.0＝56.0(万元)

(3)专家会议法。专家会议法是指根据规定的原则选定一定数量的专家，按照一定的方式组织专家会议，发挥专家集体的智慧结构效应，对预测对象未来的发展趋势及状况，做出判断的方法。

专家会议有助于专家们交换意见，而且通过互相启发，可以弥补个人意见的不足；通过内外信息的交流与反馈，可以产生"思维共振"，进而将产生的创造性思维活动集中于预测对象，在较短时间内得到富有成效的创造性成果，为决策提供预测依据。但是，专家会议法也有不足之处，因为专家们可能出现以下情况：有时心理因素影响较大；易屈服于权威或大多数人意见；易受劝说性意见的影响；不愿意轻易改变自己已经发表过的意见等。

参加专家会议的人员应按下述三个原则选取：①如果参加者相互认识，那么要从同一职位(职称或级别)的人员中选取，领导人员不应参加，否则可能对参加者造成某种压力。②如果参加者互不认识，那么可从不同职位(职称或级别)的人员中选取。这时，不论成员的职称或级别的高低，都应同等对待。③参加者的专业应力求与所论及的预测对象的问题一致。

(4)德尔菲法。德尔菲法，又名专家意见法，是依据系统的程序，采用匿名发表意见的方式，即团队成员之间不得互相讨论，不发生横向联系，只能与调研人员有联系，通过反复地填写问卷，汇总问卷填写人的共识及搜集各方意见，可用来构造团队沟通流程，应对复杂任务难题的管理技术。德尔菲这一名称起源于古希腊有关太阳神阿波罗的神话。传说中阿波罗具有预见未来的能力。因此，这种预测方法被命名为德尔菲法。1946 年，兰德公司首次用这种方法进行预测。后来，该方法被迅速广泛采用。

德尔菲法的具体实施步骤如下：

①组成专家小组。按照课题所需要的知识范围，确定专家。专家人数的多少，可根据预测课题的大小和涉及面的宽窄而定，一般不超过 20 人。

②向所有专家提出所要预测的问题及有关要求，并附上有关这个问题的所有背景材料，同时请专家提出还需要什么材料，然后由专家做书面答复。

③各个专家根据他们所收到的材料，提出自己的预测意见，并说明自己是怎样利用这些材料并提出预测值的。

④将各位专家第一次的判断意见汇总，列成图表，进行对比，再分发给各位专家，让专家比较自己同他人的不同，并修改自己的意见和判断。也可以先把各位专家的意见加以整理，或请身份更高的其他专家加以评论，然后再把这些意见分送给各位专家，以便他们参考后修改自己的意见。

⑤将所有专家的修改意见收集起来，进行汇总，再分发给各位专家，以便做第二次修改。逐轮收集意见并向专家反馈信息是德尔菲法的主要环节，收集意见和信息反馈一般要经过三四轮。在向专家进行反馈的时候，只给出各种意见，并不说明发表各种意见的专家

的具体姓名,这一过程重复进行,直到每一个专家不再改变自己的意见为止。

⑥对专家的意见进行综合处理。

德尔菲法同专家会议法既有联系又有区别。德尔菲法能发扬专家会议法的优点,又能避免专家会议法的缺点。但德尔菲法过程比较复杂,花费时间较长。

例:某企业研制出一款新型测量仪器,为了确定该测量仪器的具体生产量,需要对其投入市场后的年销量进行预测。于是,该企业聘请了 10 位专家,应用德尔菲法预测该仪器的年销量,经过 3 轮征询汇总,得到的数据如表 5-3 所示。

表 5-3　产品年销量预测　　　　　　万台

专家	第一轮征询预测值		第二轮征询预测值		第三轮征询预测值	
	最高销量	最低销量	最高销量	最低销量	最高销量	最低销量
1	35	22	45	27	45	27
2	40	28	50	35	46	35
3	45	25	46	32	50	33
4	42	30	38	26	40	30
5	38	20	42	28	42	30
6	50	33	50	36	46	32
7	56	35	50	36	46	30
8	46	29	46	33	50	36
9	38	20	45	30	40	30
10	40	24	40	30	42	28
平均值	43	26.6	45.2	31.3	44.7	31.1

平均值预测。如果按照 10 位专家第三轮预测的平均值计算,则该产品的预测年销量为(44.7+31.1)÷2=37.9(万台)。

加权平均预测。如果将最高销量和最低销量分别按 40%和 60%的权数加权平均,则该产品的预测年销量为 44.7×0.4+31.1×0.6=36.54(万台)。

中位数预测。将第三轮的预测值由低到高排列,最高销量排列如下:40,40,42,42,45,46,46,46,50,50。最低销量排列如下:27,28,30,30,30,30,32,33,35,36。则最高销量的中位数为(45+46)÷2=45.5(万台),最低销量的中位数为(30+30)÷2=30(万台)。如果以中位数平均值计算,则该产品的预测年销量为(45.5+30)÷2=37.75(万台);如果将最高销量和最低销量分别按 40%和 60%的权数加权平均,则该产品的预测年销量为45.5×0.4+30×0.6=36.2(万台)。

5.3.2.2　定量预测方法

定量预测也称统计预测,它是根据已掌握的比较完备的历史统计数据,运用一定的数学方法进行科学的加工整理,借以揭示有关变量之间的规律性联系,用于预测和推测未来发展变化情况的一类预测方法。

定量预测基本上可分为两类。一类是时间序列预测法。它是以一个指标本身的历史数据的变化趋势，去寻找市场的演变规律，并作为预测的依据，即把未来作为过去的延伸。另一种是回归分析预测法。它包括一元线性回归分析法、多元线性回归分析法和非线性回归分析法。回归分析预测法是因果分析法中很重要的一种，它从一个指标与其他指标的历史和现实变化的相互关系中，探索它们之间的规律性联系，并作为预测未来的依据。

（1）时间序列预测法。时间序列预测法是以企业过去的资料为基础，利用统计分析和数学方法分析预测未来需求。

①时间序列预测法的依据。因为过去的统计数据之间存在着一定的关系，而且这种关系利用统计方法可以揭示出来，同时过去的销售状况对未来的销售趋势有决定性影响，销售额只是时间的函数，所以企业可利用这种方法预测未来的销售趋势。

②时间序列分析法的主要特点：以时间推移研究和预测市场需求趋势，不受其他外界因素的影响。不过，在遇到外界发生较大变化，如国家政策发生变化时，根据过去已发生的数据进行预测往往会有比较大的偏差。

③产品销售时间序列的组成。

趋势。它是人口、资本积累、技术发展等方面共同作用的结果。一般利用过去有关的销售资料描绘出销售曲线就可以看出某种趋势来。

周期。企业销售额往往呈现出某种波状运动，因为企业销售一般都受到宏观经济活动的影响，而宏观经济活动总呈现出某种周期性波动的特点。周期因素在中期预测中尤其重要。

季节。这里指一年内销售量变动的形式。"季节"这个词在这里可以指任何按小时、月份或季度周期发生的销售量变动形式。这个组成部分一般同气候条件、假日、贸易习惯等有关。季节形式为预测短期销售提供了基础。

不确定事件。它包括自然灾害、战争恐慌、一时的社会流行风尚和其他一些干扰因素。这些因素一般无法预测，属不正常因素。企业应当从过去的数据中剔除这些因素的影响，考察较为正常的销售活动。

④时间序列分析法的主要模型。时间序列分析就是要把过去的销售序列 Y 分解成为趋势 T、周期 C、季节 S 和不确定因素 E 等部分，并且通过对未来这几个因素综合考虑，进行销售预测。

这些因素可构成线性模型，即：$Y=T+C+S+E$

也可构成乘数模型，即：$Y=T \times C \times S \times E$

还可以是混合模型，如：$Y=T \times (C+S+E)$

对于具体的预测模型，可参阅相关资料，这里不再赘述。

（2）回归分析预测法。未来市场需求并非仅仅是时间的函数，而是还由一系列客观因素决定。对于需求预测来说，这些因素主要有价格、收入、人口和促销活动等。回归分析预测法就是在掌握历史资料的基础上，经过一系列统计分析，发现影响未来市场需求的客观因素及其影响的数量关系，进而对未来一定时期的市场需求做出预测。在回归分析中，市场需求或销售量 Q 被看作一个或一组独立的市场需求变量 X_i 的函数，即：

$Q = f(X_1, X_2, \cdots, X_i)$

运用回归分析的方法，根据历史资料用最小二乘法建立起不同形式的回归方程，借以进行预测。根据预测中自变量 X 的多少和回归方程形式的不同，回归分析预测法一般分为一元线性回归分析法、多元线性回归分析法和非线性回归分析法等。

一般说来，预测中考虑的客观因素越多，得到的预测结果就越可能接近实际情况，但计算工作也就越繁重。目前，电子计算机已经越来越多地用于预测分析，极大地减少了计算工作量，但是无论何时，市场预测人员必须始终记住回归分析预测的可靠性与可行性受到以下五个方面的限制：观察值过少；市场变量之间的关系过于复杂；预测时对数据的处理违背正态分布的假设；预测变量对自变量存在着反作用；出现未估计到的新变量。

①一元线性回归分析法。一元线性回归分析法是一种最简单的回归分析预测方法，它主要用于对影响市场需求量变化的多种因素之间的相互关系进行市场预测。其假设的依据是因变量与自变量的数据之间呈线性关系。

②多元线性回归分析法。在实际进行预测分析时，往往发现影响预测目标的因素有很多，有时候在这些因素中难以分清主次，或者有的因素虽然不是主要因素，但它的影响也比较大，不能忽视。因此，必须进行多因素的分析，才能反映出事件真实的演变规律。例如，电焊条的市场需求量，就受到国家的方针政策、国民经济结构以及发展水平、钢材消费量、电焊条产品品种以及质量等多个方面因素的影响。所以，用多元线性回归分析对多种因素进行分析和测量，是目前市场预测中的一个重要方法。但是多元线性回归分析不仅在因素上比较复杂，而且在计算上也比较复杂。二元线性回归分析尚可以用手工进行计算，但三元以及三元以上的多元线性回归分析一般需要采用矩阵和计算机进行计算。

③非线性回归分析法。在市场需求预测的实践中，往往遇到变量与变量之间存在相关关系，但它们之间的相关关系并不是线性关系的情况。对于这样的相关关系，不能以直线来描述，而应该以相应的曲线拟合。要建立非线性回归分析预测模型，首先要确定预测变量与自变量之间关系曲线的类型。通常是根据数据资料绘制变量的散点图，然后由散点的分布情况选择最符合散点分布的曲线，并结合理论分析和实践经验确定函数类型。非线性回归分析的一般步骤为通过变量替换将非线性方程转换为线性方程；用最小二乘法建立线性回归方程；通过变量转换将线性方程转换为所需要的非线性方程；进行预测计算。

5.4　市场营销信息系统

为有效地履行营销职责，成功地开展营销活动，企业需要大量信息用于营销决策。然而，企业却常常遇到大量无效的、过时的、不可信的、零乱无序的信息。市场营销调研是企业获取有用信息的重要途径之一。市场预测根据调研的信息进行分析，可得出通常难以通过调研直接得出的相关结论，因为它是对信息的加工，这种加工的信息能更多地反映未来趋势和走向，对企业的营销决策支持的作用也可能更大。实际上，在企业市场营销决策过程中，每一步都离不开营销调研和市场预测，因此，掌握营销调研和市场预测相关知识十分必要。

5.4.1 市场营销信息

市场营销信息也称市场信息，是指在一定的时间和市场条件下，市场环境中各种事物发展变化与特征的真实反映，它是反映其实际状况、特性、相互关系的各种消息、资料、数据和情报的总称。

市场信息是市场经济的产物，是市场环境的动态体现。市场信息是一种资源，是有价格的。市场信息最为突出的特征就是其时效性。时效性是市场信息的价值体现。不失时机地掌握市场信息，已成为影响企业市场营销成败的关键因素之一。

5.4.1.1 市场营销信息的重要性

对企业营销活动而言，市场营销信息是其起点和基础，也是营销沟通的工具。若市场营销信息不足或质量不高，就会影响营销的正确决策和有效沟通，就不会有成功的营销。

(1)市场营销信息是企业创造顾客的基础。任何企业的经营活动都与顾客密切相关，若想生存发展就必须创造顾客。企业只有通过各种途径，广泛搜集顾客需求信息，进行分析研究，了解顾客需要什么，并依据它们进行企业的经营决策，才能创造出更多顾客。

(2)市场营销信息是企业开发新产品的基础。在市场经济条件下，企业间的竞争主要就是产品竞争，开发新产品就是企业在竞争中获胜的重要途径，而现代企业开发任何新产品的动机和方案往往是建立在市场营销信息基础上的。

(3)市场营销信息是企业销售产品的向导。销售在企业经营活动中至关重要，也是企业产品生产的最终目的。正如美国管理学家托马斯·彼得斯所言："任何企业的成败都取决于销售。"企业为了销售产品就必须进行营销决策，其中一个重要内容就是决定产品销向何处。此时，获取市场营销信息尤为重要。市场营销信息能告诉企业何处有产品的销售市场，从而引导企业的产品销售。

5.4.1.2 对市场营销信息的要求

企业收集信息是为支持营销决策服务的。营销决策对所收集的市场营销信息有以下要求：

(1)准确。市场营销信息的来源要可靠，收集、处理的方法要正确、可信。

(2)及时。市场营销信息的时效性极强，因此对获得信息、传递信息和处理信息的速度有严格要求。

(3)恰当。即恰为决策所需的信息量和传送频度。信息量太少，传递间隔过长固然不好；然而信息量太大造成无用信息过多，或庞杂而理不出头绪，报告过频而使管理者疲于应付也不行。

(4)系统。企业在营销活动中受到众多因素的影响和制约，如果仅仅得到一堆杂乱无章的信息是无济于事的。为此，企业必须对有关信息进行分析，分析它们之间的内在联系，提高它们的有序化程度。只有这样，才能得到有效的信息。

(5)经济。收集、处理信息必然涉及费用支出。一方面，支出水平受企业预算制约；另一方面，支出水平不应超出所获信息可能给企业带来的收益。否则，这一信息收集、处理过程就失去了其存在的价值。

5.4.2　市场营销信息系统的概念及构成

市场营销信息系统(marketing information system，MIS)是指由人、智能机器和程序所构成的相互作用的系统，它通过及时准确地对所需要的信息进行采集、分类、分析、评估和传递，提供给营销决策者使用，以便使营销决策具有科学性和效率性。市场营销信息系统是即时决策的支持系统，也是数据库的营销系统。

在快速发展的社会和存在多种不确定性影响因素的环境中，营销管理者需要更快地获得有关市场变化的各种准确而完整的信息，以便做出的所有决策都更加准确。因此，对市场营销信息系统的要求是及时、全面、准确和有效地提供市场信息。

不同企业，其市场营销信息系统的具体构成会有所不同，但基本框架大体相同，一般由内部报告系统、营销情报系统、营销调研系统、营销分析系统这四个子系统构成，如图5-2 所示。

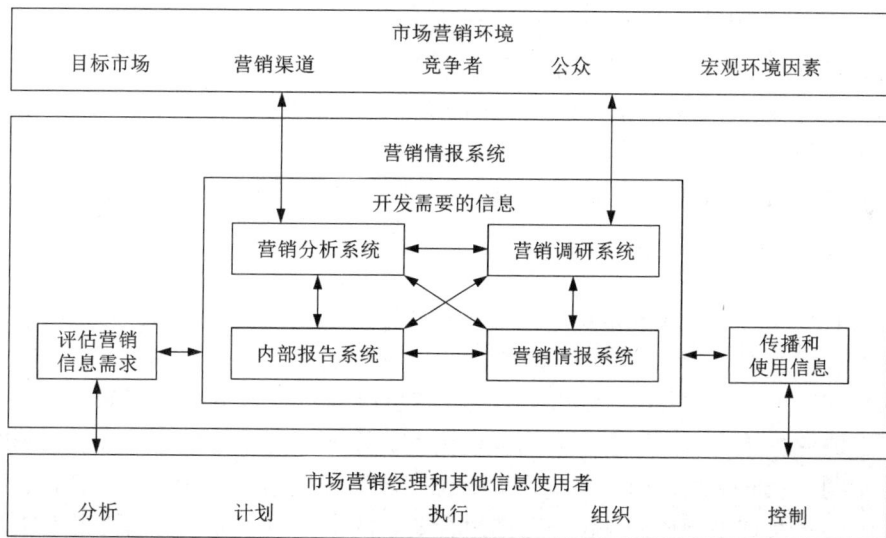

图 5-2　市场营销信息系统

5.4.2.1　内部报告系统

内部报告系统的主要任务是企业营销管理人员收集企业内部的财务、生产、销售等部门定期提供的各种营销管理信息，包括订货、销售、库存、生产进度、成本、现金流量、应收应付账款及盈亏等，通过分析、比较其中各种指标的计划和实际执行情况，及时发现企业的市场机会和存在的问题。企业内部报告系统良好运行的关键是如何提高这一信息系统的运行效率，使整个内部报告系统能够迅速、准确、可靠地向企业的营销决策者提供各种有用的信息。

5.4.2.2　营销情报系统

营销情报系统的主要功能是向营销部门及时提供有关外部环境发展变化的情报。它也是营销人员日常搜集的有关企业外部的市场营销资料的一些来源或程序。营销人员通常用以下四种方式对环境进行观察。

(1)无目的观察。观察者心中无特定的目的，但希望通过广泛的观察来搜集自己感兴趣的信息。

(2)条件性观察。观察者心中有特定的目的，但只在一些基本已认定的范围内非主动地搜集信息。

(3)非正式搜寻。营销情报人员为某个特定目的，在某一指定的范围内，做有限度而非系统性的信息搜集。

(4)正式搜寻。营销人员依据事前拟定好的计划、程序和方法，以确保获取特定的信息，或与解决某一特定问题有关的信息。

营销决策者可能从各种途径获得信息，如阅读书籍、报刊，上网查询，与顾客、供应商、经销商等交谈，但这些做法往往不太正规并带有偶然性。管理有方的企业则采取更正规的形式来提高所收集情报的质量和数量。主要措施如下：

(1)训练和鼓励销售人员收集情报。

(2)鼓励中间商及其他合作者向自己通报重要信息。

(3)聘请专家收集营销情报，或向专业调研公司购买有关竞争对手、市场动向的情报。

(4)参加各种贸易展览会。

(5)内部建立信息中心，安排专人查阅主要的出版物、网站，编写简报等。

5.4.2.3　营销调研系统

营销调研系统的主要任务是调研人员针对确定的营销问题，例如，目标顾客对线上购买的接受度和满意度，而专门搜集、评价和分析有关的信息资料，并将分析、研究的结果加以系统化和完善，并提出正式报告，供决策者更有针对性地解决特定问题，减少由主观判断可能造成的决策失误。因各企业所面临的问题不同，所以需要进行营销调研的项目及其内容也不同。企业营销调研的对象主要有消费者市场需求的现状与变化特征、市场需求变动的影响因素及其影响作用、各种营销组合要素的实施效果等。营销情报系统与营销调研系统都是从企业外部通过有效的方式开展并完成信息收集、处理和分析的组织，但是营销调研系统与营销情报系统相比存在明显差别。

(1)研究对象不同。营销调研系统的对象更加多样，而营销情报系统则相对固定。营销调研系统的研究对象可以是微观营销环境中某些因素的变化，如营销战略的实施效果、某个营销策略的实施结果等，而营销情报系统主要集中在对宏观营销环境例如文化环境、科学技术环境、自然生态环境等变化的了解。

(2)研究方法不同。营销调研系统运用的研究方法多样，而营销情报系统的研究方法相对单一。营销调研系统多用实地研究方法，如询问法、观察法、实验法等，而营销情报系统多用案卷研究方法。

(3)研究组织构成不同。营销调研系统是更具有临时性的研究组织，而营销情报系统是更具有稳定性的研究组织。营销情报系统往往是根据情报来源设置组织，为了提高效率更多采用研究机构稳定的策略；而营销调研系统往往因为每一次研究的对象不同，所需的研究方法不同，导致研究人员配置也不同。

5.4.2.4　营销分析系统

营销分析系统是指一组用来分析市场信息和解决复杂市场问题（帮助营销管理者制定决策）的包含特殊技术和技巧的设备与相应程序的集合。这个系统由统计分析模型和市场营销决策模型两个部分组成：第一部分是借助各种统计方法对所输入的市场信息进行分析的统计分析模块；第二部分是专门用于协助企业决策者更快做出最佳营销决策方案的人工智能模块。

通过以上市场营销信息系统四个子系统的任务分配及这些子系统之间关系的分析，可以看出企业的市场营销信息系统具有以下几个重要职能：

（1）集中——搜寻与汇集各种市场信息资料。
（2）处理——对所汇集的信息资料进行整理、分类、编辑。
（3）分析——进行各种指标的计算、比较、综合分析。
（4）保存与检索——编制资料索引并加以保存，以便需要时查找和使用。
（5）评价——鉴别输入的各种信息的准确性。
（6）传递——将各种经过处理的信息迅速准确地传递给决策者，以便及时制订或调整企业的经营决策。

理想的市场营销信息系统能向各级管理人员提供其所需的信息，能使各级管理人员方便地选择所需要的信息，能满足各级管理人员对所需信息的时限要求，能给各级管理人员提供各种形式的信息，能向各级管理人员提供易于理解的最新信息。需要指出的是，营销信息管理部门是否能够将市场营销信息系统得出的各种分析结果，及时传递到各个管理部门，以及这些信息是否易于为各个管理部门所理解、接受，将直接决定企业各部门对营销管理部门策划、制订的营销活动是否响应和最终实施的效果。

市场营销信息系统的四个子系统各自都有独立的功能。但是，与任何信息系统一样，市场营销信息系统如果要顺利地运转，必须建立彼此协调一致的机制，并且有完整的系统连接。这些工作取决于企业信息系统的设计与完善。以上我们为各子系统规定的功能，都建立在系统间能够协调一致的基础之上。

本章小结

1. 市场营销调研。它是指运用科学的方法系统地、客观地辨别、收集、分析和传递有关市场营销活动的信息，为企业营销管理者制定有效的市场营销决策提供依据。它是市场营销信息系统的主要组成部分之一。根据研究的问题、目的、性质和形式的不同，市场营销调研一般分为探测性调研、描述性调研、因果关系调研和预测性调研等四种类型。按照购买商品的目的不同，可以划分为消费者市场调研和生产者市场调研。按其调研登记时间是否连续，可以划分为一次性调研、定期性调研和连续性调研。按照调研对象范围的不同，可以划分为全面调研和非全面调研。

2. 市场营销调研的过程包括四个阶段：调查准备、调查设计、调查实施和调查资料处理阶段。市场营销调研的主要方法有文案调研法、实地调研法和网络调研法，还包括抽样调研法以及大数据调研法等。

3.市场预测是在市场调研的基础上，预测者利用一定的市场预测方法，测算一定时期内市场供求变化趋势，从而为企业的营销决策提供科学的依据。同时，企业要想在市场竞争中占据有利地位，必须在市场营销组合的各个因素，如产品、价格、分销渠道、促销等方面制定有效的营销策略组合，而有效的营销策略的制定取决于对市场变化趋势的准确预测。只有通过准确的市场预测，企业才能制定恰当的营销组合，把握机会，从而在竞争中取得胜利。

4.市场预测方法。定性预测方法有购买者意向法、销售人员意见法、专家会议法和德尔菲法。定量预测方法有时间序列预测法和回归分析预测法。

5.市场营销信息。市场营销信息也称市场信息，是指在一定的时间和市场条件下，市场环境中各种事物发展变化与特征的真实反映，是反映其实际状况、特性、相互关系的各种消息、资料、数据和情报的总称。

6.市场营销信息系统是指由人、智能机器和程序所构成的相互作用的系统，通过及时准确地对所需要的信息进行采集、分类、分析、评估和传递，提供给营销决策者使用，以便使营销决策具有科学性和效率性。市场营销信息系统是即时决策的支持系统，也是数据库的营销系统。不同企业，其市场营销信息系统的具体构成会有所不同，但基本框架大体相同，一般都由内部报告系统、营销情报系统、营销调研系统、营销分析系统这四个子系统构成。

思考与应用

1.什么是市场营销调研？市场营销调研分为哪几个步骤？常用的营销调研方法有哪些？

2.市场预测是什么？它的主要内容有哪些？

3.结合现实经济生活，就你感兴趣的问题，如大学生消费、农村消费结构、城市平均住房情况、城市消费结构等，进行问卷设计和调研，写出调研报告。

4.常见定性和定量预测法有哪些？简述回归分析预测法的步骤。

5.什么是市场营销信息？其有何特征？企业在营销活动过程中对信息有哪些要求？

6.什么是市场营销信息系统？它包括哪些子系统？

课外阅读

1.丘吉尔，拉柯布吉.营销调研方法论基础[M].北京：北京大学出版社，2010.

2.马尔霍特拉.营销调研基础：结合社会化媒体(第4版)[M].北京：清华大学出版社，2015.

3.胡文静.现代市场营销学[M].重庆：重庆大学出版社，2015.

4.海尔.市场营销调研精要[M].大连：东北财经大学出版社，2016.

5.曾艳.网络市场统计调查在企业网络营销中的应用[J].中国统计，2017(09).

6.郭国庆.市场营销学[M].北京：中国人民大学出版社，2020.

7.赵西超.论市场调查与市场分析在教育中的呈现模式——评《市场调研与市场分析》[J].中国高校科技,2020(04).

8.黎娟,石林,杨阳.市场调查分析[M].北京:人民邮电出版社,2021.

中国营销·案例分析

顺利啤酒：如何找出败北之原因？

位于二线城市的百世啤酒公司市场份额在公司周边地区一直居于领先地位,但对于省会城市长春却由于公司内部整合,3 年没有光顾。也正是在这 3 年间,长春啤酒市场先后出现了华丹、冰川等几个品牌,并为消费者所接受。公司要在省内获得高市场份额,占据优势,就必须占领省会城市的市场。经董事会讨论,公司委派市场部资深经理,也是市场开发的干将赵志前去长春市开发市场。接手长春市啤酒市场后,赵经理认为公司母品牌"百世"虽然在 3 年前曾经在长春市场上具有一定的知名度,但由于公司整合,其品牌一直没有在长春市出货,消费者可能已经忘记百世品牌。因此,他与市场部的同事们商量,决定推出一个新的啤酒品牌,并取名为"顺利"。其广告诉求是"今年夏天喝什么?"和"喝顺利啤酒,一切顺利"等。公司采用了一系列的常规营销手段,两个月内顺利牌啤酒销售业绩非常可观,市场部管理人员喜上眉梢。谁知好景不长,促销期一过,销售量骤降。市场部的管理人员到市场上进行调研发现,主要原因是没有促销优惠,消费者不再购买,批发商和零售商也不进货。而如果继续提供促销优惠,势必增加公司的营销费用,导致亏本。那么,为什么消费者不再购买顺利牌啤酒呢?显然,销售下滑是一个营销管理的表面现象,关键是要找出出现这个现象的原因。

在这种情况下,王东总监并没有建议董事会调整组织结构,加大营销力量,或者投入更多的营销费用。他向董事会提出要进行营销调研,以对销售不佳的现状进行诊断。王东总监与赵经理共同讨论,界定了公司所面临的营销管理问题是"销售业绩不佳"。产生销售业绩下滑的可能原因有消费者、竞争对手、公司本身和环境四个方面。为此,公司制定了调研邀请书。调研邀请书一共有四个部分:调研背景、主要调研内容、竞争环境及竞争对手诊断。

德兰市场调研公司在竞标过程中获得成功。德兰市场调研公司委派项目部李经理负责百世啤酒公司的项目。尽管百世公司希望尽快提供诊断数据,但李经理并未直接着手设计调研方案,实施定性或定量调研,而是花了一周时间与王东和赵志进行沟通,并进行了如下工作:①调研公司团队利用网络搜集百世啤酒集团的相关信息,如企业发展史、组织结构、产品种类、主要竞争对手、市场评价以及行业评价数据。②调研公司团队走访了百世公司长春市场部、百世啤酒集团市场部、长春市部分超市和分销商。③调研公司团队约谈了企业的部分人员,包括基层员工、一线销售人员和管理人员。

在与王东与赵志的讨论过程中,李经理意识到从公司运作的角度来讲,啤酒的质量没有问题,营销中的促销策略也没有问题,问题似乎是百世公司在新的市场开发过程中没有充分了解消费者,没有对竞争对手进行分析,也没有对新品牌的消费者认知与偏好进行任何的分析与测定。而在没有清楚的目标市场和没有了解消费者需求的情况下,公司很难有正确的市场定位。因此，李经理根据这些情况，建议百世公司做一个消费者使用习惯和态度调研，从而了解消费者对啤酒的购买行为、使用行为以及对目前品牌的态度，从而了解顺利品牌目前在消费者心目中的位置，以判断市场定位是否正确。调研公司李经理根据营销调研理论中的消费者使用习惯与态度调研的模型，向百世啤酒集团建议收集以下信息，即调研内容包括啤酒市场概况、消费者啤酒饮用习惯与购买习惯、消费者对啤酒的看法与态度、消费者对百世啤酒的看法、目标消费者的背景情况等。李经理拟采用焦点小组访谈与定量调研方法来实施此次营销调研。

资料来源：于洪彦等. 顺利啤酒：如何找出败北之原因？中国管理案例共享中心，2017. 内容有改动。

思考问题：

1. 集团营销高层管理人员与调研公司研究人员如何界定企业所需要的调研内容？

2. 调研计划书的基本结构是什么？对德兰公司的调研计划书进行评价。

3. 对于消费者啤酒使用习惯和态度调研，应如何撰写焦点小组访谈大纲和调研问卷？

第6章 目标市场营销战略

6.1 市场细分

案例导入

元气森林——"红
海"行业独辟蹊径

在竞争者众多的市场中，如果一个企业要想获得竞争优势，就必须寻求差异化。企业可先通过市场筛选明确自己的目标市场，然后建立自己的优势，即市场地位。定位的前提是进行正确的市场细分和选择适合自己的目标市场。STP 理论中的 S、T、P 分别是市场细分(segmenting)、目标市场(targeting)和市场定位(positioning)三个英文单词的首字母。STP 理论即企业要进行正确的市场定位就必须先对市场进行细分，然后选择属于自己的目标市场，最后把产品或服务定位在目标市场的确定位置上。

由于顾客的购买决定受多种因素的影响，并不是所有顾客都需要或愿意支付同样的价钱。因此，要想成功地满足顾客需求，必须提供不同的产品和服务去适应多样化的顾客群。需求差异化的顾客群会形成各自独特的细分市场，而由于企业自身资源的有限性，企业要想吸引整个市场的全部消费者并通过某种产品满足其需求的企图几乎是不现实的。企业只有以消费者的需求为导向，辨识出能有效为之服务且最具吸引力的细分市场，结合自身的资源条件，选择某些特定群体作为目标市场，才能扩大产品的销售份额，在市场竞争中占据主动。市场细分是企业选择目标市场的基础和前提，也是企业实施目标市场营销战略的第一个关键环节。

6.1.1 市场细分的内涵和作用

6.1.1.1 市场细分的内涵

市场细分是指企业通过市场调研，以消费者的需求特征或购买行为等方面的差异作为依据，把某一产品的市场整体(异质市场)划分为若干个消费者群(同质市场)的市场分类过程。每个具有相似需求倾向的消费者群就是一个细分市场，同一细分市场的消费者会对某些既定的市场营销活动产生反应。因此，当企业选择与自身资源相匹配的消费群体，设计与目标市场需求特征相匹配的营销组合，发挥企业优势最大限度地满足消费群体的需求时，这部分市场群体的满意度就会得到提高，并使企业的核心竞争力得到充分的发挥。正确理解市场细分的概念的关键在于其划分的标准不是产品品种或是系列，而是消费者的需求差异、购买行为差异以及偏好差异等方面。

6.1.1.2 市场细分的作用

市场细分的目的在于帮助企业发现和评价市场机会，它是选择目标市场和制订市场营销战略的前提条件，有利于整合、集中资源形成竞争优势，最终达到提高企业经济效益的目的。

(1)有利于发掘市场机会，开拓新的市场。市场营销的环境机会意味着还未被满足的市场需求，而对企业而言，这种环境机会能否发展成为市场机会，取决于两点：①与企业战略目标是否一致；②能否比竞争者更具优势并获取显著收益。通过市场细分，企业可以对每个细分市场的购买潜力、满足程度、竞争情况等进行分析比对，发现哪些产品在市场中竞争激烈，还可以研发哪些新产品填补市场空白，从而找到有利于本企业的市场机会。

(2)有利于选择目标市场和制定市场营销战略。市场细分后的子市场消费者需求特征明显，企业可以根据自己的经营目标、生产技术和营销力量确定自己的服务对象，即目标市场，并制定相应的市场营销战略。市场营销组合是企业综合考虑产品、价格、促销和渠道等各种因素而制定的市场营销方案。就每一特定市场而言，只有一种最佳组合形式，这种最佳组合只能是市场细分的结果。

(3)有利于整合、集中资源投入利己市场。市场细分对企业，尤其中小企业至关重要。与实力雄厚的大企业相比，中小企业资源能力有限，技术水平相对较低。通过市场细分，中小企业可以根据自身的经营优势，选择一些大企业无暇顾及的细分市场，集中力量满足该特定市场，在整体竞争激烈的市场条件下，在某一局部市场取得较好的经济效益，求得生存和发展。

(4)有利于提高企业的竞争能力。企业的竞争能力因受客观因素的影响而存在差别，通过有效的市场细分可以改变这种差别。市场细分以后，每一细分市场上竞争者的优势和劣势就明显地暴露出来。此时企业如能积极创新，攻克技术空白、开发本企业的资源优势，获得高成长性，就能把竞争者的顾客和潜在顾客变为本企业的顾客，从而提高市场占有率，并在自己所处的细分领域拥有绝对话语权。

6.1.2 市场细分的原则

市场细分的目的是通过对顾客需求差异予以区别，来确定获得最大经济效益的营销战略。不论是消费者市场还是组织市场，企业实施市场细分都可选择不同的变量，这意味着对同一市场，可存在多种市场细分方案。同时，产品的差异化必然导致生产成本和推销费用的相应增长，企业必须在市场细分所得收益与市场细分所增成本之间进行权衡。因此，有效的细分市场必须具备一定的条件。

6.1.2.1 可衡量性

可衡量性是指用来细分市场的标准和变量以及细分后的市场规模是可以识别和衡量的。比如，在手机市场上，在重视产品质量的情况下，有多少人更注重价格，有多少人更重视性能，有多少人更注重外观或兼顾几种特性。虽然获取这些资料并予以量化是比较复杂的过程，但唯有这样才能判断和识别每个细分市场，才便于企业营销决策，否则，细分的市场将因无法界定和度量其大小而使市场细分失去意义。

6.1.2.2　可进入性

可进入性是指企业能够克服市场壁垒进入所选定的细分市场，并进行有效的促销和分销，这实际上就是考虑营销活动的可能性。一是企业能通过一定的媒体方式把产品的信息传递到该市场众多的消费者中去，二是产品能通过一定的销售渠道抵达消费者手中。毫无疑问，企业只有具备了可进入细分市场的条件，才能通过有效开展经营活动，占领市场，扩大市场份额，最终赢得优势。

6.1.2.3　可盈利性

可盈利性是指所选择的细分市场规模要大到能够使企业足够获利的程度，且有一定的发展潜力，这样企业才值得为它设计一套营销规划方案，从而获得长期稳定的利润。如果相对于企业产品而言，细分市场容量太小，销量有限，则不足以成为细分的依据。

6.1.2.4　差异性

差异性是指细分市场在概念上能被区别，并且对不同的营销组合因素和方案会有不同的反应。比如如果已婚与未婚的女性对香水销售的反应基本相同，那么该细分市场就不成立。

6.1.2.5　相对稳定性

相对稳定性是指市场细分的主要变量在经营周期内应保持相对稳定。如果变化太快，变动幅度又很大，细分市场就会动荡不定而发生裂变和重组，这直接关系到企业生产营销的稳定性。特别是大中型企业以及投资周期长、转产慢的企业，更容易因此造成经营困难，从而严重影响企业的经营效益。

6.1.3　消费者市场的细分变量

消费者对产品需求的差异性是市场细分的基础，所以凡是使消费者需求及购买行为产生差异的因素都可以作为市场细分的标准。这些复杂多样的因素被称为市场细分变量或变数。市场细分时，企业可以从多种变量中选择一个或若干个主要变量作为市场细分的依据。同时，在细分某一整体市场时，同一产业中的不同企业或者同一企业因经营条件或经营目标的变化，所选择的细分标准也会有所不同。消费者市场的细分标准一般概括为地理变量、人口变量、心理变量和行为变量四个方面，每个方面又包括一系列的细分变量，如图 6-1 所示。

6.1.3.1　地理变量

按地理变量细分市场就是按消费者所处的地理位置、地理环境等变量来细分市场。地理因素之所以可以作为市场细分的依据，是因为处在不同地理环境下的消费者所表现出来

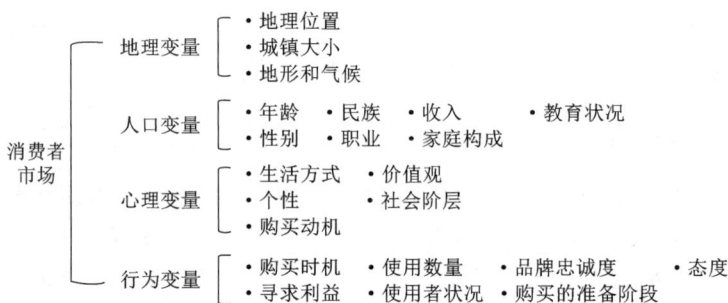

图 6-1 消费者市场细分标准及变量构成

的消费观念、价值观念、购买特征、流行与时尚等都具有明显的差异性,而且对企业采取的营销策略与措施也会有不同的反应。

地理变量包括地理位置(国家、地区、省市、沿海、内地、南方、北方、城市、农村等)、城镇大小(大城市、中等城市、小城市、乡镇等)、地形和气候(按地形可划分为平原、丘陵、山区、沙漠地带等,按气候可分为热带、亚热带、温带、寒带等)。在不同地区,消费者的收入水平、人口规模、消费结构、消费类别和消费偏好都可能存在着较大的差异。

总体而言,地理环境中的大多数因素是一种相对静态的变量,企业营销必须研究处于同一地理位置的消费者和用户对某一类产品的需求或偏好所存在的差异,而且还必须同时依据其他因素进行市场细分。

6.1.3.2　人口变量

人口变量主要是指各种人口统计变量,包括年龄、性别、职业、收入、教育状况、家庭构成等,它是市场细分惯用的,也是最主要的细分依据。因为虽然消费者的需求、偏好及产品使用率存在差异,但大都与人口特征密切相关,而且人口变量也最便于辨认和衡量。人口变量中的区域人口数量和收入水平对目标市场容量的评估也有重要的意义。

(1)性别。性别是影响消费者行为的一个重要因素。由于生理上的差别,男女之间在消费偏好和注重的需求方面都存在较大的差异。像服装、化妆品、手表、汽车,甚至烟酒等市场,因性别不同而产生的差异就极其明显。在这些行业中,性别早已成为一个常用的细分变量,因而相应地,企业应该针对这些差异分别满足不同性别消费者的需求。

(2)年龄。不同年龄段的消费者对消费品的需求往往存在很大的差异。例如不同年龄的儿童需要不同智力水平的玩具;化妆品公司会根据不同年龄阶段消费者关心的皮肤问题及其不同的收入水平,推出不同品牌的产品以适应他们的不同需求。但值得注意的是,在一个加速变化、日益多元化的世界,仅凭年龄来细分市场可能过于粗略。

(3)收入。消费者实际收入直接决定其购买力、生活方式以及对将来的期望,因而对消费需求的数量、品质、品牌具有决定性的作用。高收入消费者与低收入消费者在产品选择、休闲时间的安排、社会交际与交往等方面都会有所不同,因而汽车、住房、化妆品、家具、家电、旅游等行业在细分市场时均应考虑收入因素。

(4)职业与教育。不同职业的消费者,由于知识水平、工作条件和生活方式等不同,消费需求存在很大的差异。比如商务女性对服装、包饰类奢侈品有更多需求，教师则比较注重书籍文化方面的需求。消费者受教育程度不同，在兴趣爱好、价值观、审美观等方面都会有所不同，因而也会表现出不同的消费行为和需求特点。

(5)家庭构成。一个家庭按年龄、婚姻、子女、同住人口等因素，可划分为不同的类型。不同的家庭结构，人口数量和年龄层次不同，家庭收入水平和购买力大小也不同，因而在住宅大小、家具、家用电器乃至日常消费品的类型和包装大小等方面，都会出现明显的需求差异。

此外，消费者的民族、国籍、宗教等，也是影响其购买行为的重要因素。例如，我国的回族、藏族等少数民族与汉族在食品、服装、风俗习惯方面都有很大的差别。

6.1.3.3 心理变量

消费者心理变量是按照消费者的心理特征将消费者划分为不同的群体。处于同一地理环境具备相同人口变量特征的消费者，其对待事物的态度、兴趣和行为等心理构成方面可能完全不同。并且，与其他因素相比，消费者的需求特征和购买决策更容易受到个人生活方式及其性格等心理因素的影响。随着经济的日益发达和多元化社会结构的出现，人们对于个性化的追求使得消费者心理变量变得更为复杂。总体上，心理细分可以从以下方面进行：

【案例6-1】

麦当劳的人口
细分和地理细分

(1)生活方式。生活方式是指人们对消费、工作和娱乐的特定习惯和模式。不同的生活方式会产生不同的需求偏好，如"传统型""新潮型""节俭型""奢侈型"等。因此，越来越多的企业，特别是化妆品、服装、家居、娱乐等行业，都非常重视按人们的生活方式来细分市场。

(2)个性。个性是指一个人比较稳定的心理倾向与心理特征，它会导致一个人对其所处环境做出相对一致和持续不断的反应。每个人的个性都会有所不同，通常个性会通过自信、自主、支配、顺从、保守、适应等性格特征表现出来。近年来，心理学家在人格描述模式上形成了比较一致的共识，提出了人格的大五模式，用五种特质涵盖人格描述的所有方面。因此，个性可以按这些性格特征进行分类，从而为企业细分市场提供依据。当前是追求个性化的时代，消费者个性需求越来越突出，并且倾向于选择与其个性特征一致的产品。因此，企业应在充分调研的基础上，把握细分市场的个性特征，并通过营销努力，彰显品牌个性，以"迎合"相应的消费者的个性。

(3)购买动机。动机是指人发动和维持其行动的一种内部状态，是个体启动和维持其行为的一种心理机制。购买动机则是驱使消费者实现个人消费目标的一种内在力量，即消费者追求的某种利益。如求实、求廉、求新、求美、求名、求安以及满足自尊需要等，都可作为细分的变量。

(4)价值观。消费者的价值观，特别是核心价值观近来也被营销者用来细分市场，因为核心价值观比行为和心态更为深入，并在相当长的一段时间内，在基本水平上将决定人们的选择和需求。研究表明，不同价值观的人群热衷于不同的活动、购买不同的物品、偏爱不同的媒体。在品牌营销中，确定目标消费群体的核心价值观对建设品牌内涵有着重要的意义。

（5）社会阶层。社会阶层是指在某一社会中具有相对同质性和持久性的群体。处于同一阶层的成员具有类似的价值观、兴趣爱好和行为方式，不同阶层的成员则在上述方面存在较大的差异。显然，识别出不同社会阶层的消费者所具有的不同特点，可以为很多产品的市场细分提供重要的依据，尤其在汽车、服装、家电、休闲活动、阅读、零售等方面，许多公司会为特定的社会阶层设计产品和提供服务。

由于消费者心理需求具有无限性、多样性、时代性、可诱导性，情况比较复杂，企业在根据消费者的心理变量细分市场时，必须深入调查，切实掌握消费者的不同心理特征及其变化趋势。尽管心理变量较地理变量、人口变量难以数量化且难以把握，但它仍然是企业认识、了解消费者的有效依据。

6.1.3.4　行为变量

行为变量包括消费者的购买时机、寻求利益、使用状况、品牌忠诚度、购买的准备阶段、态度等。按照上述变量或其组合，将他们分为不同的群体就是行为细分。许多营销人员认为行为细分是进行市场细分的最佳起点。

（1）购买时机。企业可按照消费者购买和使用产品的时机细分市场。例如，商家会在春节推出很多礼盒包装的产品；文具商会在新学期开始时促销一些学生学习用品；餐厅专门为情人节的恋人们准备情人节大餐等。抓住有利时机开展营销活动，可更有效地为消费者提供产品和服务，达到事半功倍的效果。

（2）寻求利益。消费者购买某种产品总是为了解决某类问题，满足某种需要。消费者对同类产品的利益追求的侧重点有时不尽相同，比如购买手机，有的追求经济实惠、价格低廉，有的追求功能强大、使用维修方便，还有的则偏向于彰显一定的社会地位。

（3）使用者状况。根据消费者是否使用和使用程度可将消费者分为从未使用者、曾经使用者、准备使用者、初次使用者、经常使用者五种类型，即五种细分市场。大企业往往注重将潜在使用者变为实际使用者，较小的企业则注重于保持现有使用者，并设法吸引使用竞争产品的消费者转而使用本公司产品。对于曾经使用者，企业有必要找出他们使用产品时的意见，以及是什么原因使他们转换品牌。对于准备使用者，企业应该想方设法对其进行"促销刺激"。对于初次使用者，企业应努力提高他们对于品牌的忠诚度，并设法增加其使用频次。而对于经常使用者，企业应该注意鼓励他们维持消费频次，并引导他们成为品牌口碑宣传的积极参与者。

（4）使用数量。按照消费者使用某一产品的数量多少，可将市场细分为大量使用者、中度使用者和轻度使用者。大量使用者虽然通常占市场总人数的比重不大，但其消费量占消费总量的比重却很大。例如，玩具的大量使用者是学龄前儿童，化妆品的大量使用者是成年女性，啤酒的大量使用者是中青年男性。掌握这些情况，企业可明确应重点开发的市场。

（5）品牌忠诚度。按照品牌忠诚度的不同，可将消费者分为以下四类：①专一的忠诚者（始终购买同一品牌）；②动摇的忠诚者（同时喜欢两种或两种以上的品牌）；③转移的忠诚者（经常转换品牌偏好，不固定于某一品牌）；④犹豫不定者（从来不忠于任何品牌，可能会追求减价品牌，也可能会追求多样化，喜新厌旧）。每个市场都不同程度地同时存在上述四类消费者，通过了解消费者品牌忠诚度的情况和品牌忠诚者与品牌转换者的各种行为与心理特征，不仅可为企业细分市场提供一个基础，而且有助于企业了解为什么有些消费者忠诚于本企业产品，而另外一些消费者则忠诚于竞争企业的产品，从而为企业选择目标市场提供启示。

（6）购买的准备阶段。消费者对各种产品的了解程度往往因人而异，这一过程可分为知晓、认识、喜欢、偏好、确信、购买等各阶段。有的消费者可能对某一产品确有需要，但并不知道该产品的存在；有的消费者虽已知道产品的存在，但对产品的价值、稳定性等还存在疑虑。针对处于不同购买阶段的消费群体，企业可以对其进行市场细分并采用不同的营销策略。例如，对那些不知道企业产品和品牌的消费者，应着重介绍购买和使用产品的好处、销售地点等，扩大产品品牌的知名度，以促使和加快其进入产生兴趣、决定购买阶段。而等到产品品牌的认知程度提高以后，企业就应该开始运用各种营销手段说服和刺激消费者购买该品牌的产品。

（7）态度。消费者对某些产品的态度可分为五种：热情、肯定、冷淡、拒绝和敌意。不同消费者对同一产品的态度可能有很大差异，如有的持肯定态度，有的持否定态度，还有的则处于既不肯定也不否定的无所谓态度。企业可以通过调查分析，针对不同态度的消费者采取不同的营销策略。

以上介绍了消费者市场具体的细分标准。为了有效地进行市场细分，以下几个问题应引起注意：

一是细分的标准不是固定不变的，如收入水平、城市大小、交通条件、年龄等，均会随着时间的推移而发生变化。因此，在营销活动中应树立动态观念，适时进行调整。

二是市场细分的因素有很多，每个企业的实际情况又各异，不同的企业在细分市场时采用的细分标准不一定相同，究竟选择哪种变量应视具体情况加以确定，不能生搬硬套、盲目模仿。

三是要注意细分标准的综合运用。在实际营销活动中，一个理想的目标市场是通过综合运用上述各种变量的组合进而确定的。比如，化妆品企业把 18~45 岁的城市中青年职业女性确定为目标市场，就运用了四个细分标准：年龄、地理位置、性别、职业。

6.1.4　产业市场的细分变量

许多用来细分消费者市场的标准，同样可用于细分产业市场。但产业市场细分的一个主要特征在于它既专注于组织，也关注组织内部的个体购买者，另外还要反映涉及组织购买决策的其他相关者。产业购买者可采用地理因素、追求的利益和使用频率等加以细分，但还需使用另外的一些新的变量。产业市场细分标准及变量构成如图 6-2 所示。

6.1.4.1　按用户要求细分

用户对产品的要求是生产资料市场细分常用的标准。不同的用户对产品有着不同的需求，比如晶体管工厂可根据晶体管的用户不同，把市场细分为军工市场、工业市场和商业市场。军工市场特别注重产品质量；工业用户要求有高质量的产品和服务；商业市场主要用于转卖，除要求保证质量外，还要求价格的合理性与交货的及时性。又如，飞机制造公司对所需轮胎的安全性要求比一般汽车生产厂商要高许多。再如，对钢材的需求，有的用户用于生产机器，有的用于造船，有的则用于建筑等。因此，企业应针对不同用户的需求，提供不同的产品，设计不同的市场营销组合策略，以更好地满足用户的差异化需求。

- 产业市场
  - 人口变量
    - 行业
    - 公司规模
    - 地理位置
  - 经营变量
    - 技术
    - 使用者或非使用者情况
    - 顾客能力
  - 采购方法
    - 采购职能组织
    - 与用户的关系
    - 购买标准
    - 权力结构
    - 总的采购政策
  - 情境因素
    - 紧急
    - 特别用途
    - 订货量
  - 个性特征
    - 购销双方的相似点
    - 对待风险的态度
    - 忠诚度

图 6-2 产业市场细分标准及变量构成

6.1.4.2 按用户规模细分

用户经营规模也是细分生产资料市场的重要标准。用户经营规模决定其购买能力的大小。按用户经营规模大小，可分为大客户、中客户和小客户。大客户数量虽少，但其生产规模大，购买数量多，注重质量和交换时间等。小客户数量多、分散面广，购买数量有限，注重信贷条件等。根据用户或客户的规模不同，企业的营销组合方案也应有所不同。比如，对于大客户，应该直接联系，直接供应，在价格、信用等方面给予更多优惠；而对众多的小客户，则应该使产品进入商业渠道，由批发商或零售商去组织供应。

6.1.4.3 按用户地理位置细分

每一个国家或地区大都在一定程度上受自然资源、气候条件和历史传统等因素影响，并且会形成若干工业区。比如，江浙两省的丝绸工业区，以山西为中心的煤炭工业区，东南沿海的加工工业区等。这些特征就决定了生产资料市场往往比消费品市场在区域上更为集中，因此，地理位置就成为细分生产资料市场的重要标准。企业按用户的地理位置细分市场，选择客户较为集中的地区作为目标市场，有利于节省销售人员往返于不同客户之间的时间，而且可以合理规划运输路线，节约运输费用，也能更充分地利用销售力量，降低推销成本。

6.1.4.4 产业市场的混合变量细分

由于没有一个单独的变量能使营销人员成功地细分产业市场，一种综合的市场细分法——序列细分方法在产业市场细分上有着广泛应用。它与消费者市场将几个变量合并运用相类似，但在细分过程中，往往是先以前面的一个变量为基础，然后再一步步往深处细分。

例如，一个纺织原料行业的企业可首先用最终用户这一变数来细分其市场，并决定把重点放在用来制造沙发的企业；然后，该纺织原料生产企业还可决定把重点仅放在年销售额在 6000 万元以上的沙发制造企业；最后，该纺织原料生产企业还可决定把重点放在那些年销售额在 6000 万元以上，希望购买质量好、质地坚实、价格适中的纺织原料的沙发制造企业。图 6-3 为这种序列细分法的图解。

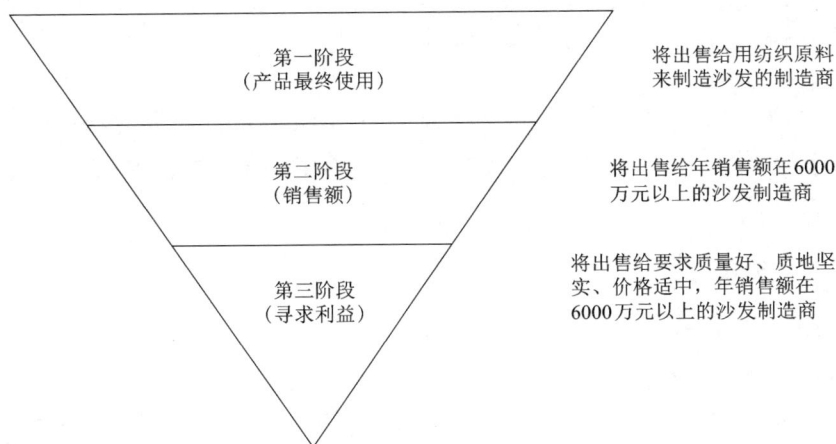

图 6-3 某纺织原料生产企业的市场细分

6.1.5 市场细分的方法

市场细分作为一个比较、分类、选择的过程，应该按照一定的程序来进行。

6.1.5.1 选定产品的市场需求范围

每一个企业都有自己的任务和追求的目标，并将其作为制定发展战略的依据。一旦决定进入哪一个行业，企业就要根据自身的经营条件和经营能力选定可能的产品市场范围。产品市场范围应以市场的需求而不是产品特性来定。

6.1.5.2 确定市场细分变量

(1)列出市场范围内所有潜在消费者的基本需求。企业的市场营销专家们可以通过"头脑风暴法"，从地理、人口、行为和心理等几个方面的变量出发，大致估算一下潜在的消费者有哪些基本的需求(包括刚开始出现或将要出现的消费需求)。要尽量全面地列出潜在消费者的基本需求，以便作为以后深入研究的基本资料和依据。

(2)分析潜在消费者的不同需求。企业针对列出的各种需求，通过抽样调查进一步搜集有关市场信息与消费者背景资料，然后初步划分出一些差异最大的细分市场，并至少从中选出三个分市场。

(3)移去潜在消费者的共同需求。现在公司需要移去每个分市场或消费者群的共同需求。因为这些共同需求固然很重要，但只能作为设计市场营销组合的参考，不能作为市场细分的基础。例如冰箱的制冷性能、空调的调温功能等。

6.1.5.3 形成细分市场

(1)为细分市场确定名称。移去共同需求后剩下的需求，是各个细分市场差异化的基础。企业可先把与差异性需求相对应的消费者细分变量和利益细分变量作为市场细分变量,运用调查数据或者经验判断,按对消费者购买行为影响程度的大小对变量进行降序排列,从而找出最合适的变量;然后将市场划分为不同的群体或子市场;最后,结合各细分市场的消费者特点,用形象化、直观化的方法为每一子市场确定名称,从而形成一个简明的、容易识别和表述的概念。如将某旅游市场分为商人型、舒适型、好奇型、冒险型、享受型、经常外出型等。

(2)进一步认识细分市场的特点。企业要对每一个细分市场的消费者需求及其行为做更深入的考察,充分认识各细分市场的特点,以便进一步明确各细分市场有没有必要再做细分,或重新合并。

6.1.5.4 测量细分市场的大小

以上步骤基本决定了各细分市场的类型。企业紧接着应把每个细分市场同人口变量结合起来分析,以测量各细分市场潜在消费者的数量。因为企业进行市场细分是为了寻找获利的机会,而这又取决于各细分市场的规模大小和销售潜力,不引入人口变量是危险的,有的细分市场或许根本就不存在消费者。

6.1.5.5 描述细分市场

描述细分市场需要找到关键因素,借助清晰易懂的方式把可供选择的细分市场提供给决策者,以便做出正确的决策。细分网格是一种有效的方式,它借用网格形式将关键的成功因素和市场状况罗列于表格中,并借助消费者对各因素的识别描述出细分市场的特征,从而让决策者对各细分市场有清晰的认识。图6-4是有关发动机细分市场的典型细分网格。

市场细分特征	细分市场A	细分市场B	细分市场C	细分市场D
	价格敏感性高 标准发动机 大批量 大客户	价格敏感性较高 经修改的发动机 大批量 大客户	价格敏感性一般 经修改的发动机 中等批量 中等规模客户	价格不重要 非标准发动机 小批量 小客户

重要性(见下面的关键购买因素)

关键购买因素				
价格	4	3	2	1
可定制性	1	2	3	4
交货	3	2	2	2
服务	1	1	2	2
营销与工程支持	1	2	4	4
销售范围	2	2	3	4

市场				
规模	60亿人民币	13亿人民币	7亿人民币	7亿人民币
份额	11%	29%	28%	22%
竞争状况	强	强	弱	无

关键购买因素的重要性:4代表重要性最高

图6-4 发动机市场细分网格

6.2　目标市场选择

目标市场就是企业期望并有能力占领和开拓、能为企业带来最佳营销机会与最大经济效益、具有大体相近需求的消费者群体。简而言之，目标市场就是通过市场细分后，企业准备以相应的产品和服务满足其需要的一个或几个子市场。市场细分是选择目标市场的前提和基础，而目标市场的选择则是市场细分的目的和归宿。在市场细分的基础上，企业需要认真评估各个细分市场，根据细分市场的市场潜力、竞争状况，以及本企业资源条件等多种因素，决定把哪一个或哪几个细分市场作为目标市场。

6.2.1　目标市场选择标准

细分市场的描述仅限于各子市场的客观情况，一个细分市场能否作为企业的目标市场，还要依据其他一些条件和因素加以评估。

6.2.1.1　细分市场的规模和潜力

首先要评估细分市场是否有适度规模和增长潜力。适度规模是相对于企业的规模和实力而言的。大企业可能偏好销售量很大的细分市场，而对小的细分市场不感兴趣；小企业则由于实力较弱，会有意避开较大规模的细分市场。市场潜力关系到企业销售和利润的增长，但有发展潜力的市场也常常是竞争者激烈争夺的目标，这又减少了它的获利机会。

6.2.1.2　细分市场对企业的吸引力

一个细分市场的吸引力的大小是一个企业做出是否进入目标市场决策的重要因素。人们常用迈克尔·波特的"五力模型"，评价细分市场的吸引力。决定一个市场或一个细分市场长期盈利潜力的，有五个因素：竞争者、潜在进入者、替代者、购买者和供应者。在一个细分市场中，如果有许多势均力敌的竞争者，或一个细分市场已有很多颇具实力的竞争企业，那么该细分市场的吸引力就很低。潜在进入者既包括在其他细分市场的同行，也包括那些目前不在该行业经营的企业。如果该细分市场容易进入，那么其吸引力也会降低。替代品从某种意义上限制了该细分市场的潜在收益。替代品的价格越有吸引力，该细分市场增加盈利的可能性就被限制得越紧，从而使该细分市场吸引力下降。购买者和供应者对细分市场的影响，表现在它们的议价能力上。如果购买者的压价能力强，或者供应者有能力提高价格或降低所供产品的质量、服务，那么该市场的吸引力就小。

6.2.1.3　与企业目标和资源的一致性

目标市场的选择，还要考虑企业自身的目标和拥有的资源。某些有吸引力的细分市场，如果与企业的长期目标不一致，即便进入这些市场也将无助于完成企业的目标，甚至会分散企业的资源和精力，那么就只能放弃。此外，只有充足的资源才能使企业有能力竞争，因此，即使细分市场符合企业的目标，企业也必须具备在该细分市场上取胜所需的各种资源才能将该细分市场作为目标市场。否则，该细分市场也不能作为目标市场。

6.2.2　目标市场选择模式

企业在对不同细分市场评估后，可以考虑进入一个或多个细分市场。不同的细分市场存在不同的市场特征，对企业资源具有不同的要求。因此，企业在选择细分市场时要整体考虑不同细分市场所带来的挑战。一般而言，细分市场之间存在着一些关联要素，通常是产品和市场。按照产品和市场的关联性构成的细分市场组合模式称为目标市场模式。企业选择目标市场的模式有以下五种类型，如图 6-5 所示。

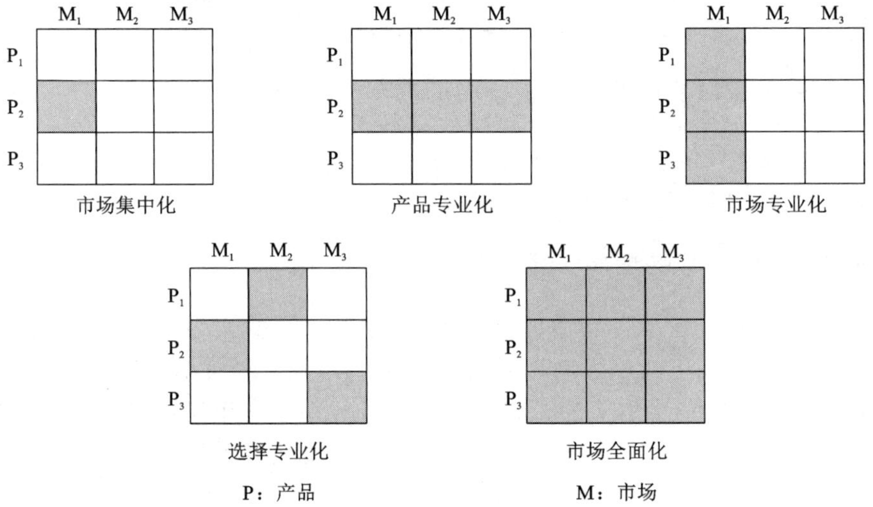

图 6-5　目标市场选择的五种模式

6.2.2.1　市场集中化

市场集中化是最简单的一种模式，指企业只选择一个细分市场进行集中营销，只全力生产一种产品，供应某一类消费者。企业因市场能力、生产规模、市场占有率有限，在一个目标市场投入全部力量，集中力量于单一目标市场有利于更好地了解市场状况和消费者需求，减少分散经营的支出和管理费用，建立强有力的市场地位，树立里手行家的声誉，并有可能获得超过行业平均利润的收益。但是单一市场经营风险较大，一旦所选择的市场需求发生变化，企业可能面临倒闭的风险。此策略适用于较小企业或初次入市的企业。

6.2.2.2　产品专业化

产品专业化指企业向不同的细分市场提供同一种产品。采用产品专业化模式，基于企业拥有该类产品较强的专有技术和研发能力，能够满足不同消费者的需求。产品专业化往往能够使企业在某一产品领域树立很高的声誉，消费者群体的扩大可使企业摆脱对个别市场的依赖，因此其营销的风险比市场集中化模式要小得多。但也存在产品被一种全新的技术所替代，或因原材料缺乏且没有替代的原材料而停产等潜在的风险。该模式适合于小型企业或者有特色资源的企业。

6.2.2.3　市场专业化

市场专业化指企业选择某一类消费者群体为目标市场，集中力量为满足这类消费者群体的各种需求而服务。该模式的优势在于企业专门为某一消费者群体服务，可以充分地满足这类消费者的各类需求，有利于与消费者建立起良好的关系，降低交易成本，并在这一消费者群体中建立相当高的信誉度和知名度。但是相对于市场集中化和产品专业化模式，市场专业化对企业的生产能力、经营能力和资金实力有更高的要求。该模式适合于实力相当的企业。

6.2.2.4　选择专业化

选择专业化指企业有选择地进入几个不同的子市场，提供不同的产品。此方法选择若干个细分市场，其中每个细分市场在客观上都有吸引力，并且符合企业的目标和资源情况。各细分市场之间很少有或者根本没有任何联系，然而每个细分市场都有可能盈利，这样可以分散企业的风险，即使某个细分市场失去吸引力，企业仍可继续在其他细分市场获取利润。但是，选择专业化模式需要较强的营销能力和较强的企业资源，由于细分市场之间的关联性较弱，也难以产生规模经济效应。该模式适合于实力较强的企业。

6.2.2.5　市场全面化

市场全面化指企业为所有消费者提供他们需要的所有产品。只有实力强大的企业才采取这种策略。如联合利华、宝洁、欧莱雅等都采用了市场全面化模式。市场全面化模式意味着企业将会拥有更多的机会。

6.2.3　目标市场营销战略

目标市场指企业决定为之服务的、具有相同需求或特征的购买者群体。而对于目标市场的营销战略选择，企业要权衡多方面因素，最优的策略不仅要匹配企业的资源，还要适合产品的可变性程度。常见的目标市场营销战略类型有无差异性营销战略、差异性营销战略和集中性营销战略，如图 6-6 所示。

6.2.3.1　无差异性营销战略

企业把整体市场看作一个大目标市场，不进行细分，用一种产品、统一的市场营销组合对待整体市场，这种战略称为无差异性营销战略。

采用无差异性营销战略的最大优点是成本的经济性。大批量地生产、销售，必然降低产品单位成本；无差异的广告宣传可以减少促销费用；不进行市场细分，减少了市场调研、产品研制与开发以及制定多种市场营销战略、战术方案等带来的成本开支。

但是，无差异性营销战略对市场上绝大多数产品是不适宜的，因为消费者的需求偏好具有极其复杂的层次，某种产品或品牌受到市场普遍欢迎的情况很少。即便一时能赢得某一市场，如果竞争企业都如此模仿，就会造成市场上某个局部竞争非常激烈，而其他部分的需求却未得到满足的局面。

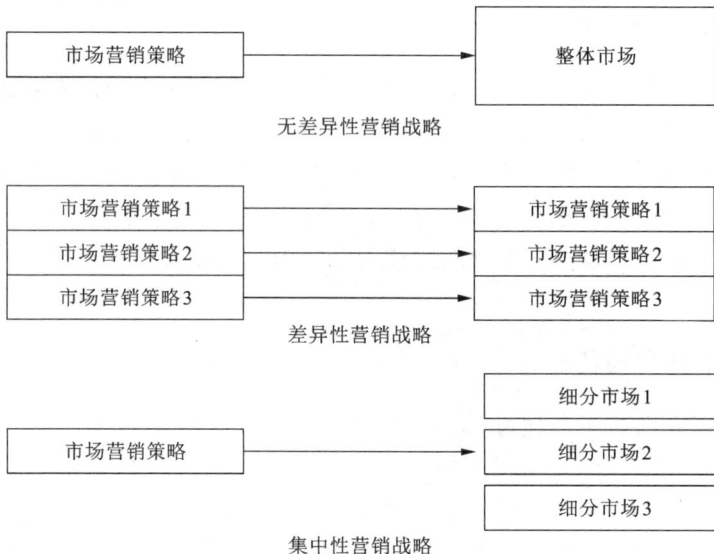

图 6-6　三种目标市场营销战略

6.2.3.2　差异性营销战略

差异性营销战略把整体市场划分为若干需求与愿望大致相同的细分市场，然后根据企业的资源及营销实力，分别为各个细分市场制定不同的市场营销组合。或者说，企业多个营销组合共同发展，不同的营销组合服务于不同的细分市场。

【案例6-2】

欧莱雅集团的差异性营销战略

采用差异性营销战略的最大优点，是有针对性地满足具有不同特征的顾客群，提高产品的竞争能力。但是，这种战略也会由于产品品种、销售渠道、广告宣传的扩大化和多样化，使市场营销费用大幅度增加。所以差异性营销战略的优势，基本上也是差异性营销战略的劣势，只有在总量上扩大销售才有意义。

6.2.3.3　集中性营销战略

集中性营销战略是将整体市场分割为若干细分市场后，只选择其中一个或少数细分市场为目标市场，开发相应的市场营销组合，实行集中营销。其指导思想是把人、财、物集中于某一个细分市场或几个性质相似的小型市场归并的细分市场，不求在较多的细分市场组成的目标市场上获得较小的份额，而要在少数或较小的目标市场上得到较大的市场份额。

集中性营销战略适合资源较少的小企业。这些小企业若与大企业硬性抗衡，无异于以卵击石。但如果市场集中，小企业则可以节省大量的营销费用并增加盈利。同时，由于生产、销售渠道和促销的专业化，小企业也能更好地满足这部分特定消费者的需求，从而易于取得优越的市场地位。

这一战略的不足在于企业承担风险较大。如果目标市场的需求突然发生变化，目标消费者的兴趣突然转移，或是市场上出现了强有力的竞争对手，企业就可能陷入困境。

6.2.3.4　目标市场营销战略选择的主要依据

目标市场营销战略需要根据企业的能力、产品和市场特征、竞争者战略等多方面条件进行选择。

(1)企业资源。企业资源反映企业在研发、生产、技术、销售、管理和资金等方面的综合实力。如果企业力量雄厚且市场营销管理能力较强，则可选择差异性营销战略。如果企业资源有限，则宜选择集中性营销战略或无差异性营销战略。

(2)产品同质性。同质性产品主要表现在一些初级产品上，如电力、粮食、石油、钢材、建材等，虽然产品在品质上或多或少存在差异，但消费者一般不加区分或难以区分。因此，同质性产品竞争主要表现在价格和提供的服务条件上，该类产品适于采用无差异性营销战略。而对服装、化妆品、轿车、家电、食品等异质性需求产品，可根据企业资源情况，采用差异性营销战略或集中性营销战略。

(3)市场的类同性。如果消费者的需求、偏好较为接近，对市场营销刺激的反应差异不大，则可采用无差异性营销战略；否则，应采用差异性或集中性营销战略。

(4)产品生命周期阶段。新产品上市往往以较单一的产品投放市场，产品价格和销售渠道基本上单一化，因此新产品在引入阶段可采用无差异性营销战略。产品进入成长或成熟阶段，竞争加剧、同类产品增加，沿用无差异性营销战略就难以奏效，所以调整为差异性或集中性营销战略效果更好。

(5)竞争者的市场营销战略。如果竞争对手采用无差异性营销战略，那么企业选择差异性营销战略或集中性营销战略有利于开拓市场，提高竞争能力。如果竞争者已采用差异性营销战略，则企业不应以无差异性营销战略与其竞争，而应选择对等的或更深层次的细分或集中性营销战略。

6.3　市场定位

企业在制定营销组合策略之前，需要解决两个基本问题：我的顾客是谁？顾客为什么要买我的产品？即与竞争者相比，我的产品有什么特色？通过市场细分和目标市场选择，企业明确了第一个问题的答案，但之后企业还需要对第二个问题进行思考，也就是市场定位。所有的企业都生产产品或提供服务，但是正如我们之前看到的，消费者购买的是解决问题的方案。市场定位将特定的产品和消费者寻求的解决方案联系在一起，当他们思考自己的需求时，满足需求的品牌将是顾客率先想到的选择之一。例如，多年以来，瑞典汽车厂商——沃尔沃，通过汽车设计和广告信息将自己成功定位为安全系数最高的汽车品牌之一。当被问及什么品牌的车最安全时，即使技术测试显示沃尔沃汽车的安全性能并没有显著高于市场中其他品牌，但顾客的答案却常常是沃尔沃汽车。这就是有效的市场定位的作用：保证你的品牌在消费者心目中占据一个有意义、独特的位置。

细分市场不仅是一个分解的过程，也是一个聚集的过程，可将对某种产品特点最易做出反应的消费者集合成群。这种聚集过程可以依据多种标准连续进行，直到识别出其规模足以实现企业利润目标的某个消费者群。归纳一下就是：①市场细分，即将全部市场划分为更小的细分市场；②目标市场选择，即评估各细分市场的吸引力并选择一个或几个细分市场作为目标市场；③差异化与市场定位，即将市场供给物差异化，并在消费者心中占据一个清晰、独特和优越的位置。因此，市场细分与定位步骤不可急功近利，要遵循正确的目标市场营销战略三部曲，也不可主观地对市场进行臆想，在市场定位环节必须从实际出发，遵循实事求是的原则。

6.3.1 市场定位的内涵

6.3.1.1 市场定位概念

市场定位的概念最早是由两位广告经理艾尔·里斯和杰克·特劳特在1972年提出的。他们把定位看成是对现有产品的创造性实践，是针对潜在消费者的心理采取的行动，即通过对企业的产品和形象进行策划的行为，使其在目标消费者的心理上占据一个独特的、有价值的位置。所谓位置是指一种产品、一个品牌或者一组产品与相关的竞争产品相比较在消费者心目中的地位。菲利普·科特勒认为，市场定位的实质就是使本企业与其他企业严格区分开来，使消费者能够明显地感觉和认知这种差别，从而在消费者心目中留下特殊的印象，其目的在于通过影响消费者心理，增强产品的竞争力。

市场定位是通过为自己的产品创立鲜明的个性，从而塑造独特的市场形象来实现的。一个产品是多个因素的综合反映，包括性能、构造、成分、包装、形状、质量等，市场定位就是要强化或放大某些产品因素，从而形成与众不同的独特形象。产品差异化仅仅是实现市场定位的手段，并不是市场定位的全部内容。市场定位不仅强调产品差异，而且强调通过产品差异建立独特的市场形象，赢得消费者的认同。例如凯迪拉克在经历了市场业绩的下滑之后，就通过使用富有刺激性的广告将自身重新定位成年轻一族所驾驶的车辆（如图6-7所示）。

6.3.1.2 影响市场定位的因素

正确的市场定位必须建立在市场营销调研的基础上，必须全面掌握有关影响市场定位的各种因素：竞争对手的定位、目标消费者的需求、企业的潜在优势。

（1）竞争对手的定位。定位是为了在消费者心目中树立独特的形象。因此在定位之前要密切关注竞争者产品市场定位状况，包括产品的特色，以及其在消费者心目中的形象，从而了解衡量竞争者在市场中的竞争优势。

（2）目标消费者的需求。定位是企业根据竞争者现有产品在市场上所处的位置，并针对消费者或用户对该产品某种特征或属性的重视程度，塑造本企业产品与众不同的个性或形象的过程。因此企业要弄清消费者对所要购买的产品的最大愿望和偏好，以及他们对产品优劣的评价依据。一般来说，不同产品的评价标准是不同的。如对空调；要了解消费者主要关心的是产品功能、质量、价格、能耗、低噪声，还是款式、服务等；对饮料，要了解消费者最关心的是口味、价格，还是营养等。企业应努力弄清消费者最关心的问题，并将其作为定位决策的依据。

（3）企业的潜在优势。通常，企业的竞争优势表现在两方面：成本领先优势和差异化

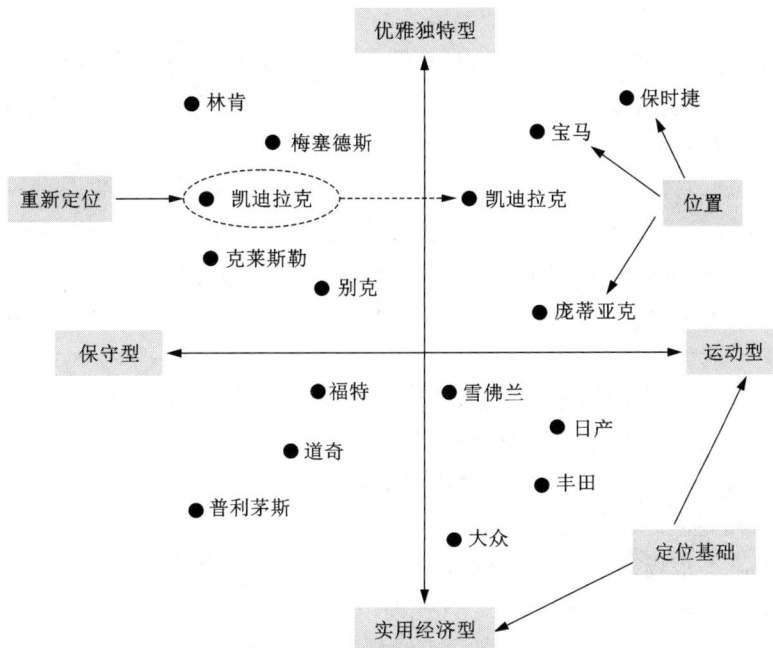

图 6-7　凯迪拉克汽车市场定位图

优势。成本领先优势是企业能够以比竞争者低廉的价格销售相同质量的产品，或以相同的价格水平销售更高一级质量水平的产品。差异化优势是指产品独具特色的功能和利益与消费者需求相适应的优势，即企业能向市场提供在质量、功能、品种、规格、外观、品牌、服务等方面的独特产品。为此，企业必须切实了解目标市场需求特点以及这些需求被满足的程度，这是企业能否取得竞争优势、实现产品差别化的关键。

6.3.2　市场定位的方法

市场定位的方法有很多，一般可遵循以下思路寻找定位点：

6.3.2.1　属性定位

构成产品属性的许多因素都可以作为市场定位的依据，比如所含成分、材料、质量、价格等。产品属性包括功能属性和社会属性两种形式。

（1）功能属性定位。功能属性是与产品的使用价值相联系的属性，是产品自身所表现的属性，也是消费者采取购买行为最主要的动力。从功能属性的角度出发，企业可以在产品特色、利益、工艺、使用场合、原产地等因素上挖掘特色定位。如"农夫山泉有点甜"强调优质水源的定位，"怕上火，喝王老吉"则是从使用者获得利益的角度进行定位。

（2）社会属性定位。社会属性是与功能属性相对而言的、与产品自身属性无关的外部因素，可满足人们社交与精神层面的需求，是消费者形成品牌偏好的重要原因。从社会属性的角度出发，企业可以从生活方式、品牌个性、文化、情感等方面设计品牌特色定位。如美妆品牌花西子定位为"国风美人"，金六福酒的定位是"中国人的福酒"。

6.3.2.2　竞争性定位

定位不仅是企业对客户的争夺，还是企业对行业地位的争夺。在一个新兴的或竞争格局未完全形成的行业或市场，任何市场竞争的参与者都有机会获得自己想要的位置，即可通过"抢位"来获得市场定位，获得先发优势。

（1）首席定位。首席定位也叫领导者定位，成为市场领导者几乎是每一家企业的梦想。领导者通常属于最先入市的，经过艰苦的努力创造了市场；或者是采取后发先至战术，占有最大市场份额，成为市场上最受欢迎的品牌。首席定位案例比比皆是，比如百威啤酒就说自己是"全世界最大、最有名的美国啤酒"，IBM 将自己定位为"蓝色巨人"，双汇说自己"开创中国肉类品牌"。

（2）比附定位。比附定位就是攀附名牌，把自己和领导者联系在一起，通过这种联系强化或者提高自身定位。比如，宁城老窖将自己定位为"塞外茅台"；蒙牛说自己是"草原奶第二名"（伊利第一）；七喜打出"非可乐"的定位，它虽然把自己和可乐区别为不同类别，但也是为了通过可乐来衬托自己。

（3）集体定位。市场第一名永远只有一个，若做不成最优秀的，也可以成为优秀集体中的一员，比如"中国民营企业百强""行业前 10 名"等。在消费者看来，在优秀集体之中的企业，自然是优秀的，而消费者常常并不清楚这个集体有哪些成员，这就给了行业非领导者"抢位"的机会，这也是集体定位的基本思想。

6.3.2.3　使用者定位

企业常常试图将其产品指向某一类特定的使用者，以便根据他们的看法塑造产品恰当的形象。如海澜之家称自己是"男人的衣柜"。

6.3.2.4　价值导向定位

以价值导向定位的方法，也可以称为档次定位法，实际上就是满足消费者求廉求实或求贵求精的心理需求。很多人喜欢追求名牌，其实并不是因为产品本身能够给他们带来什么利益，更多的是产品品牌所体现的个人品位与个性。因此，市场定位就要迎合那些追求品位和"虚荣"的消费者的需求，这不是产品提供利益能够解决的，必须要靠品牌概念。

6.3.3　市场定位战略

市场定位作为一种竞争战略，显示了一种产品或一家企业同类似的产品和企业之间的竞争关系。定位方式不同，竞争态势也不同。

就一个具体的产品而言，竞争优势的选择除了要考虑企业的整体实力外，还需要考虑消费者对产品属性的重视程度。通过市场定位示意图，可以清晰地识别出行业的竞争态势，也有利于企业确立产品的竞争优势。比如，根据消费者所关注的最重要的属性——价格与质量，将行业中主要竞争者的情况逐一在示意图上进行标注，圆心表示产品属性，圆圈大小表示其销售额的大小；将现有的竞争者 A、B、C 的情况标出后，企业便可与竞争者的产品、成本、促销、服务等进行对比，然后根据本企业的条件来准确判定本企业的竞争优势，选择合适的定位战略，进行正确的市场定位决策，如图 6-8 所示。

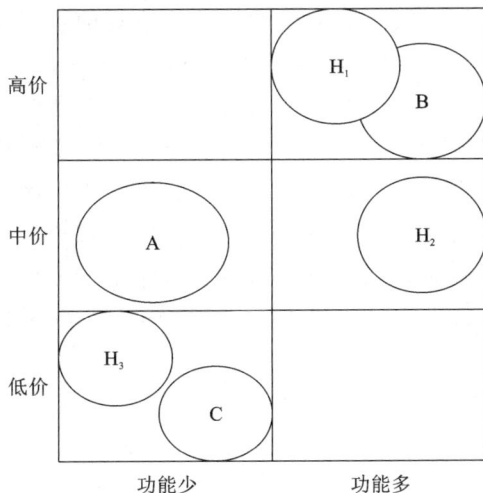

图 6-8　市场定位图

从图 6-8 可见，A 企业生产的是价格中等、功能较少的产品，其市场规模最大；B 企业生产的是高价、多功能的产品，其市场规模中等；C 企业生产的是低价、少功能的产品，它的市场规模最小。如果市场上对优质高价电冰箱需求量较大，且本企业比 B 企业实力更强，能开发出更好的产品，则可以选择 H_1 定位方案。如果本企业能以较低的成本，生产出较多功能产品，则可以采用 H_2 定位方案。因为在这个市场上没有竞争对手，有利于企业成功。如果在有利可图的市场上，由于现有竞争者的产品共同满足同一市场部分的可能，则可以采用 H_3 定位方案。

市场定位应该根据具体情况来确定，不同情况可以有不同方案，即使同一情况也可以有不同的方案，需要从战略角度进行分析决策。下面，我们分析几种主要的市场定位战略。

6.3.3.1　避强定位

这是一种避开强有力的竞争对手的市场定位，如图 6-8 中的 H_2 定位方案。其优点是能够迅速地在市场上站稳脚跟，并能在消费者或用户心目中迅速树立一种形象。这种定位方式由于市场风险较小、成功率较高，常被企业采用。

6.3.3.2　迎头定位

这是一种与在市场上占据支配地位的，即最强的竞争对手"对着干"的定位方式，如图 6-8 中，若 H 企业选择与实力强大的 A 企业相同的目标市场，就是迎头定位。显然，这种定位有时会产生危险，但不少企业认为这种定位能够激励本企业奋发上进，一旦成功就会取得巨大的市场优势。

6.3.3.3　重新定位

重新定位是对销路少、市场反应差的产品进行二次定位。重新定位旨在摆脱困境，重新获得增长与活力。这种困境可能是企业决策失误引起的，也可能是对手有力反击或出现新的强有力的竞争对手造成的。不过，也有重新定位并非因为已经陷入困境，而是因为产品意外地扩大了销售范围。例如，专为青年人设计的某种款式的服装在中老年消费者中也流行开来，该服装就应因此而重新定位。

　　企业的市场定位应该是一个动态战略过程，需要针对新的环境、新的需求、新的企业战略而不断调整，但要防止定位多变及后来的定位与原有定位出现冲突。例如，某企业原来生产的是做工精致、质量上乘的高档手表，式样经典又不乏时尚，消费者将其作为身份、地位的标志。但如果该企业转而生产低档手表，争夺低价市场，原先的产品形象就会被损坏，很可能出现"赔了夫人又折兵"的情况。

【案例6-3】

生和堂龟苓膏的市场定位创新

本章小结

　　1. 市场细分的内涵和作用。市场细分是指企业通过市场调研，以消费者的需求特征或购买行为等方面的差异作为依据，把某一产品的市场整体(异质市场)划分为若干个消费者群(同质市场)的市场分类过程。市场细分对企业具有以下作用：有利于发掘市场机会，开拓新的市场；有利于选择目标市场和判定市场营销战略；有利于整合、集中资源投入利基市场；有利于提高企业的竞争能力。

　　2. 市场细分。消费者市场细分所依据的变量一般概括为四大类：地理变量、人口变量、心理变量和行为变量。这四种变量要根据消费者需求差异综合运用，往往要经过多次细分，才能从中筛选出符合本企业条件的分市场，以作为企业的目标市场。产业市场的主要细分变量分为五类：人口变量、经营变量、采购方法、情境因素、个性特征。

　　3. 目标市场营销战略。目标市场营销战略类型包括无差异性营销战略、差异性营销战略和集中性营销战略。目标市场营销战略选择需要综合考虑：企业资源、产品同质性、产品生命周期阶段、市场的类同性、竞争者的市场营销战略等因素。

　　4. 市场定位。市场定位应综合考虑竞争对手的定位、目标顾客的需求、企业的潜在优势这三方面因素。市场定位战略：避强定位、迎头定位、重新定位。

思考与应用

　　1. 市场细分的内涵和依据是什么？
　　2. 有效的市场细分应具备哪些条件？
　　3. 企业应怎样选择目标市场？
　　4. 企业应如何进行市场定位？
　　5. 针对某一家旅行社，请你选取一个角度对中国的旅游市场进行细分，并从中选取合适的目标市场。
　　6. 从理论和实践的结合上，论述市场定位三大战略的运用。
　　7. 互联网形成了一个巨大的虚拟市场空间，在某种意义上，它是一个与传统市场相似的包括人口变量、心理变量和行为变量等的在线市场，试就在线用户的特征进行描述，并对其进行细分。

126

课外阅读

1. 何佳讯, 吴漪, 丁利剑, 等. 文化认同、国货意识与中国城市市场细分战略——来自中国六城市的证据[J]. 管理世界, 2017(7).

2. 李飞, 刘茜. 市场定位战略的综合模型研究[J]. 南开管理评论, 2004, 7(5).

3. 王海忠, 赵平. 基于消费者民族中心主义倾向的市场细分研究[J]. 管理世界, 2004(5).

4. 王霞, 赵平, 王高, 等. 基于顾客满意和顾客忠诚关系的市场细分方法研究[J]. 南开管理评论, 2005, 8(5).

5. 胡利, 皮尔西, 等. 营销战略与竞争定位[M]. 北京: 中国人民大学出版社, 2019.

中国营销·案例分析

三顿半：让精品咖啡走向日常

近年来，随着新消费主义的崛起，天然、健康的现磨咖啡受到新一代消费者的追捧。速溶咖啡作为曾经风靡一时的快消品，则是被贴上了低端、老化的标签。目睹了行业变化的趋势，不少创业者，甚至是行业巨头纷纷涌入了现磨咖啡的赛道，瑞幸的火速上市，更使得现磨咖啡市场充满了诱惑。

而在这样的背景下，偏偏有人逆着潮流而行。2018 年 9 月，一个名为"三顿半"的咖啡品牌带着"精品速溶"咖啡走入了天猫，短短几个月就俘获了大量消费者。在同年的双十二活动中，三顿半一鸣惊人，拿下了天猫全咖啡品类第二名的成绩。而在 2019 年的双十一，三顿半更是超过了占领天猫咖啡王座十年的雀巢，问鼎咖啡品类第一品牌。短短一年的时间，三顿半就从名不见经传的小众咖啡品牌，蜕变成了消费者热捧的行业新星。

三顿半为何能吸引消费者？它爆红的秘诀又是什么？

1989 年，雀巢在中国推出了"1+2"速溶咖啡，被视为咖啡在中国发展的起点。一句"雀巢，味道好极了"的广告语，把速溶咖啡的风潮引入中国。此后，咖啡不再是中国人眼中的"苦酒"，转而变成了家家户户追捧的新潮饮品。第二个时间节点出现在 2005 年左右，随着国内经济快速崛起，星巴克开始大力开拓中国市场。星巴克利用"第三空间"的概念将"咖啡社交"文化引进了白领阶层，使得现磨咖啡伴随着咖啡馆走入了大城市。

面对咖啡市场激烈的竞争，三顿半看到了咖啡市场潜在的商机。一方面，零售咖啡行业的兴起，体现了品质咖啡需求正在向更多场景延伸。现磨咖啡的选豆、烘焙、冲煮、调配过程依赖专业技术，并且耗费时力，对于常人来讲门槛较高。随着人们逐渐适应并追随带有苦度和果酸的咖啡体验，对高品质咖啡的追求已经不仅存在于咖啡馆中，而办公室里、上班路上的咖啡需求正是零售咖啡兴起的原因。另一方面，现磨咖啡还有着大量未触及的场景。零售咖啡受到售卖时间和覆盖区域的限制，无论是三四线城市还是在众多的外出场景中，精品咖啡仍然不能做到大众化。

喝咖啡习惯的培养依赖于对更多生活场景的覆盖。市场上还没有一种咖啡形态能将品质与方便结合起来，在很多场合下，人们"想随手喝到一杯咖啡，又想喝得有品质"，但这种需求一直没有得到解决。在逐渐旺盛的需求之下，更多的咖啡消费场景有待发掘。于是，精品速溶咖啡"三顿半"出现了，它结合了速溶咖啡的便利，又将其打上了精品的标签，让整个咖啡行业眼前一亮。

三顿半将目标用户定位为年轻的职场人。首先，年轻人经过精品咖啡馆的"驯化"，已经能接受咖啡的本味，他们认为无添加的现磨咖啡才是真正好喝的咖啡。其次，年轻的职场人具有巨大的咖啡消费潜力，他们对咖啡的需求更日常，对于高效也更看重。与此同时，年轻人爱社交爱分享的特点也便于品牌形象的快速传播。因此三顿半将产品开发的重心放在"精品+便捷"上。

三顿半为超越即溶咖啡创设了一个新的咖啡品类"精品速溶"，不同于市场上的速溶咖啡和现磨咖啡，精品速溶咖啡集聚了品质优、制作易、玩法多的特点。三顿半咖啡突破性地实现了"无须搅拌，三秒即溶"，并且对液体和液体温度没有要求，可以溶解于水、牛奶、苏打水、茶和各种冷饮中。这使得咖啡的饮用场景不再局限于固定场所，"在飞机上、高铁上，出差、旅游途中，只要有饮品，都可以喝到一杯精品咖啡"。三顿半希望定义咖啡生活方式，避免与咖啡店形成正面冲突，将产品作为咖啡店的延伸，去争夺咖啡店与咖啡外卖都无法触及的、更加细碎的生活场景。

资料来源：三顿半：让精品咖啡走进日常.中国管理案例共享中心，2022.内容有改动。

思考问题：

1.三顿半考虑了哪些市场细分变量？

2.三顿半的目标市场有哪些特点？

3.面对咖啡市场红海，三顿半是如何实现精准定位的？

第 7 章 市场竞争战略

7.1 竞争者分析

案例导入

杀出重围：魅族手机的竞争战略

企业的生命在于竞争，在商品经济条件下，任何企业在目标市场进行营销活动时，都不可避免地会遇到竞争对手的挑战，同时也可能自身就是竞争行列的新加入者，或者是试图改变市场地位而展开竞争攻势的老企业。在优胜劣汰的竞争法则面前，市场中的每个企业都是平等的，如何参与竞争并使自己在市场竞争中具有优势，是企业营销能否成功的核心所在。知己知彼，才能取得竞争优势，并在商战中获得胜利。竞争者分析的基本步骤见图7-1。

7.1.1 识别竞争者

企业的现实竞争者和潜在竞争者的范围很广，识别竞争者并不是一件容易的事，通常可从市场和行业两个方面分析。

7.1.1.1 从市场方面分析企业的竞争者

（1）品牌竞争者。企业把同一行业中以相似的价格向相同的消费者提供类似产品或服务的品牌或其他企业称为品牌竞争者。如家用空调市场中，格力空调、海尔空调、三菱空调等厂家之间就是品牌竞争者的关系。品牌竞争者之间的产品相互替代性较高，因而竞争非常激烈，各企业均以培养消费者品牌忠诚度作为争夺消费者的重要手段。

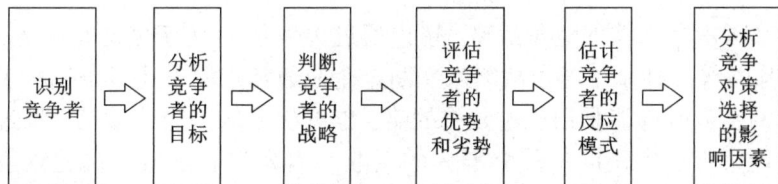

识别竞争者 ⇒ 分析竞争者的目标 ⇒ 判断竞争者的战略 ⇒ 评估竞争者的优势和劣势 ⇒ 估计竞争者的反应模式 ⇒ 分析竞争对策选择的影响因素

图 7-1　竞争者分析的基本步骤

129

(2)行业竞争者。企业把提供同种或同类产品,但规格、型号、款式不同的企业称为行业竞争者。所有同行业的企业之间都存在彼此争夺市场的竞争关系。如家用空调的厂家与中央空调的厂家、生产高档汽车的厂家与生产中档汽车的厂家之间就是竞争关系。

(3)需要竞争者。提供不同种类的产品,但满足和实现消费者同种需要的企业称为需要竞争者。如航空公司、铁路客运、长途客运汽车公司都可以满足消费者外出旅行的需要,所以当火车票价上涨时,乘飞机、坐汽车的旅客就可能会增加。

7.1.1.2　从行业方面分析企业的竞争者

(1)现有企业。现有企业指本行业内现有的与企业生产同样产品的其他厂家,这些厂家是企业的直接竞争者。

(2)潜在加入者。当某一行业前景乐观、有利可图时,会引来新的竞争企业,使该行业增加新的生产能力,并导致该行业各企业重新瓜分市场份额和主要资源。另外,某些多元化经营的大型企业还经常利用其资源优势从一个行业侵入另一个行业。新企业的加入,可能导致产品价格下降,利润减少。

(3)替代品企业。与某一产品具有相同功能、能满足同一需求的不同性质的其他产品,属于替代品。随着科学技术的发展,替代品将越来越多,某一行业的所有企业都将面临与生产替代品的其他行业的企业进行竞争的局面。

7.1.2　分析竞争者的目标

竞争者的最终目标当然是追逐利润,但是每个企业对长期利润和短期利润的重视程度不同,对利润满意水平的看法也不同。有的企业追求利润"最大化"目标,不达目的决不罢休。有的企业追求利润"满足"目标,达到预期水平就不会再付出更多努力。企业的战略目标多种多样,如获利能力、市场占有率、现金流量、成本降低、技术领先、服务领先等,每个企业都有不同的侧重点和目标组合。

了解竞争者的战略目标及其组合,可以判断他们对不同竞争者行为的反应;了解竞争者目前盈利的可能性,可以判断不同竞争者市场占有率的增长、资金流动、技术领先、服务领先和其他目标的重要权数;了解竞争者进入新的产品细分市场的目标,若企业发现竞争者开拓了一个新的细分市场,这可能是一个发展机遇,若企业发现竞争者开始进入本公司经营的细分市场,则意味着企业将面临新的竞争与挑战。对于这些市场竞争动态,企业若了如指掌,就可以争取主动,有备无患。

7.1.3　判断竞争者的战略

竞争对手会采取什么样的竞争战略,可以通过迈克尔·波特的成本领先战略、差异化战略、集中化战略等三种基本竞争战略来判断。企业通常采取上述竞争战略中的某一个类型。实力雄厚的企业既可能采用成本领先战略,也可能采取差异化战略,不过企业最关心的是那些处在同一行业采用同一战略群体的企业。因为它们是最直接的竞争者。战略群体是指在某特定行业内推行相同战略的一组企业。战略的差别表现在目标市场、产品档次、性能、技术水平、销售范围等方面。区分战略群体有助于认识以下三个问题:

(1)不同战略群体的进入与流动障碍不同。企业的竞争行为在初级阶段一般表现为极强的对抗性，其行为特点可以概括为：以对抗性的眼光看待竞争者，认为竞争者之间是不相容的，将竞争者视为一种威胁，对竞争者的存在总抱着一种无端的恐惧，必欲除之而后快；竞争的手段具有明显的对抗性，主要采取价格竞争，以低价来吸引消费者，从而打击竞争者，并力争将竞争者逐出市场；竞争的目的在于控制和消除竞争，以获取对某一市场或行业的垄断。

（2）同一战略群体内的竞争最为激烈。处于同一战略群体的企业在目标市场、产品类型、质量、功能、价格、分销渠道和促销战略等方面差别不大。任何一个企业都会受到其他企业的高度关注，并在必要时做出强烈反应。

（3）不同战略群体之间存在现实或潜在的竞争。不同战略群体的消费者会交叉，每个战略群体都试图扩大自己的市场，涉足其他战略群体的领地，在企业实力相当和流动障碍小的情况下尤其如此。

7.1.4　评估竞争者的优势和劣势

在市场竞争中，企业需要分析竞争者的优势与劣势，才能有针对性地制定正确的市场竞争战略，以避其锋芒、攻其弱点、出其不意，利用竞争者的劣势来争取市场竞争的优势，从而实现企业营销目标。竞争者的优势与劣势通常体现在以下八个方面。

（1）产品。竞争者产品在市场上的地位；产品的适销性；产品系列的宽度与深度。

（2）销售渠道。竞争者销售渠道的广度与深度；销售渠道的效率与实力；销售渠道的服务能力。

（3）市场营销。竞争者市场营销组合的水平；市场调研与新产品开发的能力；销售队伍的培训与技能。

（4）生产与经营。由规模经济、经验曲线、设备状况等因素所决定的生产规模与生产成本水平；设施与设备的技术先进性与灵活性；专利与专有技术；生产能力的扩展；质量控制与成本控制；区位优势；员工状况；原材料的来源与成本；纵向整合程度。

（5）研发能力。竞争企业内部在产品、工艺、基础研究、仿制等方面具有的研究与开发能力；研究与开发人员的创造性、可靠性、简化能力等方面的素质与技能。

（6）资金实力。竞争企业的资金结构；筹资能力；现金流量；资信度；财务比率；财务管理能力。

（7）组织。竞争企业组织成员价值观的一致性与目标的明确性；组织结构与企业策略的一致性；组织结构与信息传递的有效性；组织对环境因素变化的适应性与反应程度；组织成员的素质。

（8）管理能力。竞争企业管理者的领导素质与激励能力；协调能力；管理者的专业知识；管理决策的灵活性、适应性、前瞻性。

7.1.5　估计竞争者的反应模式

估计竞争者在遇到攻击时可能采取什么行动和做出何种反应，有助于企业正确地选择攻击的对象、因素和力度，达到每一次竞争行动的预期目标。竞争者的反应可能受它对各种假设的影响，也可能受它的经营指导思想、企业文化和某些起主导作用的信念的影响，还可能受其心理状态的影响。下面仅从竞争者心理状态的角度，列举常见的一些竞争者反应类型。

（1）从容不迫的竞争者。竞争者实力强大，底气十足，沉着应对，有可能是因为对市场竞争措施重视不够，未能及时捕捉到市场竞争变化的信息；也有可能是因为财力有限。

（2）选择型竞争者。竞争者会根据带给自己的威胁大小而选择反击某个方面。例如，大多数竞争企业对降价这样的价格竞争措施总是反应敏锐，倾向于做出强烈的反应，力求在第一时间采取报复措施进行反击，而对改善服务、增加广告、改进产品、强化促销等非价格竞争措施则不大在意，认为不构成对自己的直接威胁。

（3）强烈反应型竞争者。竞争企业对市场竞争因素的变化十分敏感，一旦受到竞争挑战就会迅速地做出强烈的市场反应，进行激烈的报复和反击。这种报复措施往往是全面的、致命的甚至是不计后果的，不达目的决不罢休。这些强烈反应型竞争者通常都是市场上的领先者，具有某些竞争优势。所以一般企业不敢轻易或不愿挑战其在市场上的权威，尽量避免与其作直接的正面交锋。

（4）随机应变型竞争者。企业对市场竞争所做出的反应通常是随机的，往往不按规则出牌，使人觉得不可捉摸。例如，随机应变型竞争者在某些时候可能会对市场竞争的变化做出反应，也可能不做出反应；既可能迅速做出反应，也可能反应迟缓；其反应既可能是剧烈的，也可能是柔和的。

7.1.6 分析竞争对策选择的影响因素

（1）竞争者的强弱。攻击弱竞争者在提高市场占有率的每个百分点方面所耗费的资金和时间较少，但能力提高和利润增加也较少。攻击强竞争者可以提高自己的生产、管理和促销能力，更大幅度地扩大市场占有率和利润水平。

【材料7-1】

竞争与合作

（2）竞争者与本企业的相似程度。多数企业重视同近竞争者对抗并力图摧毁对方，但是竞争胜利可能招来更难对付的竞争者。美国的战略研究专家波特举了两个毫无意义的"胜利"的例子：①鲍希和隆巴公司曾积极同其他软镜头生产商对抗并且取得了很大的成功，但导致失败者纷纷把资产卖给露华浓、强生和谢林—普洛夫等较大的公司，从而使自己面对更强大的竞争者。②一家橡胶特种用品生产商把另一家橡胶特种用品生产商当作不共戴天的仇敌来攻击并抽走股份，给这家企业造成很大损失，结果几家大型轮胎企业的特种用品部门乘虚而入，很快打入了特种橡胶制品市场，倾销产品。

（3）竞争者表现的好坏。企业应根据竞争者表现的好坏，选择相互关系（攻击或结盟）。"好"竞争者的特点是：遵守行业规则；对行业增长潜力提出切合实际的设想；按照成本合理定价；喜爱健全的行业，把自己限制在行业的某一部分或某一细分市场中；推动他人降低成本，提高差异化；接受为它们的市场份额和利润规定的大致界限。"坏"竞争者的特点是违反行业规则，靠花钱而不是靠努力去扩大市场份额；乐于冒大风险；生产能力过剩时仍然继续投资。总之，它们打破了行业平衡。企业应支持好的竞争者，攻击坏的竞争者。

7.1.7　企业的竞争地位

营销基本理论告诉我们：具有相同需求的集合体就是市场。可见，市场是由具有相同需求的各种人组合而成。虽然需求相同但是满足相同需求的东西可能各不相同，于是就出现了在这个市场上以提供不同东西来满足相同需求的企业。这些企业很清楚，同时在市场上存在的所有其他企业都是竞争对手，自己发展的好坏直接与竞争对手的发展状况有关。在某一市场中，可根据每个企业市场占有率的不同将它们划分成四种类型，即市场领导者、市场挑战者、市场追随者和市场补缺者，见表 7-1。

表 7-1　假设的市场结构

竞争地位	市场领导者	市场挑战者	市场追随者	市场补缺者
假设市场份额/%	40	30	20	20

（1）市场领导者。大多数市场都有一个公认的市场领导者，该企业总是在该市场占有最大的市场份额，并且一般在价格变动、新产品开发、分销渠道和促销能力上具有绝对优势。例如汽车市场的美国通用汽车公司、软饮料市场的美国可口可乐公司、快餐市场的美国麦当劳公司和零售业的美国西尔斯公司等。市场领导者可能会受到其他企业赞赏、尊敬或批评，但是其他企业都必须承认它的统治地位。市场领导者是竞争的一个导向点，其他企业可以向它挑战，也可以模仿或避免同它竞争。作为市场领导者的企业并不轻松，除非享有合法的市场独占权，不然它就要时刻保持警惕，因为其他企业会向它发起挑战或者利用它的弱点抢占它的领先地位。事实上，一项产品的革新和上市，往往会动摇当前市场领导者的地位。

（2）市场挑战者。市场挑战者一般指那些市场占有率排第二、第三位次的企业，它们与市场领导者在许多方面仅仅稍逊一筹，因此常常会在不同的场合向市场领导者发起挑战，故称市场挑战者。在它们自身的权利范围之内，某些企业可以是相当大的，如液晶电视机市场的三星与东芝，手机市场的三星与苹果。而在上述两个产品的中国市场华为和小米成了新的挑战者。市场挑战者可以采取两种不同的方式实现目标——成为市场领导者：一种是发现市场领导者在营销策略和营销战略上的"败招"或"瑕疵"而直接发起攻击，其竞争目标非常明显；另一种则相对含蓄，是通过不断地兼并或联合弱小对手，壮大自己的实力，等到时机成熟成为市场领导者。

（3）市场追随者。市场追随者在市场上的占有率较市场领导者或市场挑战者都低，但高于其他一些小企业。大多数企业喜欢追随市场领导者而不是向其挑战。从某种意义上说，市场追随者与市场挑战者相比，它们之间的根本差异可能不是市场占有率的高低之差，而是企业决策层的心理、心态，即是否对自己所处的现状和地位感到满意。市场追随者只图维持自己的市场份额，并不希望扰乱市场局面，害怕在混乱中损失更大。在资本密集性高或者产品同质性高、产品形象差异不大、服务质量也相仿、价格敏感性很高的市场中，许多企业都愿意恪守由市场领导者推出的市场规则，或是仿效市场领导者的营销方式为消费者提供相似的产品和服务，导致各企业市场占有率十分稳定。

（4）市场补缺者。一些在市场上处于弱小地位的小企业，往往专门经营被大企业忽略的细分市场。这种拾遗补阙型的小企业被称为市场补缺者。几乎每个行业中都有许多小企业为该市场的消费者提供专门服务。这些小企业因为缺少竞争实力而尽量避免与大企业冲突，往往占据着市场的小角落，专门为那些被大企业忽略或放弃的消费者进行有效的服务。

7.2 市场领导者战略

作为市场领导者的企业拥有最大的市场份额，要想继续保持它的统治地位，必须时刻保持高度警惕，以各种策略来维持地位和发展自己，以免丧失优势。其竞争策略包括以下三个方面：扩大总市场；保护现有市场份额；提高市场占有率。

7.2.1 扩大总市场

总市场扩大，得益最大的将是处于统治地位的市场领导者，因为它在总市场中所占的份额最大。一般来说，市场领导者可以通过下列途径扩大总市场：

（1）寻找新用户。每类产品都有吸引购买者的潜力，市场上总有一些消费者从未使用甚至不了解某些产品，这些消费者就是潜在的购买者，是市场领导者的努力目标。

（2）开辟新用途。以增加新功能为目标，对现有产品进行技术改进，从而使产品能满足更多的需要而拥有更多的使用者。

（3）增加使用量。即说服使用者更多地使用产品。可以通过以下两种方式达到增加使用量的目的：一是劝说消费者增加每次的使用量，这对一些饮料产品有明显效果；二是劝说消费者提高使用频率，这对多数日常生活用品有明显效果。

7.2.2 保护现有市场份额

为了保持市场领先的地位，市场领导者必须通过有效的防御和进攻措施来保护自己现有的市场份额，在努力扩大总市场规模的同时，时刻注意自己的业务不被对方侵蚀。

（1）进攻性防御。为保护自身的统治地位，企业必须不断创新，不能安于现状，而要成为市场新产品开发、消费者服务、分销模式创新和成本降低方面的领先者。

（2）阵地防御。企业应在市场周围建立防线，包括及时完成商标注册，申请发明专利。

（3）侧翼防御。市场领导者除了要保卫自己的市场之外，还必须设法建立某些辅助性市场。例如，空调产品生产企业在保护自己空调产品的市场份额的同时，还应该注意空调维修市场提出的对自己品牌零部件的需求。

（4）先发制人防御。这是一种比较积极的防御策略，是在竞争对手进攻以前，先发制人，以争取主动。这种策略常用于应对挑战意图明确的市场挑战者的某些进攻。

（5）反击防御。大多数市场领导者遭到进攻后，会立即向对方做出反击以示回应。在反击防御中，市场领导者的战略选择可以是正面进攻，也可以是侧翼包抄，或是开展钳形运动。

（6）运动防御。这主要是指在自身经营领域扩张中防止竞争对手的攻击，其办法一是采用市场拓宽方法来阻止竞争者的进攻，即要求企业将其注意力从现行产品转移到主要的基本需要和对该需要相关联的整套技术的研究开发上；二是采用多角化经营方式，来保护企业增长与发展。

（7）收缩防御。如果市场领导者发觉自己的战线过长，难以抵挡竞争者的进攻，还可以主动收缩战线，集中力量，以增强防御能力。

7.2.3　提高市场占有率

有研究表明，企业的利润率与市场占有率一般存在着正相关的关系。所以如果企业能在每个市场中提高其市场份额，对企业的增长将起到推动作用。但在实行提高市场占有率的策略时，企业必须注意以下三点：

（1）要避免引起反垄断行动。因为在许多行业，市场占有率达到一定程度时，就容易遭到其他企业甚至政府的指控，从而引起反垄断行动。这种风险的上升会削弱企业追求市场份额获利的吸引力。

（2）要注意市场占有率增加时对成本的控制。市场份额如果在达到某个水平后还继续增长，盈利能力就可能会出现下降。在激烈的市场竞争条件下，企业要提高市场占有率，就必须付出更多的营销费用及其他交易费用。因此，在实施提高市场占有率的策略时，必须控制成本，以确保企业产品因市场占有率的提高而增加的利润明显高于为提高市场占有率而增加的成本。

（3）要运用正确的营销组合策略。在提高市场占有率的同时，还必须保证利润水平的提高。一些企业在争取较高的市场份额时，可能执行了存在缺陷的营销组合策略，从而未能增加其利润。有研究结果表明，如果在提高市场占有率的同时，不注意产品开发，不重视产品质量的提高，不对分销方式进行调整，都有可能导致利润的下降。

7.3　市场挑战者战略

处于市场挑战者地位的企业，一般都具有相当的规模和实力，在竞争战略上有相当大的主动性，随时可以向市场领导者企业或其他企业发动进攻。然而，作为市场挑战者的企业，盲目地进攻是不可取的。企业要使自己的挑战获得成功，必须明确营销目标和进攻对象，然后选择相应的进攻策略。

7.3.1　市场挑战者的进攻对象

市场挑战者的基本策略是进攻策略，其战略目标是扩大市场占有率，从而获得较高的盈利。在进攻对象的选择方面，存在着三种可供选择的进攻对象。

（1）市场领导者。攻击市场领导者是一个既有高风险又有高回报的选择。如果市场领导者是外强中干、缺乏有效营销战略的企业，那么市场挑战者攻击它就会产生很大的意义。因此，市场挑战者必须千方百计地寻找市场领导者的弱点和缺陷，制订精准、有效的进攻方案。

（2）地位相仿者。市场挑战者如果发现有一些与自己地位相当，但经营不佳、财务拮据、用户抱怨不断的企业，就可以设法对之发起进攻，以积蓄自己的力量。

（3）小企业。市场挑战者可以通过攻击、兼并一些财务状况不良的小企业，扩大自己的市场，积累力量，力图脱颖而出。

7.3.2 市场挑战者的竞争策略

如果进攻的是市场追随者，那么市场挑战者的目标可以是夺取其一定的市场份额。如果进攻的是市场补缺者，那么市场挑战者的目标可以是把它击垮。就进攻本身的策略而言，市场挑战者可以在下列进攻策略中进行选择：

（1）正面进攻。这是指市场挑战者集中其资源，对竞争对手的产品、促销活动、价格水平和销售渠道等方面展开攻击。如果竞争对手没有采取相应的措施使消费者相信，它的产品与挑战者相比具有更多的符合自己要求的特性，那么这种做法便可奏效，消费者会认为挑战者所提供的产品性价比更高。

（2）侧翼进攻。侧翼进攻指市场挑战者在对手的一些领域设点攻击竞争对手，或者寻找未被市场领导者覆盖或重视的细分市场攻击竞争对手。

（3）包围进攻。市场挑战者以突击、袭击的方式围追堵截，夺取竞争对手大片市场的策略被称为包围进攻。这要求市场挑战者有比对手更大的资源优势，并相信能够在自己预期的时间内取得自己预期的效果。

（4）迂回进攻。迂回进攻指市场挑战者避开竞争对手的锋芒，通过多角化经营发展自己的市场，积聚自己的资源，从而对竞争对手展开间接进攻的一种策略。其具体方式有三种：一是多样化地经营无关产品；二是使现有产品进入新市场以求多样化发展；三是引入新技术开发新产品或新业务。通俗地说，它就是开展"你无我有，你有我优，你优我特"的发展、突击模式。

（5）游击进攻。游击进攻主要指对竞争对手的不同领域进行小规模的、断断续续的攻击，以骚扰对手，使其士气衰落，并最终获得永久的市场。该策略特别适合那些与市场领导者实力相差悬殊的市场挑战者。市场挑战者会发动针对市场领导者的一系列进攻，而攻击的领域则是市场领导者的任意一个细分市场或营销组合的某一部分，其目的是逐渐削弱对方的市场力量。例如，可以实行选择性降价、开展特别的促销活动等。

7.4 市场追随者与市场补缺者战略

7.4.1 市场追随者战略

并不是所有居次要地位的企业都愿意向市场领导者发起挑战，因为在缺乏把握的情况下，挑战往往意味着失败，或者两败俱伤。事实上，企业往往会选择追随策略，以维持现有市场份额，适当吸引一些新的消费者。但追随并不意味着被动地适应，追随者通常会运用其特有的能力积极活动，维持自己一定的市场份额，并有所增长。它们可以紧紧追随，也可以保持一段距离追随，还可以有选择地追随。市场追随者经常会成为市场挑战者的攻击目标，所以必须努力保持它的低成本和高质量服务。市场追随者可选择的追随策略有下列三类：

（1）紧密追随。这类追随策略是指市场追随者在多个目标市场，从营销组合的多个方面，模仿市场领导者，所以也被称为"全方位模仿者"。这种策略极易被市场领导者误解为挑战，所以作为追随者不宜采取刺激性行动。

（2）有距离地追随。这类市场追随者会与市场领导者在某些方面保持一定的距离，例如，市场追随者在产品开发、价格水平和分销模式等方面与市场领导者保持一些差异，因此也被称为"有限模仿者"。因为这种差异不直接构成对市场领导者的威胁，所以它们容易在市场上取得一定的市场份额。

（3）选择追随。持这种追随策略的企业只是在有些方面追随市场领导者，而在其他方面开展自己独特的改进、创新。因此，这些企业往往具有创新精神，并有可能成为潜在的市场挑战者。选择此类追随策略的企业有不断增加的趋势。

7.4.2 市场补缺者战略

除了寡头竞争行业，其他行业中都存在数量众多的小企业，这些小企业基本是为一个更小的细分市场或者一个细分市场中存在的空缺提供产品或服务。由于这些小企业对市场的补缺可使许多大企业集中精力生产主要产品，这些小企业也可获得很好的生存空间。

市场补缺者成功与否的关键在于能否找到理想的细分市场。规模较小且大公司不感兴趣的细分市场，称为补缺基点。作为市场补缺者，在竞争中应设法找到一个或多个安全的和有利可图的补缺基点。

理想的市场补缺基点应具有以下特点：有足够的市场需求量或购买量，从而可以获利；有成长潜力；为大的竞争者所不愿经营或者忽视了的；企业具有此方面的特长，或者可以很好地掌握补缺基点所需要的技术，为消费者提供合格的产品或服务；企业可以靠建立消费者信誉保护自己，对抗大企业攻击。

市场补缺者的任务有三方面：善于发现、创造适宜的细分市场；不断地拓展细分市场，进入新的细分市场；保护企业的细分市场。由于集中经营一个细分市场风险较大，市场补缺者通常会选择两个或两个以上的细分市场，分散风险。在这些细分市场上经营成功后，企业的生存适应性将大为增强。

补缺战略的关键其实是专业化，有利于在一个较小的领域内追求较大的市场份额。补缺也可以使那些最小的企业获得发展或者取得较高的投资盈利。

企业无论是市场的领导者、挑战者、追随者还是补缺者，都要密切关注竞争者的行动，找到最有效的竞争战略，并经常调整其战略以适应快速变化的竞争环境。但是，如果花费了太多的时间和精力追踪竞争者，而损害了消费者导向则得不偿失。企业要同时关注消费者和竞争者，在消费者导向和竞争者导向中寻求平衡。企业要记住：保持盈利性的消费者关系对企业更重要。

7.4.2.1 市场补缺者的市场机会

市场补缺者为避免与大企业竞争，必须在市场上找到适合自己发展的"空隙"。一个理想的市场"空隙"，必须具备下列条件：

（1）该市场有足够的规模，使市场补缺者能够获得预期的利润。

（2）该市场有一定的市场增长潜力。

（3）该市场被大企业忽视或不屑一顾。

（4）企业有适合开发和经营该市场的各种资源和能力。

（5）在该市场中，企业能有效地应对大企业的各种攻击。

7.4.2.2 市场补缺者的补缺策略

市场补缺策略是有效地实施各种专业化策略，即在市场、消费者、产品和营销组合方面实行专业化策略。具体来说，包括以下几种专业化策略：

（1）最终消费者专业化。即企业专门为某一类型的最终消费者服务。例如强生公司的产品专为婴幼儿服务。

（2）垂直专业化。即企业专业化于某种垂直水平的生产、销售和服务。例如，一家化妆品企业可专注于某种化妆品的生产、销售和相关使用方法指导。

（3）地理区域专业化。指企业只在某个地方或世界某一区域进行营销活动。

（4）产品或产品线专业化。指企业只生产一种产品或一个产品线以满足市场的某种特别需要。例如，镜子生产商专门为各轿车生产企业提供各种后视镜。

（5）服务专业化。即企业专门提供一种服务项目的策略。例如，专门为私家车司机提供导航服务。

【材料7-2】

中国企业与补缺者战略

（6）渠道专业化。即企业专门通过某种分销渠道模式为消费者提供他们购买的产品。例如，各种电商向消费者提供的线上购物服务。

由于科技飞速发展，加上信息传播速度日新月异，市场补缺者原先拥有的专业化可能会更快地丧失。为了减少企业经营风险，市场补缺者必须不断地寻找新的市场机会，然后结合自己的资源特征确定相应的专业化经营方向。

本章小结

1. 竞争者分析。竞争者分析的基本步骤：识别竞争者；分析竞争者的目标；判断竞争者的战略；评估竞争者的优势和劣势；估计竞争者的反应模式；分析竞争对策选择的影响因素。

2. 市场领导者战略。市场领导者为保住其第一位置而采取的战略，包括扩大总市场、保护现有市场份额、提高市场占有率。

3. 市场挑战者战略。市场挑战者是指那些在市场上处于次要地位（第二、第三甚至更低地位）的企业。这类竞争者可以采用以下策略：①正面进攻；②侧翼进攻；③包围进攻；④迂回进攻；⑤游击进攻。

4. 市场追随者战略。市场追随者战略是指企业通常会以模仿竞争对手先前的创新产品或经营模式为立足点，力求占领部分市场。

5. 市场补缺者战略。市场补缺者战略是指行业中相对弱小的企业，在竞争中为避免与实力强大的企业正面冲突，选择未被满足的细分市场，向细分市场提供专门的产品或服务，以谋求生存与发展的战略。

思考与应用

1. 市场领导者如何维持自己的竞争优势？
2. 市场挑战者有哪些进攻战略？
3. 市场追随者的竞争战略有哪些？企业如何在这些战略实施中创造特色和优势？
4. 简述集中化战略与市场补缺者战略的异同。
5. 结合电脑、手机、汽车或饮料行业，列举这些行业的市场领导者、挑战者、跟追者、补缺者，分析它们的竞争战略和行业主要竞争者的优劣势。

课外阅读

1. 张剑渝，王谊. 现代市场营销学[M]. 成都：西南财经大学出版社，2019.
2. 陈钦兰等. 市场营销学（第二版）[M]. 北京：清华大学出版社，2017.
3. 张俊，周永平. 市场营销：原理、方法与案例[M]. 北京：人民邮电出版社，2016.
4. 麦克丹尼尔，兰姆，海尔. 市场营销学[M]. 上海：上海人民出版社，2015.
5. 科特勒，凯勒. 营销管理（第 15 版）[M]. 上海：上海人民出版社，2016.
6. 波特. 竞争战略[M]. 上海：中信出版社，2014.
7. 罗伯特. 超越竞争者——战略思考的力量[M]. 北京：机械工业出版社，2001.

中国营销·案例分析

抖音和美团的市场竞争

进入 2022 年 8 月，抖音外卖业务蓄势待发，美团也再次做起了直播，本地生活市场的竞争形式可谓剑拔弩张。

2022 年 7 月，抖音开始在北京、上海等城市试水"团购配送"，配送服务一份起售，用户填写地址并付款后，购买的套餐即可配送到家。早在 2022 年 4 月底，抖音就在北京、上海、成都、杭州等城市组建了当地的生活服务团队。

抖音在本地生活市场反复试探，美团自然不会"坐视不管"。对于美团来说，本地生活业务一直是其大本营。面对抖音的入局，美团开始做起了直播。2022 年 5 月，美团平台部分餐饮商家开始直播，配合低至四折的爆款单品等优惠促销，吸引了无数客户的目光。

作为内容平台，抖音的市场竞争优势就是同城内容的推送，既有流量池，也有本地生活的内容频道，还有商家需求。2022 年 5 月，抖音的团购在疫情反复、堂食受到波及的情况下开始"崭露头角"，部分餐饮店如楠火锅、北京紫光园等开始在抖音上直播，主要销售团购套餐，可以由用户自提，也可以由商家送餐上门。

美团为了应对市场竞争，开始低调试水直播业务，并上线直播工具"美团直播助手"。商家可以通过美团直播助手来发布直播预告，同时也支持团购、兑换券、门票等多种类型的商品购买优惠。

抖音涉足外卖业务，与美团对团购业务的"放松"不无关系。很明显，美团现在给团购的优惠力度不像前几年那么大了。但要与美团在外卖业务上展开市场竞争，抖音首先要解决的就是履约问题。线下履约就是抖音当前需要攻克的难题。作为平台资源整合的关键一步，抖音还要解决利益分配、线下配送、服务体验等重要问题。

从美团自身的情况来看，流量见顶和骑手成本压力一直被认为是它头上的"两座大山"，而在团购领域的积累是它的优势。近年来，美团大力推进美团买菜、美团优选等业务，下一步还将在快手平台上线小程序，为美团商家提供套餐、代金券、预订等商品展示、线上交易和售后服务。届时，快手用户将能够通过美团小程序直接下单。

美团靠团购起家，在本地生活尤其是餐饮外卖领域深耕多年，积累的商家资源、经验以及成熟完善的一体化服务体系是其他公司难以超越的。尽管美团在市场规模上具有明显的竞争优势，但依然有危机感。因为，本地生活消费高频，向来是各互联网大厂的必争之地。美团大部分产品属于即时性消费，且往往有明确的消费目的，用户在 App 上用完即走，停留时间较短，其场景并不适合直播。抖音的用户群体巨大且停留时间长，不过其短板在于商家资源不足以及配送体系不成熟。

资料来源：郭国庆.市场营销学通论(第 9 版)[M]. 北京：中国人民大学出版社，2022.

思考问题：

1. 抖音和美团是如何借助已有竞争优势拓展新业务领域的？

2. 抖音和美团在市场竞争中各自有哪些优势和短板？

3. 企业应如何借力数字经济实现升级转型？

第 8 章 产品策略

8.1 产品与产品组合

案例导入

乐高积木：
快乐和成长

　　企业的营销活动以满足市场需求为中心，而产品是满足市场需求最基本的和最主要的手段，企业满足消费者需求不能停留在口头上，而要落实到产品上。企业的产品只有比竞争对手更好地满足市场需求才能获得消费者的青睐。并且，产品策略影响和决定着其他市场营销组合要素，对企业市场的成败关系重大。因此，产品要素在营销各要素组合中居于核心地位。

8.1.1　产品的概念

　　产品也叫市场提供物，是提供给市场的，供消费者购买、使用、消费的，能满足消费者某种需要或者欲望的任何东西。产品是能够解决买主和卖主问题的一种手段。对买主来说，产品可以满足自己尚未满足的需求；对卖主来说，产品能够帮助其获取所追求的利益。

　　广义的产品包含比有形商品更多的东西，包括物理形体、服务、事件、人物、地点、组织、创意或这些实体（供给物）的组合，而市场营销学中的产品在此基础上还包括体验、财产权和信息等十种概念。

　　（1）商品，也叫实物产品或有形产品。这种产品看得见、摸得着，形式最为普遍，如我们常见的手机、电视机、电脑等。

　　（2）服务。它可能是产品的一部分，这时叫支持性服务，如在麦当劳享用食品的同时所享用的服务；也可能本身就是一种产品，如教师的上课、律师的辩护、医生的诊断等。随着经济发展，经济活动将越来越集中于服务业。

　　（3）体验，也叫经历。通过协调多种类型的服务和商品，企业能够创造、表演和营销体验。如游览迪士尼乐园、攀登珠穆朗玛峰等都是一种体验。

　　（4）事件。营销人员可以宣传一些定期发生的事件。如奥运会、企业周年纪念、大型贸易展览、艺术表演等活动或盛会。

　　（5）人物。创造名人效应的营销已经变成一个重要的商业活动。如美国共和党和民主党在历届总统选举中，都会竭力包装、宣传其推选的总统候选人，以通过此方式获得执政权力。其实每个人都在有意识或无意识地对自己进行营销，以赢得社会和公众的认同和接纳。

（6）地点。城市、地区乃至整个国家，都在积极地争取吸引游客、吸引投资。当今中国越来越多的城市开始对自己进行营销，如成都、南京、三亚等城市纷纷推出城市名片，向公众展示自己的特色。

（7）财产权。指对所拥有的财产的无形的权利。财产权可以买卖，这个过程就包含着营销，如房地产买卖、证券交易等活动。

（8）组织。越来越多的组织（包括非营利组织）会对自己进行营销，以建立良好的社会形象，如企业从事的各种致力于良好形象塑造的公共关系活动。

（9）信息。当今信息产业正以前所未有的速度迅猛发展，信息也可以像有形商品一样被生产和销售。例如，人们在购买各种计算机软硬件产品时，购买的不是硬件本身而是其中承载的知识信息。

（10）创意。所有的市场营销活动都是在推广一个创意，不管它是一个关于企业供给物营销的一般性想法，还是一个独特的想法。如一个牙膏生产商将其产品的传播理念定为"用清新的嘴品尝生活"，这种理念就是一种创意。

8.1.2　整体产品概念

传统意义上的产品是一种具有特定的物质形态和具体用途的物体，即一个有形的、实体的产品，如电脑、汽车、数码相机等。但从现代市场营销学的角度出发，产品并不局限于有形的物体，只要是能提供给市场选择和消费，并能满足某种欲望和需要的有形实体或无形的服务均为产品，包括实物、劳务、人员、场所、组织、技术以及观念等。有形实体的实物通常是产品实体及其品质、特色、样式、品牌和包装等；无形的服务则包括能够给消费者带来的

【案例8-1】

微波炉的变迁史

实体产品以外的附加利益和心理上的满足感、信任感等。比如，电视机、牛奶、电动车、商品房、钢材等是产品，送货服务、咨询服务等也是产品，甚至听歌手唱歌、导游引导服务、接受一种人生观念、一种健身理念等都可以属于产品的范畴。

菲利普·科特勒认为：产品是指留意、获取、使用或消费以满足某种欲望和需要而提供给市场的一切东西，包括有形物品、服务以及事件、体验、地点、所有权、组织、信息、创意等。因此，从营销学的意义上讲，产品的本质是一种满足消费者需求的载体，或是一种能使消费者需求得到满足的手段。菲利普·科特勒等营销学者提出了产品的五个层次用来表述产品整体概念。

在设计和销售产品时，营销者需要从整体产品的概念出发考虑问题。市场营销学的整体产品概念是广义的产品概念，除了指具有特定物质形态和用途的物体之外，还包括一切能满足消费者某种需求和利益的非物质形态的服务。一般而言，整体产品概念包括五个层次：核心产品、形式产品、期望产品、延伸产品及潜在产品，如图8-1所示。

（1）核心产品。核心产品又称为实质产品，是指产品能向消费者提供的基本效用或利益。从根本上说，它是整体产品概念中最基本的层次，是满足消费者需要的核心内容。例

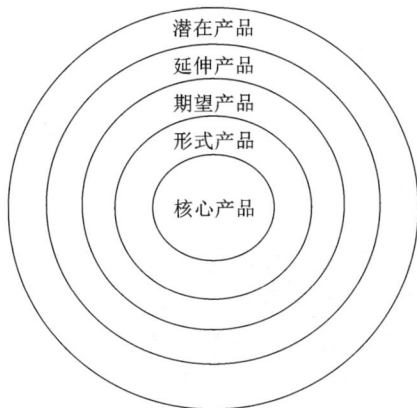

图 8-1 整体产品概念的五个层次

如，旅游者的旅游出行不是为了获取观光地的入场券，而是人文风貌、自然风光带来的享受或阅历知识的收益。又如顾客购买化妆品并不是需要化学物品，而是为了满足健康漂亮的需求，也就是说并不是为了获得它的某种化学成分，而是要获得"美"。同样，人们夏季买空调是为了"凉爽"；消费者购买一支笔，其核心需要就是写字，写字功能就是笔的核心产品。同一种产品，由于消费者的关注点不同，其核心功能就会有较大的差异。比如，手表通常是用来计时的，但是一块瑞士高端手表，其效用就包含了收藏、炫富、显示身份等其他要素。因此，企业关注的重点应该是消费者如何感知产品价值，而不是经销商如何看待产品。营销人员向消费者销售的任何产品，都必须具备反映消费者核心需求的基本效用或利益。

（2）形式产品。形式产品是指产品的基本形态，即核心产品借以实现的形式，或目标市场对某一需求的特定满足形式。形式产品包含一系列基本属性，从影响消费者购买决策的角度看，主要包含以下几个要素：特性参数、设计式样、外观包装、质量水平、产品品牌等。如旅馆的房间应包括床、浴室、毛巾、桌子、衣柜、卫生间等。它们是产品的外在表现形式、产品功能效用的有形物质载体，也是消费者接触到产品的"第一印象"。形式产品是呈现在市场上、可以为消费者识别的东西，是消费者选购商品的直观依据。因此，营销人员应努力寻求更完善的有形载体以满足消费者的核心利益需求。

（3）期望产品。期望产品是指消费者在购买产品时，期望获得的与产品密切相关的一整套属性和条件。例如，消费者购买洗衣机，除了洗涤的核心功能以外，还期望具有甩干、消毒、烘干等功能。消费者在购买高档汽车时，期望获得高品质的车内设施、舒适的驾驶感受和身份的体现等。酒店的客人期望干净整洁的床位、洗浴香波、新的毛巾、工作台灯、快捷上网、24 小时热水供应、安静、交通便捷等。

（4）延伸产品。延伸产品也称附加产品，是指消费者购买产品时所获得的全部附加利益与服务，包括对产品提供送货、保证、信贷、安装、使用指导、包退包换、维修保养等。例如，IBM 公司向用户提供整套计算机体系，包括硬件、软件、安装、调试和传播使用与维修技术等一系列附加服务。又如，旅馆提供免费机场接送、照看小孩、美容、健身等附加服务。由于人们的需求和企业间竞争的日益多样化，消费者对企业生产和销售产品的附加利益提出了更多的要求，在产品附加价值方面的竞争也显得越来越重要。如今的竞争主要发生在延伸产品上，正如美国学者西奥多·莱维特指出的："现代竞争的关键，并不在于各家公司在其工厂中生产什么，而在于它们能为其产品增加些什么内容，诸如包装、服务、广告、用户咨询、融资信贷、及时送货、仓储以及人们所重视的其他价值。每一家企业应寻求有效途径，为其产品提供附加价值。"营销人员必须注意消费者的需求变化，延伸其所提供的产品，从而适应市场的需要。

(5)潜在产品。潜在产品是指最终可能实现的与现有产品相关的未来可提供给消费者的增值性产品。潜在产品指出了现有产品的可能演变趋势和前景。比如软件的升级产品、电视机发展成为网络终端机，手表演化成为电话等。企业可以通过向消费者提供潜在的产品利益，来突出自己不同于竞争对手的产品个性，实现有效的差异化。

整体产品概念整合了产品的实体性和实质性，将产品的基本利益与非物质形态的效用有机结合起来，这一概念的内涵和外延都以消费者的需求为标准，体现了以消费者需求为核心的现代营销观念。

8.1.3　产品分类

产品的范围极其广泛，不同类型的产品都有与之相适应的市场营销组合策略。传统的产品分类以产品特征为基础，体现产品导向的思维。但是，以现代营销观念为指导，我们将产品以有形性特征划分为有形产品和无形产品，以产品的购买用途划分为消费品和产业用品。

8.1.3.1　有形产品和无形产品

(1)有形产品。有形产品是指具有实物形态的产品，根据产品使用期限的不同可分为耐用品和非耐用品。

耐用品通常指使用年限较长、价值较高、不容易磨损和损坏的有形产品，如空调、电视机、汽车等。耐用品一般价值较高、利润较丰厚，倾向于较多的人员推销和服务，也需要企业提供更多的购买保证，如维修、保养及其他服务保证，以使产品在寿命期内能正常工作或使用。

非耐用品通常指使用时间较短、价值较低、容易磨损和损坏的有形物品，如啤酒、毛巾等。非耐用品通常具有一种或多种消费用途，消费快，购买频率高，售价中的加价较少，需要加强广告以吸引消费者试用并形成偏好。

(2)无形产品。无形产品是指没有具体实物形态的产品，包括劳务、服务等。如运输服务、医疗服务、理发、修理等。无形产品具有无形性、同步性、异质性、易逝性的特点，因而对质量控制、供应商的信用和适用性的要求较高。

8.1.3.2　消费品和产业用品

(1)消费品。消费品是指由最终消费者购买并用于个人消费的产品。根据消费者的购买习惯可将消费品分为便利品、选购品、非渴求品。

便利品，通常是指消费者频繁购买，几乎不需要做任何购买努力的产品，如肥皂、报纸等。

选购品，通常指耐用程度高，消费者在购买时，会对产品的适用性、质量、花色、价格、款式等进行比较的产品，如服装、家具等。

非渴求品，一般指消费者不了解或即使了解也不想购买的产品，如人寿保险、墓地等。

（2）产业用品。产业用品是指企业制造产品所需的原材料和零部件，或用于业务活动的产品。产业用品按其使用目的可分为材料和部件、资产项目、供应品和服务。

材料和部件，就是指直接用于产品生产、构成产品实体，其价格一次计入产品成本的一类产品，包括原材料、半成品和部件等。

资产项目，就是指部分进入产品成本的商品，主要分为不动资产和附属设备资产。其中，不动资产指厂房建筑、固定设备，附属设备资产指轻型制造设备、办公设备等。

供应品和服务。供应品指不构成最终产品的项目，如办公用品。服务则是非物质实体产品，是为出售而提供的活动、利益和满足，如产品售中服务、售后服务和企业咨询服务等。

8.1.4　产品组合

生产或经营多种产品是现代企业扩大销售、分散风险的有效手段之一，产品及其数量的决策也成为其满足消费者需求和获得稳定经济效益的重要条件，因此企业需要分析产品结构，依据企业资源和市场环境特征确定最佳的产品组合。

8.1.4.1　产品组合的含义

现实生活中，多数企业的产品往往不止一种，而是多种，那么如何统筹安排这些不同产品的合理组合就成了企业内部管理的重要问题。

产品组合是指企业生产提供给市场的全部产品线和产品项目的组合或结构，可用于描述企业的业务经营范围。其中，产品线是指产品在技术上和结构上密切相关，具有相同使用功能，规格不同而满足同类需求的一组产品，如海尔集团的居室家电系列有冰箱、空调、滚筒洗衣机、波轮洗衣机和冰柜五条产品线。产品项目是指产品线内不同品种、规格、质量和价格的特定产品。无论国内还是国外，很多企业都拥有众多的产品项目，如雅芳化妆品公司有 1300 个以上的产品项目，通用电气公司的产品项目更是多达 25 万个。

8.1.5　产品组合策略

产品组合策略就是企业根据市场需求、竞争态势和企业资源对产品组合的宽度、长度、深度和相关性等方面做出的决策和调整。从长远看，最佳产品组合是动态的优化过程，需要通过及时调整产品线来实现，因此必须经常了解、分析和评价每种产品的销售及利润情况。图 8-2 分析了一条拥有 5 个产品项目的产品线以及各产品的销售与盈利情况。

根据图 8-2 所示，第一个产品项目的销售额、利润额分别占整个产品线总销售额和总利润额的 50% 和 30%；第二个产品项目销售额与利润额占总销售额和总利润额的比重均为 30%。这两个项目的销售额和利润额共占总销售额的 80% 和总利润额的 60%。如果这两个项目遇到激烈的竞争，整条产品线的销售额和利润额将急剧下降。为此，企业一方面应采取切实措施，巩固第一、二两个产品项目的市场地位，另一方面应根据市场环境变化加强对第三、第四产品项目的营销。第五个产品项目只占整个产品线销售额和利润额的 5%，如发展前景不大，企业可考虑停止生产这种产品，以便抽出力量加强其他产品项目的营销或开发新产品。

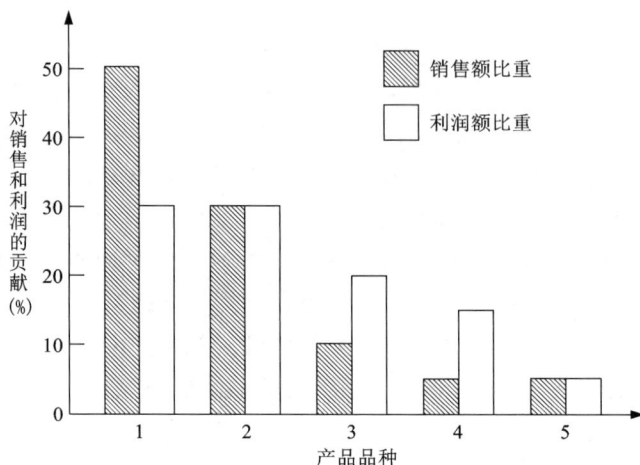

图 8-2　产品品种对产品线总销售额和利润额的贡献

此外，企业还需要了解、分析竞争对手的产品线情况，并以此作为决策的依据。企业可能采取的产品组合策略如下：

8.1.5.1　产品线扩张决策

产品线的长短取决于企业的定位及市场被细分的程度。希望具有完善的产品线或高市场份额的企业会追求较长的产品线，而追求高额利润的企业在产品项目的选择上十分慎重，不会轻易增加项目。长期而言，当竞争对手细分市场并开发独特的产品以满足这些细分市场的需求时，短的产品线便陷入了危机。因此，短的产品线在保持差异化优势的同时还必须针对竞争对手进行独特定位。产品线呈现不断扩张趋势的原因在于：①生产能力的富余使得企业通过开发产品项目进入更多细分市场，从而获得成长；②企业提供的产品越全面，越有利于消费者需求的满足；③产品项目的增加是控制货架空间的手段，有利于限制竞争对手的产品线扩张。

从总体上来看，每个企业的产品线只是该行业整个范围的一部分。企业超过现有的范围来增加它的产品线长度叫做产品线扩张，主要包括产品线延伸和产品线填补。

每一家企业的产品都有特定的市场定位，如"林肯"定位高档汽车市场，"雪佛兰"定位中档汽车市场，"斑马"则定位于低档车市场。产品线延伸策略指全部或部分地改变原有产品的市场定位，它具体有向下延伸、向上延伸和双向延伸三种实现方式。

（1）向下延伸。即在高档产品线增加低档产品项目。这一决策可能是由于：高档产品销售增长缓慢，资源设备没有得到充分利用，企业为赢得更多的消费者将产品线向下伸展；企业最初进入高档产品市场，目的是建立品牌信誉，然后进入中、低档市场，以扩大市场占有率和销售增长率；利用高档品牌的声誉，吸引购买力较低的消费者慕名购买此产品线中的低档产品；补充企业的产品线空白。如惠普推出面向低端中小企业的"打印市场攻略"，一口气推出了 5 款分别为个人及中小企业用户量身定制的黑白激光打印机：LaserJet 1005、LaserJet 1150、LaserJet 1300、LaserJet 1300n 和 LaserJet 2300。

实施这种策略也有一定的风险。如果处理不慎,甚至会影响原有产品特别是品牌形象,必须辅之以一套相应的营销组合策略,甚至对销售系统重新设置等,这些都将大大增加企业的营销开支。企业扩展低档产品项目可能会激发竞争者将产品项目转移到相应的高档产品项目方面。企业的经销商也有可能不愿意或者没有能力经营低档产品,因为这些产品获利的可能性小,并且可能损害经销商的形象。

(2)向上延伸。即在原有的产品线上增加高档产品项目。这一策略适用于以下情况:高档产品市场具有较大的成长潜力和较高利润率;企业的技术、设备和营销能力已具备加入高档市场的条件;企业要重新进行产品线定位。例如,当乳品消费从"有奶喝"过渡到"喝好奶"的阶段,蒙牛于 2005 年率先推出了高端奶产品"特仑苏",迅速占领了国内高端牛奶市场。

采用这一策略的风险在于:改变产品在消费者心目中的地位是困难的,处理不慎还会影响原有产品的市场声誉;市场上高档产品的竞争对手反过来进入低档产品市场,以进行反击;潜在的消费者也许不相信新厂商能生产优质产品;企业的销售代表和分销商因缺乏才能和培训,而不能很好地为较高档的产品市场服务。

(3)双向延伸。即原定位于中档产品市场的企业掌握市场优势后,向产品线上下两个方向延伸。以此方法扩展产品线的往往是定位于市场中端的企业。例如,在钟表行业,精工品牌就采用了这一策略。20 世纪 70 年代后期,精工即推出了"脉冲星"牌的系列低价表,从而向下渗透这一低档产品市场;同时,它又向上渗透高价和豪华型手表市场,推出了售价高达 5000 美元的超薄型手表。

产品线填补策略是指在现有产品线的范围内增加产品项目来延长产品线。绝大部分的消费品公司都会在增长期通过增加或减少产品属性来增加其产品线的长度。例如,美国吉列公司以喷射式罐装剃须膏为基础,开发了须后冷霜和香水,以及烫发机和吹风机等美容美发产品。采取产品线填补策略的动机有:获取增量利润;满足那些经常抱怨由于产品线不足而使销售额下降的经销商;充分利用剩余的生产能力;争取成为领先的产品线完整的企业;设法填补市场空隙,防止竞争者的侵入。但是,产品项目间必须存在显著的差异,而且消费者能区分企业的每一个产品项目。

8.1.5.2　产品线现代化决策

产品线现代化决策是强调把现代化的科学技术应用到生产过程中。因为就某种情况而言,虽然产品组合的广度、深度和长度都很适宜,但是产品线的生产方式已经落后,并且影响了企业生产和营销效率。在这种情况下,企业必须实施产品线现代化决策,对现有产品线的技术进行更新或改造。微处理器生产公司如英特尔和 AMD,软件公司如微软和甲骨文,都是通过不断引进更新换代产品和更先进的技术来适应迅速变化的产品市场的。产品线现代化可以有两种方式:渐进式现代化和直接式现代化。

当企业决定实施产品线现代化决策时,需要抉择是逐步实现产品线的技术改造,还是以最快的速度、以全新的设备更换原有设备。逐步实现产品线现代化可以节省资金,但也容易被竞争者发现和模仿;而快速实现产品线现代化,需要在较短时间内投入大量资金,但可以快速更新原有设备,迅速产生市场效果并对竞争者形成威胁。

8.1.5.3 产品线特色化决策

产品线特色化决策是指在每条产品线中选择一个或少数几个产品项目进行特色化以吸引消费者，适应不同细分市场的需要。一般是推出最低档或最高档的产品来形成自己的特色。例如，思特森公司推销一种男式帽子，售价150美元，结果几乎无人问津。但这种帽子起到了"王冠上的珠宝"的作用，提高了整条产品线的形象。再如，本田摩托车打入美国市场的第一辆摩托车售价仅为250美元，而当时美国生产的摩托车的价格范围为1000~15000美元。一般而言，特色化策略是以低档产品吸引消费者，使之充当"开拓销路的廉价品"；以高档产品作为标识，树立产品线形象和声誉。

8.1.5.4 产品线削减决策

产品线削减决策指采用专业化组织形式，减少本企业生产的滞销产品或剔除亏损产品项目。其优点是提高生产效率与产品质量，降低成本，使企业扩大畅销产品的生产，获得长期稳固的利润。例如，日本尼西奇公司原来是一家生产雨衣、泳衣、尿垫等橡胶制品的小型企业，后来公司经营者果断做出决策，扬长避短，另辟蹊径，成为一家专业化生产婴儿尿垫的企业，从而在激烈的市场竞争中站稳了脚跟，一跃成为日本的"尿布大王"。产品线经理必须定期检查产品项目，研究削减问题。产品线中如果含有会使利润减少的疲软的项目，或者公司缺乏足够的生产能力，企业就要考虑缩短产品线。

8.2 产品生命周期策略

任何产品在市场营销过程中，都有一个从发生、发展到被淘汰的过程，就像任何生物都有从出生、成长到衰亡的生命过程一样。在市场上，同一种用途的新产品问世并取代了旧产品以后，旧产品的市场生命也就结束了。一般而言，新产品一旦投入市场，就开始了它的市场生命。

8.2.1 产品生命周期理论

产品在市场上的销售情况及获利能力是随着时间的推移而发生变化的，就像人和其他生物的生命一样。产品在市场生命的每一个阶段，都有不同的特点。因此，企业要在产品的不同阶段，根据市场和竞争者等诸多因素的变化制定和调整相应的营销策略。产品生命周期就是一种有用的分析工具，它能引导企业在不同阶段关注营销、财务、制造、采购和人力资源战略的动态调整问题。

8.2.1.1 产品生命周期的概念

所谓产品生命周期，是指产品从投入市场开始，到退出市场所经历的全部时间，该过程一般包括引入期、成长期、成熟期和衰退期四个阶段。

产品生命周期不同于产品的使用寿命。产品的生命周期是指产品的市场寿命或经济寿命，即产品在市场上生存的时间。产品退出市场，并非其本身质量或其他方面的原因，而是由于市场上出现了能更好地满足消费者需求的新产品，原有产品逐渐失去魅力，最终被市场淘汰。因此，产品生命周期的长短主要由市场因素决定，如科学技术的发展水平与产品更新换代的速度，还有消费者偏好的变化、竞争的激烈程度等。产品的使用寿命指产品的自然寿命，即产品从投入使用到损坏直至报废所经历的时间，其寿命的长短受产品的自然属性、产品的使用强度、维修保养程度以及自然磨损等因素的影响。产品的生命周期与产品的自然寿命之间不存在直接的相关关系，有的产品市场生命周期很长，使用寿命却很短；有的产品市场生命周期很短，但使用寿命很长。

产品的生命周期表明任何产品的市场生命都是有限的，产品的新陈代谢是不可避免的。在产品生命周期的不同阶段，产品的市场占有率、销售额、利润额是不一样的。产品生命周期的每一个阶段都对销售者提出了不同的挑战。这就需要企业认真分析和识别产品所处生命周期的具体阶段，根据产品生命周期不同阶段的特点，不断地修订其营销、财务、制造、采购、人力资源战略和策略。

8.2.1.2　产品生命周期的形态

产品生命周期的形态可以分为典型和非典型两种。典型的产品生命周期要经历引入期，也称导入期或介绍期，成长期，成熟期和衰退期，呈钟形曲线，如图 8-3 所示。

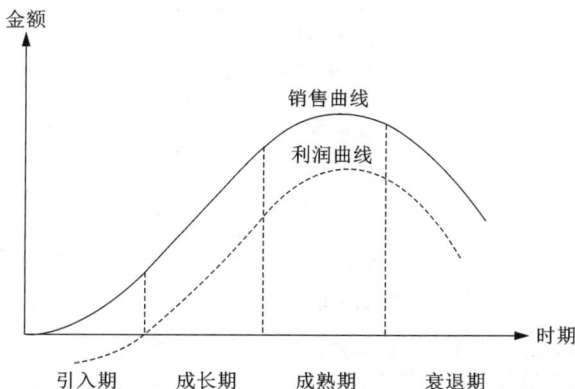

图 8-3　典型的产品生命周期曲线图

企业营销要求在产品市场生命周期的不同阶段，了解其阶段特征，采取相应的营销策略。

（1）引入期。引入期是指新产品试制成功，进入市场试销的阶段。这一阶段的主要特征：只有少数企业生产，市场上竞争者较少；消费者对新产品尚未接受，销售量增长缓慢；需做大量广告宣传，推销费用大；企业生产批量小，试制费用大。在这一阶段，由于产品引入市场所支付的巨额费用，利润几乎不存在。由于高风险和高费用，少数产品引入期代表了革命性的发明；但是更多的产品引入期包括新包装的便利食品、一辆新型号的汽车或者是服饰上的新潮流，而不是一个主要产品的革新。

（2）成长期。成长期是指产品经过试销取得成功后，转入批量生产和扩大销售的阶段。这一阶段的特征：消费者对产品已经熟悉并接受，销售量迅速上升；产品基本定型，生产规模扩大，产品成本下降，企业利润不断增加；竞争者纷纷介入，竞争趋向激烈。在这一阶段新加入的企业往往会使产品更加多样化，也常常出现垄断性竞争。

（3）成熟期。成熟期指产品经过成长期，销售量增长速度明显放缓，到达峰点后转入缓慢下降的阶段。这一阶段的主要特征：产品的工艺、性能较为完善，质量相对稳定，被大多数消费者接受；市场需求趋于饱和，销售量增长缓慢并呈下降趋势；企业利润达到峰值后进入下降状态；同类产品之间的竞争加剧。在这一阶段，一些低效的企业会因无法承担这种压力而放弃这个市场。

（4）衰退期。衰退期指经过成熟期，产品逐渐被同类新产品替代，销售量出现急剧下降趋势的阶段。这一阶段的主要特征：产品销售量由缓慢下降变为迅速下降，销售增长率出现负增长；消费者对该产品的兴趣已完全转移到新产品上；产品价格已降到最低点。在这一阶段，多数企业已无利可图，竞争者纷纷退出市场，留在市场上的企业也会逐渐减少产品附带服务，削减促销预算，以维持最低水平的经营。

企业应根据产品生命周期各阶段的市场特征，确定营销的重点和营销目标，采取不同的策略和营销组合，相关内容见表8-1。

表8-1　产品生命周期各阶段的市场特征、营销目标和战略

类别		引入期	成长期	成熟期	衰退期
市场特征	成本	高	开始下降	下降到最低水平	成本偏低
	消费者	不了解产品尝试购买者	了解增多稳定的消费者群	达到最多忠诚消费者群	开始转移数量减少
	销售	销售少，缓慢增长	快速增长	达到高峰	急剧下降
	利润	少或亏损	开始上升	利润丰厚	利润下降
	竞争	极少竞争者	竞争者增多	竞争激烈	竞争者数量减少
营销目标		创造产品知名度	建立产品美誉度	建立品牌忠诚度	榨取利益重组资源
营销策略	产品	基本产品	质量改进，延伸产品	产品创新、多样化	削减部分产品
	价格	新产品定价法	针对竞争情况调整	有较大的价格空间	降价吸引消费者
	渠道	设计分销渠道	扩大分销渠道	寻求新的分销渠道	缩减部分渠道
	广告	在早期采用者和经销商中建立产品知名度	在大众市场建立知名度和兴趣	强化品牌差异点和利益	降低到保持坚定忠诚顾客所需的水平
	销售促进	大力进行销售促进，以吸引试用	根据多样化的消费者需求，持续进行销售促进	增加销售促进，鼓励品牌转换	减少到最低水平

产品生命周期是一种理论上的抽象，在现实经济生活中，并不是所有产品的生命历程都完全符合这种理论形态，有些产品如昙花一现，有些产品体现出较强的生命力。除典型的产品生命周期曲线外，还有以下几种非典型的产品生命周期形态：

图8-4（a）显示了"成长→成熟→衰退"的形态。小型厨房设备常常具有这种特点。例如，电动刀具在首次引入时销量迅速上升，然后就稳定或"僵化"在该水平上。这一僵化水平之所以能维持是因为后期采用者的首次购买与早期采用者的更换产品。

图8-4（b）显示了"循环→再循环"的形态，它常常用来描绘新药的销售。制药企业积

极推销其新药，于是出现了第一个周期。后来销量下降，企业对新药发动第二次促销，这就产生了第二个周期。

图 8-4(c)显示了另一种常见的形式"多循环形态"，也称"扇形"运动曲线。由于企业不断发现产品的新特征、新用途，或者发现了新的市场或新的目标消费者群，产品的生命周期不断延长。例如，尼龙销售就显示了这种扇形特征，因为许多新的用途被接连发现，如可以制作降落伞、袜子、衬衫、地毯等。

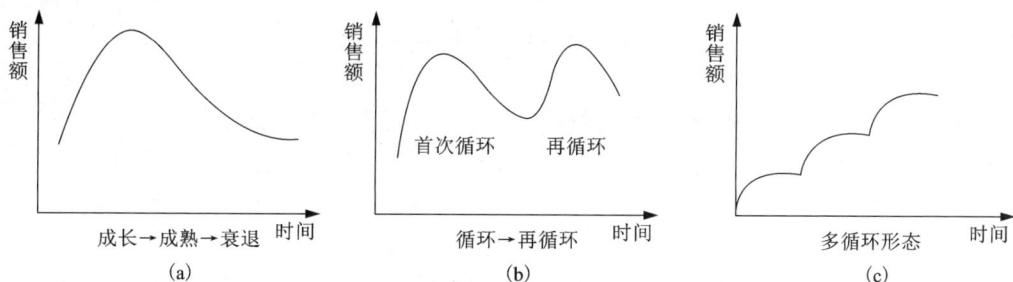

图 8-4　三种非典型的产品生命周期曲线图

产品生命周期是帮助人们理解产品和市场的重要工具，可以用于计划和控制。但是，由于销售历史展现出多样化的模式，并且产品在各个阶段的持续期也各不相同，产品生命周期的概念在预测方面作用不大。有评论家指责产品生命周期的模式在展现形式和持续期方面的变化太多，并认为在实际营销过程中，营销者通常很难分辨产品已进入哪个阶段，比如一种产品似乎进入了成熟期，而实际上它只是处于另一个高峰期之前的某一段平缓期。这些评论家还认为产品生命周期模式只是营销战略带来的结果，而不是销售发展的必经之路。

8.2.2　产品生命周期阶段的营销策略

由于企业面临竞争对手的挑战、经济环境和消费者兴趣与需求的变化，在一个产品的生命周期内，企业需要多次修正其营销策略。因此，在不同的产品生命周期阶段，企业需要制定一系列与之相适应的策略来延长产品的生命周期和增强盈利能力。

8.2.2.1　引入期的营销策略

在这一阶段，企业需要让潜在消费者了解新产品的特征、用途和优点，需要花费大量经费以吸引分销商，还要付出高水平的促销努力，因此往往处于利润很低甚至亏本的状态。引入期的营销策略的重点是使产品尽快被消费者接受，缩短产品的市场投放时间，扩大产品销售，迅速占领市场并促使其向成长期过渡。根据促销开支和价格两个维度，新产品引入期营销策略可以分成四种类型：快速撇脂策略、缓慢撇脂策略、快速渗透策略和缓慢渗透策略，如图 8-5 所示。

(1)快速撇脂策略。即以高价格和高促销费用推出新产品。高价格和高促销策略的目的在于迅速扩大产品的销售额，获得较高的市场占有率。实施这种策略的前提是，大部分潜在消费者不太了解该产品且消费者有能力也愿意尝试以较高的价格购买新产品。企业

		促销	
		高	低
价格	高	快速渗透策略	快速撇脂策略
	低	缓慢渗透策略	缓慢撇脂策略

图 8-5　新产品引入期营销策略

在面临潜在竞争对手的威胁或希望尽快树立品牌形象时，会采取这一策略，以领先于竞争对手或迅速使消费者产生对自己产品品牌的喜好。例如，苹果、诺基亚、摩托罗拉公司在开发的新款手机上市时都会投入大量的广告费用，并通过产品制定较高的价格迅速收回投资。

(2)缓慢撇脂策略。即以高价格、低促销费用将新产品推入市场。高价格和低促销策略的目的在于获取更多利润和最大可能地节省费用。这种策略适用的市场环境是产品的销售面较窄，市场容量有限；大多数消费者已经对产品有所了解，对价格的敏感性低；产品技术复杂，潜在竞争对手较少。例如，法国达索飞机制造公司为客户提供私人飞机时，由于购买者往往是富豪，并且飞机的技术比较复杂，可以采取缓慢撇脂策略。

(3)快速渗透策略。即以低价格和高促销费用推出新产品。这种营销策略谋求快速进入市场，取得尽可能高的市场占有率，并刺激消费者购买。其适用的市场环境是市场容量庞大，潜在的竞争激烈；产品需求弹性大，价格敏感性强；消费者的产品知识也相对欠缺；同时，企业具有规模经济效益。例如，格兰仕集团使全球每两个家庭就有一户使用格兰仕微波炉的重要手段就是执行规模经济模式下的低价格、高促销策略。

(4)缓慢渗透策略。即企业以低价格和低促销费用推出新产品。这种营销策略要求市场容量很大，消费者熟悉企业的产品形象，且产品需求弹性大；产品即使以低价格形式销售，企业也能获得较好的利润。日常生活用的洗发水、香皂等产品生产企业往往采用这种策略。

8.2.2.2　成长期的营销策略

在产品成长期，企业应在多方面加强产品竞争力，把保持和提高产品质量放在首位。这一阶段的营销策略重点在于强化产品的市场地位，尽可能提高销售增长率和扩大市场占有率以应对日益激烈的市场竞争。具体可采取以下几种营销策略：

(1)根据用户需求和其他市场信息，不断提高产品质量，努力发展产品的新款式、新型号，增加产品的新用途，以提高产品的竞争力，满足消费者更为广泛的需求，吸引更多消费者购买企业产品。

(2)重新评价渠道决策，巩固原有分销渠道，根据产品和市场特点增加新的渠道，开拓新的市场，提高分销能力，创造新的竞争优势。

(3)加强促销环节，树立强有力的产品形象。促销策略的重心应从建立产品知名度转移到树立品牌形象，主要目标是建立品牌偏好，使自己的产品产生名牌差异化优势，维持老顾客，吸引新顾客，提高企业在社会上的美誉度。

（4）通过扩大生产规模，产生规模效应，降低成本，以便在适当的时机，可以采取降价措施，刺激需求扩大，使那些对价格反应敏感的消费者产生购买欲望，并采取购买行动。还可以选择适当的时机调整价格，以争取更多顾客。

企业采用上述部分或全部市场扩张策略，虽然会加强产品的竞争能力，但也会相应地加大营销成本。因此，企业在产品成长期往往面临着"高市场占有率"和"高利润率"的选择。一般来说，实施市场扩张策略虽然会减少眼前利润，但加强了企业的市场地位和竞争能力，有利于维持和扩大企业的市场占有率。从长期利润观点来看，高市场占有率更有利于企业发展。

8.2.2.3　成熟期的营销策略

产品的成熟期又可分为三个阶段：

（1）成长成熟期。此时期各销售渠道基本呈饱和状态，增长率缓慢上升，还有少数后续的购买者继续进入市场。

（2）稳定成熟期。由于市场饱和，消费平稳，产品销售稳定，产品销售量增长与人口增长成正比，如无新购买者则增长率停滞或下降。

（3）衰退成熟期。销售水平显著下降，原有用户的兴趣已开始转向其他产品和替代品，造成销售量下滑。全行业产品出现过剩，竞争加剧，一些缺乏竞争能力的企业渐渐被取代，新加入的竞争者较少。竞争者之间各有自己特定的目标顾客，市场份额变动不大，突破比较困难。

一般来说，与产品的引入期和成长期相比，成熟期持续的时间更久，此时企业营销策略的重点是采用恰当的策略延长成熟期。

（1）市场改良策略。这种策略是通过扩大市场来增加成熟期产品的销售额，而并不改变产品本身。企业可以针对影响销售量的两个因素——品牌使用人数和每个人的使用率为它的品牌扩大市场机会。

提高品牌使用人数有三种策略：①转变非使用人。营销者可以通过努力把非使用人转变为该类产品的使用人。如航空企业通过低价机票吸引火车卧铺乘客。②进入新的细分市场。企业可以根据地理和人口统计等变量的共同特点努力进入新的细分市场。如强生公司曾经把它的婴儿产品成功地推销给了成年人使用。③争取竞争对手的顾客。企业可以通过各种营销手段吸引竞争对手的顾客试用或采用它的品牌。

提高品牌使用者对该品牌的使用率有三种策略：①增加使用次数。企业可以努力使顾客更频繁地使用该产品。如牙膏营销者可以通过广告宣传每天刷牙三次比刷牙两次更有利于口腔健康。②增加每个场合的使用量。企业可以努力劝说顾客增加每次使用该产品时的使用量。如洗发水制造商可以给用户暗示，每次洗发洗两遍的效果更好。③开发新的和更多种类的用途。企业可以帮助启发消费者了解产品的多种用途，以增加消费者对产品各种用法的认识。例如，手机制造商在赋予手机通话和短信用途后相继开发了照相、摄像、音乐、视频等功能。

（2）产品改进策略。产品改进策略包括质量改进、特点改进和式样改进三种。质量改进策略的目的是注重增加产品的功能特性——产品的耐用性、可靠性、速度、口味等；特点改进策略的目的是注重增加产品的新特点——尺寸、重量、材料、添加物、附件等，扩大产品的多功能性、安全性或便利性；式样改进策略的目的是增加顾客对产品的美学诉求。

（3）市场营销组合改进策略。企业可以改进市场营销组合要素以实现延长产品成熟阶段的目的。其方法有改变定价、分销渠道和促销方式，从而提高产品竞争力，增加市场对产品的需求。常用的措施有：采取多种促销方式，如降价、优惠、折扣、大型展销、附赠礼品等进行促销；增加广告支出，改变广告媒体组合；增加销售人员的数量和质量，扩展销售渠道，加快交货速度，提高服务质量，改进服务方式或货款结算方式等。但是这一策略往往易被竞争者模仿，使企业的努力难以取得预计的效果。因此企业必须充分利用自身的优势，结合市场实际，制定难以被模仿的营销组合策略，以获得预期的效果和利润。

8.2.2.4　衰退期的营销策略

产品进入衰退期后，应根据市场需求情况，保持适当的生产量以维持部分市场占有率并以合理的方式准备退出市场，同时积极开发新产品以替代老产品。具体策略如下：

（1）集中策略。集中策略是指把资源集中使用在最有利的细分市场、最有效的销售渠道以及最易销售的品种、款式上。总而言之，就是要缩短战线，以最有利的市场赢得尽可能多的利润。

（2）维持策略。维持策略是指保持原有的细分市场，使用相同的分销渠道，沿用原有的营销组合策略，保持合理的定价和促销方式，把销售维持在一定水平之上，待到恰当时机，便停止该产品的经营，退出市场。

（3）榨取策略。榨取策略是指大幅度降低销售费用，比如将广告费削减为零、大幅度精简销售人员等。这样做虽然销售量有可能下降，但是可以增加眼前利润。

（4）放弃策略。放弃策略是指对衰退迅速或确已无利可图的产品，应当机立断，放弃经营。企业如果决定停止经营衰退期的产品，那么应在立即停产还是逐步停产的问题上慎重决策，并处理好善后事宜，以使企业有序、平稳地转向新产品的经营。

8.3 新产品开发与推广

随着科学技术和经济水平的迅速发展，消费者的需求不断变化，企业竞争也日益激烈，产品更新换代的速度越来越快，产品生命周期则相应缩短。一方面，顾客需要新产品；另一方面，企业为了保持或提高销售，也需要积极寻找、发展新产品。因此，不断开发和推广新产品，引导和满足消费者变化的需求，有利于企业开拓新市场、扩大产品销量、获取丰厚利润和提升市场竞争力。新产品开发与推广是企业生命的源泉，也是一项具有战略性的营销决策。

8.3.1　新产品概念

市场营销学以整体产品概念为基础，所研究的新产品范围非常广泛，不仅仅有因科学技术进步而发明创造的科技新产品，还体现在企业营销方面，只要在功能或形态上比原产品有明显的改进，或者是采用新技术原理、新设计构思，从而显著提高产品性能或扩大使用功能的产品，甚至是企业向原有市场提供过去未生产的产品或采用新品牌的产品，都可以称为新产品。

现代市场营销观念认为在产品整体概念中的任何一个部分有所创新、改革或改变，能够给消费者带来新的利益和满足的产品，都是新产品。它可以是全新的产品，也可以是以往老产品所没有的新功能、新特色、新材料、新结构、新用途、新市场等。

8.3.2 新产品分类

按创新的程度不同，可以将新产品分为以下五种类型：

（1）全新产品。即应用新原理、新技术、新结构、新材料研制成功的前所未有的新产品。这类产品的问世往往缘于科学技术在某个方面所取得的重大突破，它们的普及使用将极大地改善人们的生活。不过，全新产品的推出十分困难，绝大多数企业难以做到。

（2）换代新产品。即在原有产品的基础上，部分采用新技术、新材料、新元件等，使结构性能有显著提高的产品。如 Windows Vista 就是 Windows XP 的换代产品。一般而言，这种产品要求顾客对原有消费模式有所改变。

（3）改进新产品。即对老产品在质量、结构、功能、材料、花色、品种等方面做出改进的产品。这类新产品主要谋求性能更加良好，结构更加合理，精度更加提高，功能更加齐全，式样更加新颖，材料更加易于获得，成本能有较大降低，耗费减少，节约能源等。

（4）仿制新产品。即那些市场上已经存在，企业初次仿制并投入市场的产品。这种产品对较大范围的市场来说已不是新产品，但对企业来说，是用新工艺、新设备生产出来的与原有产品不同的产品。目前，我国企业中不少新产品都属于仿制新产品之列。

（5）重新定位新产品。即企业将老产品开发出新的用途并改变市场定位或使老产品进入新的目标市场而被该市场称为新产品。

（6）新品牌产品。即企业对现有产品进行简单的改造，然后赋予新的品牌名称并向目标市场提供的产品。新品牌产品往往基于企业对竞争的需要而产生。

8.3.3 新产品开发的基本原则

新产品失败的比例非常高，有研究显示，美国新的消费产品的失败率是95%，欧洲新的消费产品的失败率是90%。虽然，新产品的失败是由多种原因造成的，但是，企业如果在研制和开发新产品时能够遵循一些基本的原则，就将毫无疑问有助于提高新产品开发的成功率。

（1）市场导向原则。新产品开发的目的是满足消费者尚未得到充分满足的需求。企业开发的新产品能否适应市场需求是产品开发成功与否的关键。因此，企业必须通过深入的市场调研和科学预测，分析消费者需求变化的趋势以及对产品的品质、性能、款式、包装等方面的要求，以研制、开发满足市场需求的新产品。不能满足市场需求或者市场需求量太小的产品，均不宜研制、开发。

（2）资源匹配原则。企业要根据自身的资源、设备条件和技术实力来确定产品的开发方向，有的产品尽管市场需求相当大，但如果企业缺乏研制、开发所需的资源、技术和市场开发能力，就不能盲目跟风。

（3）特色创新原则。产品贵在与众不同。开发的产品只有新颖别致，才能形成自己的特色优势。这种特色可以表现在功能、造型上，也可以表现在其他方面。

（4）效益保证原则。开发新产品必须以经济效益为中心，这是由企业的经济性决定的。企业对拟开发的产品项目必须进行技术经济分析和可行性研究，以保证产品开发的投资回报，并获得预期的利润。

8.3.4　新产品开发方式

在现代市场上，企业要生产新产品，并不意味着必须由企业独立完成新产品从创意到生产的全过程。除了自己开发新产品以外，企业还可以获取现成的新产品。

8.3.4.1　自己开发新产品

企业自己开发新产品包括以下两种基本形式：

（1）独立研制。即企业通过自己的研究开发力量来完成产品的构思、设计和生产。这种方式可以对产品进行有效的控制，包括产品的设计、质量、品牌等，甚至在某种程度上对价格也有决定权。

（2）协约开发。即企业雇佣独立的研究开发机构为自己开发某种产品。这种方式可以克服企业在技术力量上的不足。

8.3.4.2　获取现成的新产品

（1）联合经营。比如某小企业开发出一种有吸引力的新产品，另一家大企业通过联合方式共同经营该产品。这样做，小企业可以借助大企业雄厚的资金和销售力量扩大该产品的影响，提高知名度，同时也能收回其开发费用并获得满意的利润；大企业则可以节省开发新产品的一切费用。有的大企业甚至直接收购小企业，以获得该企业的新产品经营权。

（2）购买专利。企业可以向有关科研部门、开发公司或别的企业购买某种新产品的专利权。这种方式可以节省时间，这在复杂多变的现代市场上极为重要。

（3）特许经营。某企业可以向别的企业购买某种新产品的特许经营权。比如，世界各地都有公司争相购买美国可口可乐公司的特许经营权。

8.3.5　新产品开发的程序

新产品开发包括八个步骤：创意产生、创意筛选、概念的发展与测试、营销计划、商业分析、产品开发、市场试销和商品化，如图8-6所示。

8.3.5.1　创意产生

所谓创意，就是指新产品开发的设想。虽然并不是所有的创意都会变成产品，但是寻求尽可能多的创意能为新产品的开发提供较多机会，这也是企业非常重视创意开发的原因所在。新产品创意的来源因企业、行业、产品的新颖性不同而各异。一般而言，创意主要出自以下几个方面：

（1）用户。用户是产品创意的重要来源，尤其是工业品，如科学仪器和生产程序。这类产品的创新主要依靠使用者反馈的信息和建议。另外，企业也可以从市场调研、销售报告、消费者座谈会、售后跟踪调查等活动中了解消费者对产品的新要求。但应注意的是，

```
┌─────────────────────┐                          ┌───┐
│ 1. 创意产生          │         否               │   │
│ 这是值得考虑的独特构思├─────────────────────────→│   │
│ 吗？                 │                          │   │
└──────────┬──────────┘                          │   │
           │ 是                                   │   │
┌──────────▼──────────┐                          │   │
│ 2. 创意筛选          │         否               │   │
│ 这一构思与企业目标、战├─────────────────────────→│   │
│ 略和资源一致吗？     │                          │   │
└──────────┬──────────┘                          │   │
           │ 是                                   │   │
┌──────────▼──────────┐                          │   │
│ 3. 概念的发展与测试  │         否               │   │
│ 能否找到消费者愿意接受├─────────────────────────→│ 放│
│ 的好产品概念？       │                          │   │
└──────────┬──────────┘                          │   │
           │ 是                                   │   │
┌──────────▼──────────┐                          │   │
│ 4. 营销计划          │         否               │   │
│ 能否找到有效的营销计划？├───────────────────────→│   │
└──────────┬──────────┘                          │   │
           │ 是                                   │   │
┌──────────▼──────────┐                          │   │
│ 5. 商业分析          │         否               │   │
│ 这种产品符合我们的盈利├─────────────────────────→│ 弃│
│ 目标吗？             │                          │   │
└──────────┬──────────┘                          │   │
           │ 是                                   │   │
┌──────────▼──────────┐                          │   │
│ 6. 产品开发          │         否               │   │
│ 开发的产品在技术和商业├─────────────────────────→│   │
│ 上可行吗？     是←───┐                          │   │
└──────────┬──────────┘ │                        │   │
           │ 是         │ ┌─────────────┐         │   │
┌──────────▼──────────┐ │ │ 创意返回到产│   否    │   │
│ 7. 市场试销      否  └─│ 品开发阶段？ ├────────→│   │
│ 产品销售额符合预期的要├→│             │         │   │
│ 求吗？               │ └─────────────┘         │   │
└──────────┬──────────┘                          │   │
           │ 是                                   │   │
┌──────────▼──────────┐   ┌─────────────┐        │   │
│ 8. 商品化        否  │   │ 修改产品或营│   否   │   │
│ 产品销售额达到预期的要├──→│ 销方案？    ├───────→│   │
│ 求吗？               │   └──────┬──────┘        └───┘
└──────────┬──────────┘          │ 是
           │ 是                   │
┌──────────▼──────────┐          │
│ 制订未来计划        │←─────────┘
└─────────────────────┘
```

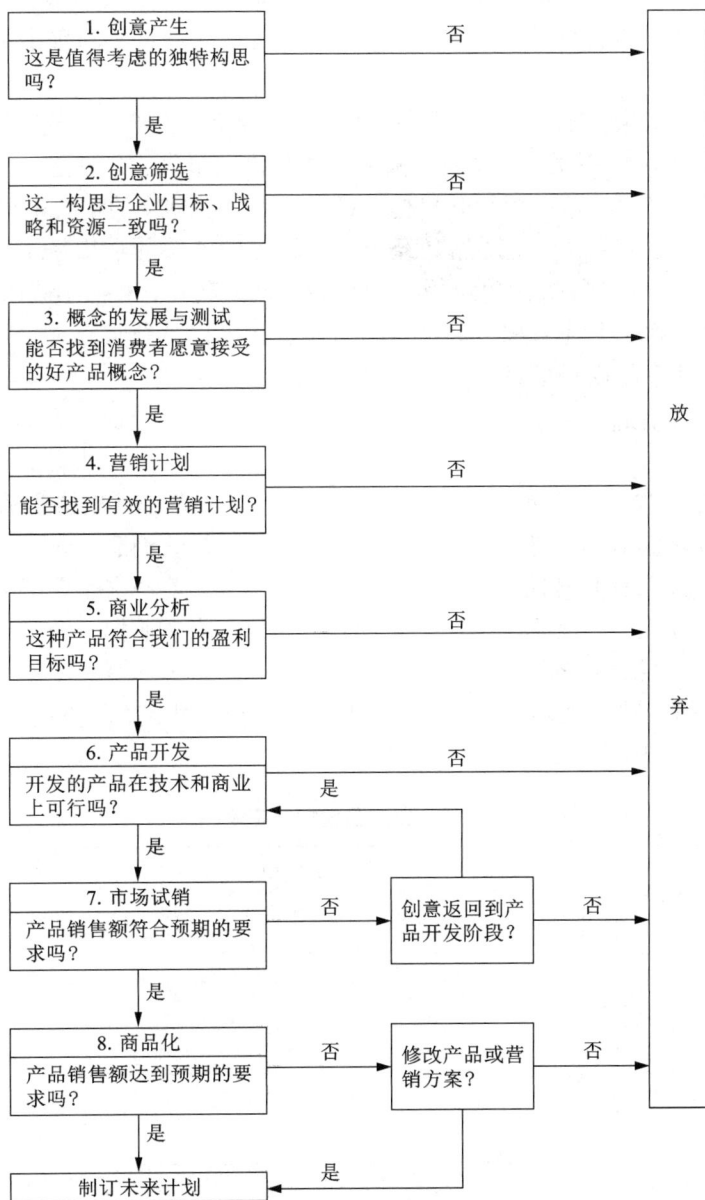

图 8-6 新产品开发步骤

来自用户的创意一般属于产品改良性质的，很少有全新产品的创意。

（2）企业员工。企业员工是创意的另一个重要来源，尤其是有关产品改良和产品线扩展方面的建议。企业应特别注意研究与开发部及工程部员工、销售人员、产品经理、广告人员、营销研究人员的新产品创意，因为他们直接与产品打交道。

（3）分销渠道。流通领域的批发商和零售商掌握产品市场行情，了解消费者的总体反应。因此，他们能够提出有代表性的产品改进和扩展方面的建议。但是企业在采纳之前，必须先从最终消费者那里得到验证。

（4）竞争对手。竞争对手是企业产品创意的重要来源之一。大多数企业，特别是处在激烈竞争行业的企业，都格外关注对手的新产品，并且往往通过不断推出更先进的产品来与竞争对手争夺市场。

（5）政府和科研机构。工商管理部门负责专利的申请、注册、发布，而科学研究机构从事范围广阔的基础和应用研究，发表大量的论文和研究报告，有时还为新研究成果寻找商业化的合作伙伴，因此，这些组织和机构也都是企业产品创意的重要来源。

（6）传统产品。老字号、传统产品是经历漫长岁月的考验才在市场上站稳脚跟的，其中有些虽已衰败，但认真研究其中的原因，可以找出问题所在，并从中获取创新的火花。

（7）其他来源。除了上述来源，企业的产品创意还可以从行业杂志、行业协会、广告中介、大学、国外新产品创新信息等方面获取。

8.3.5.2 创意筛选

产品计划若包含太多的创意，企业承担的成本就会过高，因此创意筛选阶段十分重要，企业需要经过多次筛选，剔除不符合企业目标或不可行的创意，选择有发展潜力的创意以减少时间和费用。在筛选阶段企业必须避免两种错误：若一家企业把某一个有缺点但能改好的创意草率下马，它就犯了"误舍"的错误；如果一家企业把一个错误的创意投入开发和商品化，就会犯"误用"的错误。

经筛选后剩下的创意，可以用技术先进程度、产品独特性、产品质量、市场需求、经济效益等因素来评估，见表8-2。

表8-2 新产品创意评定表

评定要素	加权（A）	评定等级（B）					得分 A×B
		很好（5）	好（4）	一般（3）	差（2）	很差（1）	
技术先进程度	0.15	√					0.75
产品独特性	0.15		√				0.60
产品质量	0.15			√			0.45
市场需求	0.15			√			0.45
经济效益	0.2		√				0.80
市场竞争力	0.05				√		0.10
原材料供应	0.05				√		0.10
设备利用	0.05					√	0.05
劳动力利用	0.05					√	0.05
合计	1.00						3.35

8.3.5.3 概念的发展与测试

新产品构思经筛选后，需进一步发展，形成具体、明确的新产品概念。新产品概念是指已经成型的新产品构思，即用文字、图像、模型等对产品构思予以清晰阐述，使之在消费者心目中形成一种潜在的产品形象。一个新产品构思能够转化为若干个新产品概念。

每一个新产品都要进行定位，以了解同类产品的竞争状况，选择最佳的新产品概念。选择的依据是未来市场的潜在容量、投资收益率、销售成长率、生产能力以及对企业设备、资源的充分利用等。可采取问卷调查的方式将新产品概念提交给目标市场有代表性的消费者群进行测试、评估，比如针对某种新产品概念的问卷可以包括以下问题：你认为这种新产品与原有产品相比有什么优点？这种新产品是否能够满足你的需求？与同类产品相比，你是否偏好此产品？你能否对产品属性提供某些改进的建议？你认为价格是否合理？产品投入市场，你是否会购买(肯定买、可能买、可能不买、肯定不买)？问卷调查可以帮助企业确定吸引力最强的新产品概念。

8.3.5.4　初拟营销计划

对经测试入选的产品概念，企业需制订一个初步的产品进入市场的基本营销计划。营销计划应包括三个部分的内容。第一部分是描述目标市场的规模、结构、特点和消费者购买行为，以及新产品的市场定位、可能的销售量、市场占有率和利润率等；第二部分是产品的价格策略、分销策略和营销预算；第三部分涉及新产品的长期销售量和利润目标的预测，以及在产品不同生命周期中的营销组合策略。

8.3.5.5　商业分析

商业分析的任务是在初步拟定营销计划的基础上，对新产品概念从财务上进行分析，判断它是否符合企业目标，衡量新产品概念的商业吸引力。这包括两个具体步骤：第一，预测销售额和推算成本与利润。企业应参照市场上类似产品的销售发展历史并考虑各种竞争因素，分析新产品的市场容量和市场占有率，以此推测可能的销售额。第二，在预测新产品的销售额后，营销、财务等部门应在综合预测各个时期营销费用和其他开支情况的基础上，进一步估算各年度的财务收益与利润，适用的新成本利润估计分析法有盈亏平衡分析法、现金流量法、投资回报率法及利润贡献法等。例如，吉列在推出新产品感应剃须刀前，其商业分析的结果显示新产品因为增加了原产品(一次性刮胡刀)的效用会给公司带来巨额销售收入，具有强大的商业吸引力。事实证明，市场对该产品反应的强烈程度远远出乎企业的预料，感应式剃须刀在推广当年(1990 年)的销售量就达到了 2500 万把，大大超过了企业原先预期的 1000 万把，在扣除研发成本和市场费用后，感应式剃须刀在推广当年就获得了 3 亿美元的巨额利润。

8.3.5.6　产品开发

这一阶段是将产品概念交给研究开发部门将其转化为具体的产品模型或样本的过程。与前面的几个阶段相比，产品开发阶段需要更多的时间和费用投入。样本研制出来后，还需通过一系列严格的功能测试与消费者测试。功能测试是在实验室测试新产品是否安全可靠，以及性能质量是否达到规定的标准等。消费者测试则是通过试用样本等方式了解消费者对产品的意见与反应，以便从中发现问题和做进一步改进与完善。

从商业性和技术性角度来说，试推向市场的产品需要满足的要求是产品具备能反映产品概念中关键利益的特征，且这些主要特征能较好地符合消费者的感知偏好。例如，明基公司推出的光电鼠标：采用光学原理提高了鼠标使用过程中的灵敏度，外形上模仿人类手掌，符合人体工学原理，提高了消费者使用的舒适度；蓝色调的使用，增添了产品的高科技感。

8.3.5.7 市场试销

企业对设计的新产品测试结果满意，并不意味着新产品能受到目标消费者的欢迎。因此，需要选择可信的消费者环境对其进行市场试销，即将产品投放到有代表性的小范围市场进行试验，以检验产品是否适合市场、是否确实提供了消费者所追求的利益，同时搜索改进产品和降低成本的信息与建议。

具体而言，对于消费品，企业希望通过试销手段，了解消费者对产品试用、首次购买、再购买、采用和购买频率等决定销售状况的主要因素的态度及水平，并了解愿意经营该产品的经销商的数量、规模、承诺和要求。对于工业品，企业希望通过试销手段，了解新的工业品在实际运作中的性能，发现影响购买行为发生的关键因素、客户对不同价格与销售方法的购买反应，探索市场潜力及最佳的细分市场等。

8.3.5.8 商品化

商品化又称商业性投放，是新产品开发全过程中的最后一个阶段，即企业对经过试销成功的新产品进行大批量生产和销售。在这个阶段，企业应慎重确定新产品的生产规模，制定营销策略，即决定产品的投放时间、投放地点、投放的目标市场及投放的方式，以便顺利地扩大销售，开拓市场。新产品商品化的具体方法如下：

（1）直接投放法，指绕过实地销售测试阶段直接将产品推向市场。这一策略适用于风险较小的新产品，如现有产品的改良成果、基于市场成功产品的模仿品、价格昂贵的特殊品、高档消费品。部分工业品也可以通过互联网和电子邮件直接与目标用户沟通，而省略实地销售测试阶段。

（2）以点带面法，指仍然实施实地销售测试，只是在通过某地区的测试后就将产品推向全部市场。大部分消费品常常采用此方法，大型食品、家居、个人保健品公司一般使用由一些小城市组成的样本作为测试市场，需要花费12~18个月的时间。例如，美国考尔盖特企业在墨西哥、菲律宾、中国香港试投其新品洗头水获得成功后，直接向欧洲、拉丁美洲、亚洲和非洲广大的地理区域推出这一洗发水并收到了很好的效果。

（3）渠道优选法，指企业在其多个分销渠道中选择某一个渠道试销产品，待测试通过后直接推向其他渠道。值得注意的是，该方法中不同渠道所涉及的消费群体应具有类似的新产品偏好，否则可能出现产品销路不畅等问题。

总之，企业既要加快产品面市速度，避免丧失先机，又要尽量回避风险，最大限度地降低失败带来的损失，因此合理地权衡利弊是商业化阶段成功的关键。例如，美国通用电器企业研制了一种新型的防火塑料，若大量生产，需要巨额的固定资产投资，若利用现有设备，则只能进行小规模生产。该企业选择了后者，虽然销售量不大，却获得了高额利润。

8.3.6 新产品开发的趋势

人类社会已经跨入21世纪，传统的经济模式在知识经济浪潮的冲击下面临巨大的改变。未来经济发展呈现网格化、信息化、数字化、知识化的特征。新经济对人类的影响是全方位的。与新经济发展相适应，企业新产品开发总的发展趋势是产品更新换代的频率进一步加快，新产品开发的时间周期越来越短。新产品开发具体呈现以下趋势：

8.3.6.1　高科技产品

在当代高科技迅猛发展的影响下，知识和技术在经济发展中的作用日益显著，产品中的知识、技术含量也日益增多，并朝着知识密集化和智能化的方向发展，未来新产品的高科技化趋势将日益明显。高科技产品除具有一般产品的特征外，其最大的特点是与高科技密切相关。

8.3.6.2　绿色产品

"绿色"代表环境，象征生命。进入 20 世纪 90 年代，一些国家纷纷推出以保护环境为主题的"绿色计划"，"绿色浪潮"已经来临。现在，人类对保护环境、维持可持续发展的渴望比以往任何时候都要强烈。"绿色食品""绿色产业""绿色企业""绿色消费""绿色营销"……"绿色"系列已成为环境保护的代名词，消费者越来越青睐不包括任何化学添加剂的纯天然食品或者天然植物制成的绿色产品，社会发展也迫使企业必须开发对环境无害或危害极小，有利于资源再生和回收利用的绿色产品。

8.3.6.3　大规模定制模式下的个性化产品

激烈的市场竞争使企业发生的最大变化是将注意力集中到消费者身上。无论企业是否愿意，消费者都越来越要求得到他们真正需要的产品。大规模地生产大批量产品已不能满足消费者日趋个性化的需求，个性化需求时代已经来临。企业一方面要满足消费者个性化需求，另一方面又必须控制生产成本，而大规模定制开发新产品模式为企业快速开发大量满足个性化需求的产品指明了道路。大规模定制模式是指对定制产品或服务进行个别的大规模生产，在不牺牲企业经济效益的前提下，了解并满足单个消费者的需求。

8.3.6.4　多功能产品

将各个产品功能组合，移植成新产品是未来新产品发展的又一趋势。多种产品功能组合的新产品不仅能有效地满足消费者多方面的需求，而且会使企业在开发此类新产品时的风险极大降低。比如，具有手电筒照明功能的收录机和时钟、通信簿计算机、计算机钢笔、复印电话一体机、多功能数字化彩色复印机等就是目前一些发达国家已经开发组合的新产品。

8.4　品牌策略

品牌是产品整体概念下"形式产品"或"有形产品"的重要组成部分。品牌策略也是企业产品营销策略的重要内容。在商品极大丰富、差异性不明显的买方市场条件下，获得消费者心中独特的不同于竞争对手的品牌个性认知成为企业获得竞争优势的策略工具。品牌也是企业吸引并维系消费者的重要手段。了解品牌的含义及其在市场营销中的作用，掌握制定和实施产品品牌(商标)策略的原理、方法,既有利于优化产品组合,又有利于优化营销组合,进而提高市场营销效率。

8.4.1 品牌概述

要更好地进行品牌决策,就要从品牌的概念、属性、特征及其作用等方面入手,掌握其内涵和本质。

8.4.1.1 品牌的概念与内涵

美国市场营销协会对品牌的定义是"品牌是一种名称、术语、标记、符号或设计,或是它们的组合运用,其目的是借以辨认产品及服务,并使之与竞争对手的产品和服务区别开来"。品牌从本质上说,代表着销售者(卖者)对交付给消费者的产品特征、利益和服务的一贯性承诺,是向消费者传递一种信息。一个品牌包括六层含义:

(1)品牌属性。一个品牌代表着特定的产品属性,这是品牌最基本的含义。由于特定的属性附着在一定的产品上,不同品牌的产品表现为不同的属性差异,消费者可以根据不同的品牌区分同类产品的属性差异,据此选择自己所需要的产品。例如,海尔意味着高质量的产品、优质的售后服务及海尔人为消费者着想的动人画面等,这些属性所构成的品牌是企业竞争的武器。

(2)品牌利益。品牌不仅代表着一系列属性,而且还体现着某种特定的利益。消费者真正购买的是利益,它是促使消费者产生购买决策的本质,因此,需要将品牌属性转化为功能性或情感性利益。例如,就奔驰而言,"工艺精湛、制作优良"的属性可转化为"安全"这种功能性和情感性利益;"昂贵"的属性可以转化为情感性利益——"这车令人羡慕,让我感觉到自己很重要并受人尊重";"耐用"属性可转化为功能性利益——"多年内我不需要买新车"。

(3)品牌价值。品牌的价值特指可以兼容多个产品的理念,是品牌向消费者承诺的功能性、情感性及自我表现型利益,体现了企业的某种价值感。品牌的价值是一种超越企业实体和产品以外的价值,是与品牌的知名度、认同度、美誉度、忠诚度等消费者对品牌的印象紧密相关的,能给企业和消费者带来效用的价值,是产品属性的升华。比如,奔驰代表着高绩效、安全、声望等。

(4)品牌文化。品牌的内涵是文化,品牌属于文化价值的范畴,是社会物质形态和精神形态的统一体,是现代社会的消费心理和文化价值取向的结合。如麦当劳代表着质量、标准和卫生的美国文化和快餐文化。

(5)品牌个性。品牌的个性是品牌存在的灵魂,是品牌与消费者沟通的心理基础。从深层次来看,消费者对品牌的喜爱是源于对品牌个性的认同,不同的品牌会使人们产生不同的品牌个性联想。如提及阿迪达斯,人们就会联想到一位活力四射的足球运动员或一块充满生机的绿茵场。

(6)消费者。品牌暗示了购买或使用产品的消费者类型。品牌将消费者区隔开来,这种区隔不仅从消费者的年龄、收入等表象特征体现出来,而且更多地体现在消费者心理特征和生活方式上。例如,劳斯莱斯品牌的使用者与奇瑞 QQ 的使用者在收入和生活方式上就存在显著差异,劳斯莱斯的用户往往是有成就的政客、企业家或高级管理人员,而奇瑞

QQ 的用户往往是 20 多岁的年轻女性。

品牌的内涵除了它向消费者传递的品牌属性和利益外，更重要的是它向消费者传递的品牌价值、品牌个性及在此基础上形成的品牌文化。品牌属性、品牌利益、品牌价值、品牌文化、品牌个性及消费者这六种要素紧密联系，共同构成品牌的内涵，当消费者可识别出品牌的上述六方面内涵时，则可以称其为深度品牌，否则就只是一个肤浅的品牌。品牌最持久的含义是其价值、文化、个性，它们构成了品牌的实质。

8.4.1.2　品牌与商标的联系与区别

品牌与商标是一对极易混淆的概念，两者既有联系，又有区别。虽然有时这两个概念可等同替代，但更多的情况下，它们是需要准确区分和使用的。

(1) 品牌和商标的联系。品牌与商标都是识别不同生产经营者的不同种类、不同品质产品的商业名称及其标志。商标不仅是一种标志或标记，而且包括名称或称谓部分，在品牌注册形成商标的过程中，这两部分常常是一起注册，共同受到法律的保护。在企业的营销实践中，品牌与商标都是为了区别商品来源，便于消费者识别商品，以利竞争。可见，品牌与商标都是传播的基本元素。

(2) 品牌与商标的区别。实际上，品牌和商标有着本质的区别，并且主要表现在以下几个方面：①概念不同。品牌是一个市场概念，反映企业的经营策略，而商标是一个法定概念，反映知识产权的观念。我国商标法对商标的定义是"商品生产者或经营者为使自己的商品在市场上同其他商品生产者或经营者的商品相区别，而适用于商品或其包装上的，由文字、图案或文字和图案的组合所构成的一种标记"。②内容不同。商标仅仅包括静态的图案、文字或两者的组合体，而品牌既包括静态的文字和图案，也包括动态的管理、维护和公关活动等。③使用区域范围不同。商标有国界，品牌无国界。④使用的时效不同。品牌时效取决于市场，而商标时效取决于法律。⑤法律效力不同。商标分为"注册商标"和"非注册商标"，注册商标需到商标局评审机构注册，受法律保护，而品牌则不同，是否使用品牌及如何使用未必需要法律机构评审，因此，未注册商标的品牌不受法律保护。

此外，两者的延伸形式也不同，品牌发展到一定程度可以从某一品类延伸到另外一个品类，例如，娃哈哈品牌可以从营养液到果奶再到纯净水等。品牌的延伸没有改变品牌，因为品牌的名称、标志和图案等没有改变。但我国商标法规定，当品牌延伸到一种新品类时，就必须作为一种新商标重新办理商标登记注册。因此，商标延伸必须申请注册，并标明用于什么产品。

8.4.2　品牌资产

品牌能给企业带来财富，同样的产品贴上不同的品牌标签，就可以卖出不同的价格，其市场占有能力也有很大的差异。因为品牌的真实价值并未在企业财务状况表中反映出来，所以品牌是一种特殊的资产。

8.4.2.1　品牌资产的概念

品牌资产是品牌策略中的重要概念，自 20 世纪 80 年代以来，它在西方管理界广为流传。一般认为，品牌资产是指产品和服务所附加的价值，反映了消费者对该品牌的想法、感受和所采取的行动, 以及品牌带给公司的价格、市场份额和盈利性。

对品牌资产的认识有多种角度, 因此出现了品牌资产的三种定义: ①基于财务角度的定义。它认为品牌资产的本质是无形资产, 因而必须为这种无形资产提供财务价值, 实现品牌资产货币价值化。这种观念迎合了品牌作为资本运作的需要, 但是忽视了品牌的长期增长, 也无法揭示品牌资产的内部运行机制。②基于市场的品牌力定义。它认为品牌资产的大小应体现在品牌自身的成长与扩张能力上, 着眼于未来的成长, 如品牌延伸力。这种观念开始关注品牌资产与消费者的关系, 但其重心还是局限于品牌的长期成长及计划。③基于消费者感知角度的定义。它认为品牌资产的核心在于如何为消费者建立品牌的内涵。这种观念基于品牌关系理论, 主张品牌资产主要体现于品牌与消费者关系的程度, 把消费者看作品牌资产形成和评估的焦点。

在上述三种定义中, 消费者感知的角度最被人广泛接受, 因此本书后述有关品牌资产的形成和评估的内容也以此为基础展开。

8.4.2.2 品牌资产的构成

(1)品牌知名度。品牌知名度是指品牌为消费者所知晓的程度, 也称品牌意识。对某一个特定的品牌来说, 品牌知名度或知晓度反映了消费者总体中有多少或多大比例的消费者知晓它。可见, 品牌知名度反映的是品牌的影响范围或品牌的影响广度。

品牌知名度有益于提高品牌影响力, 也有益于抑制竞争品牌知名度。对知名度较高的品牌产生好感, 源于品牌宣传, 也源于消费者的自我暗示。对知名度较高的品牌, 消费者常常感觉或暗示自己"有这么大的宣传力度, 其实力不凡, 品牌及产品定然不错"

【材料8-1】

2021 年全球
品牌价值排行榜

"这个品牌广为传颂, 又有那么多人在使用其产品, 应该值得信赖", 从而放心购买。可见, 品牌知名度的高低, 直接影响消费者对品牌的态度, 并在此基础上影响消费者的购买选择。品牌知名度不仅影响消费者的购买选择, 而且还会抑制竞争品牌知名度的提高。这是因为, 一方面, 人脑对信息的吸纳能力是有限的, 有较大选择性的能够形成长时记忆的信息更是有限的; 另一方面, 人脑在吸纳信息的过程中, 对同种信息, 还有先入为主的特性。

(2)品牌忠诚度。品牌忠诚度作为消费者对某一品牌偏爱程度的衡量指标, 反映了其对该品牌的信任和依赖程度。一般来说, 忠诚度越高的品牌, 消费者对其重复购买行为发生的次数越多。

品牌忠诚的价值具体表现在以下几方面: ①降低营销费用。如果消费者对某品牌持有偏好, 形成了品牌忠诚, 有较高的信任度和依赖性, 进而经常购买该品牌产品, 就会使品牌拥有者节省广告等促销费用。②易于吸引消费者, 扩大市场规模。品牌忠诚度高, 表明企业的生产经营活动得到了消费者的认可; 消费者的连续重复性购买也是一种富有诱导性的示范; 口碑甚佳又使老顾客成了义务宣传员。而这些都是消费者群体扩大的重要而又十分有效的条件。

(3)品牌联想。对品牌而言, 不同的品牌会使消费者在脑海中产生不同的联想, 进而形成不同的品牌印象。不难想象, 提及"麦当劳", 消费者可能就会想起汉堡、薯条、麦当劳叔叔、洁净的店铺等。这种品牌联想所形成的对品牌的印象最终将成为消费者选择品牌的重要依据。因此,品牌联想成为品牌资产的构成要素。

品牌,通常会使人们联想到产品特征、消费者构成、消费者利益、竞争对手等,其联想内容因品牌不同而各异。消费者通过对不同品牌产生不同的联想,使品牌间的差异得以暴露。广告宣传等传播品牌的主要目的就是试图使消费者"产生联想—产生差别化认知—产生好感—产生购买欲望"。同时,因为绝大部分联想会想到消费者利益或与此关联,而这又是消费者购买与放弃购买的依据或缘由,所以品牌联想能提供消费者选购的理由。此外,品牌联想的资产价值还表现在它能揭示品牌扩展的依据,能够创造有利于品牌为消费者所接受的正面态度与感觉。

(4)品牌的品质形象。品牌的品质形象是指消费者对某一品牌的总体质量感受或在品质上的整体印象。不言而喻,品牌的品质形象会在一定程度上影响品牌的市场声誉,进而影响品牌或产品的获利能力。

品牌的品质形象不同于产品的实际质量。品牌的品质形象以品牌标定下的产品实际质量为基础,但两者不能完全等同。一方面,品牌的品质形象依赖于该品牌标定下产品的功能、特点、耐用性、产品外观和销售服务能力等影响产品质量的各种有关因素;另一方面,品牌的品质形象作为消费者对品牌在质量上的整体感知,并非必然与产品的实际质量不可分割。

(5)附着在品牌上的其他资产。作为品牌资产的重要组成部分,附着在品牌之上的其他资产是指那些与品牌密切相关的、对品牌的增值能力有重大影响的、不易准确归类的特殊资产,一般包括专利、专有技术、分销渠道等。例如,可口可乐公司津津乐道的"7X"配方就是一种专有技术、一种品牌资产。正是"7X"配方及对其神秘化的宣传,使"可口可乐"品牌具有了无可比拟的价值。

最后还需说明,上述品牌资产的五个方面,具体到某一个特定的品牌时,并不是均衡的。例如,有的品牌知名度很高,但在消费者心目中产生的联想却不一定十分理想;有的品牌虽能激起一种独特的或美好的联想,但其品质形象可能并不尽如人意等。对品牌的优势和劣势做到心中有数是品牌有效运营的重要依据。

8.4.3　品牌策略

为了使品牌在市场营销中更好地发挥作用,必须采取适当的品牌策略。具体而言,这些策略包括品牌定位策略、品牌归属策略和品牌发展策略,如图 8-7 所示。

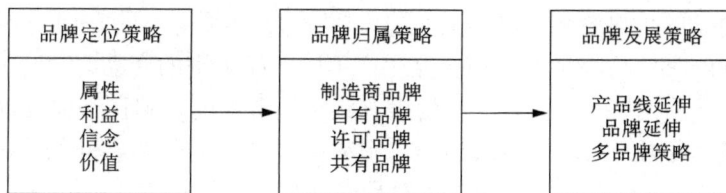

图 8-7　企业主要的品牌策略

8.4.3.1 品牌定位策略

品牌定位是品牌运营的基本前提与直接结果。企业需要将品牌清晰地定位于目标消费者心目中以实现与竞争对手的区别。依据产品属性进行定位是最简单的品牌定位方式。它是基于产品的原材料、形态、制造过程等属性的定位，但是属性容易被竞争者复制，而且消费者可能更关注从产品属性中获得的利益，因此应该突破产品属性层次，将品牌与消费者期望的利益相联系以实现定位。如沃尔沃定位于安全性，耐克定位于质量，凌志定位于性能等。品牌也可以基于利益定位，此方式包括功能利益、体验利益、财务利益和心理利益等。利益定位点依赖于竞争对手分析和消费者分析的结果。

品牌定位还可以超越产品属性或利益，通过定位于强烈的信念和价值从深层次鼓舞目标消费者，塑造消费者的品牌情感。价值定位点包括消费者的归属感、自尊、爱、成就感、社会认同、享受、安全、快乐等内容。如新加坡航空、雪碧饮料的品牌定位，就是突破产品的有形属性，更多地向消费者传达温馨、快乐、激情和兴奋的感觉。品牌的价值定位可以为企业获得更多利润和竞争优势，因为消费者一旦认可品牌价值就会乐意为其支付更高的价格。

成功的品牌定位对企业进入市场、拓展市场起到导航作用。市场定位的目的是企业在拥有较多竞争者的市场环境中，通过对产品本身、服务、情感诉求等各方面的设计，力图使品牌在消费者心目中占据一个独特的有价值的位置。可见，市场定位的实质就是品牌定位，品牌定位是市场定位的核心与集中表现。品牌定位是针对目标市场确定、建立一个独特品牌形象活动的结果，同时也是一系列活动的过程。品牌定位是确立品牌个性的谋略。

8.4.3.2 品牌归属策略

确定产品应该是何种定位之后，接下来就涉及如何抉择品牌归属的问题。在品牌归属策略中，企业可选择制造商品牌、自有品牌、许可品牌或共有品牌等决策。

（1）制造商品牌。制造商品牌即企业产品使用制造商的品牌。制造商品牌的使用有如下四种情形：个别品牌策略、不同类别的家族品牌策略、共同家族品牌策略和家族品牌与个别品牌结合的策略。

个别品牌策略。即企业对每一类产品使用与之对应的品牌。例如，欧莱雅集团旗下有兰蔻、欧莱雅、卡尼尔、小护士等500多个品牌。该品牌策略可以严格区分高、中、低档产品，使用户易于识别并选购自己满意的产品，且企业不会陷入因个别产品声誉不佳而导致整体形象受损的境地。

不同类别的家族品牌策略。即企业对于同类产品中质量不同和面向不同细分市场产品采用不同类别的家族品牌名称。当企业生产不同产品类别的产品时，使用不同的品牌名称不仅可以凸显产品的特色，而且会因为没有混淆消费者的品牌认知而有助于家族品牌的健康发展。例如，美国的斯威夫特公司提供肥料和火腿两类截然不同的产品，并分别命名为 Vigoro 和 Premium，有效避免了消费者对品牌联想的消极因素。

共同家族品牌策略。即企业所有的产品都使用统一的品牌名称。该策略的好处是能减少品牌的设计和推广费用，有利于新产品尽早确立市场地位和企业的壮大。例如，美国通用电气公司提供的产品（飞机引擎、广播、军事电子产品、生产设备、家用设备及财务服务等)都统一命名为 GE。

家族品牌与个别品牌结合的策略。在企业各种产品的个别品牌名称前冠以家族品牌，可以在保持产品特色的同时享受家族品牌的声誉效果。例如，美国通用汽车公司生产的小轿车分别使用"别克""凯迪拉克""雪佛兰"等个别品牌，但每个品牌前都附加了 GM 名称。

(2)自有品牌。自有品牌又称为商店品牌，是指零售企业从设计、原料、生产到经销全程控制的产品。例如，香港屈臣氏推出了以自己品牌命名的瓶装水、拖把、化妆品、纸巾，其特点是省去一些中间环节的自产自销。因为自有品牌的广告费用较少，销售费用低，而且具有规模效益，所以商品的生产成本和销售成本较制造商品牌低得多。

此外，零售商可以控制自有品牌的储存、货架位置等因素，在一定程度上抑制了产品的货架竞争，消费者也会将其对零售店铺的信任与偏好转移至其自有品牌，可以说自有品牌对制造商品牌提出了强有力的挑战。因此，位于领先地位的品牌要持续投资以提高产品质量，开发新产品，同时制定广告策略保持公众的高认知度，加强与大型分销商的合作以提高渠道绩效。

(3)许可品牌。许可品牌是指授权者(版权商或代理商)将自己拥有或代理的商标或品牌等，以合同的形式授予被授权者使用，被授权者按合同规定，从事经营活动(通常是生产、销售某种产品或者提供某种服务)，并向授权者支付相应的费用——权利金，同时授权者给予被授权者人员培训、组织设计、经营管理等方面的指导与协助。

对于被授权商而言，通过专业化的品牌授权途径，购买一个被消费者所认知的知名品牌，可以凭借该品牌的知名度和良好的品牌形象、经营理念，以较低的成本、较快的速度、较低的风险使自身产品进入市场并被市场接受，从而使企业及产品快速地走向成功。例如，儿童产品的销售者经常将流行的电影或书籍中的角色名称命名于衣服、玩具、学习用品、食物等。

(4)共有品牌。共有品牌是指同一产品拥有两个不同企业的已有品牌。由于每个品牌在各自不同的类别中占有优势，联合起来的品牌能吸引更多的消费者，给企业带来更丰厚的利润。例如，Visa 信用卡公司推出了与企业合作的联合品牌信用卡，不仅提高了消费者使用 Visa 信用卡的频率，而且促进了产品销售。共有品牌还可以帮助企业将其已有的品牌扩展到另一个依靠自身力量很难进入的新类别中。例如，索尼公司凭借其与爱立信的合作，顺利、快速地进入了手机业务。

共有品牌对双方的合作提出了较高的要求。合作关系不仅需要奠基于更为复杂的法律合同和许可证制度之上，而且对双方的广告、促销等营销活动的协调性与一致性也提出了更高的要求。品牌联合时，双方都必须信任对方会善待自己的品牌。

8.4.3.3 品牌发展策略

科学而有效地运营品牌可以使企业获得较好的品牌知名度和美誉度，因此，品牌发展是企业营销过程中的重要命题。品牌发展策略主要有产品线延伸、品牌延伸和多品牌策略。

(1)产品线延伸。产品线延伸是指企业将品牌推向既定产品类别内其他产品，比如推出新口味、新形式、新成分或新包装等。产品线延伸对于企业来说，可以降低新产品推出的风险和成本，满足消费者对多样性的需要，通过获取更多的货架空间增加市场竞争力。

如果产品线过分延伸，品牌则可能失去原有的特定含义而引起消费者的混淆或不满，导致品牌内部之间的产品竞争，影响产品的销售。因此产品线延伸的目标在于提高产品市场竞争力，夺取竞争品牌的销售份额，培养忠诚顾客。

（2）品牌延伸。品牌延伸是指企业将成功的品牌运用到新产品或服务上，加速新产品的被识别性和市场接受度，降低新产品进入市场风险的策略。例如，我国海尔集团在成功地推出了海尔冰箱之后，又利用这个品牌及其图样特征，成功地推出了洗衣机、空调和电视机等新产品。

品牌延伸可以大幅度降低企业创立新品牌所需要的广告宣传等促销费用，使新产品迅速、顺利地进入市场。这一策略如运用得当，会有利于企业的发展和壮大。例如，苹果品牌是计算机软硬件制造商，但是它超越计算机领域，延伸成为数字媒体制造商——MP3、屏幕触控手机（iPhone）、无线中继站、媒体储存及流行设计、在线储存与下载服务都是它现在的业务内容。它从音乐播放市场（iPod），建立随身携带与音乐新的品牌联想，再延伸到 iPhone 的成果是惊人的。品牌延伸如果运用不当，还可能淡化甚至损害原品牌的形象，使原品牌的独特性被逐步遗忘。品牌的过分延伸可能给品牌的成功运营带来更高的风险，因为某个产品的失败会损害消费者对同一品牌中其他产品的态度。例如，2010 年霸王集团将其在中药配方洗发水市场获得巨大成功的品牌——霸王延伸至中药凉茶市场，推出霸王凉茶，尽管新产品也立足于中药配方的概念，但在企业刚刚遭遇洗发水"二恶烷"公关危机的背景下，该品牌推广的市场形势并不乐观，消费者不仅无法安心将霸王凉茶送入口中，还产生了对霸王洗发水去头屑防脱发功能的困惑。

（3）多品牌策略。多品牌策略是指企业在同一产品类别中使用两个或两个以上的品牌。比如，宝洁公司在中国市场上推出的洗发水品牌就有"潘婷""海飞丝""飘柔""伊卡璐"和"沙宣"等多种。宝洁对香皂、洗衣粉等产品也实行了多品牌策略并取得了成功。实施多品牌策略具有显而易见的优点：①可以通过设定不同的属性来吸引具有不同的购买动机的消费者，有利于培育市场。②在战略管理上可获得更多灵活性，限制竞争对手的延伸领域。③有助于企业全面占领一个大市场，满足不同偏好消费者群体的需要。④企业内部多个品牌之间的适度竞争，有利于提高效率，从而提高企业的整体经营业绩。⑤企业赋予每种产品一个品牌，而每一个品牌之间又是相互独立的，个别品牌的失败不至于殃及其他品牌及企业的整体形象，有利于提高企业抗风险能力。此外，一旦该策略被零售商接受，企业就能够获得更多的货品陈列机会，占据更多的货架面积，相对减少竞争者的机会，从而有利于保持竞争优势。

当然，实施多品牌策略也有不少缺点：①会增大企业投入，不符合营销集约化原则。②容易引起企业内部各品牌之间的激烈竞争，从而使得新品牌的推出导致老品牌的没落，或者在老品牌的重压下，新品牌根本无法顺利登陆上市。③新品牌的品牌知名度低，企业在每个新品牌的市场生命周期中的引入期，需花费巨资和很长时间进行品牌宣传，新品进入市场的里程相对缓慢，不能迅速打开新产品市场，品牌投资获利较慢；④由于企业分散人力、物力、财力于多品牌推介，不利于企业品牌和旗帜品牌的培育，更不利于品牌的打造。此外，根据经济学的原理，新增品牌的边际效益往往呈现递减趋势。

企业实施多品牌策略还是单一品牌策略，应重点考虑以下因素：①企业的规模和实力。企业的资金实力、对多品牌的市场驾驭能力是实施多品牌策略的重要条件，一般来说中小企业无力经营多品牌。②产品与行业特点。一般而言，注重个性化的日用消费品适合采用多品牌策略，而强调产品技术、品质等共性化形象的耐用消费品则适合采用单一品牌策略。③各品牌之间的定位有明显的差异，可实施严格的市场隔离，开展品牌差异化营销，并协同对外。④每一品牌所面对的细分市场都应具有一定的规模性。

8.5　包装策略

包装属于整体产品概念中的形式产品，是商品生产的继续，商品只有经过包装才能进入流通领域，实现其价值和使用价值。商品包装可以保护商品在流通过程中品质完好和数量完好，可以使商品与竞争对手相区别，还可以增添商品的附加价值。此外，良好的包装能刺激消费者的购买欲望，还有利于消费者挑选、携带和使用。产品包装作为重要的营销组合要素，在营销实践中已经成为市场竞争的一种重要手段。

8.5.1　包装的含义及分类

包装(packaging)是指设计并生产产品的容器、外部包扎物及装潢的一系列活动。包装有两层含义：一是静态的，指盛放或包裹产品的容器或包扎物；二是动态的，指设计、生产容器或包扎物并将产品包裹起来的一系列活动。在实际工作中，两者往往紧密联系、不可分离。

包装有多种类型。按包装的不同层次可分为以下几种：

(1)首要包装。即最接近产品的容器，如牙膏的软管、酒类瓶子，常见的有塑料薄膜、铝箔、玻璃瓶等材料。

(2)次要包装。即保护首要包装的包装物，如包装一定数量牙膏的纸盒或纸板箱。

(3)装运包装。即为了储运、识别某些产品的外包装，也叫大包装(与第二种分类方式有重合)，往往印有包装标志，比如运输标志、指示性标志、警示性标志等。

按包装在流通过程中的不同作用可分为以下几种：

(1)运输包装。指产品储存、辨认和运输时所必需的包装，如硬度和强度较大的瓦楞纸盒、木板箱等，主要用于保护产品品质安全和数量完整。运输包装又分为单件运输包装和集合运输包装。

单件运输包装指采用箱、桶、袋、包、坛、罐、篓、笼、筐等容器进行的包装，按其使用的包装材料又分纸、木、金属、塑料、化学纤维、棉麻织物等制成的容器和绳索。

集合运输包装指为了适应运输、装卸现代化的要求，提高工作效率，将若干单件包装组合成一件大包装的包装。这是一种新的包装方法，货物整批包装可降低成本。目前常用的集合运输包装有集装包(或集装袋)、托盘和集装箱。

(2)销售包装。销售包装又称小包装，会随同产品进入零售环节与消费者直接见面，实际上是零售包装。销售包装除了要求保护产品外，更重要的是必须具备适于直接销售的各项条件，因此在造型结构、装潢画面和文字说明等方面都有较高的要求。

(3)内包装。内包装是指最接近产品的容器，如牙膏的软管、酒类瓶子，常见的有塑料薄膜、铝箔、玻璃瓶等材料。

8.5.2 包装策略的分类

良好的包装设计结合合适的包装决策是有效发挥包装这一营销工具的前提。常用的包装策略主要有如下几种：

【材料8-2】

限制商品过度包装，
强制国标将再升级

(1)类似包装策略。即企业对其生产的产品采用相同的图案、近似的色彩、相同的包装材料和相同的造型进行包装，便于顾客识别本企业产品。类似包装可以强化企业形象，有利于新产品的推出和促销费用的节省，还可以节省包装的设计与制作费用。但类似包装策略只适宜于质量相同的产品，对于品种差异大、质量水平悬殊的产品则不宜采用。

(2)等级包装策略。等级包装策略指企业对自己生产经营的不同质量等级的产品分别设计和使用不同的包装，以便于消费者选择。

(3)分类包装策略。分类包装策略指根据消费者购买目的不同，对同一产品采用不同的包装，如精包装、简包装等。

(4)配套包装策略。指企业根据消费者的消费习惯，将数种关联产品配套包装在一起成套供应。它不仅便于消费者的购买、使用和携带，免去东奔西走挑选的时间，还可扩大产品的销售，如化妆品套装、电脑消耗品套装等。新产品通过配套产品添加的方式推出，可使消费者不知不觉地习惯使用，有利于上市和普及。

(5)再使用包装策略。它又称为复用包装策略，指产品被消耗后，包装物还可以转移他用，如瓶子、盒子等常用于果汁、咖啡、饼干等产品的包装。这种包装策略既可以增加包装的用途，也能增加消费者的购买欲望，有利于扩大产品销售，而且包装物的重复使用也起到了对产品的广告宣传作用。

(6)附赠包装策略。指包装物内附赠奖券、实物，或包装本身可以换取礼品。这样做可以产生吸引消费者的回顾效应，诱发消费者的重复购买行为。该包装策略对儿童、青少年、低收入等群体比较有效，是一种有效的销售促进方式。如顶新集团在其饮料业务中推出的"再来一瓶"活动给其带来了丰厚的市场回报。

(7)更新包装策略。指改变和放弃原有的产品包装，改用新的包装。由于包装技术、包装材料的不断更新，消费者的偏好不断变化，企业会采用新的包装以弥补原包装的不足。企业在改变包装的同时必须配合做好宣传工作，以消除消费者产生产品质量下降或其他误解。

8.6 服务策略

人类已经进入服务经济和知识经济时代，服务在国家的经济发展中扮演着越来越重要的角色。随着消费者中心地位的凸显，消费者变得越来越成熟和越来越苛刻，并且主要体现在服务的面越来越广和服务的质量要求越来越高上，导致企业服务的竞争也愈加激烈，使服务日益成为企业获取和保持优势的利器。在西方，以美国为代表的许多发达国家实际上已经从工业经济时代过渡到了服务经济时代，而在我国，近年越来越激烈的市场竞争也表明：中国企业尽可能多地制造产品的历史任务已经完成，运作的中心正从产品向服务转变，服务竞争的地位也更加突出。

8.6.1 服务概述

8.6.1.1 服务的概念

服务是由活动、利益或满足组成的用于出售的一种产品形式。它本质上是无形的，对服务的出售也不会带来对服务的所有权，比如银行业务、酒店服务、税收筹划、家居维修、形象设计等。

美国市场营销协会（AMA）1960 年对服务的定义是"服务是用于出售或与产品一起被出售的活动、利益或满足感"。之后，服务的定义又被修改为"可被区分界定，主要为不可感知，却可使欲望得到满足的活动，而这种活动并不需要与其他产品或服务的出售联系在一起。生产服务时可能会或不会需要利用实物，而且即使需要借助某些实物协助生产服务，这些实物的所有权将不涉及转移的问题"。

8.6.1.2 服务的特征

虽然学者们对服务内涵的界定不同，但他们都强调了服务的特性，尤其是服务的无形性和过程性。

（1）无形性，也称不可触知性，主要指服务提供非物质产品，即消费者在购买之前，一般不能看到、听到、嗅到、尝到或感觉到。比较而言，纯粹的产品则是高度有形的，而纯粹的服务是高度无形的。但实际上，很少有产品是纯粹无形的或者完全有形的。在更多的情况下，有形产品可能是无形服务的载体，而无形服务则可能是有形产品价值或功能的延伸。真正无形的服务极少，很多服务需借助有形的实物才可以产生，多数企业向消费者提供的是产品与服务的"综合体"。例如，快餐业被划分为服务业，但它仍有许多有形部分，像实物、包装等。汽车制造业被划入制造业，但也提供许多无形物，如交通运输服务等。图 8-8 所示的有形性图谱表明了这个观点。消费者可运用可利用的有形因素，对服务供应商提供的某项服务，做一些前期的评估。例如，消费者选择酒店时，可能考虑到地点、外观及额外服务（住店时间长的旅客会关心餐厅、洗衣服、购物和邮政设施、托管孩子的设施、接待质量等）。对消费者而言，购买某些服务产品，只不过因为它们是一些利益的载体，这些载体所承载的服务或者效用才是最重要的。无形性这一本质的特点要求广告宣传不宜过多介绍服务的本体，而应集中介绍服务所能提供的利益，让无形的服务在消费者眼中变得有形。

（2）同步性，也称不可分割性，主要指服务的生产和消费是同时进行的，有时也与销售过程连接在一起。服务具有直接性，服务的过程是消费者同服务人员广泛接触的过程。服务的供应者往往是以其劳动直接为购买者提供使用价值，其生产过程与消费过程同步进行，如照相、理发。这一特征表明，消费者只有而且必须加入服务的生产过程，才能享受到服务；而且，一个出售劳务的人，在同一时间只能在一个地点提供直接服务，因此直接销售通常是唯一的销售途径。

（3）异质性，也称为可变性，主要指服务的构成成分及其质量水平经常变化，很难统一界定。与实行机械化生产的制造业不同，服务是以人为中心的产业，它依赖于谁提供服

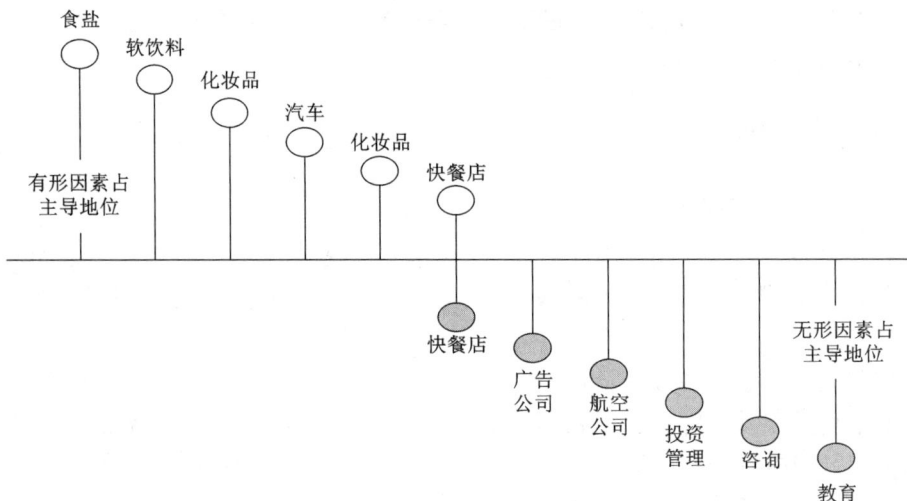

图 8-8　有形性图谱

务以及何时、何地提供服务。由于人的气质、修养、文化与技术水平存在差异，同一服务多由数人操作，品质难以完全相同；同一人做同样服务，因时间、地点、环境与心态变化，其结果也难完全一致。格鲁诺斯认为"顾客认可才是质量"，质量是服务营销的核心所在。因此，服务的产品设计需特别注意保持应有的品质，力求始终如一，维持高水准，建立消费者信心，树立优质服务形象。

（4）易逝性，也称不可贮存性或"短暂性"，主要指服务既不能在体验之前也不能在体验之后制造和在生产后贮存备用，消费者也无法购后贮存。服务的生产与消费同时进行及其无形性，决定了服务具有边生产、边消费或边销售、边生产、边消费的重要特征。很多服务的使用价值如不及时加以利用，就会"过期作废"。如车、船、飞机上和剧院中的空座位，宾馆中的空房间，闲置的服务设施及人员，均为服务业不可补偿的损失。因此，服务业的规模、定价与推广，必须力求达到人力、物力的充分利用；在需求旺盛时，要千方百计解决由缺乏库存所引致的供求不平衡的问题。

此外，服务的无形与易逝，使得购买者不能"实质性"地占有，因而不涉及所有权的转移，也不能申请专利。以银行取款为例，通过银行的服务，消费者手里拿到了钱，但这并没有引起任何所有权的转移。因为这些钱本来就是消费者自己的，只不过是放置在银行一段时间而已。有形产品和服务的特征比较见表 8-3。

表 8-3　有形产品和服务的特征比较

有形产品	服务	相应的含义
有形性	无形性	服务无形无质不可感知
标准化	异质性	服务很难标准化 顾客对质量感知存在差异 对服务质量难做客观评价

续表8-3

有形产品	服务	相应的含义
生产与消费分离	生产与消费同步性	服务与消费在时间上不可分离 顾客参与并影响服务的生产
可储存	易逝性	服务发生后即消失 无法贮存

8.6.2　服务营销的内涵

在服务经济的时代，产品变成了一种手段，而不是最终目的，消费者所关心的是其需求是否最终得到满足。因而，在许多产业中，产品和服务有融合的趋势，要严格加以区分是较为困难的。

8.6.2.1　服务营销的概念

菲利普·科特勒将市场营销定义为"一个社会及管理过程"。在这一过程中，个人或群体通过创造有价值的产品或服务，并与他人交换来满足自身的需求。可见，市场营销的实质是促进交换，服务营销的实质是促进服务的交换。因此，我们可以将服务营销界定为"在充分认识消费者需求的前提下，以消费者导向为理念，通过相互交换和承诺以及与消费者建立互动关系来满足消费者对服务过程消费的需求"。其中，这里所指的承诺，是指合作关系中的一方在某种程度上存在着与另外一方进行合作的积极性。

8.6.2.2　服务营销的特征

与一般有形产品的营销相比，服务营销具有自身的特点。

（1）供求具有分散性。在服务营销活动中，服务产品的供求具有分散性，不仅提供服务的供应方覆盖了第三产业的各个部门和行业，而且需求方更是涉及各类企业、社会团体和不同类型的消费者。服务企业一般占地小、资金少、经营灵活，往往分散在社会的各个角落。即使是大型的机械服务公司，也只能在有机械损坏或发生故障的地方提供服务。服务供求的分散性，要求服务网点要广泛而分散，并尽可能地接近消费者。

（2）营销方式以直销为主。有形产品的营销方式有经销、代理和直销多种。有形产品在市场上可以多次转手，经批发、零售多个环节再到达消费者手中。服务营销则由于生产与消费的同步性，主要采取直销方式，中间商的介入往往受到限制，储存待售更不可能。服务以直销为主的营销方式在一定程度上限制了服务市场规模的扩大，也限制了服务业在许多市场上出售自己的服务产品，这给服务产品的推销带来了困难。

（3）营销对象复杂多变。服务市场的购买者是多元的、广泛的、复杂的。购买服务的消费者的购买动机和目的各异。某一服务产品的购买者可能牵涉社会各行各业各种不同类型的家庭和不同身份的个人。即使是购买同一服务产品，其目的也不尽相同，有的用于生活消费，有的却用于生产消费，如信息咨询、邮电通信等。

（4）服务消费者需求弹性大。人们的基本物质需求是一种原发性需求，对这类需求人们易产生共性。而人们对精神文化消费的需求属于继发性需求，需求者会因各自所处的社会环境和各自具备的条件不同而形成较大的需求弹性。同时，对服务的需求与对有形产品的需求在一定组织及总金额支出中相互牵制，也是需求弹性大的原因之一。另外，服务需求受外界条件影响大。季节的更替、气候的变化、科技发展的日新月异等会对信息服务、环保服务、旅游服务、航运服务的需求造成重大影响。需求弹性大是服务业经营者面临的最棘手的问题。

（5）对服务人员的技术、技能、技艺要求高。服务者的技术、技能、技艺直接关系着服务质量。消费者对各种服务产品的质量要求也就是对服务人员的技术、技能、技艺的要求。服务者的服务质量不可能有唯一的、统一的衡量标准，而只能有相对的标准，或者只能凭购买者的感觉来体会。

8.6.2.3 服务营销的要素

营销的实质是一种交换关系，因此物质产品营销的理论和原则也适用于服务营销。但是，由于服务营销的特征与物质产品营销的特征差异较大，服务营销战略的形成和实施以及服务营销组合均应有所调整。在服务产品营销组合中，需要有反映服务营销特点的人员、有形展示和流程等营销要素。

（1）产品。服务营销的产品主要考虑的要素是提供服务的范围、质量、品牌、保证以及售后服务等，包括核心服务、便利服务和辅助服务。核心服务体现了企业为消费者提供的最基本效用，如航空公司的运输服务、医院的诊疗服务等；便利服务是为配合、推广核心服务而提供的便利，如订票、送票、送站、接站等；辅助服务则是用以增加服务的价值或区别于竞争者的服务，有助于实施差异化营销战略。在某些服务中，由于融入了一些本来与服务产品并不相关的产品，会使产品开发变得相当复杂。例如，旅行社为游客安排打包旅游时，必须精心选择航空公司、饭店和当地旅行社作为合作伙伴。因为游客会把飞机误点、房间水管失灵或电视效果不好、餐饮质量差等责任全部推给组团的旅行社。

（2）分销。随着服务领域的扩展，除直销外，服务销售分销渠道也日渐增多。如歌舞剧团演出、博览会展出、职业球队比赛等，往往会经中介机构推销门票。分销渠道主要有代理、代销、经纪、批发、零售等形态。在分销因素中，选择服务地点至关重要。对于商店、电影院、餐厅等服务组织，如能坐落于人口密集、人均收入高、交通方便的地段，则其服务流通的范围就会较广泛，营业收入和利润也就较高。

（3）定价。因为服务作为产品很难统一标准，所以服务的定价灵活性较大。如在飞机快要起飞前买票的乘客或深夜入住的旅客，也许能谈定一个比定价低得多的价钱。因为服务的易逝性，航空公司不愿让座位空着，旅馆也不愿让房间空着。而在区别一项服务与另一项服务时，价格是一种重要的识别标志，消费者往往能从价格中感受到服务价值的高低。

（4）促销。服务促销包括广告、人员推销、营业推广、宣传、公共关系等营销沟通方式。为增进消费者对无形服务的印象，企业在促销活动中要尽量使服务产品有形化。如美国著名的"旅游者"保险公司在促销时，用一个伞式符号作为象征，其促销口号是"你们在旅游者的安全伞下"。这样，无形的保险服务就有了一种形象化的特征。

（5）人员。人员是指提供或传递服务的人。在顾客心目中，服务业的工作人员实际上是服务产品的一个重要组成部分。服务企业的特色往往体现在工作者的服务表现和服务销售上。因此，企业必须重视雇员的甄选、训练、激励和管理。此外，消费者对服务质量的认识，很可能是受到其他消费者的影响。

（6）有形展示。有形展示包括一些支持提供服务的可以传递服务特色和优点的有形因素，或能让消费者看得见摸得着的东西，包括环境、实物装备等，展现可能获得的无形利益。例如，航空公司或汽车出租公司的飞机或车子的型号和新旧程度，超市的地点和设施，学校、图书馆的环境及设备等，对于服务都是至关重要的。

（7）流程。流程是指服务供应商应有流畅、让消费者一目了然的服务流程，包括服务的传递顺序和内容以及整个体系的运作政策和方法。在服务流程中，消费者主要接触的是前台的人员和设施。但是，有些流程是在后台进行的。例如，行政和数据处理系统处理与服务有关的文件和信息，并进行消费者跟踪。后台的工作量往往比前台大，技术性更强，是保证服务质量所必不可少的。服务流程管理的好坏，直接影响着服务的质量，从而影响着企业的竞争力。

8.6.3　服务质量管理

消费者满意是建立在与服务质量有关的研究基础上的。消费者满意理论认为消费者满意状态取决于消费者对服务的期望和消费者对服务的实际感知之间的差距，当消费者感知高于消费者期望时，消费者就会满意，反之，消费者则会不满意。因此，服务质量是服务营销的关键和核心。

服务质量的内涵与有形产品质量的内涵有所区别，消费者对服务质量的评价不仅要考虑服务的结果，而且要涉及服务的过程。

8.6.3.1　服务质量的内涵

服务质量是服务的效用及其对消费者需要的满足程度的综合表现。服务质量同消费者的感受关系很大，它取决于消费者对服务的预期质量同其实际感受的服务水平或体验质量的对比。整体感受质量不仅取决于预期质量与体验质量之比，也取决于技术质量和职能质量的水平。技术质量指服务过程的产出，即消费者从服务过程中所得到的东西，消费者对此容易感知，也便于评价。职能质量则指服务推广的过程，即消费者同服务人员打交道的过程。服务人员的行为、态度、穿着等都会直接影响消费者的感知，通常提供服务和接受服务的过程会给消费者留下深刻的印象。服务质量的构成模式如图 8-9 所示。

消费者对服务的预期质量通常要受四方面因素的影响：市场营销沟通、消费者口碑、消费者需求和企业形象。由于接受服务的消费者通常能直接接触企业的资源、组织结构和运作方式等方面，企业形象无可避免地会影响消费者对服务质量的认知和体验。如果消费者心目中的企业形象较好，消费者就会谅解服务过程中的个别失误；如果原有形象不佳，则任何细微的失误也会造成很坏的影响。因此，企业形象被称为消费者感知质量的过滤器。

8.6.3.2　服务质量的评价标准

一般认为，评价服务质量的标准主要有以下几个方面：

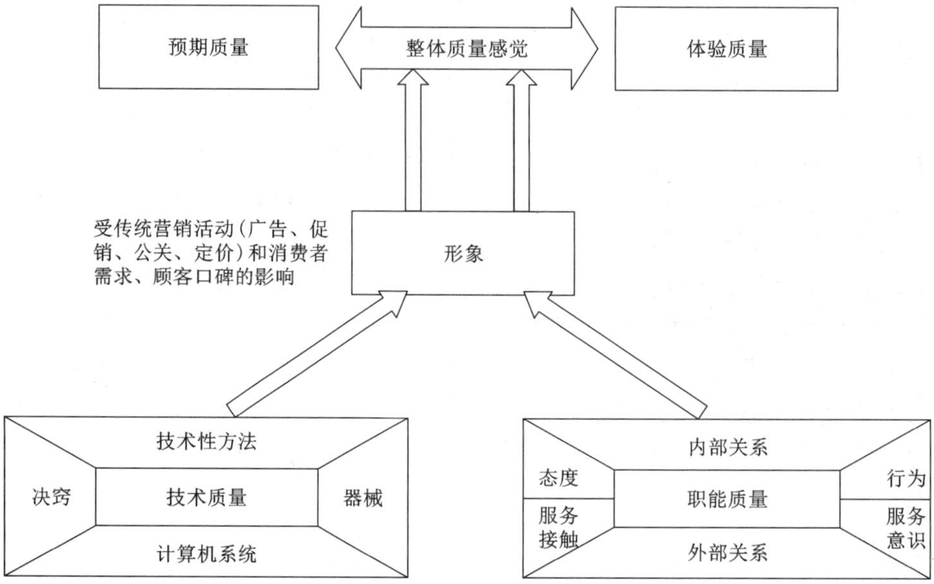

图 8-9　服务质量的构成模式

（1）感知性。指提供服务的有形部分，如各种设施、设备、服务人员的仪表等。消费者正是借助这些有形的、可见的部分来把握服务的实质的。有形部分提供了有关服务质量本身的线索，同时也直接影响到消费者对服务质量的感知。

（2）可靠性。指服务供应者准确无误地完成所承诺的服务。可靠性要求避免服务过程中的失误。消费者认可的可靠性是最重要的质量指标，同核心服务密切相关。许多以优质服务著称的服务企业，正是通过强化可靠性来建立自己的声誉的。

（3）相应性。主要指反应能力，即随时准备为消费者提供快捷、有效的服务，包括矫正失误和改进对消费者服务的能力。对消费者的各项要求能否予以及时满足，可表明企业的服务导向，即是否把消费者利益放在第一位。有研究表明，可靠性和相应性是最被消费者看重的评价标准。

（4）保证性。主要指服务人员的友好态度与胜任能力。服务人员较高的知识技能和良好的服务态度，能增强消费者对服务质量的可信度和安全感。在服务产品不断推陈出新的今天，消费者同知识渊博而又友好和善的服务人员打交道，无疑会产生更多的信任感。

（5）移情性。主要指企业和服务人员能设身处地为消费者着想，努力满足消费者的要求。这便要求服务人员有一种投入的精神，想消费者之所想，急消费者之所急，了解消费者的实际需要，以至于特殊需要，千方百计予以满足；给予消费者充分的关心和相应的体贴，使服务过程充满人情味，这便是移情性的体现。按上述评价标准，可通过问卷调查或其他方式对服务质量进行测量。调查应包括消费者的预期质量和体验质量两个方面，以便进行分析研究。

8.6.3.3　服务质量测量模式

为便于分析服务质量，帕拉休拉曼、赞瑟姆和贝利在对众多管理者及消费者研究的基础上系统地提出了一种服务质量差距模型。他们认为企业提供的服务可能存在五个方面的差距，如图 8-10 所示。

（1）消费者预期服务与管理者认知的服务预期之间的差距（差距 1）。由于管理者未能正确认知消费者需求，或不了解消费者如何评价服务成分，因而存在差距。

（2）管理者的认知与服务质量标准之间的差距（差距 2）。

（3）服务提供与服务质量标准之间的差距（差距 3）。

（4）服务提供与外部沟通之间的差距（差距 4）。外部沟通提供的材料如超出实际提供的服务水平，可能误导消费者，形成过高的服务预期，进而使消费者的体验质量与预期质量存在差距。

（5）消费者的认知服务与服务预期之间的差距（差距 5）。由于衡量服务质量的标准差异，或是没有真实体验到提供的服务质量，消费者会过高或过低评价服务质量。这一差距的结果，对企业形象可能带来积极影响，也可能带来消极影响。

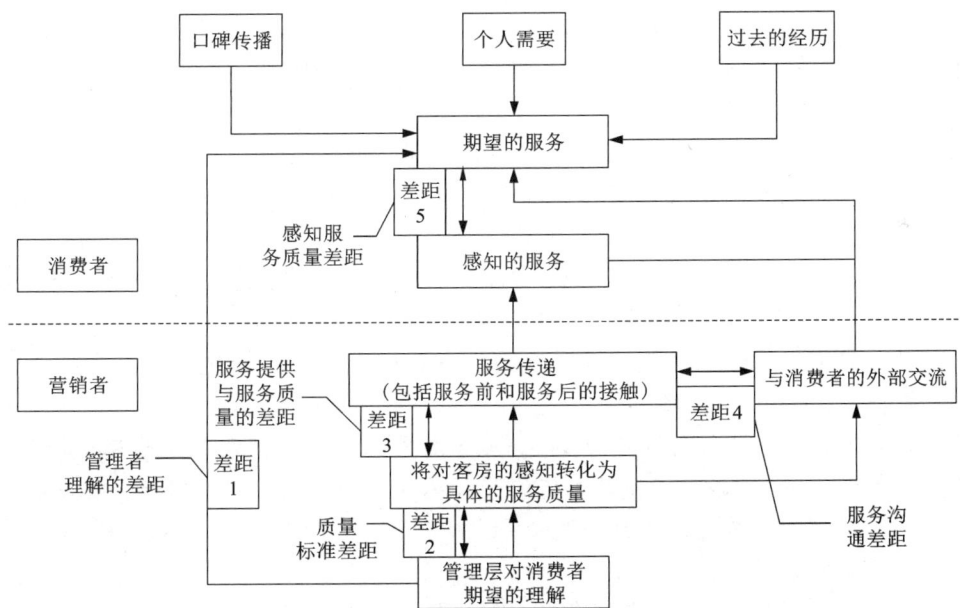

图 8-10　服务质量差距模型

8.6.3.4　提高服务质量策略

提高服务质量的方法与技巧有很多，这里介绍两种常用的方法，即标准跟进和蓝图技巧。

（1）标准跟进。标准跟进，来自英文"benchmarking"，它首先是由施乐公司 1979 年提出来的，通常也称标杆管理。美国生产力与质量中心对标杆管理的定义为"一个系统的、持续性的评估过程"，即通过不断地将企业流程与世界上居领先地位的企业相比较，以获得帮助企业改善经营绩效的信息。具体地说，标杆管理是企业将自己的产品、服务、生产流程、管理模式等同行业内或行业外的领袖企业做比较，借鉴、学习他人的先进经验，改善自身不足，从而提高竞争力，追赶或超越标杆企业的一种良性循环的管理方法。

通过学习，企业重新思考和改进经营实践，创造自己的最佳实践，这实际上是模仿、学习和创新的过程。标杆管理本质上是一种面向实践、面向过程的以方法为主的管理方式，它与 TQC 流程再造的思路类似，基本思想是系统优化、不断完善和持续改进。而且标杆管理可以突破企业的职能分工界限和企业性质与行业局限，重视实际经验，强调具体的环节、界面和流程，因而更具有特色。同时，标杆管理也是一种直接的、中断式的、渐进的管理方法，其思想是企业的业务、流程、环节都可以解剖、分解和细化。

企业可以根据需要，或者寻找整体最佳实践，或者发掘优秀"片断"进行标杆比较，或者先学习"片断"再学习"整体"，或者先从"整体"把握方向再从"片断"具体分步实施。标杆管理是一种有目的、有目标的学习过程。通过学习，企业重新思考和设计经营模式，然后借鉴先进的模式和理念，进行本土化改造，创造出适合自己的全新最佳经营模式。通过标杆管理，企业能够明确产品、服务或流程方面的最高标准，然后做必要的改进来达到这些标准。

因此，服务营销中的标准跟进(标杆管理)是指企业将产品、服务和市场营销过程同竞争对手，尤其是最具优势的竞争对手进行对比，在比较、检验和学习的过程中逐步提高自身的服务标准和服务质量。

服务企业在运用这一方法时可从策略、经营和业务管理方面着手。

①策略。即将自身的市场策略与竞争者的成功策略进行比较，寻找它们的相关因素。比如，竞争者主要选择哪些细分市场，实施的是低成本策略还是价值附加策略，如何进行资源分配等。通过一系列的比较和分析，企业将会发现以往被忽视的成功的策略因素，从而制定出新的、符合市场和自身资源条件的策略。

②经营。其主要集中于企业从降低营销成本和提高竞争差异化的角度了解竞争对手的做法，并制定自己的经营策略。

③业务管理。即在业务管理方面，根据竞争对手的做法，重新评估某些职能部门对企业的作用。比如，在一些服务企业中，与消费者相脱离的后勤部门因缺乏必要灵活性而无法同前台的质量管理相适应。学习竞争对手的经验后，使两者步调一致、协同动作，无疑会有利于提高服务质量。

(2)蓝图技巧。这种技巧是以准确描述服务体系的服务蓝图工具为基础的。服务蓝图借助于流程图，通过持续地描述服务提供过程、服务遭遇、员工角色以及服务的有形证据来直观地展示服务。服务蓝图的基本构成见图 8-11。服务蓝图被三条线分成四个部分，自上而下分别是消费者行为、前台服务员工行为、后台服务员工行为及支持保障行为。

最上面的一部分是消费者行为，这一部分紧紧围绕着消费者在采购、消费和评价服务过程中所采取的一系列步骤、所做的一系列选择、所表现的一系列行为以及之间的相互作用来展示。例如，在一个出租车预约的例子中，消费者行为可能包括叫车的决策、打电话、等车、上车、告知目的地、与驾驶员的交谈、结算和下车等。

接下来是前台服务员工行为。服务过程中，消费者看得见的部分正是前台员工行为，如上例出租车服务中，驾驶员为消费者服务的可视行为是乘客的问路、选择合适路线、开计价器，行驶中的驾驶，到达下车地点的停车、报价、打印，结算车费时的唱票、找零、给票，下车时的提醒、检查与告别等。

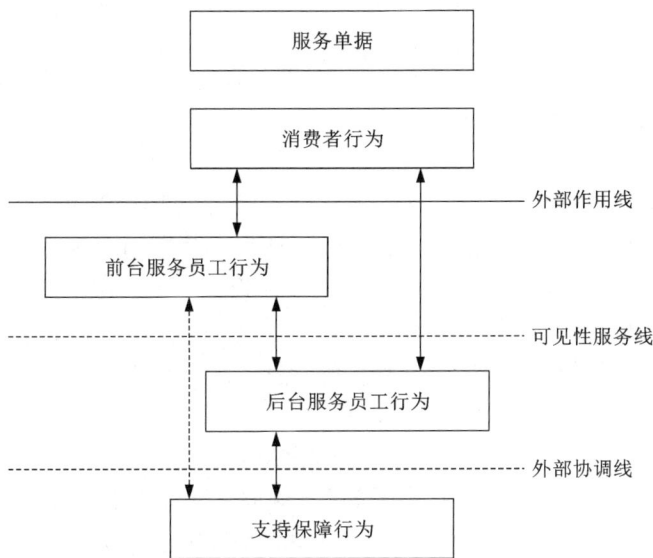

图 8-11　服务蓝图的基本构成

另一种是消费者看不见的后台服务员工行为，它支持了前台活动的接触员工行为。在上例中，电话接线员的接听电话、某一驾驶员接受调度中心的呼叫及其赶往约定地点就属于后台服务员工行为。

最后一部分是服务的支持保障行为，这一部分覆盖了在传递服务过程中所发生的支持接触员工的各种内部服务及其步骤和它们之间的相互作用。如上例中，任何一种服务支持活动，如调度中心的呼叫、车辆的清洁、加油、驾驶员的培训等，都将出现在服务蓝图的这一区域。

三条水平线中，最上面的一条线是"外部作用线"。它代表了消费者和服务企业之间的直接的相互作用，一旦有垂直线和它相交，服务遭遇（消费者和企业之间的直接接触）就发生了。中间的一条水平线是"可见性服务线"。它把所有消费者看得见的服务活动与看不见的服务活动分开，通过分析有多少服务发生在其以上及以下，就可了解为消费者提供服务的情况，并区分哪些活动是前台服务员工行为，哪些是后台服务员工行为。第三条线是"外部协调线"。它把接触员工的活动同其服务支持活动分隔开，是"内部顾客"的"内部员工"之间的相互作用线，如有垂直线和它相交则意味着发生了内部服务遭遇。

另外，在某些服务蓝图的最上部有关于服务单据方面的内容，它表示消费者在这个服务体验过程中所看到的或所受到的服务的有形证据，如车、驾驶员的制服和面部表情、计价器与发票等。

蓝图技巧是指运用服务蓝图，鉴别消费者同服务人员的接触点，然后从这些接触点出发来提高服务质量。服务企业要想提高服务质量和顾客满意度，必须理解影响消费者认知服务产品的各种因素，蓝图技巧则为有效地分析和理解这些因素提供了便利。

蓝图技巧借助流程图分析服务传递过程的各个方面，包括从前台到后台服务的全过程，其主要步骤是：

①将服务的各项内容绘入服务作业流程图，使服务过程一目了然地客观展示出来。

②找出容易导致服务失误的接触点。

③建立体现企业服务质量水平的执行标准与规范。

④找出消费者能看得见的作为企业与消费者的服务接触点的服务展示。在每一个接触点，服务人员都要向消费者提供不同的职能质量和技术质量，而消费者对服务质量感知的好坏将影响企业形象。

由于服务的不可感知性，消费者常因担心服务质量难以符合期望水平而在购买时犹豫不决。为打消消费者对质量风险的顾虑，企业可从以下几方面改进工作：

①突出质量第一。高层管理人员真正投入质量管理活动，包括履行承诺保证，在资源配置上支持质量管理活动；建立以质量为核心的企业文化，使全体员工树立质量第一的服务态度，自觉地为提高服务质量贡献力量。消费者了解到企业内部的质量观及措施，会逐渐消除质量风险忧虑。

②重视人的因素。以人为中心的服务，质量取决于人的操作技巧和态度，必须重视员工培训，让员工掌握服务技巧、改善服务态度。同时，管理者要创造一种能够得到员工支持的对优良业绩给予奖励的环境，争取在员工满意基础上让所有的消费者满意。

③广告强调质量。针对消费者对质量的担心，在设计广告宣传时要形象地突出有关服务的质量特征与水平。例如，请现有消费者"现身说法"，介绍自己购买服务后的感受。善用消费者口碑，有时能收到比广告宣传更好的效果。

8.6.4　服务有形展示与管理

根据环境心理学理论，消费者利用感官对有形物体的感知及由此获得的印象，将直接影响到消费者对服务产品质量及服务企业形象的认识和评价。消费者在购买和享用服务之前，会根据那些可以感知到的有形物体所提供的信息而对服务产品做出判断。一般来说，服务产品最大的特点就是看不见摸不着，因此必须借助有形展示。

8.6.4.1　有形展示的类型

在服务营销管理中，一切可以传递服务特色与优点的有形组成部分，均可称作服务的有形展示。有形展示可以从不同的角度分类。从构成要素的角度，有形展示可分为三种类型，即实体环境、信息沟通和价格，这三种类型往往是交织在一起的。例如，价格是一种不同于物资设备和说服性信息的展示方式，必须通过多种媒介将价格信息从服务环境传进、传出。

（1）实体环境。实体环境包括周围因素、设计因素和社会因素。

①周围因素。指空气的质量、声音、气氛、整洁度等。这类要素通常被消费者认为是构成服务产品内涵的必要组成部分。消费者不易立即意识到的背景条件，如气温、湿度、气味、声音等，尽管它们的存在并不会使消费者感到格外地兴奋和惊喜，但是，如果失去这些要素或者这些要素达不到消费者的期望，就会削弱消费者对服务的信心。周围因素是不易引起人们重视的背景条件，但是，一旦这些因素不具备或令人不快，就会引起人们的关注。比如，气温和噪声。因为，周围因素通常被人们认为是理所当然的，所以它们的影响只能是中性的或消极的。换句话说，消费者注意到了周围因素更可能引发躲避行为，而不是导致接近行为。例如，餐厅一般应具备清洁卫生的环境，达到此要求的餐厅应当不会

使消费者感到极为满足，然而，污浊的环境显然会令消费者大为反感，转而光顾另一家餐厅。

②设计因素。设计因素是刺激消费者视觉的环境因素，这类要素经常被用于改善服务产品的包装，使产品的功能更为明显和突出，以建立有形的、赏心悦目的产品形象。服务场所设计、企业形象标识等便属于此类因素。设计因素是主动刺激，它比周围因素更易引起消费者的注意。因此，设计因素有助于培养消费者的积极的感觉，且鼓励其采取接近行为，有较大的竞争潜力。设计因素又可分为两类：美学因素（如建筑风格、色彩）和功能因素（如陈设、舒适）。设计因素既包括应用于外向服务的设备，又包括应用于内向服务的设备。

③社会因素。在服务场所内一切参与及影响服务产品生产的人，包括服务员工和其他出现于服务场所的人，他们的人数、仪表、行为等，都有可能影响消费者对服务质量的期望与认知。服务员的外貌在服务展示管理中特别重要，因而，对服务人员进行适当包装就很有必要了。迪士尼乐园是一个出色的例子。所有迎接消费者的公园职员（被迪士尼称为"舞台成员"）每天都穿着洁净的戏服，通过地下阶梯进入自己的活动地点，且从不离开自己表演的主题。对于服务员工，迪士尼制定了严格的个人着装标准。在迪士尼乐园，职工的头发长度、首饰、化妆和其他个人修饰因素都有严格的规定，且被严格地执行。迪士尼的大量着装整洁、神采奕奕、训练有素的"舞台成员"对于创造这个梦幻王国至关重要。

（2）信息沟通。沟通的信息来自企业本身及其他引人注目之处，可通过多种媒体传播与展示服务。从赞扬性的讨论到广告，从消费者口头传播到公司标志，不同形式的信息沟通都传送了有关服务的线索。信息沟通所使用的方法有：

①服务有形化。即在信息交流中强调与服务相联系的有形物，让服务显得实实在在。如麦当劳公司针对儿童的快乐餐设计的盒子里面，有游戏、迷宫等图案，把目标消费者的娱乐和饮食联系起来，效果很好。这证明有形因素能使服务容易被感觉，而不那么抽象。

②信息有形化。即通过鼓励积极的口头传播、服务保证和在广告中应用容易被感知的展示，使信息更加有形化。很多消费者都特别容易接受其他消费者提供的口头信息，并据以做出购买决定。如选择医生、律师或选修课教师时，人们会先征询他人的看法。服务保证主要是强调承诺的真实性，这种形式长期被采用。

③员工有形化。服务提供者直接与消费者接触，其所具备的服务素质和性格、言行以及与消费者接触的方式、方法、态度等，会直接影响到服务营销计划的实现。为了保证服务营销计划的有效性，企业应对员工进行服务标准化培训，让他们了解企业所提供的服务内容和要求，掌握提供服务的必备技术和技巧，以保证消费者从他们那里获得的服务与企业的营销规划相一致。

（3）价格。服务价格被营销经理重视，是因为价格乃营销组合因素中决定收入的主要因素；而消费者之所以关注价格，是因为价格可以提高或降低人们的期望。由于服务是无形的，价格是对服务水平和质量的可见性展示。价格能展示一般的服务，也能展示特殊的服务；它能表达对消费者的关心，也能给消费者急功近利的感觉。制定正确的价格能传送适当的信息，是一种对服务有效的有形展示。

8.6.4.2 有形展示的管理

成功的服务营销管理活动的关键是管理与无形服务相关的有形因素，通过服务展示管理向消费者传送适当的线索，以帮助消费者更好地理解和购买服务。因为，消费者总要在实体环境、信息沟通和价格中寻找服务的代理展示物，根据有形的线索推断服务的质量价值和特点，用来指导其购买选择。

（1）设计理想的服务环境。设计理想的服务环境并非一件容易的事情，除了需要花费大量的资金外，一些不可控制的因素也会影响环境设计。一方面，我们现有的关于环境因素及其影响的知识及理解程度还很不够。例如，究竟空间的大小、各种设施和用品的颜色与形状等因素的重要性如何？地毯、窗帘、灯光、温度等因素之间存在怎样的关系？另一方面，每个人都有不同的爱好和需求，对同一环境条件的认识和反应也各不相同。因此，设计满足各种各样消费者的服务环境，如旅馆、大饭店、车站或机场等存在一定的难度。所以设计理想的服务环境是服务业首先要重视的问题。

（2）培养优秀的服务员工。一般的物质环境，只要资金实力充足是可以模仿的，而优秀的服务员工却是服务业梦寐以求的。从内部营销的理论来分析，服务员工也是企业的消费者。由于服务产品是"无形无质"的，消费者难以了解服务产品的特征与优点，服务员工作为企业的内部消费者也会遇到同样的难题。如果服务员工不能完全了解企业所提供的服务，企业的营销管理人员就不能保证他们所提供的服务符合企业所规定的标准。所以，营销管理人员利用有形展示突出服务产品的特征及优点时，也可利用相同的方法作为培训服务员工的手段，使服务员工掌握服务知识和技能，并用此指导其服务行为，为消费者提供优质的服务。

（3）服务尽量有形化。服务有形化就是使服务的内涵尽可能地附着在某些实物上，正如"康师傅"的一句广告词所描写"好吃看得见"。服务有形化的典型例子是银行信用卡。虽然信用卡本身没有什么价值，但它显然代表着银行为消费者所提供的各种服务，以至于只要"一卡在手，便可世界通行"，这样就把服务同易于让消费者接受的有形物体联系起来了。由于服务产品的本质是通过有形展示表现出来的，有形展示越容易理解，服务就越容易为消费者所接受。

8.6.5 服务营销策略

服务营销组合策略包含七个要素：服务产品、服务定价、渠道、促销以及人员、有形展示和流程。服务企业则需要对特定的服务市场进行筹划，运用组合策略，整合营销资源，以便更好地满足市场需要，取得更多的利润。前面的内容已经涉及有形展示、流程、人员的相关策略，下面主要讨论服务定价、渠道和促销策略。

8.6.5.1 服务定价

在市场经济条件下，服务就是商品，具有特殊的使用价值和交换价值。各种有关物质产品定价的概念和方法，基本上都适用于服务产品定价。服务企业在确定服务产品价格目标时，必须考虑服务产品的市场地位、服务产品的服务周期阶段以及价格的战略角色。由于服务的差异性和无形性特征，与有形产品相比，服务定价的策略性、灵活性要大得多。

（1）客观定价法。客观定价法不论消费者种类，先设定服务单价，如每小时服务价格是多少。这种定价法的前提条件是，该项服务可以被分割，通常根据经验或市场价格水平来确定。其优点是适应固定方式的服务，易于计费，消费者心中有底；缺点是不能反映消费者对价格的感受，固定的价格有时对某些消费者过于昂贵，对另一些消费者又档次过低，从而降低了竞争力。

（2）主观定价法。指根据消费者对服务的感觉价值和接受程度，结合客观因素制定和调整服务价格。这些因素有服务效率的估价、企业的经验和能力、企业的知名度、服务工作的类型和难度、服务的便利性、额外的特殊费用及加班费、市场价格水平等。对于趋近于艺术化的服务来说，服务对象和服务状况多种多样，根据具体情况灵活调整价格的主观定价法有其适应性。

（3）利润导向定价法。利润最大化是服务企业的定价目标之一。利润最大化决定了定价必须高于总成本，成本应是定价的下限。当价格在成本基础上逐渐增加时，利润水平将得到提高，直到出现很大的市场阻力为止。市场或消费者能否接受，应是定价的上限。价格过高，消费者会寻找替代品，导致服务需求和盈利水平下降。当然，服务定价过低，也会让消费者低估服务质量，故服务定价除考虑成本、利润因素外，也不可忽视服务形象的重要性。

（4）成本导向定价法。指依据服务成本定价，其主要优点是简单明了，适应需求状况，保持合理利润水平。当需求旺盛时，价格要显得较为公道；当需求平淡时，价格可合理降低。总成本是固定成本、变动成本和准变动成本在一定产出水平上的总和。固定成本指不随产品的增减而变化的成本，如建筑物、服务设施、维修费用、管理人员工资等。变动成本指随服务产出的变化而变化的成本，如临时雇员工资、水电费、邮寄费等。准变动成本既同消费者人数有关，也同服务产品数量有关，如清洁服务场所费用、员工加班费等。服务的类型、消费者人数和对额外设施的需求程度对不同产品成本的影响差异性较大。属于政府管制的价格，一般按照总成本加合理利润的方法制定服务价格。在竞争激烈的买方市场，也可以变动成本为基础，实行边际成本定价法，争取在价格中有一定的边际贡献即可。

（5）竞争导向定价法。它包括通行价格定价和主动竞争型定价。前者指以该种服务的市场通行价格作为定价的基础，避免价格战；后者则是为了维持或增加市场占有率，而采取进取性定价。

（6）需求导向定价法。需求导向定价法着眼于消费者的态度和行为，服务的质量和成本则会为配合价格而进行相应的调整。

8.6.5.2　服务分销

服务分销主要考虑两个问题：应在什么地点及如何将服务提供给消费者。前者就是服务位置选择，后者则为渠道策略。

（1）位置选择。位置指企业做出关于在什么地点经营和员工处于何处的决策，包括地域、地区和地点的选择。服务提供者和消费者相互作用的方式不外三种：消费者主动找服务提供者；服务提供者主动找消费者；消费者与服务提供者在双方可达到的范围内交易。在消费者主动找服务提供者的情况下，服务地点坐落的位置特别重要，企业在选址时首先要考虑所能到达地域内潜在消费者及竞争对手的数量和分布。

（2）渠道策略。渠道的参与者包括服务的提供者、中间商和消费者。渠道的类型主要有以下几种：

①直销。指从服务提供者直接到消费者，实行面对面的服务。这可能是经过选择而采取的方式，也可能是因服务提供者不可分离，如会计、管理与法律咨询等。

②经由中介机构销售。中介机构的形式较多，常见的有以下五种：

第一，代理人。指依据代理合同的规定，受服务提供者的授权委托从事某项服务活动者。如保险代理人接受保险人的委托，代表保险公司依据保险合同的规定招揽业务、代收保险费、接受投保人的投保单、从保险公司获得保险代理手续费。又如旅游代理人为旅游者的旅行活动做出安排，包括交通工具、食宿、游览、办理护照和签证等，收入主要来自航空公司、饭店、旅行经销商付给的佣金；在未收佣金的情况下，也可向旅行者收取一定数额的服务费。

第二，经纪人。指在市场上为服务提供者和消费者双方提供信息，充当中介并收取佣金的人。如电影明星聘请经纪人，通过他们去选择剧本、导演、演出场地和商定出场费，经纪人代理费用可由任一方或双方支付。

第三，经销商。指将服务产品买进后再售出的中间商，利润来源于进销差价。经销商包括批发商和零售商：①批发商主要指从事批发业务的服务中介机构，如旅行社、旅游公司。其业务是将航空公司或其他交通运输企业的产品与旅游目的地旅游企业的地面服务，组合成整体性的旅游产品再推向旅游者。②零售商。其主要面向广大消费者从事服务产品的供应。如旅游零售商熟悉多种旅游产品的情况，也了解旅游者的支付能力和消费需求的情况，可帮助旅游者挑选适宜其要求的旅游产品。

第四，代销商。指为服务提供者代为推销服务产品的人或机构。如演出单位和博览会物色能接触目标消费者的机构和人员代为售出门票。代销商收取手续费或从折扣中取得收入。

第五，特许经营。指特许者将自己所拥有的服务商标、商号、产品、专利和专有技术、经营模式等以特许经营合同的形式授予被特许者使用，被特许者按合同规定，在特许者统一的业务模式下从事经营活动，并向特许者支付相应的费用。目前，世界上规模最大的特许连锁企业为麦当劳公司。

8.6.5.3 服务促销

服务促销指为了和目标消费者及相关公众沟通信息，使他们了解企业及所提供的服务、刺激消费需求而设计和开展的营销活动。促销的对象并不完全限于消费者，有时也可以用来激励雇员和中间商。

服务的无形性使消费者对服务有一种不确定的心理。促销信息必须侧重宣传本企业服务的特点，创造深刻而富有特色的企业形象。促销的主要目标是将企业所提供的服务与竞争对手所提供的服务区别开来，具体目标有：①传递信息，告知潜在消费者本企业的服务项目和服务能力；②说服，促使消费者做出购买决策；③提示，向消费者描述本企业服务的所有特征和各种利益。

服务促销的手段主要是广告、人员推销和公共关系。要根据企业的营销目标、资源状况、购买者特点、企业服务的特点和其他营销组合因素、竞争对手的情况等，确定在促销组合中以何种方式占据主导地位。

（1）广告。基于服务的特点，服务广告要努力将无形服务有形化，消除消费者的不确定心理。

①传递服务信息。指以简明的文字和图形，传达所提供服务的领域、深度、质量和水准的明确信息。

②强调服务利益。在充分了解消费者需求的基础上，选择广告所使用的利益诉求，争取广告的最佳效果。

③承诺必须兑现。广告中关于服务可获得利益的诺言必须务实，要既是消费者想得到的，也是企业能够做到的。在某些方面要制定最低一致性标准，如能做得比标准更好，消费者会更加高兴。

④提供有形线索。为增强促销效果，应尽量使用有形线索作提示，如知名人物和实体（如建筑物），广告中常用此对服务做有形展示。

⑤消除购后顾虑。有针对性地强调购买选择的合理性，鼓励消费者将服务与使用后的感受、利益转告他人，消除购后的不和谐感。

（2）人员推销。人员推销是为了帮助和说服消费者购买某项服务而进行的人与人之间的交往过程。帮助是向消费者传达信息，说服是试图影响潜在消费者采取有利于双方的购买行动。人员推销的要求有：

①销售人员素质高。销售人员必须业务能力强，服务态度好，这样才能取得消费者的信任。

②发展与消费者的个人关系。由于需求的差异性，消费者对不同的问题有不同的感受，通常希望能被单独接待。实际上，往往并非服务本身，而是人与人之间的关系使消费者满意或不满意。

③采取专业化导向。在消费者心目中，销售人员必须是一个真正的行家里手，因此服务提供者的外表、动作、行为和态度要符合消费者心目中一个专业人员应有的标准。

④推销多项服务。在推销核心服务时，提供一系列有关的辅助性服务，既可为消费者提供方便，也可为企业带来利益。

（3）公共关系。公共关系是为了树立和维护服务企业良好形象而采用各种交际技巧提高企业的知名度和美誉度，主要手段有：

①媒介宣传。如报刊、广播、电视发布消息。这是一种免费的宣传，具有较高的可信度，易为公众接受。

②企业宣传资料。公司可利用出版物和宣传品向消费者传达企业的目标和策略，表彰服务人员的业绩，报道企业信息，从而激励销售并改善与消费者的关系。

③欢迎消费者参观。指进行开放日或参观日或庆祝某一纪念日等活动，随时接待消费者，向顾客展示新的服务项目和服务设施，使其有机会更多地了解企业。

④密切社团关系。服务企业取得地方和社区的大力支持，与社团建立良好的关系，有利于维持稳定的消费者群和得到政府机构的支持。

本章小结

1.产品及整体产品的概念。产品是提供给市场的，供顾客购买、使用、消费的，能满足消费者某种需要或者欲望的任何东西。整体产品概念包括五个层次：核心产品、形式产品、期望产品、延伸产品及潜在产品。

2.产品组合策略。产品组合是指企业生产提供给市场的全部产品线和产品项目的组合或结构，可用于描述企业的业务经营范围。产品组合的评价指标包括长度、宽度、深度和关联度。产品组合的策略包括产品线扩张决策、产品线现代化决策、产品线特色化决策和产品线削减决策。

3.产品生命周期策略。产品生命周期包括引入期、成长期、成熟期和衰退期。引入期的营销策略包括快速撇脂策略、缓慢撇脂策略、快速渗透策略和缓慢渗透策略；成长期的营销策略包括改进产品质量、扩大规模降低价格、进入新细分市场或新分销渠道和树立品牌形象策略；成熟期的营销策略包括市场改良策略、产品改进策略、市场营销组合改进策略；衰退期营销策略包括集中策略、维持策略、榨取策略和放弃策略。

4.新产品开发程序。新产品开发过程包括八个阶段：创意产生、创意筛选、概念发展与测试、营销计划、商业分析、产品开发、市场试销和商品化。

5.品牌的内涵。品牌包括六层含义：品牌属性、品牌利益、品牌价值、品牌文化、品牌个性和消费者。

6.品牌资产的概念。品牌资产是指产品和服务所附加的价值，反映了消费者对该品牌的想法、感受和所采取的行动，以及品牌带给公司的价格、市场份额和盈利性。

7.品牌策略。品牌定位策略，包括属性定位、利益定位和价值定位；品牌归属策略，包括制造商品牌、自有品牌、许可品牌和共有品牌；品牌发展策略，包括产品线延伸、品牌延伸和多品牌策略。

8.包装策略。包装是指设计并生产产品的容器、外部包扎物及装潢的一系列活动。包装可以起到保护商品、便于运输、促进销售和创造价值的作用。产品包装策略包括类似包装策略、等级包装策略、分类包装策略、配套包装策略、再使用包装策略、附赠包装策略和更新包装策略。

9.服务策略。服务营销要素，即服务营销组合策略，突出了有形展示与管理、服务流程的内容和服务质量。这些内容均与服务产品本身的特征有关，也是区别于实体产品的主要方面。服务营销中的有形展示包括一些支持提供服务的可以传递服务特色和优点的有形因素，或能让顾客看得见摸得着的东西，包括环境、实物装备等，象征可能获得的无形利益。企业要想做好服务营销就要加强有形展示的管理。

思考与应用

1.整体产品概念的五个层次是什么？多层次角度的理解具有什么意义？
2.什么是产品组合的宽度、长度、深度和关联度？试举例说明。
3.产品生命周期各阶段有哪些特征？

4. 新产品开发的步骤及基本原则是什么？

5. 举个例子说明品牌的内涵并比较它们的品牌定位策略。

6. 品牌发展有哪些策略？试举例说明。

7. 联系企业实际说明包装对于企业营销的积极意义。

8. 服务特征的无形性对制定营销策略有何影响？

9. 如何理解服务质量的内涵？

10. 试就农家乐旅游，用服务蓝图展示该项服务。

11. 如何评价服务质量差距的分析模式？结合所接受的某项服务加以说明。

12. 有形展示对服务营销的重要性体现在哪些方面？如何进行有形展示管理？

13. 在高接触度服务业中如何提高生产率？

14. 试结合手机行业售后服务现状，就如何提高售后服务质量，让更多的消费者满意，提出对策与建议。

课外阅读

1. 张红霞，马桦，李佳嘉. 有关品牌文化内涵及影响因素的探索性研究[J]. 南开管理评论，2009，(4).

2. 汪涛，何昊，诸凡. 新产品开发中的消费者创意——产品创新任务和消费者知识对消费者产品创意的影响[J]. 管理世界，2010(2).

3. 李林，顾宝炎，施若. 服务质量管理复杂性的研究[J]. 经济问题探索，2008(9).

4. 李雁晨，卢东，周庭锐. 服务营销组合因素对服务失误归因的影响[J]. 软科学，2010(6).

5. 郑长娟，徐建中. 服务营销与现代制造企业竞争优势[J]. 经济管理，2002(17).

6. KALYANARAM G, KRISHNAN V. Deliberate product definition: customizing the product definition process[J]. Journal of Marketing Research, 1997(May).

7. GREEN P E, WIND Y. New way to measure consumers' judgements[J]. Harvard Business Review, 1975(July-August).

8. SMITH A K, BOLTON R N, WAGNER J. A model of customer satisfaction with service encounters involving failure and recovery[J]. Journal of Marketing Research, 1999(3).

9. 余阳明，杨芳平. 品牌学教程[M]. 上海：复旦大学出版社，2005.

10. 艾克. 管理品牌资产[M]. 吴卫华，等，译. 北京：机械工业出版社，2006.

11. 叶万春. 服务营销学[M]. 北京：高等教育出版社，2007.

12. 王永贵. 服务营销[M]. 北京：北京师范大学出版社，2007.

13. 阿尔布瑞契特，詹姆克. 服务经济[M]. 北京：中国社会科学出版社，2004.

14. 格罗鲁斯. 服务管理与营销[M]. 北京：电子工业出版社，2002.

15. 郭国庆. 市场营销学通论[M]. 北京：中国人民大学出版社，2007.

中国营销·案例分析

胖东来：极致服务，以人为本

1995 年创立的胖东来，从一家烟酒店起家，如今涉及超市、百货、专卖店、便利店多种业态，从服装、家电到首饰；从药品、餐饮到粮油果蔬，凡与日常生活息息相关的商品或服务几乎无所不包。胖东来所在之地，河南的三四线城市——许昌和新乡两处，台企丹尼斯、巨头世纪联华都只能倒闭歇业，全球零售老大沃尔玛推迟 5 年才开业，4 年后无奈停业。中国零售业的数据显示，胖东来企业人效、坪效在中国民营商业企业排第一名。有赞誉称：胖东来"引发了中国零售商的新思考，是中国企业的一面旗子""在中国零售业一直是神一般存在"。

在胖东来流传着两个"海底捞"式的传闻：一位顾客问胖东来商场里的保安，哪里能买到购物券。保安直接将他带到了八楼服务台。这位顾客感动得不好意思，最后买了 5000 元购物券。有人在胖东来的超市看到两个阿姨跪在地上，一个拿毛巾擦地，一个拿扇子扇，便询问为什么这么做。她们回答道，这样擦得干净，干得快。这两则传闻也许有夸张的色彩，但说它们发生在胖东来并不为过。

胖东来的极致服务可以分为两方面：细节服务和专业服务。商场客流量大，地面干净得可以反光人影；超市入口处的打包台，有免费消毒液、纸巾、急救箱等；楼层电梯出入口，有专职服务人员站立搀扶老人孩子；在商场问路会有人直接带你到目的地；出门时东西买多了，员工会主动给顾客打包商品；回家发现商品不满意或存在质量问题，可立即退货……

虽然超市一般都有购物车和购物篮，但胖东来不仅有，而且有七种不同类型的购物车，每种车的用法还会标注，供顾客各取所需。老年人专用款购物车不仅自带可供休息的板凳，还有放大镜，方便老人查阅商品。此外，老年人经常逛的调料处也有放大镜；容易腐坏需要冷冻的食品都配有专门的取冰处；冷冻食品货架边放置着贴心的手套；胖东来的珠宝售后服务中心可以免费清洗维修首饰，哪怕不是在胖东来购买的；购物不满意可以在意见本上留言，每一条留言都将在 24 小时内得到值班经理回复，并附有电话。

胖东来还实行缺货登记制，顾客凡是在胖东来有买不到的商品或者紧急需要，都可以拨打急购热线。接到急购需求后，胖东来会在全国进行信息查询，尽快采购货品，有求必应，哪怕去竞争对手店里买来，也不让顾客失望。

为了提供专业的服务，胖东来尽量将操作标准规范化和流程化，在 2008 年的时候成立了实操标准小组，为各个部门的工作岗位制定了详细的操作手册和视频，主要包含超市部、服饰部、电器部、珠宝部、医药部、餐饮部、时代广场和百货部的 136 个岗位。

另外，胖东来倡导理性消费，近年来减少了各种促销活动，以免顾客盲目购买打折物品。在胖东来的珠宝柜台上方有一则温馨提示：理性消费更幸福。在省钱上，它用了其他的方法：承诺"七日内商品正常调价，给予退差价"。比如国际金价暴跌时，在胖东来购买黄金饰品的顾客就享受这个政策，纷纷前去补领差价。

胖东来的售后服务共有 18 项免费，如免费存车、免费打气、免费提供修车工具、免费存包、免费给手机充电、免费送货、免费维修、免费干洗、免费熨烫、免费锁边、免费修鞋等。不管是不是在胖东来消费，顾客都可享受这些服务。

胖东来要求所有员工都应尽可能丰富商品知识，从原材料生产到使用方法都能为顾客详尽讲述，例如该如何选购微波炉、怎样使用微波炉等。胖东来商场内部处处都有商品的介绍牌，指导人们了解商品的来源、种类、特性以及正确使用商品的方法，连消防栓都有详尽的大篇幅使用说明。

营业员还会在商品旁不厌其烦地提醒顾客：柿子，空腹是不能吃的，并且柿子皮也不能吃，更不能与螃蟹、虾同食。使用不粘锅时，与之配套使用的锅铲不可以是铁铲或不锈钢的，因为会损坏不粘锅的涂层，必须是硅胶制品。

就是这样的点滴，让顾客喜欢胖东来，顾客在这里不仅可以满足购物的需求，同时也能学到生活知识，并且这个学习的过程，自然、轻松、有趣。胖东来对顾客的真诚赢得了顾客的信赖与喜爱。任何企业想要做大做强，就要承担起自己的社会责任，为广大人民服务。

资料来源：腾讯网，2022 年，内容有改动。

思考问题：

1.试讨论胖东来取得成功的原因。

2.请结合胖东来全方位顾客服务策略，分析胖东来的服务理念是如何贯穿于它的一切工作规范和经营活动的。

第9章 定价策略

9.1 影响定价的主要因素

案例导入

华为手机：在
竞争中提升价值

价格就是购买一件产品或一项服务所收取的费用。广义上的价格是消费者为了从消费一件产品或一项服务中获益而放弃的价值的总和。价格是营销组合中唯一产生收益的因素，其他所有的因素都只反映了成本。同时，价格还是所有营销组合中最灵活多变的一个。

价格的制定是一个复杂的过程，企业必须考虑各种因素的影响，以确定一个既对企业有利，又能被消费者接受的合理价格。图 9-1 总结了制定价格时需要考虑的主要因素。一般来说，产品定价的上限取决于市场需求，下限取决于该产品的成本、费用等。在这两个极端之间确定的价格，则取决于企业的定价目标、竞争者同类产品的价格和政府的政策、法规，其中竞争因素构成了对价格上限的最基本的影响，企业定价目标则提出了最低限价的问题。

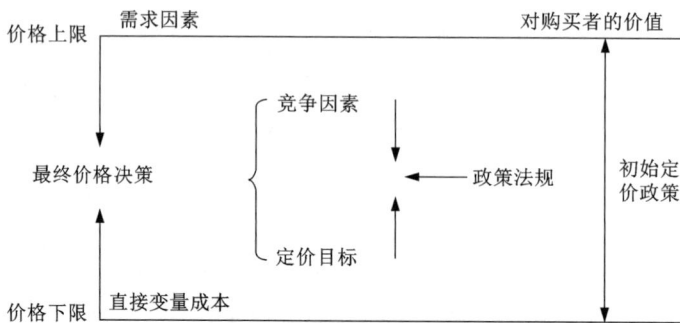

图 9-1 影响定价的主要因素

9.1.1 定价目标

企业在制定价格时，首先应确定凭借价格产生的效用所要达到的目的。定价目标是企业决策目标体系中的具体目标之一，必须服从于企业决策的总体目标，同时与其他决策目标相配合。企业决策总体目标并不只是对应于一种定价目标，在不同条件下，它可以通过不同的定价目标来实现。企业的定价目标大致有以下几种：

9.1.1.1　维持生存目标

企业如果产能、产量过剩，或面临激烈竞争，则会把维持生存作为主要目标。为了确保工厂继续开工和售出存货，企业必须制定较低价格，并希望市场是价格敏感型的。许多企业通过大规模的价格折扣来保持企业活力。只要其销售收入能弥补可变成本和部分固定成本，企业的生存便可维持。

9.1.1.2　利润最大化目标

以利润最大化为定价目标的企业的侧重点是获得最大利润以及最大投资回报率。制定利润最大化定价目标的前提是企业的生产技术和产品质量在市场上居领先地位，同行业中竞争对手的力量较弱，或者企业生产的商品供不应求。

最大利润目标并非必然制定高价格，价格太高，会导致销售量下降，利润总额可能会因此减少。有时，高额利润是通过采取低价策略，吸引消费者增加销售量获得的；或者先低后高，即以低价占领市场后再逐步提高价格获得的；也可以采取招徕定价技巧，对部分产品制定低价以扩大影响，招徕消费者，进而带动其他产品的销售，从而谋取整体利润的最大化。

9.1.1.3　市场占有率最大化目标

以市场占有率最大化为定价目标的着眼点在于追求企业的长期利润，取得控制市场的地位。企业可在单位产品价格不低于可变成本的条件下，制定尽可能低的价格，追求市场占有率领先地位。企业也可能追求某一特定的市场占有率，例如计划一年内将市场占有率从 10% 提高到 15%，为实现这一目标而制定相应的市场营销计划和价格策略。

具备下述条件之一时，企业可考虑通过低价实现高市场占有率。

(1) 市场对价格高度敏感，低价能刺激需求迅速增长。

(2) 生产与分销的单位成本会随生产经验的积累下降。

(3) 低价能吓阻现有的和潜在的竞争者。

9.1.1.4　产品质量领先目标

企业也可考虑质量领先这样的目标，并在生产和市场营销过程中始终贯彻产品质量最优化的指导思想。为此，企业需要制定一个高的价格来保证高的产品质量，弥补高额的研究及开发费用。产品优质优价的同时，还应辅以相应的优质服务。

9.1.1.5　企业形象最佳化目标

以企业形象最佳化为定价目标，即把价格作为确定企业特定形象的表现手段。价格是消费者据以判断企业行为及其产品的一个重要因素。企业应该注意使制定出来的价格与企业整体定位相一致，与目标市场消费者的需求相一致。比如，与产品策略等相配合。适当定价也可以起到确立强化企业形象特征的作用。为优质高档商品制定高价，有助于确立高档产品形象，吸引特定目标市场的消费者；适当运用低价或折扣价则能帮助企业树立"平民企业"、以普通大众作为其服务目标对象的企业形象。

9.1.2　产品成本

产品成本是影响定价的一个重要因素，从长远看，某种产品的最低价格取决于这种产品的成本费用，任何产品的销售价格都必须高于成本费用。产品成本越低，企业可能获得的利润就越高，在定价方面也更具灵活性，因而更容易在市场上占据主动位置。

产品成本主要由生产成本、营销成本以及储运成本这三部分构成。这三种成本分别来自生产产品到实现销售的过程中企业所产生的消耗。生产成本是指产品在生产的过程中所消耗的原材料、加工费、管理费等；营销成本是指为销售产品而发生的促销费用、个人工资、公共关系支出等；储运成本是指产品经过分销渠道所发生的储存及运输费用。

9.1.3　市场需求

产品的价格除了受成本因素的影响外，还受市场需求的影响。一般情况下，产品价格与市场需求量成反比。价格上升，需求量下降；价格下降，需求量则上升。

企业在制定价格时，必须知道和了解价格的变动需求将会发生什么变化。反映这种影响程度的一个指标就是商品的价格需求弹性，简称需求弹性。它是指因价格变动而引起的需求相应变动的比率。需求价格弹性系数 Ep 可用公式表示如下（取绝对值）：

名创优品，低价优质

$$Ep=需求变动百分比/价格变动百分比$$

$$Ep=\frac{(\Delta Q/Q)\%}{(\Delta P/P)\%}$$

需求价格弹性主要有三种类型。

（1）$Ep=1$，表示单位弹性，反映需求量与价格等比例变化。对于这类商品，价格的上升（下降）会引起需求量等比例减少（增加），因此，价格变化对销售收入影响不大。

（2）$Ep>1$，表示富有弹性，反映需求量的相应变化大于价格自身变化。对于这类商品，价格的上升（下降）会引起需求量较大幅度减少（增加），定价时，应通过降低价格、薄利多销达到增加盈利的目的；反之，提价时务必谨慎，以防需求量发生锐减，影响企业收入。

（3）$Ep<1$，表示缺乏弹性，反映需求量的相应变化小于价格自身变化。对于这类商品，价格的上升（下降）会引起需求量较小程度减少（增加），定价时，较高水平价格往往会增加盈利，低价对需求量刺激效果不强，薄利并不能多销，反而会降低收入水平。

9.1.4　竞争因素

竞争因素对产品价格的制定有很大的影响，企业要深入分析产品所处的市场竞争状况，从而制定相应的价格策略。一般来说，市场竞争可以分为完全竞争、完全垄断、垄断竞争和寡头垄断四种状况，不同竞争状况会对企业的商品价格制定产生不同的影响。

9.1.4.1　完全竞争对制定价格的影响

在完全竞争的市场中，产品的价格是由市场中的供需关系决定的，任何一家企业对定价都没有决定权，它们和消费者都是价格的接受者。

9.1.4.2　完全垄断对制定价格的影响

完全垄断是指某种产品的生产和销售完全被一家或少数几家企业独立控制的情况。在完全垄断的市场中，企业缺乏竞争因素因而不存在降低成本的外在力，可以自由地决定产品的价格。但完全垄断企业的定价有时也会受到来自政府以及公众力量的干预。

9.1.4.3　垄断竞争对制定价格的影响

垄断竞争是指既有垄断又有竞争，介于完全竞争和完全垄断之间的情况。同一产业虽有许多企业，它们之间争夺市场的竞争也很激烈，但不同企业生产的同类产品在品质、款式、品牌和渠道等方面存在差异，使得每一个企业对自己的产品拥有一定的垄断权。在垄断竞争市场条件下，企业不是消极的价格接受者，而是一个对价格有影响力的决定者。

9.1.4.4　寡头垄断对制定价格的影响

寡头垄断是指在一个行业中少数几家企业生产和销售的产品占此市场销售量的绝大部分。这是一种介于垄断竞争与完全垄断之间的市场结构。在寡头垄断的市场上，产品的价格不是由市场供求关系决定的，而是由"寡头"协商决定的。

9.1.5　政府的政策法规

企业制定价格时，还应关注政策和法律因素，从而制定适合自身发展的价格策略。在我国，规范企业定价行为的法律和相关法规有《中华人民共和国价格法》《中华人民共和国反不正当竞争法》《关于商品和服务实行明码标价的规定》《制止牟取暴利的暂行规定》《价格违法行为行政处罚规定》《关于制止低价倾销行为的规定》等。企业在进行定价决策时，不得通过低价倾销、价格串通、哄抬价格、价格欺诈等方式滥用自主定价权；不得违法达成、实施固定价格、限制商品生产或销售数量、分割市场等任何形式的垄断协议；不得实施没有正当理由的掠夺性定价、拒绝交易、搭售等滥用市场支配地位行为；不得违法实施经营者集中，排除、限制竞争；不得实施商业混淆、虚假宣传、商业诋毁等不正当竞争行为，危害公平竞争市场环境；不得利用数据优势"杀熟"，损害消费者合法权益；不得利用技术手段损害竞争秩序，妨碍其他市场主体正常经营；不得非法收集、使用消费者个人信息，给消费者带来安全隐患；不得销售假冒伪劣商品，危害安全放心的消费环境。商业道德在一定程度上构成了对经营者利用价格手段追求利益最大化行为的重要约束条件。当价格的变动与消费者的生命健康密切相关或与社会稳定等公共福利息息相关时，经营者应该以良好的社会责任感和商业道德来积极维护合理的价格秩序。

9.2 定价方法

定价工作复杂，企业必须全面考虑各方面因素，并采取一系列步骤和措施。一般来说，定价决策有六个步骤，即选择定价目标、估算成本、测定需求的价格弹性、分析竞争产品与价格、选择适当的定价方法和选定最后价格。

企业产品的价格高低受市场需求、成本费用和竞争情况等因素的影响和制约。但在实际工作中，往往只能侧重于三个因素的某一方面，这样也就形成了成本导向、需求导向和竞争导向三类基本的定价方法。

9.2.1 成本导向定价法

成本导向定价法是以产品的总成本为中心，按照卖方意图进行定价的方法。它主要以产品的成本为依据，加上预期的利润，即为产品的基本价格。这种定价方法由于较为简便，企业易于核算，因而是一种较为普遍、常用的定价方法。但是这种方法没有考虑市场需求，缺乏一定的灵活性。比较常用的成本导向定价法有以下几种：

9.2.1.1 成本加成定价法

成本加成定价法是以产品的单位总成本为基础，加上一定比例的预期利润或税金来确定产品价格的方法。单位产品的总成本由单位产品的固定成本与变动成本之和构成。成本加成定价法的计算公式为：

单位产品价格=单位产品成本×(1+加成率)

其中，加成率即利润占产品成本的百分比。

例如，企业每件产品的固定成本为 0.2 元，变动成本为 4.8 元。考虑各种因素后，该企业将成本加成率定为 20%，则价格为：

(0.2+4.8)×(1+20%)=6(元/件)

成本加成法的优点：成本与价格直接挂钩，简便易行，企业无须根据需求变动频繁地调整价格；如果同行各企业都采用此方法定价，它们的价格就会趋于相似，可避免价格竞争；以成本为基础定价对买方和卖方都比较公平，卖方可以获得一定利润，买方也不会因需求强烈而付出高价，排除了短时间内供求变化对价格的影响。这种定价方法的缺点有缺乏灵活性，忽视了市场需求和竞争，难以适应市场需求和竞争状况的变化。

企业使用成本加成定价法时应注意以下几点：

(1)不同产品的加成变化较大。一般来说，季节性强的产品的加成往往较高，特殊品、周转慢的产品、储存和搬运费用高的产品以及需求弹性低的产品加成也较高。另外，公司有时采用高加成是因为它有隐含成本或高变动成本。

(2)加成率的确定应考虑价格弹性和企业的预期利润。如果某品牌的价格弹性大，其加成就应相对低些；如果某品牌的价格弹性小，其加成则应相对高些；如果价格弹性保持不变，其加成也应保持相对稳定，以制定最适当的价格。

9.2.1.2　目标利润定价法

目标利润定价法指根据总成本、预计销量和预期利润来确定价格的方法。

目标利润定价法的计算方法如下：

单位产品价格 =（总成本+目标利润）/预期销售量

或：

单位产品价格 =（企业固定成本/预期销售量）+单位变动成本+单位产品目标利润额

例如，某企业投入固定成本 600 万元，单位产品变动成本为 5 元，预期销售量为 80 万件，若企业定价目标为实现目标收益 200 万元，则销售价格应定为：

（600+200）/80+5 = 15（元/件）

目标利润定价法一般适应于需求价格弹性小，而且在市场中有一定影响力、市场占有率较高或具有垄断性质的企业。西方许多国家的大型公用事业就采用目标利润定价法定价。因为它们投资大，业务具有垄断性，又和公众利益息息相关，所以政府对它们的定价有一定限制，只能依据一定的投资额确定一个百分比，计算收费标准。

9.2.1.3　边际成本定价法

边际成本定价法也称边际贡献法。这种方法是以单位变动成本作为定价依据，加上单位产品贡献，形成产品单价的方法。单位产品贡献是指产品单价扣除单位产品变动成本后的余额。

边际成本是预计的销售收入减去变动成本后的余额。如果边际成本不能完全补偿固定成本，企业就会出现一定程度的亏损。但是，在市场产品供大于求，卖方竞争激烈时，采用此法定价较为灵活。因为，如果售价过高而滞销或丧失市场，还不如暂时不计固定成本，尽力维持生产经营。否则，即使企业停产，固定成本依旧支出，企业亏损将更为严重。

边际成本定价法的优点有益于在各种产品之间合理分摊固定成本费用；有利于企业选择和接受市场价格，从而提高企业的竞争能力；根据各种产品贡献的多少安排企业的产品线，易于实现产品最佳组合。

这种定价方法适用于竞争激烈的市场，应用时，要随着销售形势的变化而相应地调整价格的加成比例，以期获得最大的边际利润。

9.2.1.4　盈亏平衡定价法

盈亏平衡定价法也称为保本定价法或收支平衡定价法，是指在销售量既定的条件下，企业产品的价格必须达到一定的水平才能做到盈亏平衡、收支相抵，既定的销售量就称为盈亏平衡点。科学地预测销量和已知固定成本、变动成本是盈亏平衡定价法的前提。使用盈亏平衡定价法的关键是对市场销售量要预测准确，因此，对可能的销售情况进行全面评估，是采用盈亏平衡定价法的前提。

9.2.2　需求导向定价法

市场营销观念要求企业的一切生产经营必须以消费者需求为中心，只考虑产品成本，而忽视竞争状况以及消费者需求的定价，不符合现代营销观念。随着市场的变化，需求导向定价法作为一种适应新的市场环境、市场状况的方法而出现。

9.2.2.1 认知价值定价法

认知价值定价法是指根据消费者对本企业所销售商品价值在主观上的判断而实行的定价方法。一般消费者对其购买的商品都有一个基本的价值判断，即以多少元购入多少件商品是否值得。根据这一特点，就产生了认知价值定价法。

这种定价方法要充分考虑消费心理和需求弹性。例如，需求弹性大的产品价格可定得低些；需求弹性小的产品价格可定得高些。又如，著名商标的优质产品，或出自著名专家或工匠之手的优质产品，消费者就会另眼看待，售价就可提高。反之，定价就要低一些，才能得到消费者认可。

9.2.2.2 需求差异定价法

需求差异定价法也称市场细分定价法，指对同一质量、功能、规格的产品或服务，根据需求差异和紧迫程度制定不同的价格，即以销售对象、销售地点、销售时间等条件变化所产生的需求差异，尤其是需求强度差异作为定价的基本依据来制定价格。这些产品或服务之间的差异，反映了产品需求弹性的差异，并不反映成本上的差异。这种定价方法主要有以下几种形式：

（1）以消费者为基础的差别定价。指同一产品和服务对不同消费者制定不同的价格。消费者因职业、圈层、收入、年龄等原因，会有不同的需求，企业在定价时可给予相应的优惠或提高价格。

（2）以产品销售地区为基础的差别定价。指同一产品和服务处在不同地理位置，可分别制定不同的价格。如同样的饮料，在电影院的价格要高于超市的价格；又如，剧院座位票价可能因前排、后排、中排、边排的位置不同而有多种价格。

（3）以时间为基础的差别定价。由于产品的生产和需求会因时间变化而变化，对同一产品在不同的季节、时间可制定不同的价格。例如，服装、空调价格等会因季节不同而异；旅游景点的门票价格会因季节的不同而不同。

（4）以数量为基础的差别定价。同一产品或服务可按其不同的量来制定不同的价格，包括两种情况：①产品购买或消费得越多越便宜，鼓励多买多消费；②主张节约，越多就越贵。

9.2.2.3 反向定价法

反向定价法又称为价格倒推法，是指企业根据产品的市场需求状况，通过价格预测和试销、评估，先确定消费者可以接受和理解的零售价格，然后反向倒推批发价格和出厂价格的定价方法。这种定价方法不是以实际成本为主要依据，而是以市场需求为定价出发点，力求使价格为消费者所接受。

9.2.3 竞争导向定价法

竞争导向定价法，是指通过研究竞争对手的生产条件、服务状况、价格水平和市场竞争状况的变化，依据自身的竞争实力，参考成本和供求状况，确定和调整价格，以保持或强化价格竞争力的定价方法。竞争导向定价法主要有以下两种形式：

9.2.3.1　随行就市定价法

随行就市定价法，是指企业根据行业的平均价格水平来确定价格的方法，主要适用于需求弹性较小或供求基本平衡的产品。

在许多同行相互竞争的情况下，每个企业都经营着类似的产品，行业的平均价格具有相当的合理性，价格高于竞争者，就可能失去大量销售额，从而造成利润降低。因此在现实的营销活动中，"平均价格水平"在人们观念中常被认为是合理价格，易为消费者接受，而且避免了同行的激烈竞争，减少了风险，并能保证企业获得行业平均利润。

9.2.3.2　投标定价法

投标定价法是采购机构刊登广告或发函说明拟购品种、规格、数量等具体要求，邀请供应商在规定的期限内投标的方法。采购机构在规定日期开标，一般会选择报价最低、最有利的供应商成交，签订采购合同。投标定价法是建筑工程、大型机械设备等项目交易时常用的定价方法。投标价格是投标者根据竞争者的报价估计确定的，而不是按投标者自己的成本费用或市场需求来制定的。投标者参加投标的目的是希望中标，所以它的报价应低于竞争对手的报价。

9.3　定价策略

企业选择某种定价方法制定出来的价格，只是一种基本价格，在实际定价过程中，企业还需针对其各种环境因素及其变化，采取灵活多样的定价策略。定价策略指的是在制定价格和调整价格的过程中，为了实现企业的营销目标而采取的定价艺术和定价技巧，它对实现企业的营销战略起着重要的作用。

9.3.1　新产品定价策略

新产品与其他产品相比，可能具有竞争程度低、技术领先的优势，但同时也会有不被消费者认同和产品成本高的缺点。因此在为新产品定价时，既要考虑能尽快收回投资，获得利润，又要有利于消费者接受新产品。实践中，常见的新产品定价策略有以下三种：

9.3.1.1　撇脂定价策略

撇脂定价策略即在新产品上市初期，把价格定得高出成本很多，以便在短期内获得最大利润。这种策略如同把牛奶上面的那层奶油撇出一样，故称为撇脂定价策略。占有全球电脑 CPU 芯片 80%以上市场份额的英特尔公司（Intel）推出新的 CPU 时一般会采用撇脂定价策略，以利用其世界独一无二的新产品的优越市场地位赚取高额利润，收回其昂贵的开发成本。当其另一款更为先进的 CPU 即将推出或其竞争对手 AMD 公司也要推出类似产品时，英特尔公司才会降低这种产品的价格。

采用撇脂定价策略，需要具备四个条件：

（1）市场具有一批立即需要此产品的、数量可观的购买者。这样，需求就比较缺乏弹性。

（2）高价使需求和产量减少，单位成本增加，但不致抵消高价带来的利益。

（3）高价不会吸引太多的竞争者，一般在企业拥有专利或技术诀窍的情况下比较有效。

（4）高价应与优质产品的形象相适应。即产品上市前应该首先培育出较好的产品形象。

撇脂定价策略的优点是新产品初上市，奇货可居，可抓紧时机迅速收回投资，再用以开发其他新产品；价格一开始定得高一些，后期会有较大的回旋余地，可使企业掌握价格上的主动权，根据市场需求随时调价；可以借助价格提高产品身价，树立高档产品形象。

撇脂定价策略的缺点是如果在一个行业中，几乎所有的企业都采用这种方法，那么，将使消费者在很长的时期内进行等待，一直等到其认为价格合理以后再进行购买。这样，不但会给企业带来开拓市场的困难，而且消费者对企业的信任度也会降低。一旦进入竞争激烈的阶段或在二次购买时，这样的企业将难以得到原来消费者的惠顾。

9.3.1.2　渗透定价策略

渗透定价策略正好与撇脂定价策略相反，是指企业将新产品的价格定得很低，使新产品以物美价廉的形象吸引消费者，从而挤占市场。这种定价策略不仅有利于迅速打开产品销路，抢先占领市场，提高企业和品牌的声誉，而且由于价低利薄，有利于阻止竞争对手的加入，保持企业一定的市场优势。其不足之处在于投资回收期较长，风险大，且价格变动余地小，如果产品不能迅速打开市场或遇到强有力的竞争对手，就会给企业造成重大损失。

【案例9-2】

三星 Galaxy Poctet Neo 的渗透定价

采用渗透定价策略，需要具备的市场条件是：

（1）需求对价格极为敏感，低价可以刺激市场迅速增长。

（2）企业的生产成本和经营费用，会随着生产经营经验的增加而下降。

（3）低价不会引起实际和潜在的过度竞争。

9.3.1.3　满意定价策略

满意定价策略是一种介于撇脂定价与渗透定价之间的折中定价策略，其新产品的价格水平适中，同时兼顾生产企业、消费者和中间商的利益，能较好地被各方所接受，是一种中间价格。因为这种定价策略既能保证企业获得合理的利润，又能兼顾中间商的利益，还能为消费者所接受，所以称之为满意定价策略。

这种定价策略的优点在于：满意价格对企业和消费者都较为合理公平，并且由于价格比较稳定，在正常情况下盈利目标可按期实现。其缺点是价格比较保守，不适用于竞争激烈或者复杂多变的市场环境。这一策略适用于价格需求弹性较小的商品，包括重要的生产资料和生活必需品。

9.3.2　折扣定价策略

企业为了鼓励消费者及早付清货款、大量购买、淡季购买，可酌情降低基础价格，这种价格调整叫作价格折扣。这种策略具有正反双重作用，既可能为企业创造利润和知名度，提高销量，也可能在产品折价后，使企业陷入销售难行的困境，并对品牌造成一定的伤害。折扣定价策略主要有以下几种：

9.3.2.1　现金折扣策略

现金折扣是指企业为鼓励买方提前付款，依据买者付款时间的早晚给予一定比例的价格折扣。采用现金折扣一般要考虑三个方面：折扣率；给予折扣的时间限制；付清全部货款的期限。一般先规定购买后付清账款的时间期限，并以此为据，规定如果提前多少天付清，可以得到相应价格优惠。例如规定 30 天内需要付清全款，如果 10 天就付清，则给予2% 的折扣，即 10 天付清的购买者可以只付 98% 的货款。

9.3.2.2　数量折扣策略

数量折扣是卖方因为买方购买数量大而给予的一种价格折扣，可以分为一次性的和累计性（多次）的。一次性只计算一次购买的数量，买方的购买数量达到这个数量就给予优惠性折扣。如规定每单位的货物按 100 元出售，如果购买量在 100 个单位以上，就可以打9 折，即给予 10% 的折扣。累计性折扣，即规定累计购买达到某个数量，给予多少折扣。数量折扣的目的是增加买方购买的数量，鼓励买方多购买产品。因为销售数量增加，可减少企业营销费用，如储运费用、广告费用等，并减少成品资金的占用，也便于企业培养忠实客户。

9.3.2.3　功能折扣（贸易折扣）策略

功能折扣也称贸易折扣，主要是制造商向渠道成员提供一种价格折扣，以促使渠道成员积极地承担和完成某些渠道功能。如规定零售商如果在当地做了产品的广告，广告的质量符合某种主要规定，如广告覆盖面达到多少人次，就对其进货价格给予多少折扣。再如，如果经销商承担了消费者服务，则可以在进货价格上给予一定的折扣。制造商可以就多种渠道功能和其他的营销功能提供这种价格折扣。如消费者培训、商品再包装、提供购买者信贷等，都可以实行功能折扣。

9.3.2.4　季节折扣策略

季节折扣是指生产季节性产品的企业为鼓励消费者在淡季购买而给予的价格优惠。实行季节折扣有利于产品均衡生产，减少资金占用压力，加速企业的资金周转。例如，雪橇制造商在春夏季给零售商以季节折扣，以鼓励零售商提前订货；旅行社和航空公司在旅游淡季通常给旅客一定的折扣优惠。

9.3.2.5　折让策略

折让折扣指营销企业根据价目表，在消费者满足某种条件的情况下给予的价格折扣。如常用的旧货折让，即当消费者交回一件旧产品时，可按一定折扣的价格购买新产品，这样做可促使消费者及早进行产品的更新购买；广告折让，即让消费者手持企业的某种形式的广告到指定的地点，按一定折扣购买产品，这样做可以使企业调查广告实施效果；促销折让，即在促销活动期间购买产品的消费者可以享受价格优惠。

9.3.3 心理定价策略

心理定价策略是一种针对消费者心理活动和变化所使用的定价策略。企业可运用心理学原理，依据不同类型的消费者在购买商品时的不同心理要求来制定价格，以诱导消费者增加购买量，扩大企业销售量。这种定价策略一般在零售企业中对最终消费者应用得比较多，具体包括以下几种：

9.3.3.1 尾数定价策略

尾数定价是指给商品定价时，取尾数而非整数的方法。心理学测试结果表明，消费者感觉单数比双数少，奇数比偶数显得便宜，零头比整数准确。一般认为，百元以下的商品，末尾数为9最受欢迎，百元以上的商品，末尾数以98、99最为畅销。采用尾数定价策略，还会使消费者有一种精心计算的感觉，从而增强心理上的信任感，此外，这样做还使消费者在心理上有一种便宜感，从而刺激其购买的欲望。

【案例9-3】

线上销售玩转数字"9"

9.3.3.2 整数定价策略

整数定价则刚好与尾数定价相反，它有意将商品的价格定为整数，以显示商品的身价，而且此时零售商会认为整数价格更有助于商品的销售。因此，这种定价是一种针对消费者求名和自尊心理所采取的定价策略。例如，一套高档西装，定价2980元不如定价3000元。整数定价策略一般适用于高质量的名牌产品或消费者不太了解的新产品，尤其是一些高级消费品和礼品，一般日用品不适宜采用这一策略。

9.3.3.3 声望定价策略

声望定价是一种利用企业或产品的知名度，给产品制定一个较高价格的定价方法。在消费者看来，价格是反映产品质量的重要指标，特别是知名企业的产品如果以较低的价格销售，可能会引起消费者的怀疑，进而影响其购买。因此，高价与独特的品质、完美的服务和知名品牌相结合，可以增加产品的吸引力，产生扩大销路的效果。

当然，运用这种策略必须慎重，不是所有商品均可采用声望定价策略的。使用声望定价策略时应注意以下两点：具有较高声望的名厂、名店、名牌产品及不易鉴别其质量和价值的产品才适用；要考虑消费者的承受能力，把握好高价的度，价格不能高得离谱。

9.3.3.4 招徕定价策略

招徕定价是指零售商利用部分消费者求廉的心理，故意把一种或几种产品价格定得很低，以吸引消费者、借机扩大其他相关产品销售的定价策略。采用招徕定价策略的主要目的是借低价来吸引消费者，使他们在购买特价品时购买其他产品。采用这种策略，光从几种特价品的销售来看企业不赚钱，甚至亏本，但从企业总的经济效益来看还是有利的。企业在采用招徕定价策略时，必须注意以下几点：

（1）降价的商品应是消费者常用的、适合大多数家庭使用的商品，否则不会有太大的吸引力。

（2）实行招徕定价策略的商品品种要多，以便消费者有较多的选购机会。

（3）实行招徕定价策略的商品降价幅度要大，一般应接近甚至低于成本。只有这样，才能引起消费者的注意，才能激发消费者的购买欲望。

（4）实行招徕定价策略的商品数量要适当，过多则卖方可能出现亏损，过少则无法使消费者产生兴趣。

（5）实行招徕定价策略的商品应该与因残次而削价处理的商品明显区分开来。

9.3.3.5　习惯定价策略

习惯定价是指对市场上长期流通的产品，按照消费者的习惯心理制定价格。消费者在长期购买实践中，对一些经常购买的日常消费品，心目中已经形成了习惯性的价格标准，符合其标准的价格就能被顺利接受，偏离其标准的价格则会引起疑虑，影响其购买。

采用习惯定价策略要注意以下两种情况：

（1）因产品成本上升企业面临提价压力。这种形势最好保持原来的习惯价格，不改变原标价，而将单位数量略微减少或质量适当降低，以减少成本，这样做比提高价格更容易为消费者所接受。如果成本上升幅度较大，不得不改变标价，则最好是把品牌或包装改变后再行提价，以便让消费者认为这是一种经过改进的新产品，多付钱是合理的。

（2）对已形成习惯价格的商品欲降价促销。这一形势最好也不要直接降价，而应以买一送一的馈赠形式进行。这样做既可达到降价促销的目的，又可增进与消费者的情感沟通。

9.3.4　差别定价策略

差别定价是指企业针对不同的消费者群体、不同的时间和地点对市场进行细分，在细分市场之间需求强度差异较大，产品不存在由低价市场流向高价市场的可能性以及在法律允许的条件下，对同种产品或劳务采用不同定价的定价方法。这种差价不反映生产和经营成本的变化，又称为价格歧视。差别定价法主要有以下几种形式：

9.3.4.1　消费者差别定价策略

消费者差别定价是指企业按照不同的价格把同一产品或服务卖给不同的消费者。如电影院对于普通观众收取正常的票价，对于学生收取较低的学生票价；一些大中城市的公共游乐场所，对大、中、小学生收取半价。这样可为企业争取到一个较大但支付力较差的消费者群，使产品进入一个新的或特殊的细分市场，有时也起到公关宣传作用。

9.3.4.2　产品式样差别定价策略

产品式样差别定价是指企业对不同规格（质量、花色、款式等）的产品制定不同的价格，但是不同型号或形式产品的价格差额和成本费用之间的差额并不成比例。

9.3.4.3　产品地点差别定价策略

产品地点差别定价是指同一种产品在不同的地理位置上的市场价格存在差异。在实际生活中，同种产品在不同地区的需求强度是不同的，因此可制定不同的价格。比如，影剧院虽然不同座位的成本费用都一样，但是不同座位的票价有所不同，这是因为观赏的效果和感觉不同；动车的一、二等座票价不同，是由其舒适性和便利性决定的。

9.3.4.4　销售时间差别定价策略

销售时间差别定价是指企业对于不同季节、不同时期甚至不同钟点的产品或服务分别制定不同的价格。例如，旅游景点对平时、周末以及节假日定的票价会有所不同；电信服务、电力供应在一天中某些时段、周末和平常收费不同。

企业采取差别定价策略必须注意以下几点：

(1)市场要能够细分，并且细分的市场的确有不同的需求存在。

(2)能享受到低价供应产品的消费者不可能将产品高价转让给不能享受低价供应产品的消费者。

(3)竞争者不可能在高价市场上以更低的价格出售这类产品。

(4)细分与控制市场的费用不应超过差别定价所带来的额外收入。如要求不同细分市场的经销商在各自的市场范围内实行不同的价格的时候，就必须为防止经销商相互窜货而进行市场监督和核查。如果这种监督需要的费用很高，则不如实行统一定价。

(5)差别定价不应造成消费者的反感或敌意。

(6)差别定价的特定形式不应是非法的。如不能以误导或欺骗的手段来蒙骗消费者。

9.3.5　产品组合定价策略

产品组合定价是指企业在生产经营一组相互关联的产品时，为了实现整个产品组合(或整体)利润最大化，充分考虑不同产品之间的关系，以及个别产品定价高低对企业总利润的影响等因素，系统地调整产品组合中相关产品价格的策略，主要包括以下几种：

9.3.5.1　产品线定价策略

产品线定价策略是指对于产品线内的不同产品，虽然它们的价值相差不大或属于同一型号，但由于质量稍有不同，企业有意识地专门制定不同的价格。在产品线定价时，企业会先选取一个基本的产品项目作为定价点，然后将其他产品项目与此项目进行比较再定价。一般将产品线中的不同产品项目区别为不同的等级的产品项目，只要区分出来的等级差异中包含的成本的差异小于等级定价的差异，就可使企业的总体盈利水平提高而不是个别产品项目的盈利提高。低档产品通过增加销售量的方法可以得到利润，中档产品将获取正常利润，而高档产品则通过"撇脂"获取超额利润，同时，这样做还可以保持企业产品的价格竞争力。

9.3.5.2　附加产品定价策略

附加产品指消费者在购买一种产品后需要再购买的与之有一定关联的产品。如汽车上使用的音响设备，计算机上需要使用的网卡、墨盒、胶卷、刀片等。

附加产品的定价，要对两类情况加以区别：①完全互补产品(消费一种产品必须消费另一种产品)的定价；②关联消费产品(消费一种产品可以消费另一种产品)的定价。

完全互补产品的定价,有两种策略可以考虑:①将主产品的价格定得较低,而将互补产品的价格定高。这种策略是一种通过互补产品获取高利的方法。当互补产品需要经常购买且用量很大时,或主产品在市场前期需要打开市场销路时,可以采取这种策略。例如,联想将其打印机的价格定得很低,而将与打印机配套使用的联想墨盒价格定价很高,迫使消费者在低价购买了联想打印机后又不断高价购买联想墨盒。②将主产品价格定高,互补产品价格定低。如果因为互补产品高价策略吸引来了更多仿冒者,企业则可以降低互补产品价格,有效阻止仿冒者的侵入。

关联产品的定价策略主要有:①选购件如果作为促销项目时,可以定低价。如绝大多数计算机整机制造商都将一些常用的计算机软件,如操作系统、文字处理软件和多媒体软件,作为附赠项目。②对于有助于提高产品档次,且当前消费者购买较少的关联产品,可以定较高价格。如汽车生产商对于用户要求安装的天窗,大都采用较高定价。

9.3.5.3　副产品定价策略

在生产一种产品的时候,能得到另外一种产品,这种产品就是副产品。如石油化工业、肉食加工业等都有副产品。这些副产品如果不能销售出去,企业就将为此花费成本进行处理。但是,这类副产品也可能有特定的买主,此时企业往往以买主愿意支付的价格为基础考虑其定价,只要能够补偿企业为销售这类副产品而需要花费的成本就行了。

9.3.5.4　产品系列定价策略

产品系列定价是指将两种或两种以上的产品或服务作为一个整体包,以一个特别优惠的价格卖给消费者。比如,汽车生产商可将一整套配件捆绑销售,并且使售价比分别购买这些配件的价格之和低。消费者本来无意购买全部产品,但如果这种捆绑式定价可以让其节约相当可观的费用,就能吸引部分消费者购买。

9.3.6　地理定价策略

地理定价策略指根据商品的销售市场与产地市场地理位置的差异而制定不同价格的策略。

9.3.6.1　原产地定价策略

原产地定价是指卖方负责将产品装运到买方指定的某种运输工具(如卡车、火车、船舶、飞机等)上,并承担交货前的一切风险和费用,交货后的一切风险和包括运费在内的所有费用由买方承担。原产地定价在国际贸易中习惯被称为"离岸价"或"船上交货价格"。

如果按原产地某种运输工具上交货定价,那么每一个消费者都要负担各自从产地到目的地的运费,这对买卖双方都比较合理。但是这样定价对企业也有不利之处,比如距离较远的消费者有可能不愿购买这个企业的产品,因为他们必须承担较高的运费。

9.3.6.2　统一交货定价策略

统一交货定价,是指不分买方路途远近,对不同地区的消费者实行统一价格加上平均运费,这实际上是含运费的全国统一价格。这种报价包含了一个由企业的客户分摊的平均运费，即距离企业较远的客户分摊了较少的运费，而距离企业较近的客户分摊了超过其实际的应付运费。这种价格策略可以吸引远方的客户购买，能使远方的客户认为运送商品是一项免费的附加服务，从而乐意购买，可以扩大产品辐射力和市场占有率，但对近处客户不利。

9.3.6.3 分区定价策略

分区定价，也称地域定价，是指企业把产品的销售市场划分为若干个区域，并为每个区域制定单一价格。距离企业较远的区域，价格定得较高；距离企业较近的区域，价格定得较低；在各个区域范围内实行统一定价。

9.3.6.4 基点定价策略

基点定价是指企业在其销售区域内选定某些城市作为基点，并按出厂价加企业到离购买者最近基点的运费来定价。有些公司为了提高灵活性，会选定许多基点城市，按照消费者最近的基点计算运费。

9.3.6.5 运费补贴定价

运费补贴定价是指为弥补产地价格策略的不足，减轻买方的运杂费、保险费等负担，由卖方负担其中一部分或全部运费的定价方法。采取运费补贴定价，可以使企业吸引远方的顾客，有利于扩大销售量，提高市场占有率。

9.4 价格调整策略

由于各种营销环境因素不断变化，企业需要对已有的产品价格进行必要的调整和改变，即通常说的"提价"和"降价"。在营销管理中，企业需要对价格变动的时机、条件、竞争者可能对价格变动做出的反应等进行分析，才能保证价格变动达到预定的营销目标。

9.4.1 提价策略

9.4.1.1 提价动因

通常情况下，提价能够增加收入，因此也能够增加利润。但也存在一些非利润追求的提价因素。提价的主要原因有：

（1）成本提高。导致成本提高的原因有很多，如通货膨胀、原材料短缺、生产技术改变、法律（如环保立法）改变等。

（2）供不应求。在这种情况下，企业有足够的理由和市场基础可以提价。企业通过提价可得到两个明显的好处：①减轻市场对供给的压力；②使企业迅速得到更多的回流资金和利润，可以扩大供给能力。

（3）通货膨胀。通货膨胀会造成企业成本增高，货币贬值，减少企业的收入。在此情况下，企业只有通过提价来保持真实价值的实现。因此，在通货膨胀期间，企业往往采取提高价格的办法来适应这种不正常的经营环境。

(4)市场领导者发动提价。当市场领导者不论什么原因发动提价时，许多实行市场跟进策略的中小企业就会跟随着提价。在这种情况下，企业提价是为了不改变与市场领导者所保持的竞争距离。

9.4.1.2　提价方式

提价的方式与技巧主要有：

(1)公开真实成本。企业可通过公共关系、广告宣传等方式，在消费者认知的范围内，把产品的各项成本上涨情况真实地告诉消费者，以获得消费者的理解，使涨价在没有或较少抵触的情况下进行。

(2)提高产品质量。为了减少消费者因涨价而感受到的压力，企业在产品质量上应多下功夫，比如改进原产品、新设计同类产品，在产品性能、规格、式样等方面给消费者更多的选择机会，使消费者认识到，企业在提供更好的产品，索取高价是应该的。

(3)增加产品分量。企业在涨价的同时，可增加产品供应分量，使消费者感到产品分量增加了，价格自然要上涨。

(4)附送赠品或优惠。涨价时，企业以不影响正常的收益为前提，随产品赠送一点实用小礼物或提供某些特殊优惠。这种方式在零售商店最常见。

(5)价格不变，但减少产品的附加服务或对原来免费的服务项目收取服务费。

9.4.2　降价策略

9.4.2.1　降价动因

出于下列考虑，企业会降低已有的产品价格：

(1)价格战的需要。当竞争对手发起了价格战，企业在许多情况下不得不应战；或者是估计竞争对手将会发起价格战，为了阻止竞争对手，企业先发制人，先于竞争对手主动降低价格。

(2)生产能力过剩。当企业的成品库存过多，或者目前开工不足，需要通过降价来扩大销售量，或是使存货尽快地脱手时，则需要采取降价措施。

(3)为阻止市场占有额下降或为争取到一个更大的市场份额。如为了阻止日本汽车向美国和世界市场进攻，美国的汽车行业连续 10 年采用不断降低美国汽车价格的办法。

(4)行业性的衰退或产品进入了衰退期。特别是衰退的速度很快，企业已经准备转向别的行业或退出现在所在行业时，企业往往会采取降价措施。

(5)宏观环境变化。为了保护消费者、控制通货膨胀或调节经济运行，有时政府会通过政策和法令限制某些行业的利润率或制定最高限价，从而导致该行业中产品价格下调。在市场疲软、经济萧条时期，价格下调是许多企业渡过难关的重要手段。

9.4.2.2　降价的方式

降价的方式有直接调低产品的价格和间接降价两种。企业更多地会采取间接降价的手段。常用的间接降价的方式有以下几种：

(1)实行价格折扣,如数量折扣、现金折扣等。

(2)增加产品价值。在产品标价不变的情况下增加产品的附加价值,如提高产品质量,改进产品性能,提供免费送货及安装服务,延长产品的免费保修期,免费提供技术培训等。

(3)采用销售促进方式。产品的标价不变,只是在销售时赠送商品或购物券,或是实行有奖销售,允许消费者分期付款或赊销等。

9.4.3 消费者对企业价格变动的反应

对不同产品的价格变动,消费者的反应有所不同。对需求弹性较大的产品,价格的变动会引起需求量的巨大波动;对需求弹性较小的产品,价格的变动对需求量的影响较小。企业还应进一步分析消费者是如何看待价格变动的。

9.4.3.1 消费者对企业提价的反应

一般而言,消费者对于价值高低不同的产品价格变动的反应有所不同。购买者一般对于价值高、经常购买的产品价格变动较敏感,而对于价值低、不经常购买的产品价格变动不太在意。对于企业提价,消费者的反应通常是:

(1)产品在市场中供不应求,价格还可能进一步上升,应赶紧购买。

(2)产品质量有所改进,性能更趋于完善。

(3)产品具有某种独特性。

(4)经销商想获取更大的利润。

9.4.3.2 消费者对企业降价的反应

消费者对企业的降价行为可能产生各种理解和反应,常见的有以下几种:

(1)产品的质量有问题,销售情况不好,因而降价处理。

(2)这种产品是市场淘汰品,很快会有替代产品出现。

(3)企业遇到经营问题,难以在行业中继续经营下去,通过降价促销,加快市场转移步伐。

(4)市场竞争激烈,企业为了争夺市场份额,比拼价格,产品价格还有可能进一步下降。

显然,上述各种看法将会影响企业的降价效果。所以,为了达到预期的目的,企业在降价促销时应给消费者一个可以接受的理由。比如,店庆让利、企业规模效益下的成本降低等。

9.4.4 竞争者对企业价格变动的反应

竞争者对价格变动的反应,也是企业调整价格时需要认真考虑的重要因素。由于每个竞争者对企业调价的理解不同,这个问题相对复杂。一般来说,竞争者对价格变动的反应可以归纳为以下几个方面:

9.4.4.1 跟进

跟进是指竞争者也出台同样的价格变动措施。当企业发动降价可能对竞争者的市场份额产生威胁时，或者企业提价使竞争者能看到明显的市场回应或好处时，竞争者都可能跟进。

9.4.4.2　不变

在以下几种情况下，当企业变动价格时，竞争者可能会保持现有价格不变：降价的企业所占市场份额小，声誉较低，对对手不会有多少威胁；竞争者拥有比较稳定的忠诚消费者群；竞争者想避免打"价格战"；竞争者认为整个市场增长潜力太小，变动价格没有意义。

9.4.4.3　战斗

战斗是指竞争者将进行针锋相对的价格调整，不惜与变动价格的企业打"价格战"。一般在下列情况中，竞争者可能做出上述反应：竞争者认为企业价格变动是针对其本身的，因为价格变动的企业对自己的市场地位会发生威胁；竞争者是市场中的领先企业，不愿意放弃自己的领导地位；竞争者相当看好当前市场，想通过包括价格竞争在内的方法排挤掉对手以获得长远利益。

无论竞争者将做出什么反应，企业都应该事先掌握对手可能的反应，并且估计对手的反应对企业的营销活动会有哪些不利的影响，同时考虑相应的对策。

9.4.5　企业应对竞争者价格变动的反应

9.4.5.1　不同市场环境下的企业反应

（1）在同质产品市场上，如果竞争对手降价，企业一般应该跟进。因为如果企业不跟进的话，消费者一定会购买价格更便宜的产品，因而会造成企业产品完全滞销。

（2）在异质产品市场上，竞争对手提价时，企业应该认真分析一下，竞争对手提价，是否因它的产品具有很高的消费者评价价值或受欢迎的特点而本企业不具备这些特点，如果情况相反，是那种有较高消费者评价特点的竞争对手发动降价，企业除非能够改进自己的产品来维持原价，否则就应该考虑降价。

为保证对竞争者调整价格做出及时的反应，企业应对以下问题展开调查：竞争者调价的目的是什么？竞争者调价是长期的还是短期的行为？竞争者调价对本企业的市场占有率、销售量、利润等有何影响？同行业的其他企业对竞争者的调价有何反应？

9.4.5.2　不同市场地位下的企业反应

（1）在市场上处于领导地位的企业面对竞争者攻击性降价，可以采取以下对策：①维持价格不变。因为降价会损失利润，保持原价，对市场占有率有一定的影响，但如果影响不大的话，日后还能恢复。当然维持原价的同时还要改进产品质量、提高服务水平、加强促销宣传、运用非价格竞争手段来反击对手。一些企业认为，这样比降价更为有利。②降价。如果产品的需求价格弹性较大，企业不降价会丧失大量的市场份额，而日后很难恢复，则应主动降价。③提价。这是一种针锋相对的策略。企业提价的同时要提高产品的质量，并通过各种传播媒介树立高品质的形象，与竞争者争夺市场。④提价且改进质量。以提价并引入一些新品牌去围攻对自己进行攻击的品牌。⑤推出廉价产品进行反击。在企业原有产品线中增加低档品，或另外推出一个廉价品牌，这种对策在对价格敏感的细分市场十分有效。

（2）在市场上处于其他市场地位的企业，包括挑战者、追随者、补缺者采取的策略也不外乎选择跟随调整价格、维持不变。企业应在充分了解市场竞争者降价意图的基础上，采取适宜的应对策略，尽量避免与市场领导者正面争夺市场份额。

最好的应对需要根据情况而变化。企业必须考虑产品所处生命周期的阶段，以及产品在公司的产品业务组合中的重要地位、竞争者的意图和资源、市场对于价格和质量的敏感度、数量成本的关系和公司可供选择的各种机会等因素。

本章小结

1. 影响定价的主要因素。定价目标、成本、市场需求、市场竞争、市场结构及政治、经济环境等因素都对价格的形成和确定有一定的影响和制约作用。

2. 企业定价的目标。定价目标为企业营销目标服务，是企业选择定价方法和制定价格策略的依据。企业的定价目标有利润最大化目标、市场占有率最大化目标、产品质量领先目标、维持生存目标、企业形象最佳化目标。

3. 企业定价的方法。企业定价一般有成本导向定价法、需求导向定价法和竞争导向定价法等几种。在成本导向定价法中，可按成本加成定价法、目标利润定价法、边际成本定价法进行定价；在需求导向定价法中，可按认知价值定价法、需求差异定价法进行定价；竞争导向定价法则是以竞争各方之间的实力对比和竞争者的价格为主要定价依据，主要方法有随行就市定价法及投标定价法。

4. 定价策略。常用的定价策略包括新产品定价策略（撇脂定价策略、渗透定价策略、满意定价策略）；折扣定价策略（现金折扣策略、数量折扣策略、贸易折扣策略、季节折扣策略、折让策略）；心理定价策略（尾数定价策略、整数定价策略、声望定价策略、招徕定价策略、习惯定价策略）；产品组合定价策略（产品线定价策略、附加产品定价策略、副产品定价策略、产品系列定价策略）；地理定价策略（原产地定价策略、统一交货定价策略、分区定价策略、基点定价策略、运费补贴定价策略）；差别定价策略。

5. 价格调整策略。价格调整策略即"提价"和"降价"。

思考与应用

1. 产品价格的决定受哪些因素影响？它们是如何影响的？
2. 什么是成本导向定价法？它有哪些具体方法？
3. 什么是需求导向定价法？它有哪些具体方法？
4. 什么叫认知价值定价法？如何进行理解价值定价？
5. 新产品有哪些定价策略？试比较它们的特点，并说明它们的适用场合。
6. 什么条件下企业应该提价或降价？具体实施时企业要注意些什么问题？

课外阅读

1. 段文奇，柯玲芬. 基于用户规模的双边平台适应性动态定价策略研究[J]. 中国管理科学，2016，24(08)：79-87.

2. 李敏. 价格竞争被动方的应对策略探析[J]. 价格理论与实践，2009(7)：74-75.

3. 刘咏梅，廖攀，胡军华. 电子商务环境下考虑竞争的新产品开发和定价策略研究[J]. 管理工程学报，2016，30(2)：210-215.

4. 刘静艳，王雅君. 景区门票分时定价策略研究[J]. 旅游学刊，2015，30(7)：72-79.

5. 石岿然，肖条军. 零售市场价格策略的演化博弈分析[J]. 管理工程学报，2005，19(4)：144-147.

中国营销·案例分析

任凭风浪起，"定"坐钓鱼台——京东的定价策略

1998 年，创业之初的京东只是北京中关村的一个 4 平方米的柜台，主要业务是售卖刻录机和鼠标键盘等电脑外设产品。自创始之初，京东就一贯坚持不随便提高价格，也不会在不保证品质的前提下，随意降价的原则。这使得幼年时期的京东在用户的口口相传中，逐渐积累了一大批忠实客户。

2004 年 1 月，京东开辟电子商务领域创业试验田，京东多媒体网正式开通，启用新域名 jd. com。京东购物平台商品齐全、类型丰富、市场广阔，内容涉及衣、食、住、行，可以满足大部分消费者的需求；同时京东多年发展构建了商品和服务质量好、价格廉的企业形象。这一期间，京东将价格杠杆运用得淋漓尽致，围绕低价展开了一系列价格调控策略。一时间，传统的线下商城几乎沦为京东的线下"体验店"，围绕价格展开的战争一触即发。

2012 年 7 月 16 日，京东 CEO 刘强东发布了一条微博："今年第三、四季度会掀起中国电商史上规模最大、最惨烈、最全面的价格战，而且京东要继续引领这场价格战。"这条微博在互联网上引来了 2900 多条评论。很多企业认为，通过积极降低价格来争取市场份额和增加利润是企业最可靠的策略。京东的价格战预言刚刚落下，就彻底搅乱了平静的 7 月市场，"凌乱"了电商大佬们。电商领域的企业纷纷出手应对，掀起"7·18~7·28 见证底价坐标"等活动。更有企业直接回应：坚决跟进价格战，不仅要打价格战，而且也要真让利，真的让消费者得到实惠！就这样，中国电商发展史上的"6 月血战"拉开序幕。在这场围绕价格战展开的拼杀中，电商企业展开了各种促销活动，以往价格坚挺的苹果手机、iPad，各种白色家电产品，均以促销、打折、满返等形式进行大力度的降价。

面对错综复杂的竞争环境，京东何以获得定价的优势？正是成本控制的优势，使京东把握了定价的主动权。为了最大限度地控制成本，京东大胆创新，自建物流体系，将服务运营的成本紧紧地把握在可控的范围内。通过自建物流，京东将综合费用率降低到 12% 左右，而此时传统电商的综合费用率约为 19%。同时，自建物流使得产品库存周转率得到极

大的降低，京东的库存周转天数只有 30 多天。这表明，京东的货物在库房中停留的时间极大地缩减，因此，作为物流成本很重要的一部分，库存成本大大降低，整个内部的运营效率跟传统的零售行业相比，整整提高了一倍。作为京东供应链生态的"试验田"，线上线下融合的食品生鲜超市 7 Fresh，库存周转少于 4 天。相对于其他电商企业，这种优势在于成本差异优势带来的定价优势。同时，日益完善的强大自营物流体系，为消费者带来了及时、高质量的服务保障，也为京东赢得了更多忠实的"京粉"。

如何在服务质量保证的前提下，用完美定价牢牢地吸引客户，在这方面京东可算是下足了功夫。伴随着中国电商企业从野蛮竞争逐渐向内涵式发展的转型，对于价格的控制，京东商城负责人说："尊重低价，但这已不是我们的核心。"2017 年，京东年会上传递出讯息："在以人工智能为代表的第四次商业革命来临之际，京东集团将坚定地朝着技术转型，在未来 12 年打造一个全球领先的智能商业体。"京东开始迈向以客户为中心，由领先技术支撑的，智慧供应链基础上的智能定价阶段。

2020 年 1 月，京东零售集团消费品事业部负责人在世界经济论坛年会发表的署名文章中剖析，京东平台上流通着的海量数据，经由智能分析形成强大的消费洞察，挖掘这些信息产生了令人惊叹、影响深远的创新。集团内部的人工智能和大数据分析算法专家，将定价问题进行抽象和建模，通过相应的算法设计获得更合理的价格，让消费者买到更高性价比的商品。这个过程不是一成不变的，而是依据大数据和算法，以消费者洞察作为原点，将消费者的价值感知作为定价的关键，对商品进行"智能化"的动态定价。京东借助大数据和人工智能技术，融合京东多年的零售经验积累，对用户需求和价值感知进行分析和挖掘，在此基础上，推出了"京"品推荐、"校园专区""智慧定价"等一系列价格优化的尚方宝剑。一系列定价组合拳的打出帮助京东在获得可观利润的同时，也牢牢抓住了消费者的心。

面对瞬息万变的市场环境和多样复杂的内部环境，在品质发展的道路上，京东坚定的步伐不会停滞不前，它依然有条不紊地根据自己企业的目标，灵活运用价格这一有效工具，利用科技引领创新，推出创新型的产品，满足消费者日益增长的需求。此时的京东，就如同一个垂钓的老者，身经百战，面对风浪的起起伏伏，"定"坐钓鱼台。

资料来源：高原等，《任凭风浪起，"定"坐钓鱼台——京东的定价策略》，中国管理案例共享中心，2020 年，内容有改动。

思考问题：

1. 主要的定价战略有哪些？京东运用了哪些定价战略？
2. 京东为什么选择这些定价战略？
3. 京东在定价方法上有哪些创新？

第 10 章 分销渠道策略

10.1 分销渠道概述

案例导入

电商平台助力
国潮经济崛起

分销渠道策略是市场营销策略中最具挑战性的策略。在现代经济体系中,大部分生产企业不直接向最终消费者出售产品,而是通过一定的分销渠道,借助中间商实现对最终消费者的销售。当中间商努力发展并拥有自己的消费者时,他们在市场上就占有比生产者更重要的地位。因此,能否掌控分销渠道就成为生产者实现产品或服务销售的关键。如果生产者能够控制中间商,使中间商有效地合作,促进产品与服务流通顺畅,生产者就会比竞争对手更具优势。

10.1.1 分销渠道概念

分销渠道是指某种货物和劳务从生产者向消费者移动时取得这种货物和劳务的所有权或帮助转移其所有权的所有企业和个人。它主要包括中间商以及处于渠道起点和终点的生产商与消费者,但不包括供应商、辅助商等。

分销渠道与营销渠道经常被混淆使用。从严格意义上来说,分销渠道和营销渠道是两个不同的概念。营销渠道是指配合起来生产、分销和消费某一生产者的产品和服务的所有企业和个人,包括参与某种产品供产销全过程的所有相关企业和个人,比如供应商、生产者、商人中间商、代理中间商、辅助商(如支持分销活动的仓储、运输、金融、广告代理等机构)以及最终消费者或用户等。

10.1.2 分销渠道流程与功能

分销渠道解决或缩小了生产者供给与消费者需求之间的数量、品种、时间和空间的矛盾,实现了产品的有效转移与流通。分销渠道把供给与消费者需求之间的差距弥合起来,使各种细分市场的供给与需求相匹配,使整体经济节约化。中间机构的存在,减少了交易过程必须完成的工作量,提高了交易效率。更为重要的是,中间机构可以凭借自身的专业技能、活动规模更有效地推动市场的覆盖和渗透,使更多的潜在顾客转变为现实顾客,把市场扩大了。作为生产者与消费者之间的桥梁,渠道不仅能服务于市场,而且可以创造市场。

10.1.2.1 分销渠道的流程

为完成上述使命，分销在运行中会形成各种不同种类的流程，这些流程会将渠道中各组织机构贯穿起来。分销渠道的基本流程主要是商流、物流、信息流、货币流和促销流，如图 10-1 所示。在这五种流程中，商流是分销活动的基本前提，物流则是分销活动的实质内容。

(1)商流。商流是指产品从生产领域向消费领域转移过程中所实现的产品所有权从一个机构向另一个机构的实际转移。其运动方向是生产者→消费者。

(2)物流。物流是指产品从生产领域向消费领域转移过程中的一系列产品实体的运动。它从实质上保证了产品从生产领域向消费领域的安全转移。其运动方向是生产者→消费者。

(3)信息流。信息流是指产品从生产领域向消费领域转移过程中的一切信息收集、传递和处理活动。其运动方向是双向的，即生产者↔消费者。

(4)货币流。货币流指的是产品从生产领域向消费领域转移过程中，由于交易活动所引发的货币活动。它一般与商流的方向相反，而且在其运动中需要金融中介的参与。其运动方向是消费者→金融中介→生产者。

(5)促销流。促销流是指产品从生产领域向消费领域转移过程中，生产者通过广告公司或其他宣传媒体向中间商及其消费者所进行的一切促销努力。其运动方向是生产者→广告代理商→经销商→消费者或生产者→广告代理商→消费者。

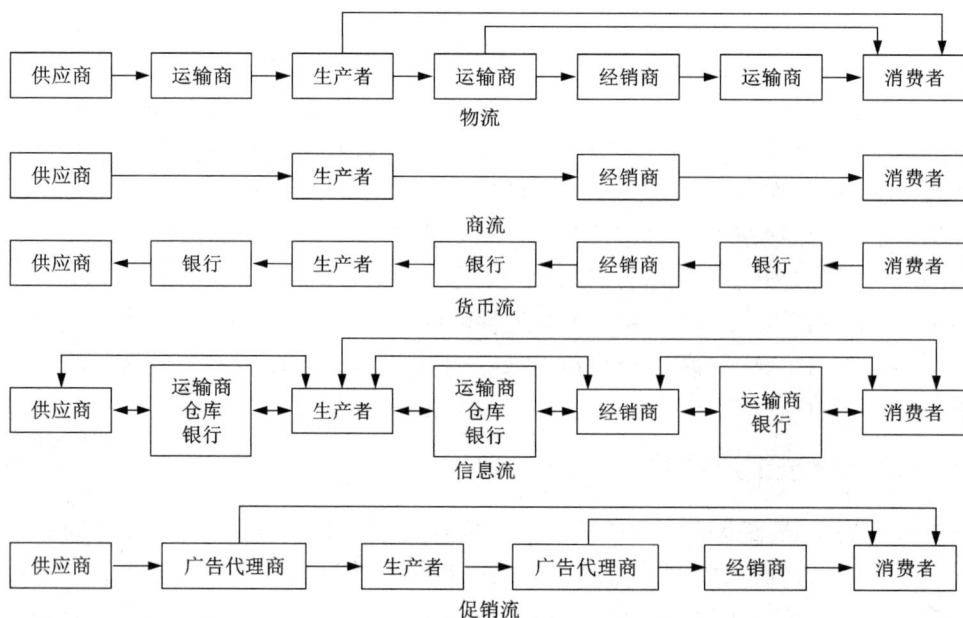

图 10-1　分销渠道的基本流程

10.1.2.2　分销渠道的功能

承担一定的功能是一个组织赖以生存的基础,其承担的功能越多,被替代的可能性越小,抗风险的能力越强。上述五个流程提供了交易功能及其他功能。随着管理技术和沟通技术的发展,渠道的功能会不断推陈出新,越来越丰富,渠道成员之间的合作也会不断向深度和广度发展。总体而言,渠道成员的功能有以下方面:

(1)信息收集与传播。指渠道成员收集有关潜在的和现实的消费者、竞争者、其他参与者的供给和需求及市场营销环境中其他影响者或影响力量的信息,并通过各种途径将信息传送给渠道内其他成员。

(2)促销。指对消费者进行的关于产品、服务和企业的宣传、沟通活动。渠道成员要将满足消费者需要的产品和服务的信息以消费者乐于接受的、富有吸引力的形式,传递给消费者或用户。

(3)接洽。指寻找可能的购买者并与其进行沟通。

(4)组配。指生产者或经营者为使所提供的货物符合购买者的需要,而对商品在分类、分等、装配、包装上进行组合、搭配的活动。

(5)谈判。指试图就提供产品或服务的价格和其他条件达成最终协议,以实现所有权的转移。

(6)物流(实体分配)。指分销渠道的参与者所从事的使产品实体到消费者的运输与储存活动。

(7)风险承担。指承担与从事渠道工作有关的全部风险,如由于市场波动、自然灾害等因素造成的损失。

(8)融资。指支持各级分销渠道保持存货所需要的资金的获得和使用。

渠道的上述功能在执行过程中存在差异。像实体分配是正向流程,而谈判、信息收集与传播、融资和风险承担为双向流程。渠道功能通过渠道流程来完成,流程效率决定功能的产出效率。

10.1.3　分销渠道组织创新

技术变革和直接营销与在线营销的爆发式增长对营销渠道的性质和设计产生了深远的影响,一个主要的趋势是去中介化。这是一个有着明确信息和重要影响的词。当产品生产者或服务提供商剔除中间商环节直接接触终端用户,或全新类型的渠道中间商取代传统中间商时,去中介化便产生了。因此,在许多行业,传统的中间商逐渐淡出市场。例如,西南航空、捷蓝航空等航空公司将旅行社从它们的营销渠道中剔除,直接向旅客售票。

【案例10-1】

李宁:线下店铺的改造

在其他情况下,新型经销商也在取代传统的中间商,例如在线音乐下载服务经销商。同样,要保持竞争力,产品生产商和服务提供商必须开发新的渠道,如互联网营销。然而,新开发的渠道往往成为企业已有渠道的直接竞争对手,从而导致冲突。为了解决这一问题,公司通常会寻找办法,使直销为整个营销渠道锦上添花。

10.2 分销渠道设计

一个市场内的中间商是有限的，中间商的能力也是有限的，企业如何在一个有限的市场中选择高效的中间商来为自己的产品进行销售是分销渠道策略的关键性问题。有效的渠道设计，应以确定企业所要达到的市场目标为起点。从原则上讲，目标市场的选择并不是渠道设计的问题，但市场选择与渠道设计事实上是相互依存的。有利的市场加上有利的渠道，才有可能使企业获得利润。

10.2.1 分销渠道设计的影响因素

渠道设计的问题是发掘输送产品到目标市场的最好途径的问题。企业的渠道目标受所处环境的一些特定因素的影响。企业必须在产品、市场、企业自身、中间商、环境因素限制下设计营销渠道，因此首先需要确定渠道目标。

10.2.1.1 产品因素

产品本身的特点对营销渠道的决策起着决定性作用，主要的产品因素有：

(1)产品的价值。一般而言，商品单价越小，分销渠道越多，路线越长；反之，商品单价越高，路线越短，渠道越少。

(2)产品的体积和重量。不同体积和重量的产品，对运输方式、仓储条件和流通费用有直接影响。体积大而重的产品，如矿石、建筑材料、机器设备等，应尽量缩短营销渠道，以使搬运次数最少、移动距离最短；小而轻的产品，则有条件选择较长的营销渠道。

(3)产品的易腐性和易毁性。对于那些易腐的、有效期短的产品(如食品)，要从生产出来后以最快的时间送达消费者，应采用尽可能短的渠道销售。对于易毁的产品，如字画、雕塑品、装饰品等，也不宜采用过多的中间环节转手，以减少搬运过程、临时停放等可能产生的毁损。

(4)产品的技术性和服务的要求。有的产品具有很高的技术性(如精密仪器、成套设备)，需要安装、调试和经常性的技术服务与维修。对这样的产品，最好是产需直接见面，或只经过专业性很强的中间商经销。

(5)新产品。新产品问世之初，消费者往往缺乏了解，需要大力推销和较多的销售费用，中间商一般不愿承担销售工作。所以，新产品的销售多由制造商自己完成。

10.2.1.2 市场因素

企业的分销渠道设计还与其所面临的下列市场因素有关。

(1)目标消费者的状况。如果目标消费者分布面积广，市场范围大，就要利用长渠道和宽渠道，广为推销，提高市场覆盖率。

(2)市场的地区性。目标市场聚集的地区，分销渠道的结构可以短些、扁平些，而一般地区则可经批发商和零售商进行销售。

(3)消费的季节性。没有季节性的商品应采取较长的分销渠道，充分发挥批发商的作用。

(4)竞争状况。除非竞争异常激烈，否则同类商品一般应采取同样的分销模式，这样才更容易被市场接受。

(5)产品的销售量。如果一次销售量大，就可以直接供货，分销渠道就短；如果一次销售量少但频繁销售，渠道则会长些。

10.2.1.3　企业自身因素

企业自身的性质在决定渠道的长短、控制渠道的能力等方面有重要影响。

(1)信誉与资金。企业信誉好，财务能力强大，就有可能将一些重要的销售职能集中在自己手中，以控制销售业务，加强与消费者的联系；反之，则只能依赖中间商销售产品。

(2)企业的销售能力。企业销售机构和销售人员的配备，其对销售业务的熟悉程度和经验，以及储存、运输能力也制约着营销渠道的选择。销售能力弱的企业只能依赖中间商，销售能力强的企业则可少用或不用中间商。

(3)经济效益大小。无论是采用直接销售还是间接销售，是采用较多的中间环节还是较少的中间环节，都要比较哪种选择导致的经济效益更好。经济效益的高低是企业选择营销渠道的重要标准。

10.2.1.4　中间商因素

渠道设计同时也应考虑到不同类型中间商在处理各种工作时的优点及缺点。一般而言，中间商在执行运输、广告、储存、接洽消费者方面的能力，信用条件、退货权力、训练人员和送货频数等方面的优劣是不同的。除这些差异外，中间商的数目、地点、规模大小和产品分类等的不同也会影响渠道设计。

当企业认为为提供一定的服务而使用中间商的成本过高时，其在渠道设计中就会减少使用中间商。中间商提供的服务，往往与选择过程紧密相关。需要中间商提供的服务越多，对中间商的要求也就会越高，企业在设计分销渠道时就越有可能采取较短的渠道结构。

10.2.1.5　环境因素

渠道设计也会受到经济状况与法律等环境因素的影响。当经济萧条时，生产者常希望用最低廉的方法将产品送到最终消费者手中，这通常意味着要使用较短的渠道，免除导致产品最后价格增加的不必要服务。法律规定与限制同时也会影响渠道设计。

10.2.2　分销渠道设计

分销渠道设计是指建立以前从未存在过的分销渠道或对已经存在的渠道进行变更的营销活动。设计分销渠道一般包括分析服务产出水平、确定渠道目标、确定渠道结构方案和评估主要渠道方案四个方面。

10.2.2.1　分析服务产出水平

渠道设立的目的就是更好地服务市场，保证产品高效地交付到消费者手中并保证消费者安全、可靠、高效地使用。因此，渠道模式的差别都是基于消费者的服务需求而产生的，包括希望在哪里购买、怎样购买、需要怎样的服务支持及其水准等。概括起来，消费者服务需求主要有五个方面：

（1）批量。批量是指一个消费者在一次购买中需要的产品数量。

（2）等待时间。等待时间是消费者通过某个渠道收到货物的平均时间。消费者通常喜欢反应迅速的分销渠道。

（3）空间便利性。这是指分销渠道对消费者购买的方便程度。

（4）产品多样化。这代表分销渠道可提供的产品的组合宽度。消费者一般会喜欢产品组合宽度大些的，因为这样他们可以比较容易地在一个地方就找到所需要的产品。

（5）服务支持。这是指分销渠道提供的附加服务，如产品展示、介绍、分期付款、安装、维护、使用培训等。对复杂产品，消费者希望渠道能提供更多的、真实的介绍及售后服务，而对日用品等熟悉产品，消费者通常喜欢轻松的、不受干扰的购物环境。

生产者在关注消费者服务需求的同时，还必须关注成本的问题。服务内容的增多及其产出水平的提高必然意味着渠道成本的增加和产品售价的上升，很多消费者可能更愿意接受因较低水平的服务而带来的低价格，如折扣商店等。

10.2.2.2　确定渠道目标

渠道目标是渠道设计的基础。渠道目标设定时应考虑三点：渠道效率、渠道控制程度、财务开支等。

（1）渠道效率包括销售量、市场占有率、目标利润率等。

（2）渠道控制程度取决于厂商在渠道协调中扮演的角色和对渠道控制的欲望。

（3）财务开支则依据厂商愿意支付多少财务资源来建立和控制渠道而定。

10.2.2.3　确定渠道结构方案

（1）分销渠道的长度。分销渠道的长度涉及从生产者到最终用户所经历的中间环节的多少，如图 10-2 所示，环节越多，表明渠道越长，反之则越短。

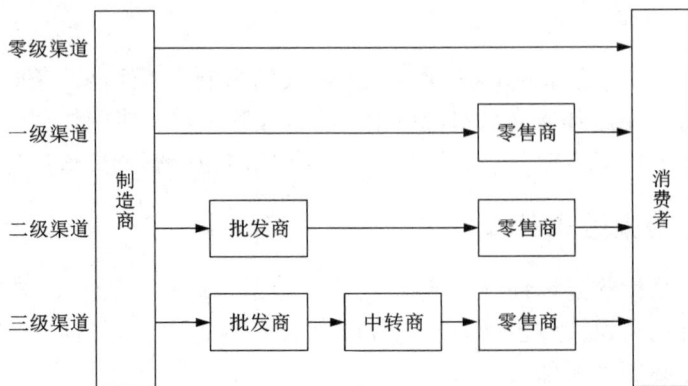

图 10-2　分销渠道的长度

①分销渠道的长度类型。分销渠道的长度类型包括零级渠道、一级渠道、二级渠道和三级渠道。

第一，零级渠道。指生产制造企业直接将产品销售给最终购买者，没有其他中间环节的参与。其主要形式有直接销售、直效营销和厂家自办店。

第二，一级渠道。指生产制造企业通过一级中间商将产品转移至消费者或用户手中。在消费品市场，这个中间商通常是零售商；而在工业品市场，则通常是销售代理商。

第三，二级渠道。指生产制造企业通过二级中间商将产品转移至消费者或用户手中。在消费品市场，它们通常是批发商和零售商；而在工业品市场，则通常是代理商和批发商。

第四，三级渠道。指生产制造企业通过三级中间商将产品转移至消费者或用户手中。一些消费面宽的日用品，如烟酒、肉类食品、方便面等，需要大量零售机构分销，其中许多小型零售商通常不是大型批发商的服务对象。对此，有必要在批发商和零售商之间增加一级专业性经销商，为小型零售商服务。

零级渠道也称为直接渠道或短渠道，一级、二级、三级渠道都属于间接渠道，也称为长渠道。愈短的渠道，生产者承担的销售任务就愈多，信息传递越快，销售越及时，越能有力控制渠道；愈长的渠道，批发商、零售商要完成的销售职能越多，信息传递越慢，流通时间越长，制造商对渠道的控制就越弱。

②影响分销渠道长度设计的主要因素。在确定渠道长度时，应综合分析制造商的特点、产品的特点、中间商的特点以及竞争者的特点加以确定。表 10-1 列出了确定渠道长度时应考虑的因素。

表 10-1　影响渠道长度选择的主要因素

影响因素		长渠道(多级)	中渠道(一级)	短渠道(零级)
产品	体积、重量	小、轻	中等	大、重
	易腐性	不易	中等	容易
	单位价值	低	中等	高
	技术特性	低技术性	中等	高技术性
	生命周期	旧产品	中等	新产品
	耐用性	差	中等	强
	规格	规格化	中等	非规格化
市场	规模	巨大	适中	较小
	聚集特点	分散	中等	集中
购买行为	购买量	少量	中量	大量
	购买季节性	随季节变化	中等	无季节性
	购买频率	高频率	中频率	低频率
	购买探索度	不探索	两可	探索后购买
企业	规模	小	中等	大
	财务状况	财力弱	中等	财力强
	渠道管理能力	低	中等	高
	渠道控制程度	低	中等	高
	顾客了解程度	低	一般	高
中间商	利用的可能性	容易	中等	困难
	利用成本	低	中等	高
	提供服务	好	一般	不好

（2）分销渠道的宽度。分销渠道的宽度取决于产品流通过程中每一个层次利用相同类型的中间商数目的多少。

①分销渠道的宽度类型。依据同类中间商数目的多少可以将分销渠道分为密集分销渠道、选择分销渠道和独家分销渠道。

第一，密集分销渠道。密集分销渠道也称为广泛分销渠道，指企业尽可能多地通过负责任的、适当的批发商、零售商推销其产品。其优点是市场覆盖面广，缺点是难以调动中间商的积极性，制造商需要承担相当多的广告费用。

第二，选择分销渠道。选择分销渠道是指在市场上选择少数符合本企业要求的中间商经营本企业的产品。它是一种介于宽与窄之间的分销渠道，有利于市场开拓，同时比密集分销节省费用，便于管理和控制、加强协作、提高销售水平。此渠道适合各种商品，尤其是名牌商品。

第三，独家分销渠道。独家分销渠道是指企业在某一地区仅选择一家中间商推销其产品。一般来说，独家性的零售商不再经营竞争品牌。其优点是能调动中间商的积极性，提高经营效率，控制价格；缺点是会失去潜在消费者。此渠道适合特殊品、名牌商品和专业技术性强的商品。

②影响分销渠道宽度设计的因素。影响分销渠道宽度结构的主要因素有产品、市场、购买行为、企业等。这些因素对宽度设计的影响见表 10-2 所示。

表 10-2　影响分销渠道宽度结构的主要因素

影响因素		密集分销渠道	选择分销渠道	独家分销渠道
产品	体积、重量	小、轻	中等	大、重
	单位价值	低	中等	高
	规格	规格化	中等	非规格化
	技术特性	低技术性	中等	高技术性
	售后服务	不需要	一般	必要
	需仓库投资	差	居中	强
市场	市场规模	巨大	适中	狭小
	市场聚集程度	分散	中等	集中
购买行为	购买季节性	季节性强	中等	季节性不强
	购买频率	高频率	中等频率	低频率
	购买探索度	强	中等	弱
企业	渠道长度	长	短或长	短
	销售区限制度	弱	一般	强
	渠道控制程度	弱	中等	强

（3）分销渠道的广度。分销渠道广度是宽度的一种扩展和延伸，是指生产者选择几条渠道进行某产品的分销活动，而非几个批发商或几个零售商的问题。

分销渠道广度，是指生产者选择渠道条数的多少。条数多，表明分销渠道广；条数少，表明分销渠道窄。其主要有两种类型：一条渠道，指的是厂商仅利用一条渠道进行某种产品分销；多条渠道，指的是生产者利用多条不同的渠道进行某种产品的分销。在实际的分销渠道建立过程中，生产者大多建立多渠道系统。如康柏公司除了直接向公司购买者出售个人电脑外，还通过大众化电器零售商、小电脑专业商店等渠道出售产品。采用多渠道可以为企业带来许多好处：增加市场覆盖面，如增加乡村代理商开拓农村市场；降低渠道成本，如增加新渠道节省了费用。但采用多渠道也有不利的一面，如两个以上渠道对准一个细分市场时，容易产生渠道冲突；新渠道独立性较强，合作困难，控制会变得不易。

10.2.2.4 评估主要渠道方案

评估主要渠道方案的任务，是在那些看起来都可行的渠道结构方案中，选出最能满足企业长期营销目标的渠道结构方案。因此，必须运用一定的标准对渠道进行全面评价，其中常用的有经济性、可控制性、适应性三个方面的标准。

(1)经济性。在三者中，经济标准最重要，因为公司的目的并非追求渠道控制或适应性，而是追求利润或达到预定的销售目标时能尽可能降低销售成本。因此渠道的评价必须从所含的售价、成本及利润的估计开始。

(2)可控制性。经济性评估可对某一渠道方案是否优于其他渠道方案提供一个成本方面的指导，若要更进一步，这种评估必须再予以扩大，从这两种可行渠道方案的激励性、控制性与冲突性等方面加以考虑。使用经销商会产生一些控制方面的问题。生产者所能控制经销的程度会影响经济结果，所以在评估各可行渠道的经济性后，要考虑控制问题。

(3)适应性。评估各种渠道备选方案时，还要考虑自身是否具有适应环境变化的能力。每个渠道方案都会有规定期限，如某一制造商决定利用销售代理商推销产品时，可能要签订 5 年合同。这段时间，即使采用其他销售方式会更有效，制造商也不得任意取消销售代理商。所以，一个涉及长期承诺的渠道方案，只有在经济性和可控制性方面都很优越的条件下才可考虑。

10.3 批发商和零售商

10.3.1 批发商

批发商是指向生产企业购进产品，然后转售给零售商、产业用户或各种非营利组织，不直接服务于个人消费者的商业机构。它位于商品流通的中间环节。

10.3.1.1 批发商职能

(1)购买。批发商的购买活动，是商品流通过程的起点。批发商凭借丰富的经验与市场预测知识，预计市场对某些商品的需求情况，先行组织货源，随时供应客户，使零售商能节省进货中所花费的时间、人力与费用。对生产商来说，因批发商每批进货量较大，也可节省营销费用。

(2)分销。分销的职能对于生产商与零售商具有同等的效用。通常，生产商出于对运输及管理成本的考虑，不愿意小批量出售；而零售商限于资金条件，无力大量购买，限于人力，也不可能向每个生产商购买。批发商既可以向生产商做大量购买，又可将货源分割成小单位转售给零售商。

（3）运输。产品运输是产品借助于动力实现在空间上的位置转移，是商品流通中的一个重要环节。批发商在购进、分销和促销活动中，发挥了中间商集中、平衡与扩散的功能，并促成商品交换。批发商在采购商品后，还要担负组织产品运输的任务，及时、准确、安全、经济地组织产品运输，使生产商可以避免积压，使零售商可以减少库存量。

（4）储存。产品储存是商品流通的一种"停滞"，也是商品流通不断进行的条件。批发商能充分利用仓储设备，创造时间效用，使零售商随时可获得小批量的现货供应。批发环节的储存，可调节市场供求在时间上的矛盾，起到"蓄水池"的作用。

（5）资金融通。零售商向批发商实行信用进货时，能减少经营资金需要。资金实力雄厚的批发商，也可以采用预付款的方式，帮助生产商。

（6）风险负担。生产商将产品出售给批发商后，产品因损耗、失去时尚性及其他原因而引起消费者对产品的不满时，要包退包换；在产品降价时，要承担削价损失等，因此这一切经营风险也都转让给了批发商。

（7）服务。批发商为零售商提供宣传、广告、定价、商情等服务。

10.3.1.2　批发商类型

批发商可以划分为三大类：商人批发商、代理商及经纪人、制造商自设的批发机构。

（1）商人批发商。它们是独立的企业，对经营的商品拥有所有权，其实也就是自己购进并销售产品的批发机构。商人批发商无论是在数量还是销售额上，在批发业中均居重要的地位。商人批发商可分为两类：完全服务批发商和有限服务批发商。

（2）代理商及经纪人。代理商和经纪人也是常见的批发商。①代理商。代理商是指为委托人（通常是供应者）服务的批发机构。他们不拥有产品所有权，只代表卖方与买方进行磋商，主要功能是促进成交。产品销售后，委托人按销售量由委托单位支付代理商一定的佣金。②经纪人。经纪人与代理商有些类似，他们不拥有产品所有权，不控制产品实物、价格以及销售条件。经纪人的主要作用是为买卖双方牵线搭桥、协助谈判、促成交易，交易完成后，由委托方支付佣金。他们与买卖双方没有固定关系。最常见的有食品经纪人、不动产经纪人、保险经纪人和证券经纪人等。

（3）制造商自设的批发机构。他们的所有权和经营权都属制造商，包括设置在各地的分销机构和销售办事处。分销机构承揽着征集订单、储存和送货等多种业务；销售办事处则主要是征集和传递订单。此外，制造商还可在展销会和批发市场上常年租赁展台、场地和设立批发窗口。

10.3.2　零售商

零售商是指将商品直接销售给最终消费者的中间商，是相对于生产商和批发商而言的，处于商品流通的最终阶段。零售商的基本任务是直接为最终消费者服务。它的职能包括购、销、调、存、加工、拆零、分包、传递信息、提供销售服务等。零售商不仅在时间、空间与服务方面方便消费者购买，而且是联系生产企业、批发商与消费者的桥梁，因此在商品的分销过程中起着重要的作用。

10.3.2.1　零售商职能

零售商的业务经营过程是从批发企业或生产单位整批地购进商品，然后拆零转售给消费者。所以，零售商也是商品流通的终点，商品一经卖出便退出流通领域而成为人们的消费对象。零售商所处的这种地位极为重要，其主要职能包括：

（1）提高销售活动的效率。如果没有零售商，商品由生产制造厂家直接销售给消费者，工作将非常复杂，而且工作量特别大。对消费者来说，没有零售商也要使购买的时间大大增加。比如，零售商可以同时销售很多厂家的商品，消费者在一个零售商那里就能比较很多厂家的商品，这比没有零售商而要跑到各个厂家比较商品要节约大量时间。

（2）储存和分销产品。零售商从不同的生产厂家或批发商那里购买产品，再将产品分销到消费者手中，在这个过程中，零售商要储存、保护和运输产品。

（3）监督检查产品。零售商在订购商品时就考察了厂家或批发商在产品方面的设计、工艺、生产、服务等质量保证体系，或者根据生产厂家或批发商的信誉、产品的品牌效应来选择产品。进货时，零售商将按有关标准严格检查产品。销售产品时，零售商一般会将产品划出等级。这一系列的工作起到了监督检查产品的作用。

（4）传递信息。零售商在从生产厂家或批发商购买产品和向消费者销售产品的过程中，会向厂家介绍消费者的需求、市场的信息、同类产品各厂家的情况；也会向消费者介绍各厂家的特点。这无形中传递了信息，促进了竞争，有利于产品质量的提高。

10.3.2.2　零售商类型

零售商是直接向消费者出售商品的商业部门，处于商品流通过程的中间环节，使商品从流通领域进入消费领域，完成了商品流通的整个过程。零售商形式繁多，并不断有新的形式出现，划分的标准也不统一。在这里，我们将其分为商店零售商、无店铺零售商和零售组织三类。

（1）商店零售商。商店零售商可以分为专业商店、百货商店、超级市场、联合商店、超级商店、特级市场、方便商店、折扣商店、仓库商店、目录销售陈列室等主要类型。

①专业商店。这类商店专门经营某一类产品或其部分品种。例如服装商店、家具商店、书店等，它们经营单一种类的产品；男子服装店、妇女服装店等，它们只经营一类产品中的部分产品线；而男子定制衬衣商店、运动员鞋店（专售运动鞋）等，则专业化程度更高，西方称之为超专业商店。专业商店能有效满足特定目标市场的需要。

②百货商店。百货商店经营的产品种类很多，商店按产品类别布局和管理，一般都设在城市的闹市区，规模较大，装修考究，能为消费者提供完善的服务，能满足消费者在同一地点选购多种商品的需要。百货商店的组织形式有三种：第一，独立的百货商店，即一家百货商店独立经营，无分店；第二，连锁百货商店，即一家百货公司在各地开设若干百货商店，它们是这家总公司的分号或联号，属总公司所有，由总公司集中管理；第三，百货商店所有权集团，即原来若干独立的百货商店联合组成百货商店集团，实行统一管理。

③超级市场。超级市场主要经营便于携带的食品和一些家庭日常用品。其特点是消费者自我服务；奉行低价格、低成本和大量销售的原则；经营场地较大，（一般为 1980 平方米左右），陈列和辅助设施齐全；花色品种齐全，为消费者的多品目购买提供方便。有资

料表明,在美国有 3/4 的食品是通过超级市场出售的。

超级市场面临大量的创新者的挑战,如方便食品店、折扣食品店和超级商店等。超级市场目前已向多方向发展,以增强竞争力,商店规模越来越大,经营的品种和数量也越来越多。

④超级商店、联合商店和特级市场。这些是与超级市场类似,但规模更大的商店。超级商店营业面积为 3000 平方米左右,经营产品广泛,能满足消费者包括食品在内的一切日常用品的需要,而且还经营诸如洗衣、修鞋、廉价午餐柜等服务项目,能使消费者一次买齐日常所需的一切消费品和服务。联合商店是 20 世纪 70 年代出现于美国的一种新兴联合企业。它实际上是一个超级市场和一个非食品零售商店(通常是药店)在一个核算组织内的结合。联合商店营业面积在 2700~5000 平方米,非食品销售额约占 25%,比一般的超级市场更具战略优势。巨型超级商店也叫特级市场,规模更大,营业面积在 7400~20000平方米。它采取超级市场、廉价商店和仓库售货的经营原则,廉价出售品种繁多的食品和非食品,其中包括家具、重轻型器具、各类服装和其他物品。

⑤方便商店(便利店)。方便商店与超级市场经营的商品类似,也是以经营食品为主,但经营种类有限,商店较小,价格比超级市场高。购买时迅速、方便以及营业时间长是它们的主要特点。

⑥折扣商店。折扣商店不是指那些有时削价出售商品的商店,也不是指那些低价出售劣质品的商店。折扣商店的主要特征是价格一般比销售同类商品的商店低;着重经营名牌产品,因而低价并不意味着质量差;实行自我服务,尽量减少雇员;设备简陋而实用;商店一般设在低租金地段。

折扣商店以低成本保证了低价格,以低价格赢得了较大的销售量和较快的资金周转。正因如此,其成了第二次世界大战后零售业中的一个创新。

⑦仓库商店。指类似仓库的零售商店。这种商店装饰布置简陋,设在低租金区,场地也多是由仓库改建而成,经营品种较多,规模较大,是一种典型的薄利多销的零售方式。

⑧目录销售陈列室。它将商店目录和折扣原则应用于大量可选择的毛利高、周转快的有品牌商品的销售。其中包括珠宝饰物、摄影器材、皮箱、电动工具等。这些商店是 20 世纪 60 年代后期出现的,现已成为西方零售业极其走红的零售方式。目录销售陈列室与传统的商品目录销售有所不同,后者主要供消费者在家购物,没有折扣,而消费者要过几天甚至更长的时间才能收到商品。目录销售陈列室每年要发行长达几百页的彩色商品目录(图册),每个品种都注有"目录价格"和"折扣价格",消费者可用电话订购商品,并支付运费,或开车去陈列室看样选购。

(2)无店铺零售。无店铺零售主要包括直接销售、直接市场营销、自动售货、邮购和电话订购、上门零售等。

①直接销售。这是利用推销员或推销代表(或视为公司雇用的外围推销员)挨门挨户推销,或上办公室等其他场合推销的零售方式。

②直接市场营销。直接市场营销起源于邮购销售,但今天已经发展到电话营销、电视直销、商品目录营销、电子购物等。

③自动售货。指通过自动售货机向消费者出售商品的零售方式。这种方式在美国、日本等经济发达国家运用较为普遍。在这些国家,自动销售已经被用在相当多的商品上,包

括具有高度方便价值的冲动购买品(如软饮料、糖果、报纸和热饮料等)和其他产品(如袜子、化妆品、食品、图书、T 恤、保险甚至还有供作鱼饵用的虫子)。同时,自动售货也是一条相当昂贵的渠道,售货机销售商品的价格往往要高 15%~20%。销售成本高的原因是要经常给非常分散的机器补充存货,而且机器常遭破坏,在某些地区失窃率也高。对消费者来说,最使人愤怒的是机器损坏、库存告罄以及无法退货等现实问题。

(3)零售组织。尽管许多零售商店拥有独立的所有权,但是越来越多的商店正在采用某种团体零售形式。团体销售有五种主要类型:公司连锁店、自愿连锁商店和零售商合作社、消费者合作社、特许经营组织。

①公司连锁店。连锁店包括两个或者更多的共同所有和共同管理的商店,它们实行集中采购和销售相似产品线的产品。公司连锁店出现在各种零售类型里,如食品店、药店、鞋店等,但在百货商店中力量最为强大。

公司连锁店比起独立商店有很多优势:由于规模较大,可大量进货,可以充分利用数量折扣和运输费用低这个优势;能够雇用优秀管理人员;可在销售额预测、存货控制、定价和促销等方面制定科学的管理程序;可以综合批发和零售的功能,而独立的零售商却必须与许多批发商打交道;所做的广告可使各个分店都能受益,而且其费用可由分店分摊,从而做到促销方面的经济节约;允许各分店享有某种程度的自由,以适应消费者不同的偏好和当地市场的竞争。

②自愿连锁商店和零售商合作社。连锁店带来的竞争使得独立商店开始组成两种联盟:一种是自愿连锁商店,它是由批发商牵头组成的独立零售商店集团,从事大量采购和共同销售业务;另一种是零售商合作社,这是由一群独立的零售商店组成的一个集中采购组织,采取联合促销行动。这些组织在销售商品方面可达到一定的经济节约要求,而且能够有效地迎接公司连锁店的价格挑战。

③消费者合作社。消费者合作社是一种由消费者自身拥有的零售公司。社区的居民由于觉得当地的零售商店服务欠佳,或者是价格太高,或者提供的产品质量低劣,于是便自发组织成立消费者合作社。这些居民出资开设自己的商店,采用投票方式进行决策,并推选一些人对合作社进行管理。这些店可以定价较低,也可以正常价格销售,根据每个人的购货多寡给予惠顾红利。

④特许经营组织。特许经营组织是在特许人(生产商、批发商或服务机构)和被特许人(购买特许经营系统中一个或若干个品种的所有权和经营权的独立商人)之间的契约式联合组织。特许经营组织的基础一般是独特的产品、服务或者做生意的独特方式、商标名、专利或者特许人已经树立的良好声誉。在西方国家,快餐、音像商店、保健中心、理发、汽车租赁、汽车旅馆、旅行社、不动产等几十个产品和服务业主要使用特许经营这一方式。

【案例10-2】

盒马鲜生的新
零售模式创新

特许人通过下列要素得到补偿:首期使用费、按总销售额计算的特许权使用费、对被特许人提供的设备装置核收的租金、利润分成。有时,他们还收定期特许执照费。

10.4 分销渠道管理

渠道结构虽已设计，但仍需选择合适的渠道成员，并确定渠道成员的责权利，对渠道成员进行评估、激励与调整，管理渠道冲突，以保证渠道稳定运行与良好发展。

10.4.1 渠道成员选择

选择渠道成员，就是从众多的相同类型的渠道成员中选出适合企业分销渠道结构的、能有效帮助完成企业分销目标的分销伙伴的过程。除直销渠道结构不存在选择渠道成员外，其他任何因渠道设计而确立的渠道结构都必然会面临对渠道成员的选择。由于渠道的长度与宽度不同，企业选择的标准也应有所差异。但一般来说，较理想的中间商应具备以下条件：

（1）与制造商的目标消费者有较密切的关系。

（2）经营场所的地理位置较理想。

（3）市场渗透能力较强。

（4）有较强的经营实力。包括有足够的支付能力、有训练有素的销售队伍、有必要的流通设施。

（5）在用户中声誉较好。

渠道的决策和建立不是一件容易的事。营销渠道与社会再生产过程有紧密联系，一个制造商有时无法独自做出全部决策。制造商可以选择批发商和零售商，而零售商和批发商也可以自由选择进货渠道。所以，渠道决策往往是由所有渠道成员共同做出的，是一个决策、协商、修正、再决策的过程。

10.4.2 确定渠道成员的责权利

制造商必须对渠道成员规定条件与责任，促使其热心、有效地执行渠道功能。这种"交易关系"的组合中的主要因素为价格政策、销售条件、地区划分权、相互服务及责任。

10.4.2.1 价格政策

在交易关系组合中，价格政策是一项重要因素。制造商通常制定一个定价表，再按不同类型的中间商与各种不同的订购数量，给以相应的价格折扣。制造商为中间商制定合理的价格目录表和折扣表是至关重要的。

10.4.2.2 销售条件

销售条件是交易关系组合的第二项重要因素，其中最重要的条件为"付款条件"与"生产者保证"。有很多制造商对于提前付现的经销商给予"现金折扣"，例如"10天内付款2%折扣，30天内付款则无折扣"。这种特殊条件对生产者的成本与激励经销商扮演重要角色或完成应担负的功能起保证作用。制造商也可给经销商有关瑕疵品或跌价的特定保证。这种保证可能导致经销商在无后顾之忧的状况下大量购买。

10.4.2.3 地区划分权

地区划分权是交易关系组合中的第三个因素。一个经销商希望知道制造商将何地的特许权授予其他经销商，同时也希望制造商承认其领地内的全部销售实绩，而不计算这些实绩是否由其努力而得。

10.4.2.4 相互服务及责任

相互服务及责任是交易关系组合的第四个因素。在选择性分销与独家分销时，这个因素非常易于了解，同时也说明得很详尽，因为制造商与经销商之间的关系密切。相反，若制造商采用密集分销，则可能只偶尔供给经销商一些推广资料与一些技术上的服务，经销商自然就不太愿意提供其经营资料、消费者购买行为的差异分析或在推广资料分发上合作。

【案例10-3】

农夫山泉：渠道狠角色

10.4.3 渠道成员激励

生产者不仅要选择中间商，而且要经常激励中间商，使之尽职。促使中间商进入渠道的因素和条件已构成部分激励因素，但仍需生产者不断监督、指导与鼓励。生产者作为主动的一方，应积极探讨经销、代销企业在销售区域、产品提供、市场开发、服务要求、技术建议与技术服务以及市场情报诸方面存在的问题和困难，本着互惠的原则，协商、协助解决，并制定相应的政策。

当生产者给予中间商的优惠条件超过其取得合作所需提供的条件时，就会出现激励过分的情况，就会导致销售量提高而利润下降。当生产者给予中间商的条件过于苛刻，以致不能激励中间商努力时，则会出现激励不足，其结果就是销售量降低、利润减少。所以，生产者必须确定应花费多少力量以及花费何种力量鼓励中间商。

10.4.3.1 激励权力

生产者可借助某些权力来赢得中间商的合作。这些权力包括五个方面：

(1)强制力。这是生产者对不合作(如对消费者服务差、未实现销售目标、窜货等)的中间商威胁撤回某种资源或中止关系而形成的权力。中间商对生产者的依赖性越强，这种权力的效果越明显。

(2)奖赏力。生产者给执行了某种职能的中间商额外付酬形成的权力称奖赏力，但它的负面效应不可忽视，比如中间商为生产者服务往往不是出于职业的信念，而是因为有额外报酬，每当生产者要求中间商执行某种职能时，中间商往往要求更高的报酬。

(3)法定力。这是生产者要求中间商履行双方合同而执行某些职能的权力。

(4)专长力。生产者因拥有某种专业知识而对中间商构成的控制力即为专长力。生产者可借助复杂精密的系统控制中间商，也可提供专业知识培训或系统升级服务，由此可形成专长力。如果中间商得不到这些专业服务，其经营很难成功；而一旦专业知识给了中间商，这种专长力又会削弱。

(5)感召力。它是由于中间商对生产者深怀敬意，并希望与之长期合作而形成的。像

IBM、微软、柯达等国际知名公司，中间商都愿意与之建立长期稳定的合作关系，并心甘情愿地按它们的要求行事。

一般情况下，生产者都注重运用感召力、专长力、法定力和奖赏力，并尽量避免使用强制力，这样往往能收到理想的效果。

10.4.3.2　渠道成员激励

(1)直接激励。直接激励指的是通过给予物质或金钱奖励来肯定经销商在销售量和市场规范操作方面的成绩。实践中，制造商多采用返利的形式。返利从兑现时间上分，有月返、季返、年返三种。返利从兑现方式上分，有明返、暗返两种。返利从奖励目的上分，有过程返利和销量返利两种。

过程返利。过程返利是一种直接管理销售过程的激励方式，目的是通过考察市场运作的规范性以确保市场的健康培育。过程奖励通常包括以下内容：铺货率、售点气氛(商品陈列生动化)、开户率、全品项进货、安全库存、指定区域销售、规范价格、专销(不销售竞品)、积极配送、守约付款。过程返利既可以提高经销商的利润，增强其盈利能力，调动其合作积极性，又能够防止经销商不规范操作，维持市场秩序，保障企业正常经营。

销量返利。销量返利是为直接刺激渠道成员的进货力度而设立的一种奖励，目的在于提高销售量和利润。实践中，销量返利有三种形式：①销售竞赛，即对于在规定的区域和时段内销量第一的经销商给予丰厚的奖励。②等级进货奖励，即对于进货达到不同等级数量的经销商给予相应的奖励。③定额返利，即若经销商达到一定数量的进货，就给予一定的奖励。

实践中，要注重对过程返利和销量返利的综合运用，避免对销量返利的不当应用。因为，销量返利，尤其是明返，使经销商在短期利益驱动下，可能会产生窜货乱价等短期行为。

(2)间接激励。间接激励指的是通过帮助渠道成员进行销售管理，以提高销售的效率和效果来激发渠道成员的积极性和销售热情的一种激励手段。其通常做法有：

第一，帮助经销商建立进销存报表，做安全库存数和先进先出库存管理。进销存报表的建立，可以帮助经销商了解某一周期的实际销货数量和利润；安全库存数的建立，可以帮助经销商进行库存管理，合理安排进货，降低库存成本；先进先出的库存管理，可以减少即期品(即将过期的商品)的出现。

第二，帮助零售商进行销售终端管理。终端管理的内容包括铺货和商品陈列等。企业可通过定期拜访，帮助零售商整理货架，设计商品陈列形式；也可在零售商举办促销活动时，做一个漂亮的堆头和陈列。

第三，帮助经销商管理其客户网，加强经销商的销售管理工作。企业可帮助经销商建立客户档案，包括客户的店名、地址、电话，根据客户的销售量将它们分成若干等级，并据此告诉经销商对待不同等级的客户应采用不同的支持方式，从而更好地服务于不同性质的客户，提高客户的忠诚度。

10.4.4　渠道成员评估

渠道的管理者还须定期评价渠道成员的绩效。当发现某一成员的绩效低于既定标准时，要找出主要原因及补救的方法。对于实在不能令人满意的成员，还可考虑将其剔除或更换。渠道成员绩效评价的标准因渠道的性质、特点和经营要求不同而有差异，但一般来说，主要标准有①销售指标的完成情况；②营销的热情及态度；③对用户的服务水平；④平均存货水平及按时交货情况；⑤促销活动情况；⑥与其他成员的配合程度；⑦满意度的高低。

10.4.5　渠道改进

虽然渠道的决策和建立是长期的，但环境是不断变化的。企业为了应对较大变化的营销环境，有时需要对渠道加以改进，使营销渠道更为理想。改进的策略有以下三种：

10.4.5.1　增减渠道中的个别中间商

对效率低下、经营不善，对渠道整体运行有严重影响的中间商，可考虑剔除；有必要的话，还可考虑另选合格的中间商加入渠道。有时因竞争者的渠道宽度扩大，使企业的销售量减少，这时企业也应增加每级中的中间商数量。

10.4.5.2　增减某一营销渠道

企业有时会发现随着市场的变化，自己的营销渠道过多，有的渠道作用不大。这时，从提高营销效率与集中有限力量等方面考虑，可以适当缩减一些营销渠道。相反，当发现现有渠道过少，不能使产品有效抵达目标市场，完成目标销售量时，则可增加新的营销渠道。

10.4.5.3　改进整个营销渠道

这意味着原有营销渠道的解体。或因原有渠道冲突无法解决，造成了极大混乱；或因企业战略目标和营销组合实行了重大调整，企业都可能对营销渠道进行重新设计和建立。例如，制造商产品由自销改为由经销商经销，或由经销商经销改为自销，就属这类情况。在改进整个营销渠道前，企业必须认真调查研究，权衡利弊，再做出决策。

【材料10-1】

分销渠道的发展
——垂直营销系统

10.4.6　渠道冲突管理

不管生产者做出多大努力去设计一个既有成效又有效率的渠道结构，在很多情况下，渠道都有可能不按照计划运行。首先，不可能在设计渠道结构时就预见到所有未确定的情况。因为人们的理性是有限的，很难对所有关于市场、消费者和环境的信息进行恰当的处理。即便有人在设计渠道之初就能够处理好所有可得到的市场信息，渠道运作时的环境也是动态和随机的。一旦市场、内部或外部环境发生了意想不到的变化，原本运转良好的渠道就会陷入混乱，而渠道成员也就必须面临新的挑战。因而，渠道冲突在渠道运作过程中在所难免。

10.4.6.1 渠道冲突类型及原因

渠道冲突就是指某个渠道成员意识到另一个渠道成员正在从事会损害、威胁其利益，或者以牺牲其利益为代价获取稀缺资源的活动，从而引发渠道成员之间的争执、敌对和报复行为。简而言之，所有渠道中相关成员的某一方或几方利用某些优势和机会，采取有损于另一个或几个成员利益的敌意行为的情况都可认为是渠道冲突。当企业通过一个以上的分销体系向单一市场出售产品时就会出现渠道冲突。

（1）渠道冲突类型。渠道冲突主要有三种类型，即垂直、水平和多渠道冲突。

垂直渠道冲突是同一营销渠道内处于不同渠道级间中介机构与中介机构、中介机构与制造商的冲突。例如，零售商抱怨制造商产品品质不良，或者批发商不遵守制造商制定的价格政策、不提供要求的消费者服务项目和服务质量差等。

水平渠道冲突是同一营销渠道内同级各公司之间的冲突。例如，某家制造商的一些批发商可能抱怨同一地区的另一些批发商随意降低价格，减少或增加了消费者服务项目，扰乱了市场和渠道秩序。

多渠道冲突是指一个制造商建立了两条或两条以上的渠道，在向同一市场出售产品时引发的冲突。例如，服装制造商自己开设商店会招致其他经销商的不满；电视机制造商决定通过大型综合商店出售其产品会招致独立的专业经销商的不满等。

（2）渠道冲突原因。在追求自身利益最大化的激烈竞争中，生产者和中间商很难同心同德、步调一致，往往是各行其是、各自为政。因此，利益驱动便是造成冲突的最直接、最根本的原因。

①角色不一。一个渠道成员的角色，是指其在渠道中应当承担的任务，以及使每一个渠道成员都可以接受的行为规范。如果渠道中一个成员的行为，超出了其他角色成员预期的可接受范围，就会出现角色不一致。例如，供应商的发货延迟了，这可能是等待接货的批发商所难以忍受的，如此，就有了发生冲突的可能性。

【案例10-4】

伊利的线上
线下渠道冲突

②观点差异。观点差异是指每一个渠道成员对于事物的理解不同和反应不同。例如，一个零售商如果觉得30%的毛利率是合适的话，也许20%的毛利率就会使他觉得不公平。然而批发商却可能与之感觉相反，认为给零售商20%是合适的，而30%就不公平了。渠道成员也可能对于同样的渠道政策做出不同的反应。例如，小零售商可能会认为，与生产企业合作广告对于促销更有利，而大零售商或许会认为这种计划无效。

③目标差异。渠道成员在各自的经营过程中所设定的目标不一致，也会引起渠道冲突。比如，生产者的目标是增加市场份额，力求在短时间内占领市场，而分销商则是为了短期的销售利润，要求制造商给予最优惠的价格。如果分销商在短期内无法盈利，则会"弃走他乡"，寻找新的生产者。又如，分销商希望通过更高的毛利率、更快的存货周转率、更低的支出及更高的销售提成来谋求利润的最大化，而生产者却更希望给分销商更低的毛利率、更多的存货、更少的佣金及要求分销商支出更多的促销费用。

④决策权分歧。决策权分歧是指渠道成员对于其应当控制的特定领域业务的强烈感受。这种分歧往往发生在各成员对外在影响不满的时候，例如，是生产者还是零售商有权决定产品的最终销售价格，或零售商是否有权倒卖产品，或生产者是否有权规定分销商的

存货水平等分歧。

⑤期望差异。期望差异起源于不同成员对预期的不同。例如，生产者可能预计近期的经济形势比较乐观，希望分销商经销高档产品，而分销商对于经济形势的预期并不乐观，不愿经销高档产品。

⑥沟通困难。沟通困难是指渠道成员之间缓慢的或不精确的甚至错误的信息传递。例如，生产者无法得到在特定渠道销售的某种产品的销售情况方面的信息；最终消费者在批发商和零售商得知消息之前被通知回收某种产品；生产者各种渠道政策不能被有效地传达或被分销商正确地理解，从而造成分销商销售行为的差异等。

⑦资源稀缺。资源稀缺是指由于渠道资源的分配不均而造成的冲突。例如，一家制造商决定采用间接销售渠道的形式后，却仍保留其较大的客户作为直接客户，这样就有可能导致其他渠道成员的不满。

10.4.6.2　解决渠道冲突的对策

渠道冲突的存在是一个客观事实，难以消除，但要及时分析，区别对待。要知道，并非所有的冲突都会降低渠道效率，适当冲突的存在会增加渠道成员的忧患意识，刺激渠道成员的创新。

(1)沟通。沟通是指通过渠道成员之间的相互沟通来解决由于认识或观念上的不一导致的渠道冲突。促成渠道成员之间的相互理解、相互依赖乃至紧密合作，是渠道冲突管理工作的一个重要方面。

①信息沟通。在同一个分销系统中一定要保持信息畅通。在现代市场经济条件下，获得信息的快慢、多少及其可靠程度往往关系到经营组织、个体的生死存亡。因此，作为企业一定要建立相关的沟通机制，以实现渠道成员的信息共享。

②人际沟通。在现实当中，生产者常常对分销商的一些表现不满，如只强调某一特定品牌；其推销员对于产品的知识过于浅薄；未能充分运用企业提供的广告资料；疏忽某些消费者；甚至其保存的记录有时居然会遗漏品牌名称。与他人沟通的关键就在于，要善于从他人的角度看问题。一种比较有效的人际沟通方法，就是在两个或两个以上渠道成员之间交换成员。例如，本田公司的经理就有可能在其分销商那里工作一段时间。这样，当他们回到自己的工作岗位上以后，彼此之间就有了更好的了解，也更容易从对方的角度考虑问题。

(2)契约约束。通过建立明确的契约关系，详细规定各方的权利义务，可以在一定程度上求得生产者和渠道成员、直接用户在供货价格、资金结算、促销等方面的一致，避免冲突的发生。在渠道冲突发生时，也可以按照契约规定的条款追究各方应该承担的责任。

(3)目标协调。目标协调是指通过协调渠道成员之间目标不一致的行为，使整个渠道系统目标趋于一致。例如推行代理制，使渠道成员的收益来源由赚取价差转变为赚取佣金，以消除价格矛盾；又或通过渠道的纵向一体化使渠道成员成为以资本为纽带的利益共同体，达到渠道系统的目标一致。

(4)合作。中间商一般都是代表用户需要向制造商采购商品。因此，他们最关心的是用户的需要，而且，他们一般都经营许多制造商的产品，对某一个制造商的特定的需要(如各种产品销售情况的记录、市场信息的收集与反馈等)是不太重视的。所以在渠道合作关系中，制造商起着主导的作用。制造商要争取中间商的配合，把中间商作为用户来对待。制造商可采用以下方法来支持中间商，以提高他们的满意度，密切双方的合作关系：

①提供适销对路的产品。适销对路，是指在产品数量、质量、品种、规格、价格及交货期等方面能满足消费者的需要。能提供消费者喜爱的产品，就给中间商创造了良好的销售条件，这是良好合作关系的基础。

②加强广告宣传。这是中间商十分欢迎的。广告宣传，可使每个经销者得到好处，减少了中间商的销售阻力。

③援助中间商的促销活动。例如，协助搞好产品陈列，帮助训练销售人员，提供产品目录、产品说明书和其他宣传品等。

④协助中间商进行市场调查。

⑤给中间商以财务支持。如延长付款期限等。

⑥协助中间商搞好经营管理。

对于分销渠道冲突的管理，除了以上积极的管理方法之外，在不得已的情况下，也得采取一些看似消极的方法。也就是说，在解决冲突的过程中不是任何情况下渠道成员都能够自觉地达成一致、形成共同目标的，分歧在多数情况下是必然存在的。消极性对策主要有谈判、调解、仲裁、法律手段、清除替补、退出等。

本章小结

1. 分销渠道的内涵及功能。分销渠道是指产品或服务从生产领域到消费领域的通路，它由一系列的执行中介职能的相互依存的企业或个人组成。分销渠道的功能由渠道成员共同分担，并形成了商流、物流、货币流、信息流和促销流等流程。

2. 渠道结构。分销渠道长度是指产品从制造商手中转移至消费者手中所经过的中间环节的多少。影响分销渠道长度设计的主要因素有产品、市场、购买行为、企业、中间商等。分销渠道宽度是指产品或服务通过同一环节中间商的数目多少。分销渠道的类型分为密集性分销渠道、选择性分销渠道和独家分销渠道。

3. 分销渠道管理。直接激励指的是通过给予物质或金钱奖励来肯定经销商在销售量和市场规范操作方面的成绩。间接激励指的是通过帮助渠道成员进行销售管理，以提高销售的效率和效果来激发渠道成员的积极性和销售热情的一种激励手段。渠道改进主要有三种策略：增减渠道中的个别中间商、增减某一营销渠道、改进整个营销渠道。

4. 渠道冲突。渠道冲突可分为三种情况：垂直渠道冲突、水平渠道冲突和多渠道冲突。渠道冲突的原因主要有角色不一致、观点差异、目标差异、决策权分歧、期望差异、沟通困难、资源稀缺。解决渠道冲突的对策有沟通、契约约束、目标协调。

思考与应用

1. 分销渠道的含义是什么？它包含哪些流程和职能？

2. 从影响渠道设计的因素，论述企业如何设计适宜的分销渠道。

3. 怎样实行对经销商的激励？

4. 批发商、零售商的职能分别是什么？
5. 渠道冲突的含义及原因是什么？有何对策？

课外阅读

1. 董志刚，徐庆，马骋. 电子商务环境下双渠道供应链的制造商分销渠道选择[J]. 系统工程，2015(6).

2. 李春成，李崇光. 营销渠道变革与范式演进研究述评[J]. 华东经济管理，2008, 22(2).

3. 李飞. 全渠道营销：一种新战略[J]. 清华管理评论，2015, Z1(No.28).

4. 鲁芳，吴健，罗定提. 考虑产品体验性和营销努力的分销渠道合作策略研究[J]. 中国管理科学，2020, 28(10).

5. 庄贵军. 营销渠道管理(第三版)[M]. 北京：北京大学出版社，2018.

中国营销·案例分析

蓝月亮营销渠道变革之路

蓝月亮通过在全国各地 KA 卖场实行"人海战术"的销售策略，将"终端为王"的渠道理念演绎得淋漓尽致。所谓 KA，即 key account(重点客户)是指大型连锁大卖场，例如家乐福、麦德龙、沃尔玛、大润发等。KA 卖场凭借其连锁规模优势、可观的客流量及成熟的运营管理能力，一直以来都是国内普通日化用品最核心的分销渠道。在家乐福、大润发、沃尔玛等 KA 卖场的洗衣液陈列区，蓝月亮洗衣液占据的货架面积往往最大。蓝月亮按照每 2 万元营业额配备 1 名促销员的标准，在各大 KA 卖场招募远超过其他品牌数量的促销员实行"终端拦截"。

凭借其精准的广告投放和 KA 卖场的"人海战术"，蓝月亮洗衣液获得了良好的市场回报，其销量和市场份额快速增长。数据表明，蓝月亮洗衣液在 2010 年占据了国内洗衣液品类市场的 44%，而同年国内洗衣粉、洗衣皂和洗衣液分别占据洗涤用品总销量的 65%、21% 和 14%。2013 年，蓝月亮的销售额达到了 43 亿元，是 2007 年销售额的 10 倍以上。

2015 年 4 月，在与大润发的采购团队谈判时，蓝月亮提出希望取消以往通过租赁货架的寄销模式(即供应商的商品先在零售卖场货架进行销售，无法完成销售的商品再返还给供应商)，改为在大润发卖场内设置名为"月亮小屋"的专柜(即"店中店")模式，这样便于集中展示蓝月亮的品牌形象和全部产品。蓝月亮还提出自主确定"月亮小屋"专柜所有产品的零售价格，同时要求减低双方合同中的销售返点，等到蓝月亮产品销售完成后再和大润发协商利润的分配比例。而大润发方面认为，"蓝月亮的要求既不符合公司的商品陈列制度，也打乱了其营销规则、采购规则"。

然而，蓝月亮也丝毫没有做出退让妥协。双方的谈判宣告破裂。2015 年 6 月，蓝月亮陆续退出大润发的 320 多家卖场。随后家乐福、欧尚、人人乐等 KA 卖场也陆续与蓝月亮或终止合作关系或下架所有商品或大幅度减少其商品货架。在退出大润发、家乐福等部分

KA 卖场之后，即便蓝月亮的产品仍在沃尔玛、苏果等 KA 卖场中正常销售，但也停止了卖场所有费用支出。除了交给 KA 卖场的基本的陈列费以外，蓝月亮不再进行促销活动，不再进行卖场堆头促销，也不做宣传推广，甚至还辞掉大量的卖场导购员，将其数量减少到原来的 1/3。

退出部分 KA 卖场后，蓝月亮逐渐将营销渠道重心转移到电商渠道上来。蓝月亮早在 2012 年就注册了"月亮小屋"通用网址，在天猫开设首家线上专卖店，开始利用电商渠道分销其产品。2014 年，蓝月亮以 2.3 亿元的销售额排洗衣液品类在线销售第 1 名，这个成绩让蓝月亮尝到了电商渠道的"甜头"。2015 年 6 月，蓝月亮开始正式运营"蓝月亮京东旗舰店"。2015 年"京东 618"（即 6 月 18 日京东店庆日）统计数据表明，蓝月亮洗衣液在半天之内销售完成 101 万提。这个销量相当于 2.8 个 KA 卖场一整年洗衣液的销售量。2016 年，蓝月亮开始陆续和天猫、苏宁易购等电商平台达成渠道合作。2017—2019 年，蓝月亮电商渠道销售额占其总销售额的比例由 33.1% 增长到 47.2%。

在发力电商渠道的同时，从 2015 年 5 月起，蓝月亮也开始推行"月亮小屋"O2O 渠道计划。"月亮小屋"O2O 渠道包括线上渠道和线下渠道两个部分。线下渠道就是蓝月亮开设的"月亮小屋"社区专营店，由蓝月亮招聘的清洁顾问负责蓝月亮产品的门店销售、展示及送货上门，甚至还可以提供洗衣服务。而线上渠道则包括"月亮小屋"App 和"月亮小屋"微信公众号等线上平台。蓝月亮想通过线上渠道和线下专营店的有机衔接，打造产品销售的 O2O 渠道闭环。

然而，"月亮小屋"计划在实施过程中并不顺利。"月亮小屋"社区专营店开设数量也远没有达到预期的规模，而只是选择在北京、广州、上海、武汉、重庆等地开设寥寥数家，其门店选址也较为偏僻，偏离了核心城区。一部分"月亮小屋"社区专营店提供的洗衣服务只不过是由清洁顾问将衣服收集后快递到广州总部清洗。一些原有合作经销商因为这种直销模式损害到自身利益而终止了与蓝月亮的合作关系。"月亮小屋"社区专营店的物流不得不变成由天猫、京东来配送，甚至有的专营店的物流配送几经转换变成由送水站负责。消费者甚至担心由清洁顾问提供配送的产品出现假冒伪劣。而有限的社区专营店数量和清洁顾问的覆盖面也使得消费者社群黏性变得不强。到 2017 年年末，全国多地的"月亮小屋"专营店开始大批转租或暂停营业，蓝月亮自建"月亮小屋"O2O 渠道计划搁浅。

经过一年半的渠道变革，蓝月亮并没有取得预期的表现，其市场份额被竞争对手逐步蚕食。蓝月亮洗衣液市场占有率从最高的 53% 下降到 2016 年的 20.3%。2017 年，立白洗衣液市场占有率增至 26%，第一次超越蓝月亮洗衣液。虽然 KA 卖场存在种种弊端，但对于消费者而言，KA 卖场仍然是洗涤用品进行品牌展示和销售的主流渠道之一。蓝月亮决定重返 KA 卖场，开启"电商+KA 卖场"的"两腿"并行的全渠道模式。

2017 年 5 月，蓝月亮正式进驻家乐福大卖场，重启洗护行业 KA 卖场的"地推模式"，其重点是销售蓝月亮的机洗至尊浓缩洗衣液。数据显示，蓝月亮重返家乐福当月其销售额增长 20%。到 2017 年 12 月，其销售额增长 30%，但是这离蓝月亮退出部分 KA 卖场前的销售额还有一定距离。2019 年 12 月，蓝月亮在退出高鑫零售系门店四年半之后，重新在大润发、欧尚等 KA 卖场完成铺货。至此，蓝月亮已经构建起包括大润发、欧尚、家乐福、华润万家、世纪联华等 KA 卖场、连锁超市及便利店等直销大客户渠道。数据显示，2019 年来自直销大客户的销售收入占其总销售收入的比例达到 14.1%。

　　在线下渠道销售占比下降的同时，蓝月亮电商渠道取得快速发展，已经成为蓝月亮抢占年轻消费者市场的主要"战场"。蓝月亮继续深化与京东、天猫、苏宁等传统电商渠道的合作。数据显示，2017—2019 年，蓝月亮电商渠道销售额占其总销售额的比例分别为33.1%、40.2%及47.2%。2019 年，蓝月亮电商渠道销售额占比首次超过了线下分销商销售额占比（38.7%），电商渠道成为其最重要的销售渠道。2019 年，蓝月亮洗衣液电商渠道销售额占我国洗衣液线上市场份额的33.6%，稳居第一，远超紧随其后的威莱（14.8%）和纳爱斯（13.5%）。然而从整个洗衣液市场的销售情况来看，2020 年，洗衣液在以传统商超为主的线下渠道的销售额占比仍高达85%，而在电商渠道的销售额仅占15%。

资料来源：孙伟，等. 蓝月亮营销渠道变革之路.中国管理案例共享中心，2020.内容有改动。

思考问题：

1. 蓝月亮与大润发等 KA 卖场产生渠道冲突的原因是什么？

2. 退出部分 KA 卖场后，蓝月亮自建"月亮小屋"O2O 渠道为什么会失败？

3. 分析蓝月亮各渠道模式的优劣势。

第 11 章　促销策略

11.1　促销与促销组合

案例导入

农夫山泉：一分钱的成功与危机

11.1.1　促销

从狭义上看，促销是指企业通过人员或非人员的方式与消费者沟通产品和服务信息，以激起消费者的购买欲望，影响和促成消费者购买行为的全部活动的总称。从广义上看，促销泛指通过一定的形式沟通信息，让他人接受自己的意愿和观念或购买产品和服务。就沟通信息而言，广义的促销与狭义的促销是一致的。促销的本质是一种信息沟通活动。在市场经济中，由于产品生产、流通和消费环节的分离，企业、经营者和消费者之间的信息是不对称的，这就需要企业通过对产品信息进行专门设计，再通过一定的形式传递给消费者，以增进消费者对产品的注意和了解，并激发起其购买欲望，为消费者最终购买提供决策依据。

11.1.2　促销组合

促销组合，也称营销传播组合，是指企业如何通过人员推销、广告、公共关系和销售促进等各种促销方式，向消费者或用户传递产品信息，引起他们的注意和兴趣，激发他们的购买欲望和购买行为，以达到扩大销售的目的。企业将合适的产品，在适当地点、以适当的价格出售的信息传递到目标市场，一般是通过两种方式：一种是人员推销，即推销员和消费者面对面地进行推销；另一种是非人员推销，即通过大众传播媒介在同一时间向大量消费者传递信息，主要包括广告、公共关系和销售促进等多种方式。这两种推销方式各有利弊，起着相互补充的作用。

11.1.3　促销组合决策

企业在设计促销组合时应考虑的几个主要因素有产品市场类型、推拉策略、购买者准备阶段、产品生命周期阶段。

11.1.3.1 产品市场类型

促销工具的有效性因消费者市场和产业市场的差异而不同,如图 11-1 所示。消费品市场中,企业一般将大部分资金用于广告,随之是销售促进、人员推销和公共关系。产业市场中,企业一般把大部分资金用于人员推销,随之是销售促进、广告和公共关系。一般来说,人员推销着重用于昂贵的、有风险的产品以及少数大客户。

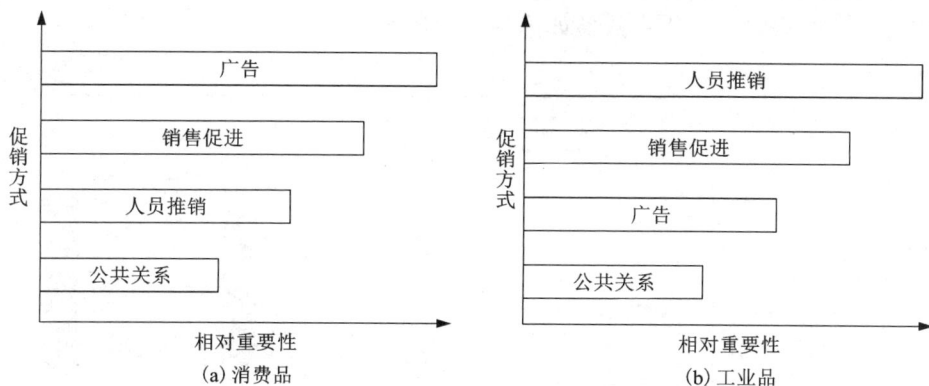

图 11-1 不同类型产品各种促销方式的相对重要性

11.1.3.2 推拉策略

根据促销手段的出发点与作用的不同,推拉策略可分为两种策略:推式策略和拉式策略。

推式策略,即以直接方式,运用人员推销手段,把产品推向销售渠道,其作用过程为企业的推销员把产品或劳务推荐给批发商,再由批发商推荐给零售商,最后由零售商推荐给最终消费者。该策略适用于以下几种情况:

(1)企业经营规模小,或无足够资金用以执行完善的广告计划。

(2)市场较集中,分销渠道短,销售队伍大。

(3)产品具有很高的单位价值,如特殊品、选购品等。

(4)产品的使用、维修、保养方法需要进行示范。

拉式策略则是采取间接方式,通过广告和公共宣传等措施吸引最终消费者,使消费者对企业的产品或劳务产生兴趣,从而引起需求,主动购买。其作用路线为企业将消费者引向零售商,将零售商引向批发商,将批发商引向生产企业。该策略适用于下列情况:

(1)市场广大,产品多属便利品。

(2)商品信息必须以最快速度告知广大消费者。

(3)对产品的初始需求已呈现有利的趋势,市场需求日渐上升。

(4)产品具有独特性能,与其他产品的区别显而易见。

【案例11-1】

足力健老人鞋是如何突围的?

（5）能引起消费者某种特殊情感的产品。

（6）有充分资金用于广告。

11.1.3.3　购买者准备阶段

按照购买者对产品或服务的认知、信任程度及购买行为，购买者准备阶段可分为知晓、了解、信任、订货和再订货等。相应地，在购买者准备的不同阶段，促销的重点分别是提升知名度、提高理解力、增强信任度、促进成交、增加重新订购频次。不同的促销方式在不同的购买者准备阶段的成本效益如图 11-2 所示。

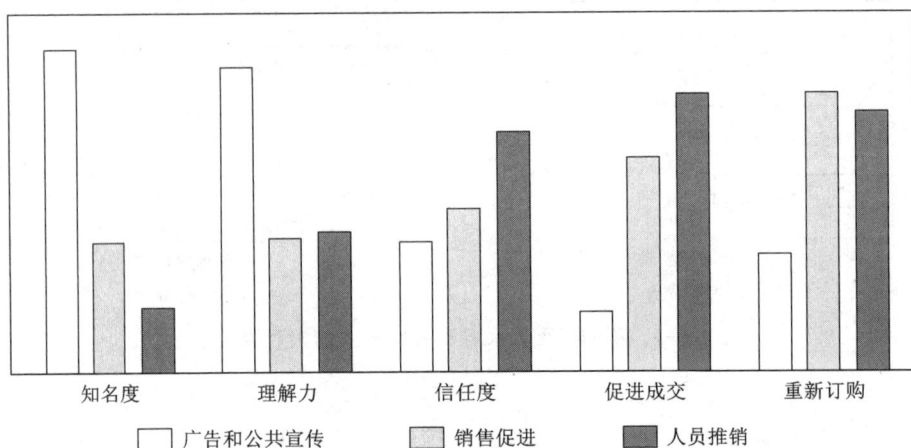

图 11-2　购买者准备阶段的成本效益

11.1.3.4　产品生命周期阶段

在产品生命周期的不同阶段，每种促销方式有着不同的成本效应。如图 11-3 所示，在引入阶段，广告和宣传推广具有很高的成本效应，随后是人员推销以及销售促进和直接营销，人员推销可以加强产品分销的覆盖面，销售促进和直接营销可以鼓励消费者提前试用新产品；在成长阶段，由于消费者相互转告产品信息和产品需求增加，所有促销工具的成本效益都将有所降低，此时，竞争已经出现，广告应该是竞争性的、差异化的，公共关系也应该开始重视；在成熟阶段，销售促进比广告的成本效益更为明显，广告的成本效益则比人员推销更好，此时，应该采取以销售促进为主、广告和人员推销为辅的促销组合方式；在衰退阶段，销售促进的成本效益继续保持较好的势头，广告与宣传的成本效益降低，人员推销的成本效益最低，促销手段应该以销售促进为主，广告与人员推销为辅，而销售人员只需给产品最低限度的关注即可。

11.1.3.5　其他影响因素

影响促销组合的因素是复杂的，除上述四种因素外，企业的营销风格、销售人员素质、整体发展战略、社会和竞争环境等也不同程度地影响着促销组合的决策。营销人员应审时度势，全面考虑，这样才能制定出有效的促销组合决策。

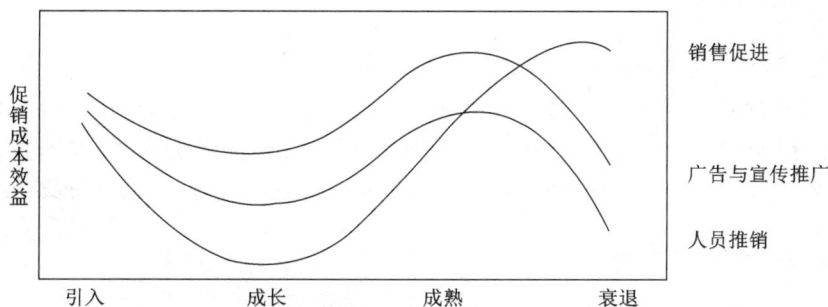

图 11-3　促销方式在产品不同生命周期阶段的成本效益

11.1.4　促销组合的费用决策

每年在促销方面究竟应该投入多少费用以达到促销的目的，这是许多企业难以进行的决策。不同行业、不同地区的促销费用有很大不同，例如，化妆品行业的促销费用可能占销售收入的 30%~50%，机械制造业的促销费用仅占 10%~20%。即使在同一行业，各公司之间的促销费用也不相同。促销费用预算确定的常用方法有目标任务法、销售百分比法、竞争比照法和量力而行法。

11.1.4.1　目标任务法

目标任务法指企业依据已制定的目标，进一步制定实现这一目标所需完成的各项任务，然后就完成这些任务所需的开支确定总体的促销预算开支。这种方法能使管理层明确费用和促销结果之间的关系，应用比较广泛。企业首先必须确保所制定促销目标的合理性，使促销费用得以准确地估算，保证企业的广告资源得到最为合理的使用。但是，在具体实施时，企业通常很难明确哪个任务完成哪个特定目标。

11.1.4.2　销售百分比法

销售百分比法指企业根据目前或者预期销售额的一定比例来确定促销费用，常见的有两种：①促销费用是销售额的一个百分比；②计算单个产品固定的广告促销支出，然后乘以销售额。具体见表 11-1。

表 11-1　销售百分比的两种方法

第一种方法	以销售额百分比计算	年度总额/元
2009 年	全部销售额	1000000
	广告支出占销售额的 10%	100000
2010 年	广告预算	100000
第二种方法	单个产品固定的广告促销支出×销售额	总额/元
2009 年	单件产品成本	4.00
	单件产品广告支出	1.00
2010 年	预计全年销售额	100000
2010 年	广告预算	100000

这种方法意味着促销支出以企业的经营业绩好坏为依据,简单易行,使企业管理人员在考虑企业的经营管理问题时,可以统筹考虑促销成本、产品售价和销售利润之间的关系,但缺点也很明显:①是根据自身的资金来安排促销,而不是根据市场来进行安排;②新产品的推出因为没有任何历史记录,销售百分比法基本失效;③容易形成恶性循环。

11.1.4.3　竞争比照法

许多企业比照竞争对手的广告预算来确定自己的广告费用,使自己同竞争对手在广告上不至于处于劣势。采用这种方法主要是由于:①竞争者的预算代表整个行业促销的水平;②如各企业促销费用可以保持一致的话,往往能够避免发生促销战和价格战;③把促销费用建立在整个行业的水平上可以减少公司决策的盲目性。这种方法在行业企业不是非常多且有较高的管理水平的前提下较易实行。这种方法的局限性也很明显。以整个行业的促销水平来决定本公司的费用水平对公司来说未必十分合理。

11.1.4.4　量力而行法

促销常常需要相当大的资源投入,但过大的促销开支会给企业增加沉重的负担,影响其经营。因此,企业可依据自身的经济实力来确定在广告上的投入。量力而行法就是将促销预算设定在企业所能负担的水平上。但以该方法决定预算,不但忽视了促销活动对销售量的影响,而且每年促销预算多寡不定,没有长期的产品促销计划,势必使市场营销规划实施变得困难,难以树立企业形象。

11.2　广告策略

11.2.1　广告的概念与内涵

广告是为了某种特定的需要,通过一定形式的媒体,并付出一定的费用,公开而广泛地向公众传递信息的宣传手段。广告有广义和狭义之分。广义广告包括非经济广告和经济广告。非经济广告指不以营利为目的的广告,如政府行政部门、社会事业单位乃至个人的各种公告、启事、声明等。狭义广告仅指经济广告,又称商业广告,是指以盈利为目的的广告,通常是商品生产者、经营者和消费者之间沟通信息的重要手段,或企业占领市场、推销产品、提供劳务的重要形式。本书主要讨论的是狭义广告即商业广告。

广告包括以下内涵:①广告是一种有计划、有目的的活动。②广告的主体是广告主,客体是消费者或其他受众。广告主不仅包括商业性企业,也包括公益组织,可对各种目标公众做广告宣传。③广告的内容是产品、服务或者某种观念的有关信息。④广告的手段是借助广告媒体直接或间接传递信息。⑤广告的目的是促进产品销售或树立良好的企业形象。

11.2.2　广告策略

广告策略是广告策划者在广告信息传播过程中，为实现广告目标所采取的对策和应用的方法、手段。制定科学的广告策略，企业一般需要进行以下五个方面的决策，即广告的 5M 策略：广告任务决策——确定广告目标；广告资金决策——确定广告预算；广告信息决策——确定要传送什么信息；广告媒体决策——确定使用什么媒体；广告效果衡量——确定如何评价广告结果，如图 11-4 所示。

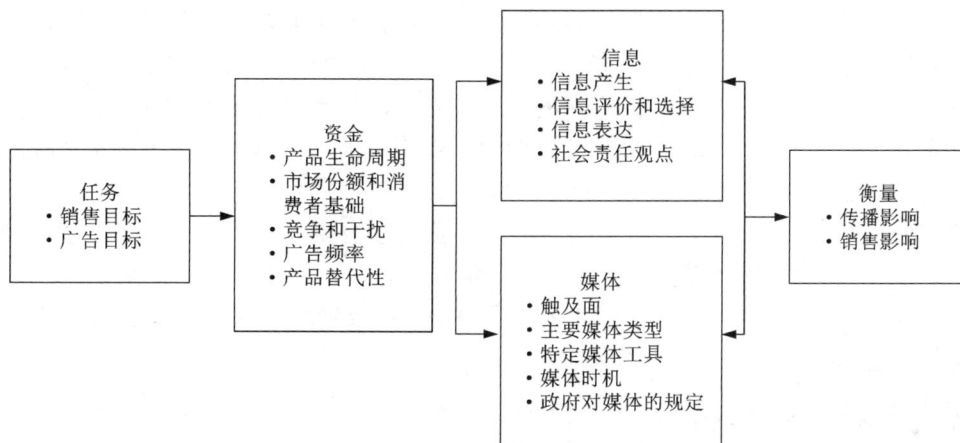

图 11-4　广告的 5M 策略

11.2.2.1　广告目标

广告决策的第一步就是制定广告目标。所谓广告目标是指在一个特定时期内，对于某个特定的目标受众所要完成的特定的传播任务和所要达到的沟通程度。按企业的沟通目的，广告目标主要分为三种，即告知型广告、诱导型广告和提醒型广告，如表 11-2 所示。

表 11-2　不同类型的广告目标

告知型广告	诱导型广告	提醒型广告
确立企业形象 消除消费者误解 提供产品信息 介绍新产品及使用方法 介绍新用途 解释价格变化 描述服务信息	说服诱导消费者购买行为 劝导消费者购买该品牌 建立品牌偏好 让消费者加深对产品的了解 加强企业与消费者间的联系	维持品牌最佳形象和知名度 促使消费者用更多的企业产品 提供消费者购买产品的地点 巩固产品在消费者心中的印象 提醒消费者将来继续使用该产品

11.2.2.2 广告预算

确立了广告目标之后，企业应制定广告预算，即确定在广告上投入的资金量及其使用规划。

(1)广告预算的影响因素。在制定广告预算时要考虑五个特定的因素：①产品所处生命周期阶段。新产品一般需花费大量广告预算以便建立知晓度和争取消费者的试用。已经建立知晓度的品牌所需预算在销售额中所占的比例通常较低。②市场份额和消费者基础。市场份额高的品牌，只求维持其市场份额，因此其广告预算在销售额中所占百分比通常较低。③竞争程度。一般来说，市场竞争程度越高，企业需投入的广告费用就越多。④广告频率。把品牌信息传达到消费者需要的重复次数(即广告频率)也会决定广告预算的大小。⑤产品同质性和替代性。产品的同质性越强，为了树立有差别的形象所需要投入的广告费用就越多。产品替代性较高的企业也不得不增加广告费用，以建立起品牌的差异化。反之，广告投放费用就可以少一些。

(2)广告预算的方法。上一节有关促销组合费用预算确定的方法也适用于广告预算，如目标任务法、销售百分比法、竞争比照法和量力而行法。一般来说，中小企业可以调用的资源较为有限，为了不与大公司产生对抗和冲突，需要精心安排其广告支出，以保证广告的成本效益。

11.2.2.3 广告信息策略

广告信息是指广告中所要传达的主要内容，是广告主通过广告媒介向公众传递的经济信息和观念信息的总称。有效广告一定是为特定消费者创作的，是对消费者需求的理解和考虑。它要传达特定产品的利益，并针对客户行为而设计。

广告创意将指导广告活动选择的特殊诉求点。广告诉求点应该有三个特征：①有意义。广告诉求点指出产品对于消费者而言更期望或更有趣的利益。②可信。消费者必须相信产品或服务能够传达所承诺的利益。③差异化。广告诉求点要告诉消费者这个品牌为什么比竞争者品牌好。

11.2.2.4 广告媒体策略

广告媒体的选择很大程度上决定了促销效果是否明显，甚至会影响到企业开拓市场的成败。世界发展至今日，信息通信技术得到了空前的发展，最为显著的特点就是广告媒体技术日趋多样化。企业制定广告媒体策略时应考虑以下因素：

(1)广告媒体种类及特点。广告媒体主要包括传统四大媒体(报纸、杂志、广播、电视)、网络媒体、户外广告媒体，以及邮寄广告媒体和其他媒体。

(2)目标消费者的媒体习惯。企业在实施广告促销时，为了达到最优效果，必须充分理解目标消费者的媒体习惯，以便在广告活动中有的放矢。

(3)产品性质与特点。各种媒体在演示、描述、可信度等方面分别具有不同的表现力。而企业应结合其产品所具有的不同性质与特点，使用最适合其特征的广告媒体。

(4)媒体成本。不同媒体要求的费用并不一样，它不但取决于媒体自身的声誉及影响力，同时还受到广告用时长短、时段和版面等因素的影响。企业应考虑自己追求的实际促销效果和企业的财务实力，选择最合适有效的媒体。

（5）媒体的触及面、频率和影响力。许多广告主认为，要使广告起作用必须向目标受众多次展露，重复太少可能会造成浪费，因为他们没有被注意到，但频率太高也会造成浪费。事实上在一定广告预算水平下，所要购买的触及面、频率和影响的成本效益存在最佳组合。一般而言，当推出新产品、侧翼品牌、扩展驰名品牌或购买并不频繁的品牌或追求一个界定不清楚的目标市场时，触及面是最重要的。当存在强有力的竞争者、想要传达的信息复杂、消费者阻抗力高或购买次数频繁时，频率是最重要的。

11.2.2.5　广告效果衡量

广告效果衡量包括两个方面：一是对信息沟通效果的衡量，即广告是否将信息准确传递给了目标市场的消费者和公众；二是对销售效果的衡量，即评估通过广告促销企业的销售额增长情况。具体的评价形式有以下五种：

（1）认知和回忆效果衡量。认知是指消费者是否能够识别看过的广告，它一般用四个指标反映：注目率——那些能记得自己看过广告的消费者的比例；阅读率——那些看过广告并且能够清楚说明广告品牌和产品的消费者的比例；泛读率——那些阅读了广告内容任何部分的消费者的比例；精读率——那些阅读了广告内容一半以上的消费者的比例。

（2）情感效果衡量。对情感效果进行衡量一般使用市场调研公司，这些公司会通过一系列的追踪来解释和反映消费者在看到广告后的感受。

（3）生理刺激效果衡量。通过捕捉消费者神经系统的反映，或者记录消费者在看到一组广告时的心跳、血压、瞳孔的变化等，可辅助性地测试广告对消费者的吸引力大小。

（4）说服效果衡量。很多机构的调查研究结果表明，消费者的购买行为在潜意识下受到广告的影响，尤其是连续的广告可以更大程度地影响消费者。同时，广告内容、广告的情感效果等也起到很大的作用。

（5）销售效果衡量。上述四种衡量都是针对广告本身效果的评估。有时还需要测定广告对公司销售的影响。以下是两个常用的测定指标：

$$广告费占销售量比例 = （广告费用/销售量）\times 100\%$$
$$广告费增长率 = （销售增加率/广告费用增加率）\times 100\%$$

销售效果的衡量相对更为困难，因为除了广告因素之外，影响销售额增长的因素还有很多，如价格降低、收入增加、产品改进、渠道效率提高等许多因素都会在某种程度上影响销售额增长，所以企业对于有多少销售额的增长可归功于广告很难做出判定。一般来说，企业常用的对销售效果的分析方法主要有以下两种：

第一，历史分析法。它主要利用先进的统计技术，找出过去各阶段广告费用与销售额之间的相关性，对广告促销效果做出评估，并作为以后广告促销的依据。

第二，实验分析法。它以比较各地广告促销不同效果的方式，来评估广告开支增长对销售额的影响。除此之外，企业还应当努力研究探索各种评估技术手段，对广告效果尽可能地做出客观评估，以对广告规划进行有效的控制，使广告作为促销策略的主要组成部分，得到最优化的利用。

11.3 销售促进策略

11.3.1 销售促进的特点

销售促进又称营业推广，是指除了人员推销、广告和公共关系等手段以外，企业为了刺激目标市场需求、扩大销售而采取的能够迅速产生激励作用的促销措施。

销售促进对刺激消费需求具有立竿见影的效果。它可以在短期内刺激目标市场需求，使之大幅度地增长，特别是对一些优质名牌和具有民族风格的产品效果更佳。这种促销方式向消费者提供了一个特殊的购买机会，能够唤起消费者的广泛注意，具体、实在、针对性强、灵活多样，对想购买便宜东西和低收入阶层的消费者等颇具吸引力。

开展销售促进不仅要考虑市场供求和产品性质，而且要考虑消费者的购买动机和购买习惯、产品的生命周期、竞争状况以及目标市场的环境因素。销售促进使用不当可能会降低消费者对品牌的长期忠诚度，因为更多的消费者会形成重视优待的倾向而不是重视广告的倾向。此外，不合理的销售促进还可能会导致促销费用大大超过预算，因为一部分促销费不可避免地落入了非目标消费者手中。

11.3.2 销售促进的对象

销售促进的对象不同，其目标和采用的方式也就有差异。销售促进对象有以下三种：

(1)针对消费者的销售促进。针对消费者的销售促进的主要目的是提高产品的知名度，鼓励消费者购买，刺激销售量增加或减少库存，如赠送样品、礼品、发放优惠券、现金折扣、特价包装、有奖销售、光顾奖励(如交易积分)、免费试用等。

(2)针对中间商的销售促进。针对中间商的销售促进旨在促成企业和中间商之间达成协议，提高中间商经营本企业产品的效率，鼓励他们增加进货，积极宣传、推销产品。常用的方式包括价格折扣(又称发票折扣或价目单折扣)、提供免费产品、经办合作广告和联营专柜、帮助设计橱窗、举办展览会、展销会和工商联谊会或各种双边、多边贸易座谈会等。

(3)针对销售人员的销售促进。针对销售人员的销售促进是为了鼓励、促使销售人员多推销，多为消费者服务，更好地开拓市场。企业通常根据具体情况，在利润分成、补助等方面给予销售人员一定的优惠条件，并在精神和荣誉上给予激励，此外还可以采取推销竞赛、接力推销、推销奖金等促进推销的措施。

11.3.3 销售促进的方式与方法

销售促进的方式丰富多彩。据调查，仅针对消费者的销售促进就有530多种。本节以针对消费者的销售促进方式为例，根据这些方式涉及的不同主题将之概括为以价格、赠送、奖励和展示为核心的四个主题群。

11.3.3.1　以价格为核心的销售促进

这种形式的销售促进以产品或服务的价格变化(通常是价格减让)作为刺激消费者的主要手段。

(1)折价销售。折价销售是针对消费者的销售促进中运用最普遍的手法之一,它指的是商家在一定的时间里进行价格上的减让,特定时间过后又恢复原价。使用这一推广方式时要注意在特定时间过后一定要恢复原价,否则容易模糊产品的市场价位,甚至损害产品的品牌形象。

(2)优惠券。优惠券一般由商家或厂家通过邮寄、报刊发送,或者夹放在产品包装内,或者在销售现场发送给消费者,使持有者在购物时享受一定数量的减价优惠,以吸引那些有一定消费兴趣和消费能力的老消费者不断重复消费。优惠券对那些购买频率高的产品促销效果较好。

(3)特价包装。指厂家对其产品的正常零售价格以一定幅度的优惠,并将优惠金额标示在产品包装或价格标签上。特价包装的形式灵活多样,可以直接在包装上印出原价与供应特价。特价包装适用于购买频率高、价格水平低的产品促销。

(4)退款优惠。指消费者购买产品后,可将产品证明(如注册商标、产品条码等)连同购货发票一起寄至厂家,厂家接到材料后将一部分货款退还给消费者。退款优惠的功能与折价销售及优惠卡(券)等相似,主要用于鼓励消费者试用新产品,其运作成本相对较低。

(5)以旧换新。指消费者在购买产品时交出同类产品的废旧品,便可享受一定价格折扣的优惠。以旧换新的"新"与"旧",可以是同一种品牌,也可以是不同品牌。

围绕价格核心运行的销售促进是卓有成效的促销方式,但具体运用中要注意把握火候,因为价格是一把"双刃剑",使用得法可以促进销售成长,使用失当则不仅祸及同业,也于己有害。为提高运作效率,应遵循如下原则:

第一,凸显折价事实。运用各种宣传媒介广泛告知折价事实,让消费者知晓并留下深刻印象,以激发消费者购买欲望。

第二,优惠幅度有力。幅度太小触动不了消费者,难以起到促销作用,反而会让企业沾上沽名钓誉之嫌。但幅度太大时,必须说出令人信服的理由,否则消费者会怀疑这是假冒伪劣产品。

第三,控制活动频次。活动间隔和次数不要太密,不能让消费者形成"优惠依赖",有优惠则买,没优惠则持币待购,长此以往企业将难以维持正常经营。

11.3.3.2　以赠送为核心的销售促进

赠送是厂家或商家为影响消费者行为,通过馈赠或派送免费品,介绍产品的性能、特点和功效,建立与消费者之间友好感情联系的有效促销形式。

(1)赠品。在消费者购买某种产品时,免费或以较低的价格向其提供的产品称赠品。赠品的形式多种多样,有的赠品就是产品本身,有的是与产品无直接关系的纪念品,有的为相关产品。

(2)赠券。当消费者购买某种产品时,企业会给予一定数量的交易赠券,当消费者将赠券积累到一定数额时,可到指定地点换取赠品。赠券的实施对刺激消费者大量购买本企业产品、扩大企业的市场占有率具有较大的影响力。

（3）样品。在新产品导入阶段，企业可通过向消费者免费提供样品供其试用，使之亲身体验产品所带来的利益，而后促使消费者购买。

11.3.3.3 以奖励为核心的销售促进

奖励是指企业为激励消费者的购买行为而提供的现金、实物、荣誉称号或旅游奖券等销售促进方式。

（1）竞赛。指由企业制定竞赛规程，让消费者按竞赛要求参与活动并获得预定的现金、实物、荣誉称号或旅游奖券等奖项。竞赛的内容一般要求与主办单位的自身特征或产品相关。

（2）抽奖。指企业在消费者进行消费时为其提供一个获奖的机会。获奖者既可以由抽取票号来确定，也可以由摇转数码来确定。由于抽奖的奖励分量通常都比较大，能在正常的消费中获得意外的惊喜，消费者参与的积极性较高。

（3）猜奖。指让消费者猜测某一结果，猜中者给予奖励。猜奖与抽（摇）奖不同，抽（摇）奖的奖项是事先预定的，因而也是固定的；而猜奖却很难事先确定有多少人能中奖，有可能自始至终无人获奖，也有可能夺奖者较多。

（4）现场兑奖。指消费者根据消费额的多少领取奖票，现场刮号或揭底，中奖者可现场得奖。现场兑奖通常是将具有较强吸引力的奖品展销在销售场点，形成强烈的现场刺激，营造人气。

11.3.3.4 以展示为核心的销售促进形式

展示是让产品直接面对消费者，使产品与消费者进行心灵对话的直观性促销方式。

（1）展销会。企业可将产品分主题展示出来并进行现场售卖，以便消费者了解产品信息并增加销售机会。常见的展销形式有为适应消费者季节购买特点而举办的"季节性产品展销"或者为新产品打开销路的"新产品展销"等。

（2）售点陈列。有效的售点陈列是增强产品销售力的重要手段。首先，应选择好的陈列点，一般来说，柜台后面与视线等高的货架上、台秤旁边、收银机周围以及柜台前面的空地等都是很好的陈列点；其次，要考虑陈列的视觉吸引力。同种产品堆放在一起显气势，弱势品牌应尽量陈列在第一品牌旁边。最后，要注意陈列品拿取的方便性，保证在货架上至少有80%的产品可以让消费者方便地自行拿取。

（3）现场示范。销售人员在现场对产品的用途与操作进行实际的演示和解说，可以吸引消费者注意、消除消费者对产品的疑虑。现场示范一般适用于新产品上市或产品功能改进宣传。

11.3.4 销售促进策略

企业制定销售促进策略，必须包括以下内容和步骤：

11.3.4.1 确定销售促进目标

就消费者而言，销售促进目标包括鼓励消费者更多地使用产品和大批量购买；争取未使用者试用；吸引竞争者品牌的使用者。就零售商而言，销售促进目标包括吸引零售商经营新的产品品目和维持较高水平的存货，鼓励他们购买过季产品、贮存相关品目，抵消竞争性的促销影响，建立零售商的品牌忠诚和获得进入新的零售网点的机会。就销售队伍而言，销售促进目标包括鼓励他们支持一种新产品或新型号，激励他们寻找更多的潜在消费者和刺激他们推销过季产品。

11.3.4.2　选择销售促进工具

许多销售促进工具可用以实现上述这些目标。选择工具时，促销计划者应该把市场的类型、促销目标、竞争情况以及每一种促销工具的成本效益考虑进去。

11.3.4.3　制定销售促进方案

在制订促销方案时，营销人员必须考虑以下几个因素：

（1）确定所提供刺激的大小。若要使促销获得成功，最低限度的刺激物是必不可少的，低于这个程度，销售促进不能充分发挥作用。较高的刺激程度会产生较高的销售反应，但单位推广费用效率是递减的。

（2）制订参与条件。销售促进刺激物提供的对象通常是鼓励产品的购买者。但企业有时可以有意识地限制那些不可能成为长期顾客的人或购买量太少的人参加。限制条件不宜过宽，也不宜过严，否则达不到应有的效果。

（3）决定持续时间。如果销售促进的时间太短，许多消费者可能来不及购买；如果持续的时间太长，交易优待就会失去其"立竿见影"的效力。理想的销售促进周期长度要根据不同产品种类、消费的季节性、产品的供求状况、生命周期阶段以及商业习惯等来确定。

（4）选择恰当的途径。销售促进的途径和方式不同，推广费用和效益也不一样，企业必须结合自身内部条件、市场状况、竞争动态、消费者购买动机等进行综合分析，选择最佳的销售促进途径和方式。

（5）选择合适的时机。不同的产品，在不同环境条件下，销售促进的时机是不同的。市场竞争激烈的产品、同质性较强的产品、刚进入市场的产品、滞销产品等多在销售淡季或其他特殊条件下运用销售促进策略。

（6）确定预算。销售促进总预算可以通过两种方式拟定：一是根据所选用的销售促进方式来估计总费用；二是按习惯比例来确定销售促进总预算占总促销预算的百分比。

11.3.4.4　预试销售促进方案

虽然销售促进方案是在经验的基础上制定的，但须经过预试以明确所选用的工具是否适当，刺激的规模是否最佳，实施的方法效率是否最高。企业可邀请消费者对几种不同的方式进行分析和评价，也可以在一定的地区范围内进行测试。

11.3.4.5　实施和控制销售促进方案

营销管理者必须对每一项销售促进工作确定实施和控制计划。实施和控制计划必须包括前置时间和销售延续时间。前置时间是开始实施这种方案前所必需的准备时间。销售延续时间是指从开始实施优惠办法起到大约95%的采取此优惠办法的产品已经到达购买者手里的持续时间。

11.3.4.6 评价销售促进效果

企业可用销售数据、消费者调查和实验三种方法对销售促进的效果进行衡量。营销人员可通过销售数据分析各种类型的人对销售促进的态度、销售促进前的行为、购买销售促进产品的消费者后来对品牌或其他品牌的行为进行衡量。

11.4 公共关系策略

11.4.1 公共关系的概念和工具

公共关系是指设计用来推广或保持一个企业形象或其产品的各种计划，使企业和公众相适应。因此，公共关系是通过引起消费者的正面注意、树立良好的企业形象，处理或消除不利的传言、事件，正确处理企业与社会公众的关系，从而促进产品销售的一种活动。

公众具有促进或阻碍企业达到其目标的能力。一个聪明的企业应采用具体的步骤来管理与它有关的关键公众的关系。公共关系的作用主要包括支持新产品的推出、支持成熟产品的重新定位、培养对产品的兴趣、影响特定目标群体、保护已出现公众问题的产品、建立有利于表现产品特点的企业形象等。常见的营销公关工具主要有：

（1）公开出版物。企业可大量依靠各种传播材料去接近和影响其目标市场。它们包括年度报告、小册子、文章、视听材料以及企业的商业信件和杂志。

（2）事件。企业可通过安排一些特殊的事件来吸引公众对其新产品和该企业其他事件的注意，以接近目标公众。这些事件包括记者招待会、讨论会、展览会、竞赛和周年庆祝活动以及体育运动会和文化赞助等。

（3）新闻。公关人员的一个主要任务是发展或创造对企业和其产品或企业人员有利的新闻。

（4）演讲。演讲可以创造组织、个人或产品的知名度。企业负责人可以经常通过宣传工具圆满地回答各种问题，并在各种公开论坛活动和销售会议上发表演说，以树立公司形象。

（5）公益活动。企业可以通过向某些公益事业捐赠一定的钱物，提高其公众信誉。

（6）形象识别。在一个高度交往的社会中，企业不得不努力去赢得注意。企业至少应努力创造一个公众能迅速辨认的视觉形象。视觉形象可通过企业的持久性媒体——广告标识、文件、小册子、招牌、企业模型、名片、建筑物、制服标记等来传播。

【材料11-1】

鸿星尔克的公益营销

11.4.2 公共关系的原则和主要决策

公共关系的本质是提升和维护企业形象的一种信息沟通，其目的是创造和维护企业良好的生存和发展环境。因此，作为一种促销工具，要发挥其应有的作用，公共关系需要注意一些原则，并做好相应的计划和决策。

11.4.2.1 公共关系原则

企业在信息沟通中既要凸显形象，又要恰如其分，决不能无中生有或夸大其词，同时还应自觉维护公众利益，协调公众利益与企业利益。

（1）以诚取信的原则。企业要在公众中树立良好的形象，关键在于诚实。只有诚实才能获得公众的信任回报。如果企业以欺骗的方法，吹嘘自己，必然会失去公众的信任，企业也会名誉扫地，甚至倒闭。

（2）公众利益与企业利益相协调的原则。企业的生存发展离不开消费者，离不开社会的支持。公共关系的最终目的是促进企业销售，但在当今公众越来越关注企业的社会责任、消费者资源越来越稀缺的环境下，企业不仅应该增加消费者的利益，而且应提高公众的利益，必须将公众利益与企业利益结合起来。

11.4.2.2 公共关系的主要决策

在考虑何时与如何运用公共关系时，必须建立具体的公共关系目标，选择公关信息和公关媒体，谨慎地执行公关计划，并评估公关效果。

（1）建立公共关系目标。企业的公共关系策略是为营销目标服务的，确定营销目标是公共关系活动的首要环节。一般来说，企业公共关系目标促使公众了解企业形象，改变公众对企业的态度。公共关系的具体目标有：①树立知晓度。公共关系可利用媒体来讲述一些情节，以吸引人们对某产品、品牌、组织或构思的注意。②树立可信性。公共关系可通过社论性的报道来传播以增加可信性。③刺激销售队伍和经销商。公共关系对刺激销售队伍和经销商的热忱非常有用。在新产品投放市场之前先以公共宣传方式披露，有利于帮助销售队伍将产品推销给零售商。④降低促销成本。公共关系的成本比直接邮寄和广告的成本要低得多，越是促销预算少的企业，运用公共关系越多。

（2）选择公共关系信息和载体。公关目标确定后，就要确认该产品是否具有有趣的经历以作报道。在可供报道的故事不够的情况下，宣传人员可以建议创造新闻事件，以引起公众注意。事件创造可以有很多种，如周年庆典、义演、舞会、聚餐、捐赠拍卖等。

（3）执行公共关系计划。并非每项公关活动都能直接达到销售目标，有些公关活动虽不能直接促进销售目标，但长远来看是有利于促进产品销售的。公关部门可以开展下述活动计划：加强与新闻界的关系，使之用正面的形式展示关于本组织的新闻和信息；为某些特定产品做宣传的各种努力；就公众事件问题、企业地位和企业形象向管理当局提出建议等。

（4）评估公共关系的效果。由于公共关系常与其他促销工具一起使用，其使用效果很难衡量。但如果公共关系使用在其他促销工具行动之前，则其使用效果较容易衡量。有效营销公关最常用的三种衡量方法为：①企业在媒体上暴露次数增加了多少；②企业知名度、理解和态度方面变化的大小；③公共关系对企业销售额和利润贡献如何。

11.5 人员推销策略

11.5.1 人员推销的概念和特点

人员推销是企业运用销售人员直接向消费者推销产品和服务的一种促销活动，即销售人员直接与潜在消费者接触、洽谈、介绍商品、进行说服，促使其购买产品，达成交易，实现既销售产品又满足消费者需求的目的。人员推销在购买过程的某些阶段，特别在建立购买者的偏好、信任和行动时，是最有效的方式。人员推销主要有以下特点：

（1）信息传递的双向性。推销并非只是由销售人员向推销对象传递信息的过程，而是信息传递与反馈的双向沟通过程。销售人员在向消费者提供有关产品、企业及售后服务等信息、解答消费者疑问的同时，可以了解消费者对企业产品及其服务的意见与要求。

（2）推销过程的灵活性。销售人员与消费者直接联系，面对面洽谈，可以通过交谈与观察消费者，根据不同消费者的特点和反应，调整自己的沟通策略和方式，投其所好地进行说服与诱导，及时消除消费者的疑虑，有利于顺利达成交易。

【材料11-2】

非凡的推销员
——乔·吉拉德

（3）推销目的的多重性。人员推销能够通过提供信息、技术、服务来激发消费者的购买欲望；销售人员能够当好消费者的参谋，帮助其进行购买决策，并能通过提供优质服务，更好地满足其需求；通过双方的交流和沟通，能够密切企业与消费者之间的关系，建立长期的协作关系，使其成为企业稳定的客户。

11.5.2 推销的基本过程及方法

完整的推销过程，一般包括寻找和识别潜在消费者、访问准备、接近消费者、讲解和示范表演、意见反馈处理、达成交易、事后追踪这七个阶段，如图 11-5 所示。就每一项推销业务而言，各阶段固然有先后之分，但对整个推销工作来讲，这七个阶段存在交叉渗透关系。

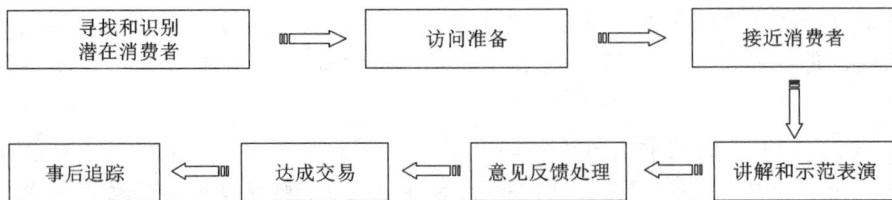

图 11-5　推销的基本过程

11.5.2.1 寻找和识别潜在消费者

推销的第一步是识别潜在消费者。销售人员可以通过现有消费者、供应商、非竞争性的推销代表、银行和行业协会、加入潜在消费者所在的组织、广告、电话和邮件等途径和方法寻找潜在消费者的线索。他们必须懂得如何淘汰那些没有价值的线索。对潜在的消费者，可以通过研究其财务能力、业务量、具体需求、地理位置和连续进行业务的可能性，来衡量其资格。有价值的销售线索一般有三个要求：①能从购买本企业的产品中获得利益；②有支付能力；③有权决定购买与否。

11.5.2.2 访问准备

销售人员应尽可能多地了解潜在消费者的情况，如果推销对象是企业的话，则包括客户企业和采购人员的情况，例如，访问目标的爱好、脾气等，从而确定一种合适的拜访方法。销售人员还应确定访问目标、访问的最佳时机，并制定全面的推销策略。

11.5.2.3 接近顾客

销售人员应该知道初次与消费者交往时如何会见和向其问候，使双方的关系有一个良好的开端，这包括销售员的仪表、开场白和随后谈论的内容；销售人员所穿的衣着应尽量与消费者的衣着类似，初次见面时尤其要讲究言辞举止。表 11-3 描述了一些常见的接近消费者的方式。

表 11-3 常见的接近消费者的方式

接近方式	具体内容
磋商式推销	销售人员在公司的高级主管陪同下，与买主就双方的问题及交易的机会进行会谈
销售人员对单一购买者	一个销售人员面对面或在电话中与一个潜在的消费者进行交涉
销售人员对一群购买者	一个销售人员独自向采购群体介绍或说明某种产品的特点
销售小组对一群购买者	一个销售小组(由公司主管、销售人员及销售工程师等组成)向采购群体进行推销
讨论式推销	由公司的销售小组为客户公司的技术人员举办有关最新科技发展趋势的研讨会

11.5.2.4 讲解和示范表演

销售人员可以按照 AIDA 模式向购买者介绍产品，即争取注意(attention)、引起兴趣(interest)、激发欲望(desire)和付诸行动(action)。在整个过程中，销售人员应以产品性能为依据，着重说明产品给消费者所带来的利益，引起消费者的兴趣，激发其需求，最终促成购买。

11.5.2.5　意见反馈处理

消费者在产品介绍过程中，或在销售人员要他们订购时，几乎都会表现出抵触情绪。面对反对意见，销售人员要沉着冷静，因为这既是达成交易的障碍，也是达成交易的前奏与信号。销售人员应采取积极的方法请消费者说明反对的理由，努力否定他们的反对意见，或者努力将对方的异议转变成购买的理由。

11.5.2.6　达成交易

达成交易有几种方法。销售人员可以要求消费者订货，重新强调一下协议的要点，帮助填写订单，询问消费者是要产品 A 还是产品 B，让消费者对颜色、尺寸等次要内容进行选择，或者告诉消费者如果现在不订货将会遭受什么损失。销售人员也可以给予购买者以特定的成交劝诱，如特价、赠送额外数量，或是赠送礼物、额外产品等。

11.5.2.7　事后追踪

交易达成之后，销售人员就应着手履行各项具体事项，如交货时间、购买条件等。销售人员接到订单后，就应制定一个后续工作访问日程表，及时提供指导和服务。通过访问还可以发现可能存在的问题，使消费者相信销售人员的关心，并减少可能出现的任何认识上的不一致。销售人员还应该制订一个客户维持计划，以确保客户不会被遗忘或丢失。销售人员要通过上述努力，与消费者建立和维持良好的关系，使他们一直保持对企业的忠诚度。

11.5.3　销售人员管理

高素质的销售人员是企业的重要资源，为完成企业的销售目标及承担人员推销的职能发挥了积极的作用。因而，提高销售人员的素质和能力，采取有效措施发挥他们的积极作用是销售人员管理的关键。此外，企业在总体上，应有一个合理的销售人员规模和结构。因为，如果销售人员过多或结构不合理就可能导致额外的成本，使企业竞争力下降。

11.5.3.1　销售人员的规模

确定销售人员的规模是企业的一项重要决策。合理的销售人员规模才能确保企业销售任务的完成。通常，企业会采用工作量法确定销售人员的规模，具体包括以下五个步骤：

第一步，按照年销售量将消费者分类；第二步，根据竞争对手或过去经验，确定每类消费者每年所需的访问次数；第三步，确定企业年总访问次数，即将每类消费者的数量乘以其年访问次数，并进行累计；第四步，确定一个销售人员每年可进行的平均访问次数；第五步，确定企业销售人员的规模，即用总工作量除以一个销售人员的年平均访问次数。

11.5.3.2　销售人员的队伍结构

企业的销售人员在合理规模的基础上，还应该科学规划和组织，形成合理的结构。企业可以按照不同的标准决定销售人员的队伍结构。

(1)按区域结构决定。即每个销售人员被指定负责某一特定区域，作为该区域内的唯一代表。这种结构的优点在于：销售人员的责任较为明确，当地的销售量与销售人员的努力呈正相关关系，可以促使销售人员努力工作；有利于销售人员和当地消费者建立长期关系，"只以一面示顾客"，进而提高推销效率和降低推销成本；减少销售人员的差旅费用。这种结构比较适合差异不大、市场比较集中的产品。

(2)按产品结构决定。指每个销售人员负责某一种或某一类产品的推销工作。但是，一旦企业产品类型很多，应用这种结构时就会显得力不从心。这种结构的优点在于销售人员非常熟悉该产品或该类产品的特点，同时避免了重复推销。

(3)按市场结构决定。指企业按照消费者类别来组织销售人员，对不同的行业安排不同的销售人员。这种结构的优点在于销售人员非常了解消费者，能更好地满足消费者需求。但是如果消费者较为分散，就会增加销售人员的差旅费用。

(4)复合型结构。指综合以上各种结构因素组织销售人员队伍。这种销售结构可以综合以上各种方法的优势，适用于企业产品种类繁多、消费者类型不一、销售区域比较广阔等情况，比较适合大企业使用。

11.5.3.3　销售人员的激励

报酬是留住人才和激励人才的最强有力的手段。销售人员是公司重要的人力资源，应该设计合理的报酬制度来吸引他们。企业常见的报酬制度有以下三种：

(1)薪金制。指销售人员可以按时得到固定金额的工资，短期内销售多少对薪金没有影响。这种方法可使销售人员得到稳定的收入，使他们没有过多的思想负担，但因薪金没有与销售业绩挂钩，往往会缺乏足够的激励。

(2)佣金制。指销售人员根据销售情况从其销售额中提取一定比例作为报酬。这种制度充分调动了销售人员的积极性，但销售人员很容易为了提高销售额而不择手段，因而有可能损害企业声誉。

(3)薪佣制。指销售人员有一定的固定薪金，然后再从其销售额中提取一定的比例作为佣金。这种方法比较好地在上述两种方式之间实现了一定程度的均衡，使销售人员既有基本工资保证，又能够调动积极性。

11.5.3.4　销售人员的招聘与培训

销售人员的招聘与培训是销售人员管理的一项重要工作。企业能招聘到合适的销售人员，尤其是优秀的销售人才，是人员推销成功的基础。对销售人员进行培训是提高他们素质和能力的主要手段，这不仅出于企业的需要，也是销售人员个人成长的需要。

(1)销售人员的招聘。要招聘销售人员，首先应确定优秀销售人员的条件。大多数消费者认为，销售人员应该具备诚实、可靠、有知识和设身处地为别人着想等素质。成功的销售人员的共同之处在于：敢于承担风险，强烈的使命意识，有解决问题的决心，认真对待消费者，仔细做好每次访问等。其次，要确定合适的招聘途径进行招聘。企业可以通过销售人员推荐、人才市场、刊登广告或直接从大学应届毕业生中招聘等方式招聘。

(2)销售人员的培训。消费者一般难以接受不胜任的销售人员，因此，招聘的销售人员一般要经过一段时间的培训才能上岗。通过培训，他们可以掌握企业的总体情况(历史、经营目标、组织、财务、销售等)、企业的产品(种类、技术、特性、服务等)、工作要点(时间利用、销售路径选择、推销费用使用及撰写销售报告等)以及有关市场、市场环境、经营计划、营销策略、推销技能等。

销售人员培训的方法通常有三种：①讲授培训。即通过课堂教学培训方法，请专家、教授和有丰富推销经验的优秀销售人员讲授。②模拟培训。指模拟某种实战场景，通过实例研究、角色扮演和业务模拟等形式进行培训。③实践培训。指让有经验的销售人员与甄选的销售人员建立师徒关系，通过传、帮、带，使受训者较快地熟悉业务、积累经验。

11.5.3.5　销售人员的考核与评估

销售人员评估的依据主要是企业所掌握的相关资料，如销售额、销售报告、主管人员的考察、消费者和其他销售人员的意见等。评估时主要采用绩效评估的方法。绩效评估主要体现在三个方面：①横向评估，即在销售人员之间进行比较；②纵向评估，即把销售人员当期的绩效与过去某一基期的绩效进行比较；③工作评估，包括销售人员对企业、产品、消费者、竞争者的了解程度，履行工作职责情况等，也包括他们的素质、修养等个性特征等。

11.6　整合营销传播

整合营销传播是美国著名营销学家罗伯特·劳特朋、唐·舒尔茨等人提出的一种新的营销传播企划的概念。从 20 世纪 80 年代开始，一些企业为了更好地与消费者进行沟通，尝试将各种促销工具和其他营销活动更好地结合起来，开启了整合营销传播的时代。进入 20 世纪 90 年代后，外在环境的变化要求众多的企业以消费者为导向，整合营销传播获得了长足发展。

11.6.1　整合营销传播的内涵

美国广告代理商协会认为整合营销传播是一个营销传播计划的概念，它注重综合计划的增加值，即通过评价广告、直接邮寄、人员推销和公共关系等传播手段的战略作用，并将之结合，以提供具有良好清晰度、连贯性的信息，使得传播效果最大化。

整合营销传播具有以下主要特征：

(1)沟通过程始于消费者。整合营销传播过程首先开始于消费者或潜在消费者，然后再回到品牌传播者，以决定采用什么形式的信息和媒介来告知、说服和引导消费者或潜在消费者采取对传播者所代表的品牌有利的行动。整合营销传播在确定传播方法和传播工具上不是采取由内而外(从企业直接到消费者)的方式，而是采取始于消费者和由外而内的方式，来决定哪些是能够为消费者提供最好服务并激发他们购买动机的传播方法和工具。

(2)与消费者全方位接触。整合营销传播使用各种各样的沟通形式和所有可能的接触方式作为潜在信息传递渠道。其关键特征在于反映了品牌传播者的意愿，他们愿意使用任何能够为目标消费者所接触的恰当的方式展示品牌。营销传播者不会仅仅使用任何单一媒介或者某种媒介的一小部分,而是尽可能让品牌信息将消费者或潜在消费者包围起来,使他们能够使用任何他们认为有用的品牌信息。

(3)各种营销沟通要素协同发挥作用。在整合营销传播中,营销沟通要素会协调发挥它们的作用。一个品牌的分类沟通要素(广告、卖点标记、销售促进、活动赞助等)均代表相同的品牌信息,并通过不同的信息渠道或方法传递一致的信息。也就是说,一个品牌的营销沟通"用一个声音说话"。信息和媒介的协调对树立一个有利而统一的品牌形象,并使消费者注意,进而采取购买行动极为关键。如果所有沟通要素没有被很好地整合起来,会导致重复性的努力,更为糟糕的是,有可能会向消费者传递相反的品牌信息。

(4)和消费者建立关系。整合营销认为成功的市场营销沟通需要在品牌和消费者之间建立关系。关系的建立是现代市场营销的关键,而整合营销又是建立关系的关键。关系就是品牌和消费者之间持久的联系。成功的关系能够引起消费者的重复购买甚至对品牌的忠诚。

(5)影响消费者的行为。营销沟通可影响消费者对品牌的认知度或是加强消费者对品牌的态度,更为重要的是,成功的整合营销传播应该得到消费者行为方面的回应。衡量一个整合营销传播项目最终的标准是看它是否能影响消费者的行为,但是,希望每个沟通方面的努力都能影响行为的想法是过于单纯而又不切实际的。

11.6.2　整合营销传播的内容

整合营销传播的根本点就在于企业通过对传播过程进行整合,争取并维护消费者与企业及品牌之间的亲密关系。其核心在于"整合"二字。舒尔茨把"整合"分为"横向整合"与"纵向整合"。

11.6.2.1　横向整合

横向整合是指涉及营销传播的不同工具、不同媒体和不同信息表达等的整合。具体包括以下方面:

(1)媒体信息的整合。语言、图片、声音、视频等媒体传播的形式尽管不同,但都在向消费者传达着某种信息,媒体信息的整合,主要要求各种媒体所传达的信息在内容上高度一致,即多种媒体表达一个声音。

(2)营销传播工具的整合。广告、公关、人员推销和销售促进是企业进行传播沟通的主要工具,不管企业选择哪种工具,消费者接收的都是同一个企业或品牌的信息,都会以同样的方式对信息进行加工和处理。

(3)接触管理。接触包含了媒体、营销传播工具以及其他可能与消费者接触的形式。消费者接触本企业或品牌的信息的次数越多,因为这些信息具有高度一致性,所以其认知、态度或行为受到的影响就会越大。因此,选择不同受众的最佳接触点作为传播信息的落脚点,就成为接触管理的重要问题。

(4)对各类目标受众的信息传达整合。不同的目标受众具有不同的媒体习惯和不同的利益追求,在产品购买中也扮演着不同的角色(发起者、影响者、决策者、购买者和使用者)。因此,企业进行营销传播要实行差异化,针对不同的受众运用不同的传播方式传达不同的信息。

11.6.2.2 纵向整合

纵向整合就是在不同传播阶段,运用各种形式的传播手段,产生并传递协调一致、逐渐加强的信息,实现传播目标。

(1)营销活动各环节中的整合。营销活动是一个包含着多个环节的过程,每一个环节都在向消费者展示企业文化,并与消费者进行沟通。因此,需要整合以保持相同的理念、个性和风格。在市场调研过程中,可以通过设计独特的调查问卷、选择能够展示企业文化的调研人员和工具等途径把企业的个性展示给目标对象。在市场细分过程中,可以让特定的消费者感受企业对他们的特别关注。在进行市场定位时,可与消费者进行充分沟通,使之认识企业经营的有价值的差异性。在产品设计时,可充分满足消费者的欲望与需要。制定价格策略时,可充分考虑消费者能够接受的成本。进行渠道设计时,可为消费者提供力所能及的便利。在制定促销策略时,可全方位地与消费者沟通企业的理念和文化。

(2)与消费者关系发展过程中的整合。从消费者了解产品到其购买和再购的过程包括五个阶段:知晓、引起兴趣、刺激欲望、购买行动和再次购买。①知晓。这一阶段传播的任务是让消费者意识到品牌的存在,并对品牌的个性和特色有初步的认识。高品质的广告和公关活动、有特色的销售促进是引起消费者关注的重要手段。②引起兴趣。兴趣的产生来源于对消费者的充分了解。比较详细的广告和媒体报道、派送宣传单等都是比较适宜的传播手段。③刺激欲望。较高的性价比优势、意见领袖的倡导、销售促进等都能激发消费者的购买欲望。④购买行动。促使消费者把欲望转化为行动的手段,可以是人员推销,但更重要的是销售促进对消费者产生的诱惑和卖场氛围的营造所形成的刺激。⑤再次购买。这一阶段传播的主要目标在于维持消费者与品牌的稳定关系,使消费者成为企业的忠诚客户,因此协调一致、持续出现的广告和公关活动是主要的传播方式。

11.6.3 整合营销传播的方法

这个方法的起点是建立消费者和潜在消费者的资料库,接着研究消费者行为,以引导消费者行为为目的,对消费者的接触加以管理,并以制定传播沟通策略为重点,最后选择营销工具及传播手段组合。

11.6.3.1 建立消费者资料库

资料库的内容至少应包括人员统计资料、心理统计、消费者态度的信息和以往购买记录等。整合营销传播是将整个焦点置于消费者、潜在消费者身上,因为所有的厂商、营销组织,无论是在销售量还是利润上最终都要依赖消费者的购买行为。

11.6.3.2 研究消费者

尽可能用消费者及潜在消费者的行为方面的资料作为市场划分的依据。消费者行为信息比起其他资料更能够清楚地显现消费者在未来将会采取什么行动,因为用过去的行为推论未来的行为更为直接有效。在整合营销传播中,可以将消费者分为三类:本品牌的忠诚消费者、其他品牌的忠诚消费者和游离不定的消费者。很明显这三类消费者有着各自不同的品牌忠诚度,而想要了解消费者的品牌忠诚度就必须借助消费者行为信息。

11.6.3.3　接触管理

接触管理就是企业可以在某一时间、某一地点或某一场合与消费者进行沟通。以往消费者自己会主动找寻产品信息，企业决定"说什么"要比"什么时候与消费者接触"重要。然而，目前由于信息超载、媒体繁多，干扰的"噪声"大为增大，企业最重要的是决定"如何、何时与消费者接触"，以及采用什么样的方式与消费者接触。

11.6.3.4　制定传播沟通策略

这意味着选择什么样的接触管理和传播什么样的信息，以及为整合营销传播计划制定明确的营销目标。对大多数的企业来说，营销目标必须非常正确，同时必须是定量化的目标。例如，对一个擅长竞争的品牌来说，营销目标可能是以下三个方面：①激发消费者试用本品牌产品；②消费者试用过后积极鼓励继续使用并增加用量；③促使其他品牌的忠诚消费者转换品牌并建立起对本品牌的忠诚度。

11.6.3.5　营销工具创新

营销目标一旦确定之后，接下来就是决定要用什么营销工具来完成此目标。显然，如果将产品、价格、通路都视为与消费者沟通的要素，整合营销传播计划人员将拥有更多样、广泛的营销工具来完成计划，其关键在于哪些工具、哪种结合最能够协助企业达成传播目标。

11.6.3.6　传播手段组合

企业应选择有助于达成营销目标的传播手段。这里所用的传播手段可以无限宽广，除了广告、直销、公关及事件营销以外，事实上，产品包装、商品展示、店面促销活动等，只要能协助达成营销及传播目标的方法，都是整合营销传播中的有力手段。

本章小结

1.促销与促销组合。促销是指企业通过人员或非人员的方式与消费者沟通产品和服务信息，以激起消费者的购买欲望，影响和促成消费者购买行为的全部活动的总称。促销组合是指企业如何通过人员推销、广告、公共关系和销售促进等各种促销方式，向消费者或用户传递产品信息，引起他们的注意和兴趣，激发他们的购买欲望和购买行为，以达到扩大销售的目的。

影响促销组合决策的因素：产品市场类型；推拉策略；购买者准备阶段；产品生命周期阶段。促销费用预算的常用方法：目标任务法、销售百分比法、竞争比照法和量力而行法。

2.广告。广告是为了某种特定的需要，通过一定形式的媒体，并付出一定的费用，公开而广泛地向公众传递信息的宣传手段。广告的 5M 策略：广告任务决策、广告资金决策、广告信息决策、广告媒体决策、广告效果衡量。

制定广告媒体策略应考虑的因素：广告媒体种类及特点；目标消费者的媒体习惯；产

品性质与特点；媒体成本；媒体的触及面、频率和影响力。

3. 销售促进(营业推广)。销售促进包括针对消费者的销售促进、针对中间商的销售促进、针对推销人员的销售促进。其中针对消费者的销售促进可概括为以价格、赠送、奖励和展示为核心的四个主题群。销售促进策略制定的步骤和内容包括确定销售促进目标、选择销售促进工具、制定销售促进方案、预试销售促进方案、实施和控制销售促进方案、评价销售促进效果。

4. 公共关系。它是指设计用来推广或保持一个企业形象或其产品的各种计划，使企业和公众相适应。公共关系的主要决策内容：建立公共关系目标、选择公共关系信息和载体、执行公共关系计划、评估公共关系效果。

5. 人员推销。人员推销是企业运用销售人员直接向顾客推销产品和服务的一种促销活动。人员推销的主要特点：信息传递的双向性；推销过程的灵活性；推销目的的多重性。完整的推销过程包括寻找和识别潜在顾客、访问准备、接近顾客、讲解和示范表演、意见反馈处理、达成交易、事后追踪这七个阶段。

6. 整合营销传播。整合营销传播是一个营销传播计划概念，它注重综合计划的增加值，即通过评价广告、直接邮寄、人员推销和公共关系等传播手段的战略作用，并将之结合，以提供具有良好清晰度、连贯性的信息，使得传播效果最大化。整合营销传播的主要特征：沟通过程始于消费者；与消费者全方位接触；各种营销沟通要素协同发挥作用；和消费者建立关系；影响消费者的行为。整合营销传播分为横向整合和纵向整合。

思考与应用

1. 影响促销组合决策的因素是哪些？它们是如何影响的？
2. 广告的内涵是什么？制定广告媒体策略时应考虑哪些因素？
3. 选择某一品牌，分析其做广告的信息策略和媒体策略，并对其广告效果进行衡量。
4. 列出并简要描述人员推销的步骤。对于一般的销售人员来说，你认为哪一步是最困难的？影响人员推销成功的关键因素是什么？
5. 如何有效接近潜在消费者，并进行良好的沟通？
6. 整合营销传播的内涵是什么？说出整合营销传播的内容和方法。

课外阅读

1. 李玉峰.推销学[M].北京：中国人民大学出版社，2015.
2. 叶茂中.广告人手记[M].北京：北京联合出版公司，2016.
3. 《广告学概论》编写组.广告学概论[M].北京：高等教育出版社，2018.
4. 舒尔茨D，舒尔茨H.整合营销传播[M].上海：上海人民出版社，2013.
5. 周小波，曾霞，芦亚柯.公共关系学[M].北京：北京理工大学出版社，2018.

中国营销·案例分析

江小白的整合营销传播创新

江小白摒弃了传统酒业一贯高端、深沉的作风，将目标消费者定为 20 世纪八九十年代出生的年轻人。这些年轻人更多地关注如时尚、个性、享受生活等现代生活理念。传统白酒市场品牌主要面对的是更高消费的人群，江小白抓住了年轻人这个空白市场，收获了大批年轻的忠实客户。为了贴合年轻消费者的需求，江小白选择将产品定位为年轻口味、低度化的小瓶包装。而江小白在整合营销传播策略的运用上，也有着很多独到之处。

（一）贴合不同主题的广告

江小白将人们碍于面子、不能说出口的话寄托在酒中。例如父亲节时的"年少的时候双方总是站在对立面的位置，而长大之后却又发现了你和我之间原来只有一杯江小白的距离""你复制了他的那一点固执，想把卡在嘴边的话就着酒再压回肚子里，假装不在乎"；重阳节时的"儿时的你总是将我举高，现在的我却要陪你登高""让江小白杯满一点，从而让时间走得慢一点"；母亲节时的"胃瞒不住你的想念，江小白藏不住我的思念，妈妈，我想你了"；端午节时的"因为简单，所以出'棕'"。此类文案无疑都体现了江小白的营销理念。此外，江小白白酒还具体针对诸如好友聚餐以及生日派对等特殊的聚会活动形式，相应地推出了"三五挚友"及"拾人饮"等产品类型。以"三五挚友"白酒为例，其采用了白色透明玻璃的大瓶包装设计风格。在外形上，方形并且有效结合白色的外包装，给人一种较为简约的时尚感，设计及包装极富质感。此外，该款酒也相应地拥有着丰富且醇香的传统风味。

（二）鼓励大众参与互动

品牌众筹是江小白在具体广告活动中使用并有较好效果的一种广告营销方式。品牌众筹就是把品牌事务留给消费者去完成，以江小白的语录为例，江小白给它起了"表白瓶2.0"的名字。利用"我有一瓶酒，有件事要告诉你"的口号，收集消费者日常用语和文案。消费者还可以扫描江小白瓶上的二维码或微博、微信，上传照片或选择背景写作。选中的文档可以正式生产，实现真正的私人定制。

（三）多元化的活动宣传

"同城约酒"是江小白广告策略中的重要内容，在江小白的营销活动中发挥了重要功能。江小白通过开展"同城约酒大会"，在社区领袖及自媒体的基础上，有效实现了企业品牌、社交及粉丝等群体的有效互动，并最终提升了广告宣传活动的效果。同时，还根据最新流行的"快闪店"模式，建立了江小白移动酒馆，实现线下互动。在场景打造过程中，江小白选用"电音"作为主题歌曲，有效营造了一个较为鲜明且富有特色的个性化空间。此外，江小白还在现场设置了"解忧墙"。消费者在"解忧墙"上贴满了不同年轻人可能会在工作、学习及生活中遇到的各种焦虑问题，而江小白则会根据消费者在"解忧墙"上所写的内容，深入了解消费者需求，从而赢得消费者的青睐，达到有效宣传企业产品品牌的目的。

（四）打造独特的文化 IP

对于江小白而言，倾力打造产品 IP 的目的是注重产品价值及文化认同。产品 IP 不仅能够给消费者带来产品的相关功能属性，也在很大程度上是一种情感寄托。例如2016年"江小白青春文化节"成立之后，江小白Joyin Bottle国际涂鸦赛事及Just Battle国际街舞赛事等活动共同发力，集结了街舞、嘻哈等深受青年人喜爱的街头文化形式，向青年群体推送青春正能量的品牌精神与特性，不断为江小白IP建造框架，丰富了产品IP内涵。动漫《我是江小白》也进一步提升了江小白的品牌形象。它将江小白打造成青年白领形象，讲述了他的校园生活和职场际遇。动漫中，江小白的角色个性简单踏实，成年后的江小白职场、生活及爱情故事也非常符合当下"80后""90后"的生活现状。因此这一原创动漫在腾讯视频、爱奇艺等主流视频网站播出后，都取得了不错的播放成绩和口碑。动漫的成功对于江小白形象塑造起到了至关重要的作用。

资料来源：张依玲，郑璐. 江小白广告策略分析[J]. 山西农经，2020(19). 内容有改动。

思考问题：

1. 江小白的整合营销传播采用了哪些创新手段？

2. 江小白的传播沟通策略有哪些独到之处？

3. 江小白做了哪些营销工具创新？

第 12 章 市场营销计划、组织和控制

12.1 市场营销计划

案例导入

包头联通的
组织创新之路

12.1.1 市场营销计划的制订原则

12.1.1.1 充分体现企业的市场发展战略

市场营销计划是落实市场营销战略的具体化、程序化和科学化的运行方案。制订市场营销计划，不论是长期的还是中短期的，都要紧紧围绕企业的市场发展战略。为此，企业必须把握以下两点：

（1）制订市场营销计划应始终与企业的发展战略方向保持一致。例如，企业发展战略中把建立跨行业、跨地区、跨国界的企业集团作为发展目标，那么，其市场营销计划就应当根据这一战略方向来制订，并在长期和中短期计划中不同程度地贯彻落实这一战略意图。

（2）在市场营销计划制订过程中，应把战略目标具体落实到短期、中期和长期的计划中，并通过具体量化的指标和实现方法、实施程序来体现。如在年度计划中拟定当年计划扩展的目标市场，并定出量化指标（如占领区域的覆盖率、销售额和增长百分比等）。如果技术上可能，还应将年度计划任务进一步分解到每一季度中加以落实。

12.1.1.2 应遵循市场规律，循序渐进

在制订市场营销计划时首先应对企业面临的市场进行认真的调研，这是制订计划过程的第一阶段，也是准备阶段。在进入第二阶段即制订计划阶段后，还需要循序渐进地做好如下工作：

（1）充分了解并掌握企业自身的实际情况。这是制订计划的另一个重要依据。计划的任务就是要对企业内部资源充分考虑，使之更适合外部变化的环境。

（2）群策群力，多方聚焦。企业市场营销计划作为企业未来一个时期的工作指南，涉及企业的各个部门，且要求各个部门齐心协力地去实施和完成。因而，计划的制订就不应只是营销部门的事情，而应当广泛听取各个部门的意见，吸收采纳其合理和正确的意见和

建议，以使营销计划真正切合企业实际，更准确地反映市场运行规律。

（3）由远及近，先长后短。营销计划分为长期、中期和短期。在制订计划时既不能将之混合，也不能把它们完全割裂开来，更不能将它们的次序颠倒。具体而言，在制订计划时，应避免采用长期、中期、短期计划被混在一起的"一揽子"计划；各期计划必须分开、分别制订，制订时要考虑它们之间的有机联系；中期、短期计划要贯彻长期计划精神，分担长期计划的任务目标，短期计划要贯彻落实中期计划的任务目标；在制订的顺序上，应首先着眼于长期计划，其次为中期计划，最后才是短期计划。

12.1.1.3　抓住关键，明确"表述"

市场营销计划应抓住企业营销中的关键性问题予以说明，如企业产品如何定位、产量、质量指标、销售量、利润完成额、市场占有率、新产品开发、销售促进、市场拓展等关键或重大事项应作为计划的主要内容，其他一般性管理和日常事务性问题则不必列入计划。同时，在计划中对重大问题应当进行具体而明确的规定或要求，避免用模糊的语言进行表述。为此，目标任务应采用定量化的标准予以界定和表述。对不能或不宜量化的目标任务，也应用文字简明而准确地予以表达，避免使执行者产生误解或出现解释分歧。

12.1.1.4　应切实可行，并根据环境的变化及时调整

要使市场营销计划具有较高的可行性，在计划制订中就应特别注意遵循市场规律，实事求是，把计划建立在科学、合理的预测基础上。为此企业必须置身于市场营销环境之中，充分分析机会和竞争优势，而不是只按自己的主观愿望行事。市场营销计划一旦制订并颁行，一般应相对稳定，不能朝令夕改。但是，在计划实施过程中，当企业外部环境发生未预料到的变化时，应对计划做出相应调整，这也是保证计划能够切实可行的最重要保证。但应注意调整和修改计划不能过多，也不能太随意或太草率。

12.1.2　市场营销计划的制订

一份完整的市场营销计划一般包括以下八方面内容：

12.1.2.1　计划提要

计划提要是市场营销计划的开端，是对主要的营销目标、拟定的营销计划及执行方法进行简短的概述，以便管理部门快速浏览。计划提要是整个市场营销计划的精髓所在。通常，市场营销计划需要提交上级主管或有关人员审核。由于他们不一定有充足的时间阅读全文，因此可以通过计划提要，把计划的中心描述出来，便于他们迅速了解、掌握计划的要求。

12.1.2.2　背景和现状

这一部分提供与市场、产品、竞争、分销以及现实环境有关的背景资料。

（1）市场形势。描述市场的基本情况，包括市场规模与增长情况，分析过去几年的总量、总额，不同地区或细分市场的销售；提供消费者或用户在需求、观念及购买行为方面的动态和趋势。

260

（2）产品情况。过去几年中有关产品的销售、价格、利润等方面的资料。

（3）竞争形势。指出主要竞争者，分析他们的规模、目标、市场占有率、产品质量、市场营销战略和策略、战术，以及任何有助于了解其意图、行为的资料。

（4）分销情况。指各条分销渠道的销售情况，各条渠道的相对重要性及其变化。不仅要说明各个经销商以及他们经营能力的变化，还要分析对他们进行激励所需的投入、费用和交易条件。

（5）宏观环境。阐述影响该产品（品牌）市场营销的宏观环境的有关因素，它们的现状及未来变化的趋势。

12.1.2.3　分析

通过分析现状，围绕产品找出主要的机会与威胁、优势与劣势，以及面临的问题。

（1）通过机会与威胁分析，阐述来自外部的能够左右企业未来的因素，以便考虑可以采取的行动。对所有机会和威胁，要有时间顺序，并分出轻重缓急。

（2）通过优势与劣势分析，说明企业资源、能力方面的基本特征。优势是企业用于开发机会、对付威胁所具备的内部因素，劣势是企业必须改进、完善的某些内部条件。

（3）通过问题分析，将机会与威胁、优势与劣势分析的结果，用来确定计划中必须强调、突出的主要方面，帮助企业形成有关市场营销的目标、战略和策略、战术。

12.1.2.4　目标

一个企业或一项业务可能同时追求多个目标，一个目标通常也可分解为若干层次目标。要注意目标之间的层次关系、因果关系和主次关系，尤其是目标之间的一致性，防止相互消长的现象。例如，"以最低成本获得最大销量""实现最大利润、达到最高销量"等的说法，在实践中其实往往"鱼和熊掌，不可兼得"。目标也不能概念化、口号化，而要量化。加上数量、时间等量化指标，更利于进行管理和控制。

12.1.2.5　营销战略

营销战略主要说明实现营销目标的途径与构想。它包括以下几方面：

（1）目标市场。指企业或品牌、产品准备进入的细分市场。不同细分市场的消费者偏好、对营销行为的反应和盈利潜力各有特点，企业能够或愿意满足其需求的程度也有所不同。要精心选择目标市场，慎重分配资源和力量。

（2）定位。定位要表明提供的利益和价值与对手有什么不同，向目标市场展示自己更值得信任和购买。定位是吸引现有的或潜在消费者的基础，实质是差异化，需要企业通过相应的营销组合创造性地加以体现。成功的定位应当突出自身优势，与竞争对手有明显的、可感知的差异，能得到目标市场、潜在消费者的喜欢和信任，是可以"说到做到"并长期坚持和稳定的特色。

（3）营销组合。指对选定的细分市场，依据其特点并根据定位的要求，全盘考虑，运用产品、价格、分销和促销等营销手段，并有效地进行"整合"。通常，营销组合会有多种方案可选择，要辨明主次，从中选优。

（4）预算。包括执行计划所需费用、用途和理由。在这部分，企业既要列出各项成本，还应预测销量和收益，进行盈亏平衡分析。

12.1.2.6　执行方案

各种市场营销战略和策略确定之后，要真正发挥效用还必须将它们转化为具体的执行方案。这些执行方案应大致围绕下列问题的答案来制定：①要完成什么任务？②什么时候完成？③由谁负责执行？④完成这些任务需要多少费用？整个行动计划还可列表加以说明，表明每一时期应执行和完成的市场营销活动，使整套促销活动落到实处，循序渐进地执行。

12.1.2.7　损益预测

确定目标、战略和执行方案以后，可以编制一份类似损益报告的辅助预算。在预算书的收入栏列出预计的单位销售数量，平均售价。在支出栏，列出分成细目的生产成本、储运成本以及各种市场营销费用。收入与支出的差额就是预计的盈利。

12.1.2.8　控制

这部分主要说明如何对计划的执行过程、进度进行管理。常用的做法是把目标、预算按月或季度分开，便于上级主管及时了解各个阶段的实施情况，掌握未完成任务的部门、环节，分析原因，并要求限期做出解释和提出改进措施。在有些市场营销计划的控制部分，还包括针对意外事件的应急计划。应急计划要简要地列举可能发生的各种不利情况、发生的概率和危害程度、应当采取的预防措施和善后措施。

12.1.3　市场营销计划的实施

12.1.3.1　市场营销计划的实施过程

市场营销计划的实施，涉及相互联系的四项内容。

（1）形成行动方案。为了有效实施市场营销计划，市场营销部门以及有关人员需要详细、具体的行动方案。方案必须明确市场营销计划中的关键性环境、措施和任务，并将任务和责任分配到个人、团队或部门。方案还应包含每一项行动的具体时间表。

（2）调整组织结构。在市场营销计划的实施过程中，组织结构起着决定性的作用。组织结构应当与计划的任务相一致，同企业自身的特点、环境相适应。必须根据企业战略、市场营销计划的需要，适时改变、完善组织结构。

（3）完善规章制度。为了保证计划能够落在实处，必须设计相应的规章制度。在这些规章制度当中，必须明确与计划有关的各个环节、岗位、人员的责权利，明确要求与奖惩措施。

（4）协调关键流程。为了有效实施市场营销战略和计划，行动方案、组织结构、规章制度等因素必须协调一致，相互配合。

12.1.3.2　市场营销计划实施过程中的问题

市场营销计划实施过程中还应注意以下问题。

（1）计划脱离实际。市场营销计划通常由上层的专业计划人员制订，实施则主要靠基层的操作人员。一方面，专业计划人员更多考虑的是总体方案和原则性要求，不了解实施中的具体问题，计划难免脱离实际。另一方面，专业计划人员与基层操作人员之间缺乏交流和沟通，基层操作人员不能完全理解需要他们贯彻的计划内涵，在实施中经常遇到困难……最终，由于计划脱离实际，导致专业计划人员和基层操作人员之间的对立和互不信任。因此，需要将专业计划人员和基层操作人员共同纳入计划管理过程，这样更有利于市场营销计划的实施。

（2）长期目标和短期目标矛盾。计划常常涉及企业的长期目标，而企业通常又根据市场营销人员短期的工作绩效（如销售量、市场占有率或利润率）进行评估和奖励。因此，市场营销人员常常不得不选择短期行为。例如，一家企业新产品开发之所以半途夭折，原因很可能就是市场营销人员追求眼前效益和个人奖金，将资源主要投放到现有的成熟产品中去了。企业要克服这种长期目标和短期目标之间的矛盾，设法求得两者之间的协调。

（3）因循守旧的惰性。一般来说，企业的新战略、新计划往往不符合传统和习惯，容易遭受抵制。新旧战略、计划之间的差异越大，实施中可能遇到的阻力也就越大。要想实施与旧战略截然不同的新计划，常常需要打破传统的组织结构和运行流程，甚至重建管理体制。

【材料12-1】

年度营销计划做好了吗?

（4）缺乏具体、明确的行动方案。有些计划之所以失败，是因为没有制定明确、具体的行动方案，缺乏一个能使企业内部各有关部门、环节协调一致、共同努力的依据。

12.2　市场营销组织

市场营销计划必须依托其职能组织才能实施和完成。市场营销组织是企业为了实现市场营销目标，制订和实施市场营销计划的职能部门。不同企业的市场营销组织的形式和名称往往存在差别。

12.2.1　营销组织的演变

企业的市场营销部门是随着市场营销管理哲学的不断发展演变而来的，大致经历了单纯的销售部门、兼有附属职能的销售部门、独立的市场营销部门、现代市场营销部门、现代市场营销企业五个阶段。

12.2.1.1　单纯的销售部门

20 世纪 30 年代以前，西方企业以生产观念作为指导思想，大部分都采用这种形式。一般说来，销售部门通常由一位副总经理负责管理销售人员，并兼管若干市场营销研究和广告宣传工作。在这个阶段，销售部门的职能仅仅是推销生产部门生产出来的产品。产品生产、库存管理等完全由生产部门决定，销售部门对此没有任何发言权，如图 12-1 所示。

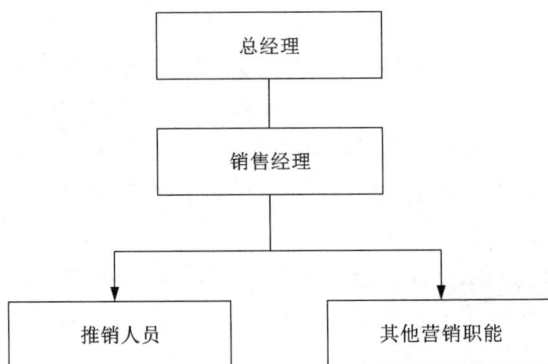

图 12-1　单纯的销售部门

12.2.1.2　兼有附属职能的销售部门

20 世纪 30 年代大萧条以后，市场竞争日趋激烈，企业大多数以推销观念作为指导思想，需要进行经常性的市场营销研究、广告宣传以及其他促销活动。这些工作逐渐成为专门的职能，当工作量达到一定程度时，企业便会设立一名市场主管负责，如图 12-2 所示。

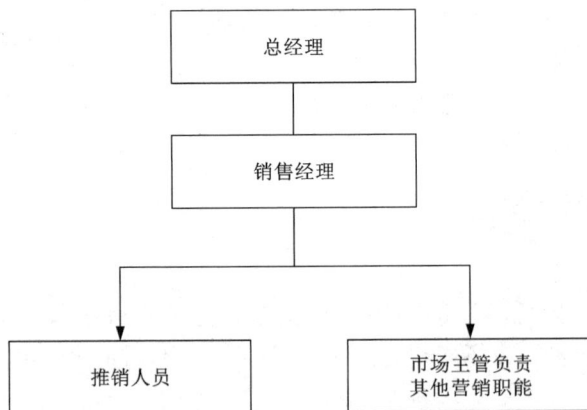

图 12-2　兼有附属职能的销售部门

12.2.1.3　独立的市场营销部门

随着企业规模和业务范围的进一步扩大，原来作为附属性工作的市场营销研究、新产品开发、广告促销和消费者服务等市场营销职能的重要性日益增强。于是，市场营销部门成为一个相对独立的职能部门。作为市场营销部门负责人的市场营销副总经理同销售副总经理一样直接受总经理的领导，销售和市场营销成为平行的职能部门。但在具体工作上，这两个部门是需要密切配合的，如图 12-3 所示。

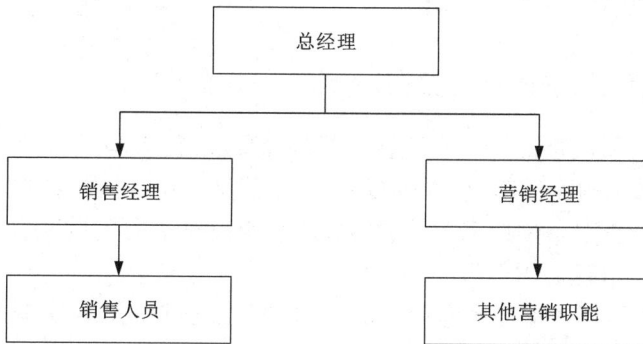

图 12-3　独立的市场营销部门

12.2.1.4　现代市场营销部门

尽管销售和营销部门需要互相协调和配合，但是在实践中它们又容易产生矛盾。销售部门趋向于短期行为，侧重于取得眼前的销售量；而市场营销部门则多着眼于长期效果，侧重于制订适当的产品计划和市场营销战略。为了解决销售部门和市场营销部门之间的矛盾，一些企业将它们在隶属关系上合二为一，形成了现代市场营销部门。即由市场营销副总经理全面负责，下辖所有市场营销职能部门和销售部门，如图 12-4 所示。

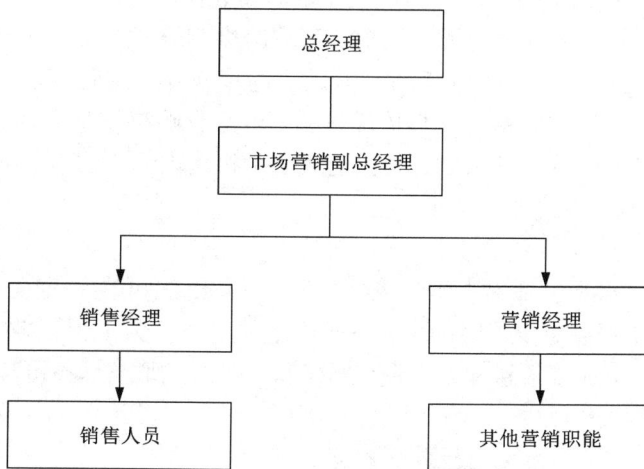

图 12-4　现代市场营销部门

12.2.1.5　现代市场营销企业

现代市场营销企业取决于企业内部各种管理人员对待市场营销职能的态度，只有当所有的管理人员都认识到企业一切部门的工作都是"为顾客服务"，"市场营销"不仅是一个部门的名称而且是一个企业的经营哲学时，这个企业才算是一个"以顾客为中心"的现代市场营销企业。

12.2.2 营销组织设计原则

12.2.2.1 整体协调和主导性原则

协调是管理的主要功能之一。设置营销机构需要注意：

(1)设置的营销机构能对企业与外部环境，尤其是与市场、顾客之间关系的协调发挥足够大的作用。满足市场、创造满意的顾客，是企业最根本的宗旨和责任；比竞争者更好地完成这一任务，是组建营销部门的基本目的。

(2)设置的营销机构能够与企业内部其他机构相互协调，在服务顾客、创造顾客方面发挥主导性作用。

(3)营销部门内部结构、层级设置和人员安排相互协调，以充分发挥营销职能的整体效应。

12.2.2.2 精简以及适当的管理跨度与层级原则

组织建设要"精兵简政"，切忌机构臃肿。一是要因事设职、因职设人，人员精干；二是内部层级不宜太多。内部层级少，信息流通快，还能密切员工之间关系，利于交流思想、沟通情感，提高积极性和效率。营销部门要真正做到精简，在设置机构时准确把握营销工作的性质和职能范围。

最佳的机构是既能完成任务，组织形式又最简单。这涉及管理跨度与层级问题。管理跨度是指领导者能有效直接指挥的部门或员工的数量；管理层级是指一个组织下不同层级的数目。一般来说，管理职能和范围不变时，管理跨度与管理层级是互为反比关系的：管理跨度越大、层级越少，组织结构越扁平；反之，跨度越小，则管理层级越多。通常情况下，管理层级过多容易造成信息失真与传递过慢，可能影响决策的及时性和正确性；管理跨度过大，超出领导者能管辖的限度，又会造成整个机构内部不协调、不平衡。

12.2.2.3 有效性原则

效率是衡量组织水平的重要标准。效率是指一个组织可在一定时间内完成的工作。机构的效率表现在能否在必要的时间内，完成规定的任务。为了保证效率，要制定规章制度，包括奖惩条例。企业要通过建章立制，明确每个员工的职责，各司其职，奖勤罚懒，充分调动员工的工作积极性。

12.2.3 营销组织的类型

现代企业的市场营销部门，有各种组织形式。不论采用何种形式，都必须体现"以顾客为中心"的指导思想，只有这样才能使其发挥应有的作用。

12.2.3.1 职能型营销组织

这是最古老也最常见的市场营销组织形式。它在市场营销副总经理的领导下，集合各种市场营销专业人员，如广告和促销人员、市场营销调研人员、新产品开发人员、顾客服务人员、市场营销策划人员等。市场营销副总经理负责协调各个市场营销职能科室、人员之间的关系，职能部门的数量可根据需要随时增减，如图 12-5 所示。

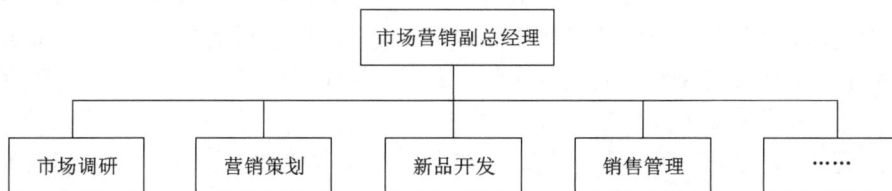

图 12-5　职能型营销组织架构

职能型营销组织的主要优点是行政管理简单、方便。当企业只有一种或很少几种产品，或者企业产品的市场营销方式大体相同时，按照市场营销职能设置组织结构比较有效。但是，随着产品的增多和市场的扩大，这种组织形式会逐渐失去其有效性。一方面，在这种组织形式中，没有一个人对一种产品或者一个市场全盘负责，因而可能缺少按产品或市场制订的完整计划，使得有些产品或市场被忽略；另一方面，各个职能科室之间为了争取更多的预算，相互之间进行竞争，市场营销副总经理可能经常处于调解纠纷的"漩涡"之中。

12.2.3.2　产品管理型营销组织

生产多种产品或拥有多个品牌的企业，当各种产品或品牌差别很大时，往往按产品或品牌建立市场营销组织。通常是在一名总产品经理的领导下，按每类产品或品牌分设一名经理，再按每种具体品种设一名经理进行分层管理。其结构如图 12-6 所示。产品经理的作用，是制订产品计划，监督计划实施，检查执行结果，并采取必要的调整措施，以及为自己负责的产品制定长期的竞争战略和政策。

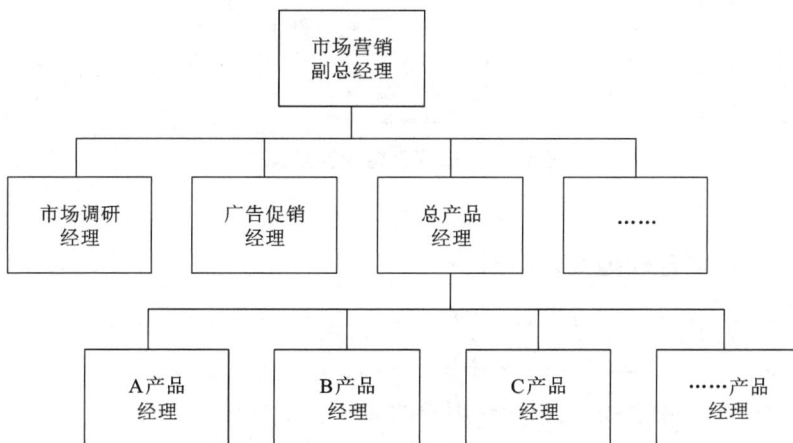

图 12-6　产品管理型营销组织架构

这种组织形式的优点是：①便于统一协调产品经理负责的特定产品的市场营销组合战略；②能够及时反映特定产品在市场上发生的问题；③产品经理各自负责自己管辖的产品，可以保证不会忽视任何一种产品；④有助于培养人才，产品管理涉及企业经营、市场营销的方方面面,是锻炼年轻管理人员的最佳场所。

这种组织形式的不足之处在于:①造成了一些矛盾冲突。由于产品经理权力有限,不得不依赖于同广告、推销、制造部门之间的合作,这些部门又可能把他们视为"低层的协调者"不予重视。②产品经理容易成为自己负责的特定产品的专家,但是不一定熟悉其他方面如广告、促销等业务,因而影响其综合协调能力。③建立和使用产品管理系统的成本往往比预期的要高。产品管理人员的增加,导致人工成本增加。企业要继续增加促销、调研、信息系统和其他方面的专家,必然承担大量的间接管理费用。要解决这些问题,应对产品经理的职责和其同职能管理人员之间的分工与合作,做出明确、适当的安排。

12.2.3.3 地区型营销组织

业务涉及全国甚至更大范围的企业,可以按照地理区域组织、管理营销工作。比如在营销部门设中国市场总经理,再下设华东、华南、华北、西北、西南、东北等大区市场经理。每个大区市场经理的下面,按省、市、自治区设置区域市场经理。再往下,还可以设置若干地区市场经理和销售代表等,如图12-7所示。

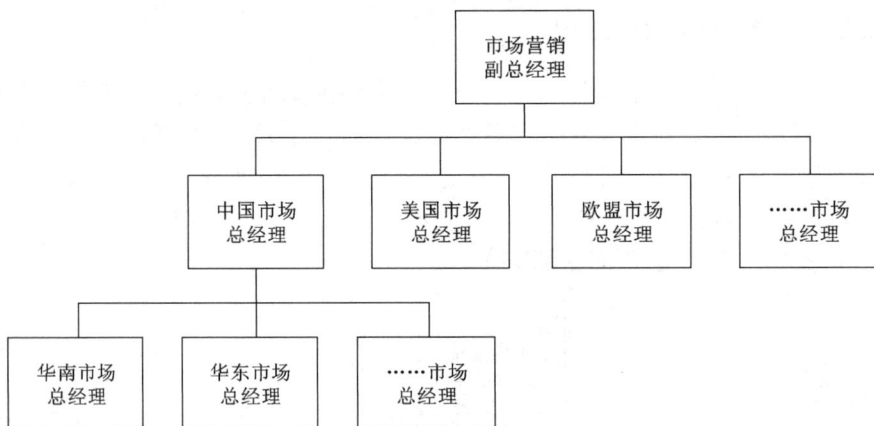

图 12-7　地区型营销组织架构

12.2.3.4 市场管理型营销组织

市场管理型营销组织同产品(品牌)管理型营销组织相似,由一个总市场经理管辖若干细分市场经理,如图12-8所示。各个市场经理负责自己所辖的市场。这种组织形式的主要优点是企业可以围绕特定消费者或用户的需要,开展一体化的市场营销活动,而不是把重点放在彼此隔离的产品或地区上面。有学者认为,以企业各个主要的目标市场为中心,建立相应的市场营销部门和分支机构,是确保实现"以顾客为中心"的现代市场营销观念的唯一办法。

12.2.3.5 产品/市场管理型营销组织

面向不同市场、生产多种产品的企业,在确定市场营销组织结构时经常面临两难:

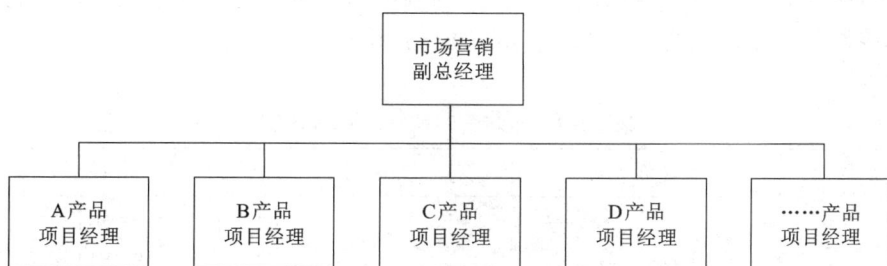

图 12-8　市场管理型营销组织架构

一是采用产品管理型还是市场管理型；二是能否吸收两种组织形式的优点，去除它们的不足之处。所以，有的企业会建立一种既有产品（品牌）经理又有市场经理的矩阵组织，以求解决这个难题。图 12-9 为某公司纺织纤维业务部门的产品/市场管理型营销组织架构。但是，矩阵组织的管理费用高，容易产生内部冲突，因此又产生了新的两难：一是如何组织销售力量——究竟是按每种产品组织销售队伍还是按各个市场组织销售队伍？二是由谁负责定价，产品（品牌）经理还是市场经理？

【材料12-2】

营销部门与其他
职能部门的冲突

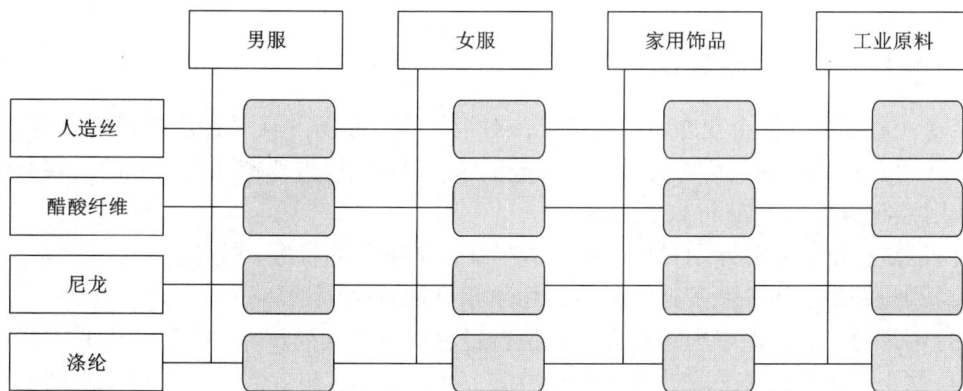

图 12-9　某公司纺织纤维业务部门的产品/市场管理型营销组织架构

绝大多数大企业认为，只有相当重要的产品和市场，才需要同时设产品经理和市场经理。有的企业则认为，管理费用高和潜在矛盾并不可怕，这种组织形式能够带来的效益，远远超过需要付出的代价。

12.3　市场营销控制

市场营销控制是指市场营销管理者经常检查市场营销计划的执行情况，看计划与实际是否一致，如果不一致或没有完成，就要找出原因所在，并采取适当措施和正确行动，以保证市场营销计划的完成。市场营销控制有四种类型，即年度计划控制、盈利能力控制、营销效率控制和战略控制与营销审计，如表 12-1 所示：

表 12-1　市场营销控制的四种类型

控制类型	主要负责人	控制目的	控制方法
年度计划控制	高层管理部门 中层管理部门	检查计划目标是否实现	销售分析 市场占有率分析 营销费用率分析 财务分析 用户反映跟踪
盈利能力控制	营销审计人员	检查公司在哪些地方盈利，在哪些地方亏损	各产品、地区、顾客群体、销售渠道的盈利能力分析
营销效率控制	直线和职能管理层 营销审计人员	评价和提高经费开支的效率	人员推销效率 广告效率 营业推广效率 分销效率
战略控制与 营销审计	高层管理者 营销审计人员	检查公司是否在市场、产品和渠道等方面找到最佳机会	营销效率等级评价，营销审计，营销杰出表现，公司道德与社会责任评价

12.3.1　年度计划控制

年度计划控制是指企业在本年度内，针对销售额、市场占有率和营销费用率进行实际效果与计划之间的检查，以便及时采取改进措施，保证、促进营销计划目标的实现与完成。年度计划控制包括以下四个主要步骤：

(1)制定标准，分解计划目标，确定本年度各个阶段的目标、任务。

(2)测量绩效，将实际实施效果与计划预期目标对比。

(3)因果分析，如果市场营销计划在执行过程中有较大的偏差，就要找出其中的原因。

(4)修正行为，及时采取补救和调整措施，努力缩小实施效果与计划目标之间的差距。企业营销管理人员通常可以下列指标为依据进行年度计划控制。

12.3.1.1　销售分析

销售分析是衡量并评估销售目标与实际销售之间的差距，在执行中有以下两种方法：

(1)销售差距分析。这种方法主要用来衡量导致实际销售与销售目标之间差距的不同因素的影响程度。

(2)地区销售量分析。这种方法主要用来衡量导致实际销售与销售目标之间差距的具体产品和地区。

12.3.1.2　市场占有率分析

销售分析一般不反映企业在市场竞争中的地位。因此，还要分析市场占有率，揭示企业同竞争者之间的相对关系。比如，一家企业销售额的增长，可能是它的市场营销绩效较竞争者有所提高，也可能是整个宏观经济环境改善，使得市场上所有企业都从中受益。市场占有率正是剔除了一般的环境影响来考察企业本身的经营工作状况。在正常情况下，市场占有率上升表示市场营销绩效提高，在市场竞争中处于优势；反之，则说明在竞争中失利。

【材料12-3】

市场占有率的度量方法

12.3.1.3　营销费用率分析

年度计划控制要确保企业在完成计划指标时，费用没有超支。因此要分析营销费用率，并控制在一定的限度。如果营销费用率变化不大，在安全范围内，可不采取任何措施；如果变化幅度过大、上升速度过快，接近或超出上限，就必须采取措施。

如果通过上述分析，发现营销业绩与年度计划指标差距太大，就要采取相应措施：或是调整计划指标，使之更切合实际；或是调整营销战略和方式，以利于计划指标的实现。如果指标和战略、战术都没有问题，就要在营销计划实施过程中查找原因。

12.3.2　盈利能力控制

盈利能力的大小，对营销组合决策有重要和直接的影响。盈利控制是为了确认各产品、地区、顾客群和渠道等的实际盈利能力。企业要从产品、地区、顾客群、分销渠道和订单规模等方面，分别衡量它们的盈利能力。由盈利能力控制所获得的信息，有助于管理人员决定各种产品或市场营销活动是扩展、减少还是取消。

（1）分析盈利能力。通过对财务报表和数据的处理，把所获利润分摊到诸如产品、地区、渠道、消费者等上面，衡量每个因素对企业最终盈利的贡献大小、盈利水平。

（2）选择调整措施。盈利能力分析需要找出妨碍盈利的因素，排除或者削弱这些不利因素的影响。由于可供选择的调整措施很多，必须全面考虑，做出定夺。

12.3.3　营销效率控制

营销效率控制的任务是提高人员推销、广告、促销、分销等的效率。

（1）销售队伍的效率。包括每次销售访问平均所费时间，平均收入，平均成本、费用及订货单数量；每次销售发展的新客户数量，丢失的老客户数量；销售队伍成本占总成本百分比等。

（2）广告效率。比如，以每种媒体触及 1000 人次为标准，广告成本是多少；各种广告工具引起人们注意、联想和欣喜的程度；受到影响的人群在整个受众中所占的比重；消费者对广告内容、方法的意见，以及广告前后对品牌、产品的态度。

（3）促销效率。包括各种激发消费者兴趣和试用的方式、方法及其效果，每次促销活动的成本，对整个营销活动的影响。

（4）分销效率。例如，分销网点的覆盖面，各级、各类渠道成员——经销商、制造商代表、经纪人和代理商的作用和潜力，分销系统的结构、布局以及改进方案，存货控制、仓库位置和运输方式的效果等。

12.3.4　战略控制与营销审计

12.3.4.1　战略控制

战略控制是指市场营销管理者采取一系列行动，使实际市场营销工作与原规划尽可能一致，在控制中通过不断评审和信息反馈，对战略不断修正。市场营销战略的控制既重要又难以准确。因为企业战略的成功是总体的和全局性的，战略控制注意的是控制未来，是还没有发生的事情。战略控制必须根据最新的情况重新估计计划和进展。

战略控制的目的是确保企业的目标、政策、战略和措施与市场营销环境相适应。由于在复杂多变的市场和环境中，原来的目标和战略往往容易"落伍"、过时，企业很有必要通过市场营销审计这一工具，定期地、批判性地重新评估企业的战略、计划及其执行情况。

12.3.4.2　市场营销审计

所谓市场营销审计，是对一个企业市场营销环境、目标、战略、组织、方法、程序和业务等进行综合的、系统的、独立的和定期的核查，以便确定困难所在和各项机会，并提出行动计划的建议，改进市场营销管理效果。市场营销审计实际上是在一定时间内对企业全部市场营销业务进行总的效果评价。

市场营销审计的基本内容包括以下六个方面。

(1)市场营销环境审计。企业需要对市场营销环境进行分析，并在分析人口、经济、生态、技术、政治、文化等环境因素的基础上，制定市场营销战略。市场营销环境分析是否正确，需要经过市场营销审计的检验。由于市场营销环境的不断变化，原来制定的市场营销战略必须相应地改变，也需要经过市场营销审计来进行修订。市场营销环境审计包括对企业的市场规模、市场增长率、顾客与潜在顾客对企业的评价，竞争者的目标、战略、优势、劣势、规模、市场占有率，供应商的推销方式，经销商的贸易渠道等进行审计。

(2)市场营销战略审计。企业是否能按照市场导向确定自己的任务、目标并设计企业形象，是否能选择与企业任务、目标相一致的竞争地位，是否能制定与产品生命周期、竞争者战略相适应的市场营销战略，是否能进行科学的市场细分并选择最佳的目标市场，是否能恰当地分配市场营销资源并确定合适的市场营销组合，以及在市场定位、企业形象、公共关系等方面的战略是否卓有成效，所有这些都需要经过市场营销战略审计的检验。

(3)市场营销组织审计。市场营销组织审计，主要是评价企业的市场营销组织在执行市场营销战略时的组织保证程度和对市场营销环境的应变能力，包括企业①是否有坚强有力的市场营销主管人员及其明确的职责与权利；②是否能按产品、用户、地区等有效地组织各项市场营销活动；③是否有一支训练有素的销售队伍；④对销售人员是否有健全的激励、监督机制和评价体系；⑤市场营销部门与采购部门、生产部门、研究开发部门、财务部门以及其他部门的沟通情况以及是否有密切的合作关系等。

(4)市场营销系统审计。企业市场营销系统包括市场营销信息系统、市场营销计划系统、市场营销控制系统和新产品开发系统。

对市场营销信息系统的审计，主要是审计企业是否有足够的有关市场发展变化的信息来源，是否有畅通的信息渠道，是否进行了充分的市场营销研究，是否恰当地运用了市场营销信息进行科学的市场预测等。

对市场营销计划系统的审计，主要是审计企业是否有周密的市场营销计划及计划的可行性、有效性以及执行情况如何，是否进行了销售潜量的科学预测，是否有长期的市场占有率增长计划，是否有适当的销售定额及其完成情况如何等。

对市场营销控制系统的审计，主要是审计企业对年度计划目标、盈利能力、市场营销成本等是否有准确的考核和有效的控制。

对新产品开发系统的审计，主要是审计企业开发新产品的系统是否健全，是否组织了新产品创意的收集与筛选，新产品开发的成功率如何，新产品开发的程序是否健全，包括开发前的充分的调查研究、开发过程中的测试以及投放市场的准备及效果等。

(5)市场营销盈利能力审计。市场营销盈利能力审计，是在企业盈利能力分析和成本效益分析的基础上，审核企业的不同产品、不同市场、不同地区以及不同分销渠道的盈利能力，审核进入或退出、扩大或缩小某一具体业务对盈利能力的影响，审核市场营销费用支出情况及其效益，进行市场营销费用—销售分析，包括销售队伍费用与销售额之比、广告费用与销售额之比、促销费用与销售额之比、市场营销研究费用与销售额之比、销售管理费用与销售额之比，以及进行资本净值报酬率分析和资产报酬率分析等。

(6)市场营销职能审计。市场营销职能审计，是对企业的市场营销组合因素(即产品、价格、地点、促销)效率的审计。它主要是审计企业的产品受消费者欢迎的程度，企业定价目标和战略的有效性，市场覆盖率，企业分销商、经销商、代理商、供应商等渠道成员的效率，广告预算、媒体选择及广告效果，销售队伍的规模和素质等。

市场营销审计的目的在于确定营销问题，找出正确的计划，以便提高该组织的总体营销效益。尽管其出现的时间不长，但由于作为加强市场营销管理的一个有效工具，越来越受到一些前瞻性管理者的重视，已成为市场营销理论发展的一个亮点。

本章小结

1.市场营销计划是落实市场营销战略的具体化、程序化和科学化的运行方案。市场营销计划的制订应当遵循的原则有：充分体现企业的市场发展战略；遵循市场规律，循序渐进；抓住关键，明确"表述"；切实可行，并根据环境的变化及时调整。

2.一份完整的市场营销计划一般包括八大方面内容：计划提要、背景和现状、分析、目标、营销战略、执行方案、损益预测、控制。

3.市场营销组织的演变历程分别为单纯的销售部门、兼有附属职能的销售部门、独立的市场营销部门、现代市场营销部门和现代市场营销企业。

4.营销组织的类型有职能型组织、产品管理型组织、地区型组织、市场管理型组织和产品/市场管理型组织。

5.市场营销控制主要包括年度计划控制、盈利能力控制、营销效率控制和战略控制与营销审计。

6.年度计划控制的方法主要有销售分析、市场占有率分析和营销费用率分析。

7.市场营销审计的基本内容主要包括市场营销环境审计、市场营销战略审计、市场营销组织审计、市场营销系统审计、市场营销盈利能力审计和市场营销职能审计。

思考与应用

1. 市场营销计划制订的原则是什么？
2. 市场营销计划制订的过程是怎么样的？
3. 市场营销计划实施过程中存在什么问题？应当如何应对？
4. 市场营销组织的类型有哪些？每种类型的市场营销组织的优缺点分别是什么？
5. 市场营销组织设计的原则是什么？
6. 年度计划控制的方法有哪些？
7. 市场营销审计的内容包括哪些方面？

课外阅读

1. 葛磊. 营销组织发展方向分析及研究[J]. 现代商业，2019(12).
2. 陈颖琪. 企业营销审计及其在我国的应用探讨[J]. 企业技术开发，2016，35（12）.
3. 王新伟，孟庆强，田洁. 市场营销学[M]. 上海：上海交通大学出版社，2015.
4. 吴健安，聂元昆. 市场营销学（第五版）[M]. 北京：高等教育出版社，2014.
5. 邱雪峰，倪斯铌.市场营销理论与实践[M].北京：北京理工大学出版社，2021.
6. 科特勒，阿姆斯特朗.市场营销原理(亚洲版·原书第4版)[M].北京：机械工业出版社，2020.

中国营销·案例分析

国企扁平化改革之困

长城钻探公司于 2008 年重组成立，地处东北老工业基地的辽河油区，是中石油集团勘探开发的主要生产单位之一，专门从事浅层快钻、老井侧钻及分支水平井、侧钻水平井施工等石油工程技术服务业务。经过多年的快速发展，长城钻探公司已经成为具有国际竞争力的国内外一体化的石油工程技术服务企业，是我国油气田钻井建井领域的重要国有企业之一。

长城钻探公司是极具代表性的国有石油企业，组织设计采用典型的科层式组织结构，如图 12-10 所示。在长城钻探公司中，一项基层队管理政策的发布，首先会由各机关科室进行总体思路设计并给出指导意见，然后经由各项目部根据各自情况进行细化，并在所管辖的基层队内进行落实。这个过程顺利进行的话也需要 3 天以上，而且在项目部层面经常会出现"领导意图变了味"的现象。而对于野外作业的基层打井队来说，由于是 24 小时连续生产，他们在生产中遇到的问题和突发事件，往往无法直接迅速地反馈到决策层，不仅造成工作效率低、管理费用高，而且还可能因无法对问题做出快速应对而威胁公司的生存和发展。

自 2014 年下半年以来，国际油价持续低迷，石油行业面临着前所未有的挑战，利润下

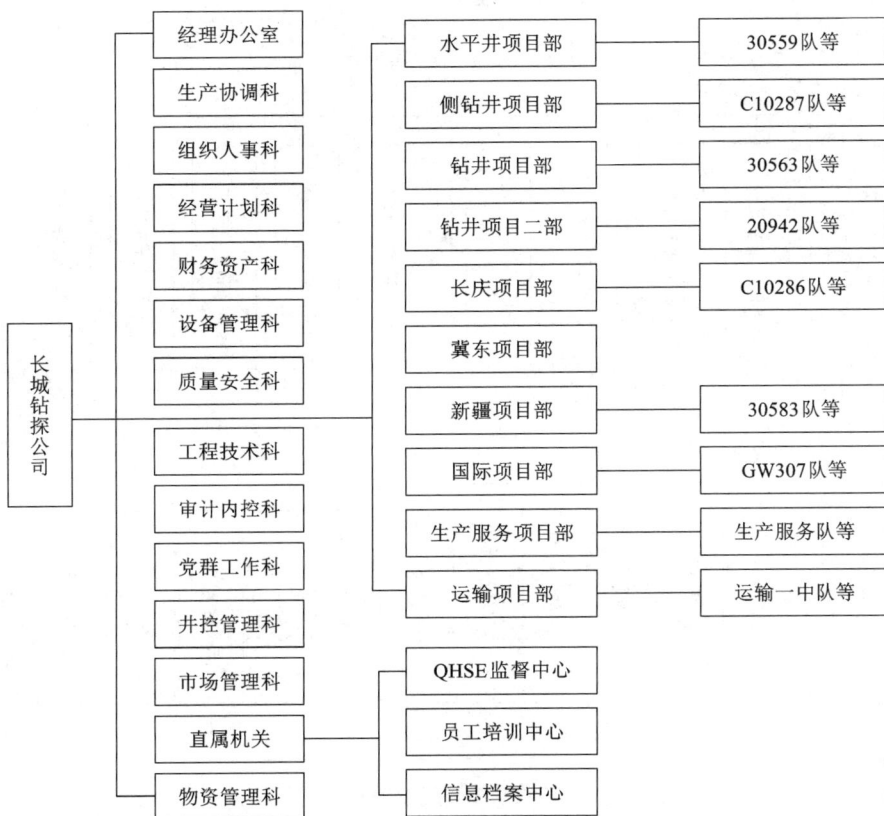

图 12-10 改革前长城钻探公司的组织结构图

降、成本压力、投资风险使得国内大多数主力油田进入产量递减期，也使得石油勘探钻井的需求骤然下降。与此同时，民营企业如雨后春笋般迅速崛起，这些都给国有石油工程技术服务企业带来了沉重的生存与发展压力。在这种情况下，长城钻探公司亟须进行组织改革，来提升效率和节省开支。那么，如何才能实现有效的组织改革呢？美国 GE 公司扁平化组织变革的案例，对长城钻探公司领导层的触动很大。而且宝山钢铁、玉门油田、国家铁路局等也都曾通过组织扁平化的变革形式，来应对市场环境变化带来的问题。既然扁平化是一种解决方法，那么扁平化适合长城钻探公司吗？

2015 年，长城钻探公司开启了以"精简、精干、精细"为构想的扁平化变革。"精简"是指缩减管理层级，压缩管理干部数量；"精干"是要将公司机关内的人员打造成高素质、高能力的"精兵强将"；"精细"是促使公司的管理精细化。在这一思路的指导下，公司将原有 13 个科室和 3 个机关直属单位合并为 10 个部室，然后撤掉原有的项目部这一层级，整合为项目管理中心等机关直属单位。变革后的公司结构如图 12-11 所示。在扁平化过程中，长城钻探公司将原来由项目部各自开发具体实施细则的职能上移至各个机关科室，由各个科室统一对基层队进行精细化政策开发。同时，公司扩充了项目管理中心，主要履行对基层队的监督以及审核基层队制订的项目计划。

扁平化改革后，基层队有了更多的自主权，其获取公司资源以及向决策层反映自身建议的渠道更加畅通，激励与考核机制也省去了中间转化环节，大大提升了基层队的工作积

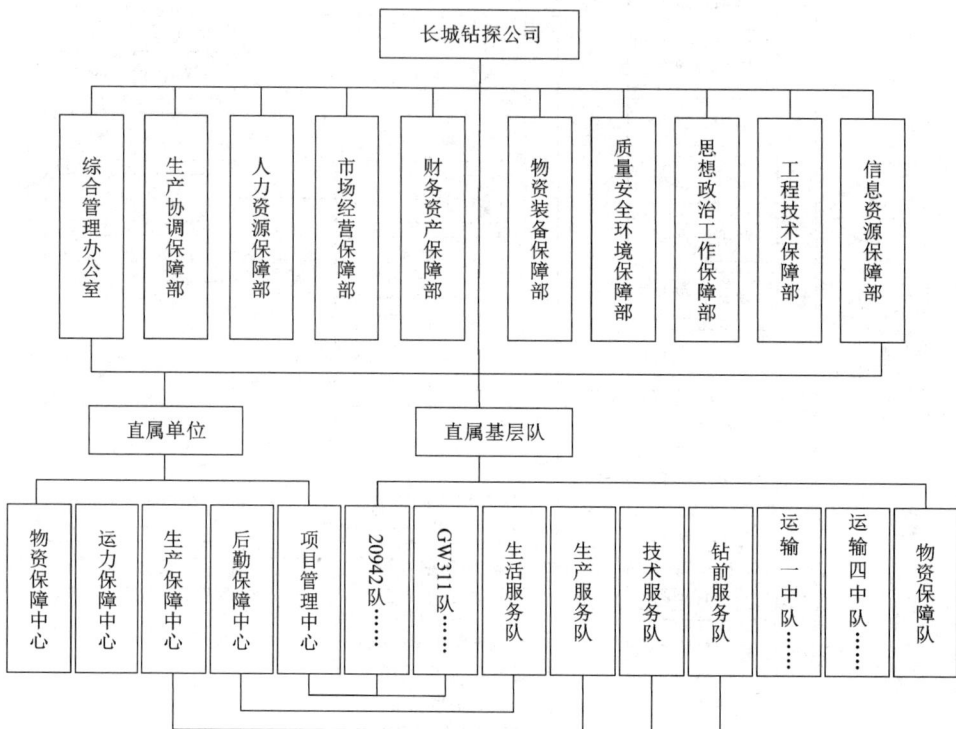

图 12-11　长城钻探公司变革后的组织结构

极性。公司通过缩短管理层级和指挥链条，在一定程度上缩减了运营成本，提升了决策和管理效率。然而，长城钻探公司 2016 年的总收益不增反降，承接的项目业务量出现下滑。由于撤销项目部后，多数员工被调整至基层队，这在一定程度上造成了基层队人员的冗余，浪费了大量人力物力。此外，新增设的项目经理这一角色也是漏洞百出。虽然长城钻探公司进行了部门整合和项目部这一层的裁撤，但企业并没有从中真正实现"瘦身强体"，依然负重前行。对于长城钻探公司而言，现行的扁平化改革仅仅是一个开端，若要真正实现扁平化仍然任重道远。眼下，亟待公司管理层决策的问题是，接下来该如何走？对于裁撤项目部这一问题，是重新调整，还是耐心等待，相信在慢慢调整中一切都会变好。

资料来源：孙秀霞，朱方伟，朱涵天. 拆了十座庙，难得一身轻——记国企扁平化改革之困. 中国管理案例共享中心，2017. 内容有改动。

思考问题：

1. 长城钻探公司推行扁平化改革的原因有哪些？这些因素反映了企业的哪些问题？

2. 如何看待长城钻探公司"撤销项目部"的扁平化改革带来的影响？改革解决了哪些问题？仍有哪些问题尚未解决？是否又带来了新问题？

3. 长城钻探公司扁平化改革为何失利？接下来，长城钻探公司该怎么办？

第 13 章 新媒体营销

13.1 新媒体和新媒体营销

13.1.1 新媒体

案例导入

蜜雪冰城"土"
出圈的洗脑主题曲

13.1.1.1 新媒体的定义

在早期，联合国教科文组织提出："新媒体就是网络媒体，是以数字技术为基础，以网络为载体进行信息传播的媒介。"之后，新传媒产业联盟秘书长王斌将新媒体定义为"以数字信息技术为基础，以互动传播为特点，具有创新形态的媒体"。华纳兄弟总裁施瓦茨威格认为："新媒体就是非线性传播的媒体。"总结各界对于新媒体的定义，可得出以下要点：

（1）新媒体是相对的概念。与传统媒体相比，新媒体是指不同于报刊、纸邮、广播、电视等传统媒体的新兴媒体形态，包括网络媒体、手机媒体、数字电视等。

（2）新媒体有时间特性。在不同的时间节点，新媒体的内涵也不同。当互联网技术刚刚普及时，新媒体主要以互联网为媒介，以网络媒体为主流；随着大数据、云计算、人工智能、移动互联网、物联网、AR/VR 等新技术、新手段的不断出现和演变，当今社会环境已经处于"万物皆媒"的新阶段，新媒体涵盖了所有数字化的媒体形式。

（3）新媒体是不断发展的。科学技术不断进步，人类社会持续发展，人们需求不断更新，新媒体不会局限在任何一个曾经的、现存的平台和技术上。

综合来看，现阶段的新媒体可以定义为"以网络技术、数字技术等现代信息技术或通信技术为支撑的，具有高度互动性、融合性和非线性传播的，能够传输多元复合信息的大众媒介形态和平台"。同时，新媒体也常常指主要基于上述媒介从事新闻与其他信息服务的机构。新媒体的本质在于人人都可以是生产者，人人也都是传播者。新媒体的意义在于人人都可以发声，人人都有对内容的投票权。图 13-1 展示了现存新媒体的主流形态。

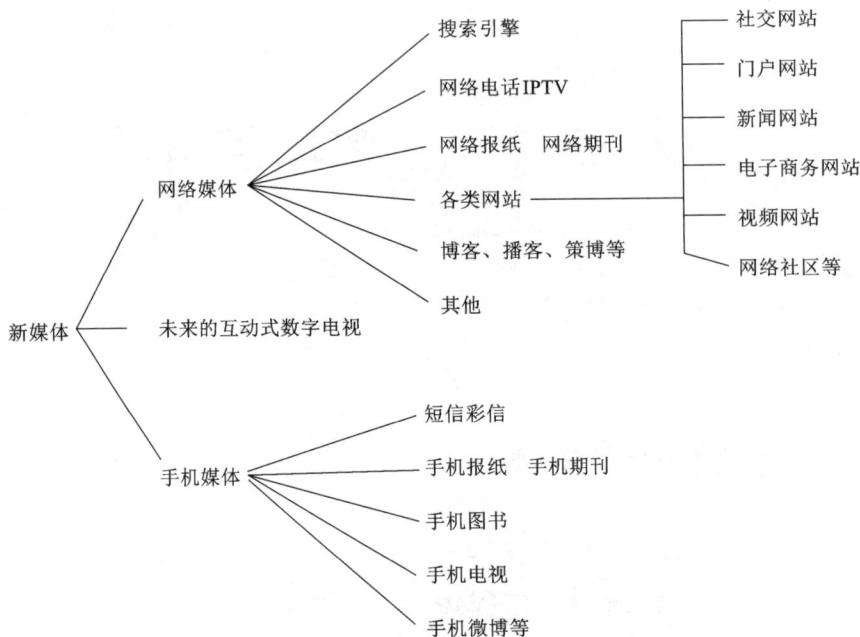

图 13-1　现存新媒体的主流形态

13.1.1.2　新媒体的特征

新媒体在传播方式、接收方式、传播行为、传播速度、传播内容等方面有以下特征。

（1）双向化。从传播方式来看，新媒体打破了传统媒体的"自下而上""点对面"的单向传播体系，改变了传统媒体"传播者单向传播，接收者被动接受"的单一线性传播模式，形成了一种"每一位新媒体用户，既是信息的接收者，更是信息的创造者和传播者"的双向互动传播模式。用户与用户之间、媒体与用户之间甚至媒体与媒体之间都可以进行无门槛、无障碍的互动交流。尽管传统媒体也有一定程度的受众反馈机制，但与新媒体的反馈机制相比，前者的反馈是被动而微弱的。因此，双向互动性已经成为区分传统媒体与新媒体的主要特征之一。

（2）移动化。从信息接收方式上来看，传统媒体需要用户在固定的时间、固定的地点，被动地接收信息；新媒体则打破了传统媒体信息传播的时空局限性，使用户可以自由地通过随身携带的手机或其他移动设备，随时随地地利用新媒体获取和接收信息，并且这种行为习惯通常伴随着移动化、碎片化的特点，即用户在移动端通常会利用零碎的闲散时间来搜索、阅读、看视频等。值得关注的是，与传统媒体相比，新媒体移动设备在使用上由于受时间碎片化限制和手机等移动设备屏幕小等固有特点的影响，对新媒体发布的内容篇幅、表现形式等都提出了新的要求。

（3）个性化。从信息传播行为上来看，传统的报纸杂志、广告节目、电视频道等媒体，主要针对的是一群用户的需求；新媒体的传播方式是精准定位用户的个性化需求，使得每一个用户都可以定制自己喜欢的内容和信息，充分满足不同用户的差异化偏好。通过新媒体平台，每一个用户不管是作为信息的传播者还是信息的接收者，都可以自由地发布和传播信息。新媒体满足了不同用户的各色需求，给新媒体使用者提供了个性化的展示平台。个性化的传播方式一方面让受众体会着发布信息、影响他人的快感；另一方面，也导致了个人隐私过度披露、传播内容良莠不齐的弊端，为信息管理和监控带来了困难，也对用户对于信息选择的能力提出了更高要求。

（4）实时化。从信息传播速度来看，报纸、电视、广播等传统媒体发布的内容都需要专业的媒体人及时发现新闻、撰写文稿、编辑剪接、排版审查、固定时段发布或播出，才能让广大受众接收到。在互联网技术的支持下，新媒体的信息传播速度相比于传统媒体更快，甚至还可以实时接收信息，并立即为用户做出相应的反馈。每个新媒体用户都可以成为媒体人，在第一时间发布所见所得，信息的接收者也可以随时查看和阅读第一手的信息，并针对信息内容发表自己的观点和意见。

（5）多元化。从信息传播内容来看，传统媒体中，报纸主要以文字、图片的形式进行传播，广播以声音进行传播，电视则以影像进行传播；新媒体在进行内容传播时，可以将文字、图片、视频等形式综合起来进行传播，呈现多元化的特点。新媒体传播内容的多元化不仅增加了传播内容的信息量，也在一定程度上扩大了传播内容的深度和广度。新媒体时代下不同国家和地区的用户通过互联网实现了实时互通，可以随时了解世界各地的信息，通过网络的联通实现了空间的拓展，丰富了信息的来源。

（6）便捷性。新媒体的便捷性不仅仅体现在内容的生产和制作环节，还体现在内容接收者的使用方便程度上。面对新媒体，用户自己便可以成为一个媒体平台。比如，在微博、优酷等网站上，用户只需要简单地注册，使用服务商提供的页面模板，便可以发布文字、音乐、图片、视频等信息。移动终端的普及使得用户可以随时随地获取信息。

总之，新媒体不再是以固定的传播者与受众的定位来进行传播，而是更偏重两者间的共享与互动，新媒体用户间的互动更加频繁，新媒体的个性化、便捷性等特征更加突出。

13.1.1.3　新媒体与传统媒体的区别

（1）时效性差异。新媒体利用大数据手段对收集到的信息进行及时的归纳分类，并且在分类之后可以依据用户需求及时高效地向用户传播信息。但是，传统媒体信息传播时效性较差，传播风格单一，传播信息有限。

（2）使用率差异。通过数据统计，目前我国市场上通过手机、电脑等新媒体的信息使用率达到了五成以上，使用新媒体手段进行学习、工作的人数已经超过了六成，而报刊、广播等一些传统媒体的使用率已经低于整体使用率两成。

（3）市场类型差异。传统媒体具有垄断性。传统媒体发布的具体消息内容必须经由相关组织或部门审批才可以发布。而新媒体却具有较高自由性，是一种处于市场自由竞争状态的新兴媒体。

（4）自主选择差异。无论报纸、电视、广播等传统媒体播报什么内容，受众都只能接受其播报的特定内容。在新媒体方式下，阅读群众拥有更大选择权，可以根据自身需要，通过不同终端设备去查询自己所需的资讯或内容。新媒体语言风格口语化；而传统媒体非常注重传播内容质量，语言较为官方。

（5）内容排版差异。传统媒体内容排版以及里面的插图或者动画都具有一定的规律。

例如传统报纸的版面布局极为注重里面内容的主次，重点是否突出，内容阅读是否具有逻辑规律。而新媒体则大多数按照时间顺序来对内容进行排列，没有在实体纸张上平面布局的思想观念，也没有像传统媒体那样较为成熟、较为有规律的版面布局和官方语言。

13.1.1.4 新媒体类别与形式

（1）新媒体类别。依据产生的先后顺序，当前媒体可分为五类，报纸、杂志、书籍等纸质平面媒体为第一媒体，广播为第二媒体，电视为第三媒体，互联网为第四媒体，移动网络为第五媒体。在五类媒体中，新媒体主要是指宽带互联网和移动网络两类媒体，重点是指二者的增值服务。但这并不等于说，第一媒体到第三媒体就被排除在新媒体之外，因为它们经过改良与发展，也衍生了很多具有新媒体特征的新媒体形式。因此，当前的新媒体可以分为以下三种类别，具体如图13-2所示。

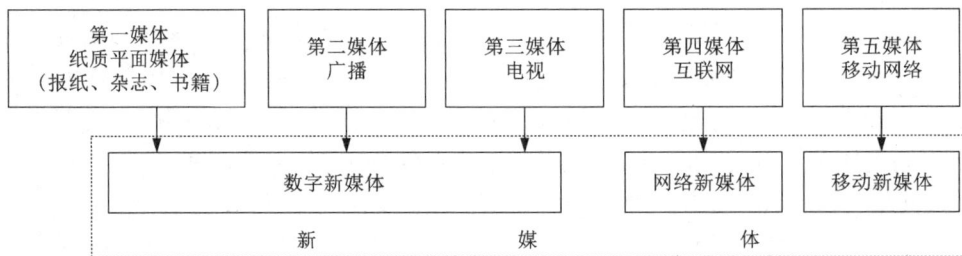

图13-2 新媒体类别

数字新媒体不是真正发展出来的媒体新类别，而是指第一媒体、第二媒体、第三媒体应用数字技术以后的新形式。随着信息技术的不断发展，传统的三类媒体：纸质平面媒体、广播、电视已经无法再坚守传统的、固有的传播方式，而是加快了数字化进程，走上了与第四媒体、第五媒体融合发展的道路，并且经过融合创新后升级换代为数字新媒体。

第四媒体发展到宽带互联网阶段成为网络新媒体。它为人类信息交流创造了全新的模式，使得信息瞬间可传播到全世界。因特网在全球的迅速扩展，标志着网络环境的形成，网络环境的形成正式宣告了信息社会的到来。在以因特网为标志的网络环境下，传统的信息提供与获取方式彻底改变。信息的传递与交流消除了时间与空间的限制，信息在更高程度上实现了全社会的共享。在网络新媒体环境下，信息内容的产出主要来自用户。每一个用户都可以生成自己的内容并将这些内容进行传播、交流与共享。用户主导、用户参与、用户分享、用户创造是网络新媒体的重要特点。

移动新媒体是指第五媒体，即移动网络的无线增值服务。它是基于无线通信技术，通过以手机为代表的各种移动智能终端，传播和展示即时信息内容的个性化媒体。首先，它继承了第四媒体所具备的不受时间、空间限制的特点；其次，移动新媒体覆盖人群广，使用手机等无线网络的移动终端用户全部都是其受众。这使得移动新媒体具有了传播范围广、传播效果及时、传播方向可定向、传播成本低、影响力大的特点。这些特点促使移动新媒体成为当前社会最普及、最快捷、最方便并可实现强制性信息推送的主流媒体之一，成为流行文化的代表符号，具有广阔的应用前景。

（2）新媒体的形式。新媒体形式是指新媒体的使用模式、表现形式与应用形式。从技术产物层面来看，指网站平台、应用软件和系统等；从产业层面来看，还包括新的媒体经营模式。新媒体形式具体有以下几个特点：

①其他新媒体向移动新媒体延伸。目前，几乎所有的新媒体形式都有了手机版本的应用 App，各种媒体形式向移动形式上发展已经成为一种趋势。例如：数字新媒体发展出手机报、手机杂志、手机可阅读、手机可视听、手机电视等移动新形式；网络新媒体发展出微门户、手机博客、手机微博、手机社交 App、音频/视频/播客等移动新形式。总之，基于手机的阅读、收听、视频等许多新的典型应用层出不穷。

②社交新媒体成为主流。随着网络新媒体与移动新媒体的深度融合，促进信息创建、协作、共享的社交新媒体随之诞生，如手机博客、手机微博、社交媒体 App 等。这些新媒体形式是基于人的互动关系形成的"社会网络"，改变了人们以为的信息需求和行为模式，进一步促进了信息的开放、共享和聚合。此外，许多应用已经成为网络新媒体、社交媒体和手机媒体三者之间的交集应用，例如 QQ 即时通信、新浪微博、微信、腾讯视频等。

13.1.1.5　新媒体发展趋势

新媒体发展主要有以下几个趋势。

（1）注意力经济时代。在同样的网络速度下，对于不同媒体形式，接收者愿意接受的等待时间是有区别的。在设置新媒体内容时，要注意测试内容展示的正常速度是否在正常人等待预期内，否则需要进行调整。此外，为了让接收者对内容产生兴趣，保持等待过程中的注意力，媒体编辑越来越倾向于选择更吸引人的标题，或把长文章分成若干小节，每一节进一步设置吸引阅读的标题或诱导图片，以减少阅读跳出的可能性，也就是所谓的"标题党"现象。

在这种趋势下，易读排版的长文章、轻松阅读的图形化文章、富有趣味性的短视频、游戏性的交互式等新型载体就比传统媒体中展现的大段文字更有吸引力。

（2）移动场景阅读时代。随着智能手机等移动终端的普及，许多人已经习惯于使用手机取代原来必须依赖计算机完成的工作，如工作交流、邮件收发，甚至是内容制作（如微信排版、编辑）。能够抢占手机头部的显示区域的内容就能不断得到曝光，就能进一步促进品牌的传播。进入移动客户端时代，在移动阅读状态下，因为"头部效应"，即人的注意力会进一步被集中到头部内容，讨论和分享的内容就会越来越同质化，结果很大程度上又会回到"二八法则"，甚至是赢家通吃的模式。

（3）参与感时代。在没有互联网之前，媒体的主要变化趋势就是所包含的信息量越来越大，产生信息的周期越来越短。报纸媒体进化就清晰地体现了整个媒体的演化特征，如图 13-3 所示。

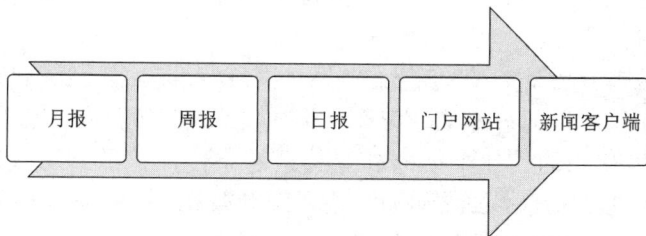

图 13-3　报纸媒体进化示意图

报纸是众多媒体发展的一个缩影。所有媒体都在努力吸引潜在用户的注意力，为了抓住用户的"目光"，不同类型的媒体也在努力提高自己的内容设计水平和发展新的技术交互手段。

以电视综艺节目为例，其交互方式的变化大致经历了六个阶段，如图 13-4 所示。最早的电视综艺节目是预先录制好后再定期播放的，观众只能看节目。后来，慢慢增加了直播类型的节目，开始有主持人把控节奏，这使得这种类型的综艺节目与个人风格联系起来。再后来，综艺节目允许观众加入交流，最开始是支持热线电话、短信互动；在互联网技术飞速发展下，通过在线评论、分享、点赞、弹幕等技术，每一个在线观看节目的观众都能通过上述手段成为直播节目内容创造的一部分，增强了普通观众的参与感。一旦内容市场习惯了参与感，无法创造出参与感的媒体就可能会被用户抛弃。

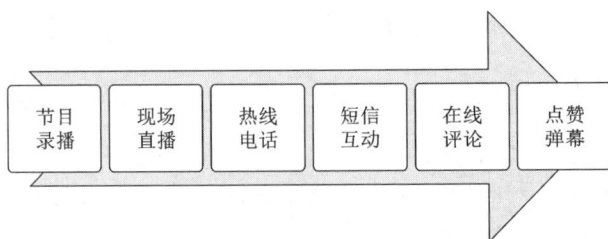

| 节目录播 | 现场直播 | 热线电话 | 短信互动 | 在线评论 | 点赞弹幕 |

图 13-4 电视综艺节目交互方式进化示意图

总之，传统媒体寻求转型的原因是阅读载体发生了变化，从以前的纸质媒体转移到桌面计算机、智能手机，内容的分发载体也相应随之改变；内容制作方式要适应新时代富有参与感设计的转变。

(4)社会化传播时代。什么样的流量能被称作好流量？当然是相对转化率更高的流量。何种流量转化率更高？当然是相对更被用户信任的流量。最高质量的流量往往是社交圈里信任的人推荐的。例如有些人有高质量的社交圈，在特定领域具有专业眼光，广受大家信任，那么他推荐的产品或服务受众就会直接选用。进一步地，如果他能影响的人足够多，则会在某些领域形成个人品牌，成为更多人的"信任代理"。一旦成为特定基数人群的"信任代理"，个体就可以有意识地强化个人品牌的标签识别度，提高个体的曝光度，强化个体在领域的影响力，鼓励对这个领域感兴趣的其他个体直接通过社交媒体和自己互动，积累粉丝订阅数。这样的个体被称为"自媒体""网红"等。

互联网和传统互联网的区别是互联网越来越强化人和人直接的连接，人与人的关系链形成的社交网络逐步演化成社会化网络媒体最重要的组成部分。在社会化网络媒体中，只要哪个个体拥有更多的用户信任，此个体就掌握了一部分网络流量的走向，就能通过经营好这种"信任"带来商业回报。

因此，社会化传播背后是一种"信任经济"，"网红"就是信任经济的典型产物。要持续得到别人的信任，个体可以通过专业品牌产出优质内容，影响所能覆盖的用户关系链，让自己的内容借助产生互动的其他个体的社交关系链条传播扩散到更大的互联关系网中。如果产出的内容有足够的话题性或专业性，或者两者兼具，就有可能利用社交关系传播链条带来爆发性传播，为其关注度带来指数级的提升。

（5）短视频时代。以"抖音"为代表的短视频产品正逐渐成为风靡全国的应用产品。短视频会迅速崛起的原因有以下几点：首先，传统的新媒体营销的内容多以图片、文字等形式呈现，与之相比，短视频的信息承载方式更立体、内容更丰富、互动性及参与感更强；其次，随着智能手机的普及和移动互联网的提速降费，生活中大量碎片化时间得以利用，而短视频平台的内容通常仅 15 秒左右，充分满足了网民在等人、坐车等碎片化生活场景中的信息获取需求；然后，沉浸式的用户体验很容易让用户沉浸其中；最后，依托智能化的推荐算法，用户看到优质内容的概率很高。

（6）信息流时代。在新媒体领域，"信息流"指的是平台按照一定的顺序进行内容呈现，像水流一样将内容逐个呈现在用户眼前。例如，用户在进入微博首页后，所看到的信息呈现样式即信息流。现阶段，多数平台的信息流呈现已经由时间顺序进化为算法分发，即平台数据系统会记录注册用户的每一次浏览行为，并基于此计算用户的喜好，随后向用户推送其可能感兴趣的内容。例如，用户在今日头条阅读美食类文章后，系统便推荐多篇此类文章给他。

13.1.1.6 新媒体法律法规和伦理道德

涉及网络管理的法律法规虽然比较纷繁复杂，但实践经验表明，与日常编务工作密切相关的主要集中在信息内容安全、版权保护以及名誉权保护等方面，相关的主要法律法规有《互联网信息服务管理办法》等。

此外，新媒体发展要遵循以下伦理道德：

（1）尊重客观事实。在新媒体环境中的新闻传播追求"无事不报、无报不快"。作为媒体行业的一部分，这种"快传播"很大程度上忽略了"事实第一性、新闻第二性"的新闻行业的本源理念，因而削弱了其作为新闻传播的公信力。但是尊重客观事实始终是新闻传播媒体的底线，传播者必须首先对新闻源和新闻事实进行核实，在理性判断的前提下进行传播工作。

（2）尊重知识产权。新媒体传播过程中的大多数新闻内容其实并非原创，而是源自其他机构或作者的作品。而新闻内容作为新媒体传播中的核心资源，凝结了原创者的劳动心血，理应得到充分尊重。这种尊重一般体现在新闻作品的署名权与收益权上。

（3）尊重个人隐私。大量的揭秘性传播、透露个人信息的无意识传播，乃至"人肉搜索"的攻击性传播，都不同程度构成了对个人隐私的侵犯。我们应该维护良好的新媒体的新闻传播秩序，把尊重个人隐私作为道德底线和行为共识。

（4）尊重社会公益。新闻作品不仅是公共品，而且是商品。前者体现在新闻作品的社会服务功能上，后者则体现在新闻作品的市场信息价值上。在新媒体的新闻传播中，许多不良传播者将新闻作品的商品属性无限放大，力求实现自身所在平台商业价值最大化。这种不良行为忽视了新闻作品的公共品属性，很容易出现低俗新闻、有偿新闻、有偿不闻，甚至出现赤裸裸的新闻交易，导致新闻传播造成社会效益受损的现象。从新闻传播的社会职能上看，新媒体与传统媒体一样要坚守社会效益优先原则，不能盲目为了经济利益而侵害社会公益。

（5）尊重国家利益。新媒体的出现导致新闻传播打破了国内国际界限，发展成为国际传播的大舞台。在这一舞台上，支持中国的正面声音在传播，诋毁中国的负面声音也不时出现。在这种负面声音中，不乏恶意丑化中国形象的谣言。对此种"新闻"，新媒体传播者要具有敏锐的辨别力和牢固的思想定力，坚决不传播虚假信息，自觉维护国家的利益。

（6）政治素质。新闻传播媒体是同政治联系最紧密的行业之一，无论在我国还是其他国家，都不例外。所以，新时代的新媒体编辑不仅要提高自身的政治觉悟，还要在新闻信息传播过程中做到自觉维护党的方针政策。只有这样，才能守护好新媒体的舆论阵地，为受众传播健康积极有用的新闻信息，真正肩负起为人民服务的责任。

（7）文化素质。新媒体编辑所面对的媒体环境比传统媒体复杂，加之新媒体时代知识更新更快，学科更加细分，相互之间又存在渗透和交叉，其面临的压力和挑战会远比传统媒体编辑大得多。作为新媒体编辑，不仅要掌握专业的新媒体的相关知识和技能，还要在某种程度上上知天文、下知地理，更要在每天的业务实践中认真仔细、慧眼识珠、判别真伪、严格把关。

（8）法律素质。传统媒体在其传播过程中有着严格的"把关"制度，而新媒体的传播环境则较为宽松。因为存在这样相对"宽松"的体制，就要求新媒体编辑在其工作过程中不仅要懂得自律，更要具备一定程度上的伦理和法规意识。总之，新媒体时代的到来，对新媒体编辑从业人员提出了更高的要求。这些素质和修养，不仅需要通过对应的高校教育来培养，更需要通过岗位培训和自身主动学习来养成。只有不断主动提高自身素质，新媒体编辑才能在不断变化的新媒体环境中满足不断发展的"新"的要求。

13.1.2 新媒体营销

13.1.2.1 新媒体营销的定义

新媒体营销是指企业或个人在新媒体思维的指导下，充分利用新媒体平台的功能、特性，通过对目标受众的精准定位，针对目标受众的需求，研发个性化的产品和服务，采取新媒体营销方法，开展新媒体营销活动的全过程。

13.1.2.2 新媒体营销的核心理论

在传统媒体时代，信息传播是"教堂式"，即自上而下、单向线性流动，消费者只能被动接收。但是在移动互联网时代，信息传播是"集市式"，即多向、互动式流动，声音多元、嘈杂、互不相同。新媒体营销的核心理论来自网络整合营销的"4I理论原则"。

（1）趣味原则（interesting）。趣味原则指的是营销活动必须具有娱乐化、趣味性的属性。因此，新媒体营销活动要想打动目标消费者，首先就要做到有趣味性，通过有趣的标题、图片、文字等信息，引起目标受众的关注，才能进一步达成利益合作的关系。

（2）利益原则（interests）。利益原则指的是营销活动必须为目标受众提供其所需要的利益。企业需要设身处地地站在目标受众的立场，思考企业自身能够为目标受众带来的好处有哪些。当然，"利益"不仅是指实际的物质利益，还包含获取更有利的资讯信息、更强大的功能或更优质的服务、超过心理预期的满足感、更高的荣誉等。

（3）互动原则（interaction）。互动原则指的是充分挖掘网络的交互性特征，充分地利用网络的特性与目标受众开展交流，让新媒体的营销功能发挥到极致。消费者若亲自参与互动与创造的营销过程，会在大脑皮层回沟中刻下更深的品牌印记。把消费者作为一个主体，发起其与品牌之间的平等互动交流，可以为营销带来独特的竞争优势。营销时，找到能够引领和主导两者之间互动的方法很重要。

(4)个性原则(individuality)。个性原则指的是利用网络的数字流特征，采用"一对一"的个性化营销手段，使得目标受众产生"焦点关注"的满足感。个性化原则使得新媒体营销手段能够投目标受众所好，更容易引发目标受众的互动与购买行动。因为个性，所以精准；因为个性，所以诱人。

13.1.2.3　新媒体营销与广告营销的区别

在传统媒体时代，广告营销信息的传播主要依赖报纸、期刊、广播、电视、出版和电影，频道、频率、版面等媒体资源价值就是营销广告的定价依据，媒体覆盖的广度就是广告资源质量和广告传播效果的评价标准。营销广告主每年都可以提前预算年度投放的广告支出，其效果在一定程度上也是有预期、可量化的。广告营销的度量指标和内容如表13-1所示。

表 13-1　广告营销的度量指标和内容

度量指标	度量内容
千人曝光(CPM)	营销广告投放过程中听到或者看到某营销广告的每千人平均分担的营销广告成本。传统媒介多采用这种计价方式。在网上营销广告，CPM 通常理解为一个人的眼睛(耳朵)在一段固定的时间内注视一个营销广告的次数
点击量(CPC)	网络营销广告发生点击才产生费用，如搜索引擎关键词广告，展示是不收费的，点击才收费。网络营销广告媒体很多采用这种定价模式
转化效果(CPA)	按照行为作为指标来计费，这个行为可以是注册、咨询、放入购物车等。营销广告公司和媒体公司常用 CPA、CPC、CPM 一起来衡量营销广告价格

新媒体的不断出现为广告主提供了更加直接向人们传播信息的新渠道和手段；社交化的传播效应又可以让新媒体营销效应实现倍增；快速发展的数字化新媒体形式为营销内容的表现提供了更为丰富的方式，互联网网站平台、移动互联网平台、社交媒体新平台、户外广告平台等媒介平台形式层出不穷。

新媒体营销广告有完全不同于传统广告营销的全新特点。具体如下：

(1)精准定位。针对受众移动性、多层级、个性化生活形态的特点，营销传播要尽量结合新媒体传输速度快、互动效果好、服务个性化定制化的优点，让受众的特点与产品品牌更好地匹配，并针对不同特点的人群和其不同的生活轨迹，让营销组织者准确地找到合适的目标受众，充分降低传播的成本，从而提高营销效率。例如户外广告的发布要覆盖消费者的全生活场景，形成完整的覆盖链条。

(2)内容为王。营销广告内容化趋势是新媒体的新生态环境的一个重要优点。在新媒体平台上，营销组织者对营销信息传播的控制力不断变弱，基本上依靠营销案例本身的趣味性来吸引受众参加传播行为。因此，营销组织者必须改变传统的营销创意策略，通过创意将营销广告融入媒体，使营销内容与媒体资讯或娱乐有机地融为一体，让受众在愉快的体验中自发传播，带动品牌的传播和产品的销售。

（3）整合传播。营销组织者在投放营销广告时，通常会采用多样化的传播渠道，以拓宽与消费者双向沟通路径，传递相对统一的产品信息，树立稳定的品牌形象，尽可能地提升消费者体验，实现营销信息的有效传递。

从营销广告投放的角度来看，应注重多种传播方式的整合。新媒体营销广告和传统营销广告各有千秋，不论是哪种方式都是优点与缺点并存的。如何抓住社交网络、视频网站、微信、App 等近年来兴起的数字接触点，通过新的营销模式将营销行为列入企业的全媒体战略之中，是营销推广策划的重中之重。

13.1.2.4　新媒体营销现状和发展趋势

现在较为热门的新媒体平台包括微博、微信、直播、短视频、知乎、今日头条等，其共同特点为信息及时性强、用户基数大、互动性强、内容形式丰富。

新媒体营销始终离不开新媒体平台，新媒体平台的技术在不断地更新迭代。新技术的探索和发展，会不断地刺激营销策划的创新，如 VR、AR 等。在高校的知识体系中，新媒体营销逐渐会形成一个综合性的学科，包含技术、策划、心理、艺术等方面；在社会大分工体系中，新媒体营销将会成为企业市场营销中重要的一环，成为企业与消费者的互动沟通窗口。具体来说，新媒体营销主要呈现以下发展趋势：

（1）新媒体将成为未来营销活动主阵地。与传统媒体相比，新媒体双向传播的特点使得用户与企业之间的互动性更强，便于及时得到效果反馈。同时，新媒体用户越来越多，覆盖面越来越广。新媒体平台潜在的影响力提供了巨大的营销价值，新媒体营销将成为未来的主流营销模式，各行业将继续加大在新媒体营销上的投入。

（2）内容的真实性和趣味性将成为发展要点。随着新媒体普及和新媒体营销案例增多，用户对于新媒体营销的接受度逐渐提升。未来，广告内容的趣味性或将成为其能否有效传达产品信息、触动用户的主要因素。另外，客观性也将成为新媒体营销广告的另一关键点，如何在保留真实性的基础上深耕内容创作将是未来新媒体营销需要进一步探索的方向。

（3）短视频和直播或许会成为未来新媒体营销的主流形式。随着 5G 技术的进一步发展，直播行业和短视频行业或将迎来新的发展良机。在新媒体营销过程中，视频展示的直观性、全面性、即时性、交互性强的优点与企业营销的目的更加契合。未来短视频营销有望进一步得到企业青睐，成为新媒体营销的主流方式。

（4）数据透明化将成为监管的主要目标之一。数据、流量成为衡量营销效果的核心要素。制造虚假的流量、评论等行为严重扰乱了企业对销售效果的评估，也损害了消费者的利益。随着科技的发展，数据分析功能已经能够成功识别部分数据的造假情况，进而推动新媒体营销相关数据公开化与透明化，将有利于市场的健康发展。

13.1.2.5　新媒体营销负面效应

新媒体的发展和新媒体营销的应用并不是完美无瑕的，其自身特点和存在的问题会引发以下负面效应：

（1）新媒体对语言环境的影响。随着网络环境的迅速变化，每年在新媒体传播中都会有一些网络热词。除了相对积极正面的、能体现社会现象或反映时代变迁的正面热词之外，还传播着一些低俗的语言。这些非常规的网络语言词汇随着网络技术的发展，不断地吸引着部分追求个性、追求"创新"的人群。虽然网络语言丰富了现代汉语词汇，但是也给现代汉语的规范带来了极大的影响。简单直接却又略显草率的网络语言对中国语言文化的优雅内涵造成了巨大冲击，网络上隐藏在面具中的语言戾气给人带来的心灵污染也不可低估。

（2）新媒体对阅读与写作习惯的影响。网络是现代人最青睐的信息传播媒介，作为"互联网原住民"的年轻群体受到的影响最大。首先是阅读方面。人们过去习惯阅读报纸和观看电视，但是如今已经习惯于从网络获得新闻及相关信息。互联网中虽然信息量巨大、交互性很强，但信息质量却良莠不齐。人们在阅读的时候常常是快速地浏览一个又一个信息，只关注标题，而失去了心平气和阅读的耐心，容易受标题党和朋友圈刷屏文的影响，高质量内容反而越来越难以到达受众。这种阅读习惯反映到书面阅读上，造成追求文字表面刺激的网络小说大行其道，经典文学反而容易被忽视。其次，人们的写作习惯会受到这些因素的影响。在过去的书面阅读学习过程中，人们养成了书写笔记和查阅工具书的习惯。而在如今的学习中，搜索复制变成了更常用的方法。不管什么任务或作业，人们都习惯于先通过搜索引擎查找资料，然后复制、粘贴。长此以往，不但养成了一定的惰性，而且大大降低了自我学习的能力，也容易导致盲目引用低劣信息源的信息而引起误会。

（3）新媒体对工作习惯的影响。新媒体信息对人们工作方面最大的影响是造成注意力的分散。不断出现的弹窗新闻、邮件消息、QQ 消息、微博消息、微信消息等，让工作中的人习惯于中断当下的工作，去响应所谓的热点或者点击提醒消息，以防错过紧急事件。甚至有人沉迷于网络，不能实现休闲娱乐与工作生活的平衡。不仅大量占用自己正常的休息时间上网，而且在工作和学习时偷偷上网，导致事业或学业荒废。

（4）新媒体对人际交往的影响。由于网络和手机等新型终端媒介的出现，传统的人际交往方式发生了翻天覆地的变化：传统的书信几乎只用来传递重要文件原本，通信功能几近消失，取而代之的是微信语音；普遍面对面的交流方式也很大程度上被 QQ、微信视频交流所代替。有一部分人过于依赖网络，缺乏实际与人交往的能力，造成"社交恐惧症"。研究表明，不良的人际交往习惯不仅会导致视力下降、颈椎病等各种健康问题，而且会导致抑郁症和孤独症等。

（5）新媒体对社会环境的影响。随着通信网络在生活中各个领域的日益深入，人类社会将逐渐过渡到以互联网为基点的社会，以网络为主的犯罪问题也逐渐得到重视。网络骗子利用人性的弱点不断实施各种诈骗行为并屡屡得手。新媒体为不法分子提供了更加隐秘而便捷的犯罪渠道。由于网络的开放性和虚拟性，网络诈骗案侦破难度增大，对人们的生活带来了极其严重的影响，也给社会的安定带来了极大的影响。

此外，网络销售中常见各种夸大其词的虚假宣传，商家利用巨额奖金或者奖品诱惑消费者为其他网站引流，或者以低价为噱头进行言过其实的宣传，更有不法商家进行一些不正当交易，导致消费者上当受骗，名誉、财产遭受巨大损失。

13.2 网络营销

13.2.1 网络营销的概念

13.2.1.1 网络营销的定义

2013 年，美国市场营销协会对市场营销的概念进行了重新界定，指出市场营销是在创造、沟通、传播和交换产品中，为消费者、生产者、合作伙伴以及整个社会带来价值的一系列活动、过程和体系。网络营销则是指组织运用互联网信息技术创造、传播、传递消费者价值，并对消费者关系进行管理，其目的是为组织和利益相关者创造收益。狭隘地理解，网络营销就是将互联网信息技术应用到传统营销活动中。

在理解网络营销的内涵时，需要注意以下三点。

（1）网络营销不仅仅是对万维网的运用。万维网是互联网的重要组成部分，提供了一个以文字或图表为表达方式的用户界面，消费者可以通过浏览器来浏览超文本信息。除万维网外，电子邮件、即时通信工具等都是开展营销活动的有效途径，而且消费者接收信息的终端不仅限于计算机，也包括电视、手机等。

（2）网络营销不仅是对互联网信息技术的运用。互联网主要提供的是信息，消费者利用互联网不仅可以更方便地获取信息，还可以通过互联网反馈信息进行互动；企业利用互联网可以高效搜集市场反馈信息，并向市场提供企业产品信息。在互联网环境下，企业和消费者的理念和行为都会发生很大的变化。因此，网络营销不只是对互联网信息技术的简单运用，而是将信息技术与营销活动有机结合，以新的方式、方法和理念开展营销活动。

（3）网络营销也不只是网上销售或者网络广告。网上销售和网络广告都只能被看作网络营销的基本活动，而不是网络营销的全部活动。企业在互联网上进行市场调查、提供新的服务、运用新的定价策略以及与消费者互动等，也都属于网络营销活动的范畴。

13.2.1.2 网络营销的内容

从整体上来看，虽然网络营销与传统营销的基本目的和营销管理过程是一样的，但是在具体的实施和操作过程上却有着很大的区别。网络营销的主要内容如下。

（1）网上市场调查。网上市场调查是网络营销的主要职能之一。互联网与传统媒体的区别之一就是它的交互性，营销者可以利用互联网的交互性来进行市场调查。营销者可以通过在线调查表或电子邮件等方式进行问卷调查来收集一手资料，也可以通过搜索引擎搜集所需二手资料。因为互联网超越了时空限制，实现了信息共享，而且信息量巨大，所以在利用互联网进行市场调查时，营销者不仅要掌握如何有效地利用网络工具开展调查和整理资料的方法，还要学会如何在海量信息中分辨出有用的可靠信息。

（2）网络消费者行为分析。与传统市场环境下的消费者相比，互联网环境下的消费者有着不同的特性。他们不仅掌握的信息量大，而且还会通过互联网进行互动、分享经验、传播口碑等。因此，要开展有效的网络营销活动，就必须深入了解网上消费群体的需求特征、购买动机和购买行为模式。互联网作为信息沟通的工具，正在成为许多有相同兴趣和爱好的消费群体聚集和交流的地方，一个个特征鲜明的虚拟社区也由此出现。网上消费者行为分析的关键就是了解这些虚拟社区的消费群体的特征和偏好。

（3）网络产品策略和服务策略。互联网作为有效的信息沟通渠道，不仅可以对传统的线下产品进行宣传或销售，还可以进行产品策略的创新。但是由于网络环境与真实环境的不同，消费者对产品的外观、质量以及价值感知等方面都会存在差异。因此，在网上进行产品营销，必须结合网络特点重新考虑产品组合和新产品开发等。不少传统的优势品牌正是忽略了这一点，所以在网络市场上并未显示出其品牌优势。此外，企业可以借助互联网的交互性特征为消费者提供在线服务，如常见问题解答、邮件列表、BBS 等，这些新兴手段为企业提高服务质量提供了新的机遇。

（4）网络品牌。网络品牌资产的建立和提高知名度是网络营销的重要任务之一。企业虽然可以通过互联网的传播特性提高企业品牌和产品品牌的知名度，但还需要建立企业的网络品牌（如域名品牌）。与传统市场类似，网络品牌对网络市场消费者也具有很大的影响力。然而，网络品牌与传统品牌也有不同之处，网络品牌的建立需要企业重新进行规划和投资。例如，许多传统知名品牌如耐克、可口可乐等，其企业网站的访问量并不高。可见，企业如果要在网络营销中充分展示品牌的影响力，绝不能一味地依赖传统品牌，而是要对传统品牌和网络品牌进行统筹规划和投资，实现两者的互补。

（5）网络定价策略。互联网信息技术的发展使网络环境下的产品和服务定价变得更加复杂。在互联网环境下，消费者获取信息更加便利，获取的信息更丰富，消费者权利也会随之提高，因而在一定程度上拥有了产品的定价权（如网上拍卖）。此外，由于互联网的信息共享，产品定价的透明度增加，企业和消费者都可以通过网络了解一种产品或服务的很多厂商的售价。所以，网络营销中的定价策略也不同于传统营销中的定价策略，企业必须考虑互联网的特性对于产品定价的影响。

（6）网络渠道策略。互联网的发展为企业的分销创造了许多机遇，如果交易能够通过网络完成，消费者就能进行一些自我服务工作，这不仅给消费者带来了便利，也减少了企业的成本。然而，随着网络营销的发展，网络渠道也逐渐演化为一个复杂而庞大的系统，企业可以自己建立网络销售平台，也可以通过现有网络渠道商分销其产品。因此，如何选择渠道成员、评价渠道成员，如何科学系统地进行渠道规划、避免与传统分销渠道的冲突，都是网络营销渠道管理中的重要内容。

（7）网络沟通策略。互联网作为一种双向沟通渠道，最大的优势是沟通双方可以突破时空限制直接进行交流，而且简单、高效，费用低廉，因此在网上开展促销活动是非常有效的。但网上促销活动的开展也必须遵循一些网上信息交流与沟通的规则，特别是遵守一些虚拟社区的礼仪。其中，网络广告作为重要的促销工具，主要依赖互联网的第四类媒体的功能。目前，网络广告作为新兴的产业得到了迅猛发展，具有报纸、杂志、无线电广播和电视等传统媒体发布的广告无法比拟的优势，即网络广告具有交互性和直接性。

（8）网络营销管理。由于互联网的匿名性特征，政府相关部门的监管还不够完善，网络营销面临着许多传统营销活动不曾碰到的新问题，如网络产品质量保证问题，消费者隐私保护问题，以及信息安全问题等。由于网络信息传播速度非常快，而且网络用户对令其反感的问题的反应比较强烈而且迅速，企业必须对这些问题予以高度重视，并通过合理的网络营销管理工作进行有效的控制，否则网络营销效果就会适得其反。

13.2.2 网络营销的产生与发展

13.2.2.1 网络营销的产生

网络营销的出现源于电子商务的普及，而电子商务的普及源于互联网信息技术的飞速发展和电子商务在商业领域的广泛应用。电子商务的前身可以追溯到 20 世纪 60 年代至 70 年代间建立的第一套电子销售系统——用于机票销售的计算机预约系统。这样的电子商务平台是一套属于某个企业的专用系统，价格昂贵，操作复杂。随后，又有银行、保险公司等大型公司加入建立自己的电子销售系统的行列。从 20 世纪 70 年代开始，由于计算机技术、通信技术、网络技术等的飞速发展，电子商务也得以迅速发展和普及，诞生了一些专门为企业间电子商务提供服务的地区或国家性的专用增值网络，并且电子商务本身的技术也在发展并逐步形成标准，这就是在互联网应用于商业领域之前广为流传的电子数据交换(electronic data interchange, EDI)技术。

网络营销正是伴随着互联网的快速发展而迅速崛起的。1994 年，Hotwired.com 网站上出现了第一个旗帜广告。1998 年，互联网被许多投资者看好，导致互联网公司的股票价格飞涨，网络企业也如雨后春笋般地出现并成长，一些大的网络企业凭借手中飞涨的股票展开大规模战略扩张。此时，人们对互联网的特性和价值的认识达到了一个新的高度，甚至出现了过高的期望。同时，也有人对互联网的快速发展持有不同的看法。例如，保守经济学家认为，网络股狂涨的现象是一种"网络泡沫"。这样的看法随后得到了现实的检验，从 2000 年年初开始，网络公司的股票急剧下跌，导致了为数不少的网络企业破产。例如，2001—2002 年，仅美国境内就有 500 多家网络企业倒闭，投资者对网络股的热情也急剧降温，业界对网络经济的质疑不断，投资者开始反思并调整自己的经营策略，认为传统企业经营的网络化是今后发展的方向和重点。暴风雨过后，熬过困境的网络企业境况日益好转，人们学会了更加理性、客观地看待互联网经济的发展，网络营销也迎来了持续稳定的发展。

13.2.2.2 网络营销的发展

互联网先驱戴尔·多尔蒂首次提出了"Web 2.0"的概念。Web 2.0 是相对 Web 1.0 的新的一类互联网应用的统称。Web 1.0 的主要特点在于用户通过浏览器获取信息。

从消费者视角来看，Web 2.0 注重消费者的交互作用，让消费者既是网站的浏览者，也是网站内容的建设者。具有特殊个人喜好或者共同用户体验的消费者群体可以通过虚拟社群的形式，建立起某种经常性的联系。当网络社群的参与者分享个人喜好或者共同体验，并通过网络跟帖或发表新帖表达意见时，消费者通过浏览信息所获得的消费体验可以得到一定的提高。这种消费者体验分享的方式，达到的效果已不仅仅是单个的累加，而是几何级数的增长。此外由于用户能够方便畅达地对自己所消费的产品表达意见，这些内容先天具备再次推广产品的价值。因此，在 Web 2.0 时代，网络营销企业更加注重消费者的个性化体验和他们的意见表达。例如，许多企业已经非常关注企业在线品牌社群的建设、网络口碑的传播，并试图通过网页定制和 3D 技术等为消费者提供个性化的体验。

随着第四代移动通信技术(4G)的全面覆盖和智能手机、平板电脑等移动终端的运用和普及，我国的移动终端上网用户迅猛发展。根据中国互联网络信息中心(CNNIC)发布的第 44 次《中国互联网络发展状况统计报告》数据，截至 2019 年 6 月，我国手机网络用户达 8.47 亿人，网络用户中使用手机上网人群的占比由 2016 年的 95.1%提高至 99.1%；与此同时，手机网络购物用户达到 6.22 亿人，占手机网络用户的 73.4%，手机作为第一大上网终端的地位更加稳固。移动终端上网用户的爆炸式增长造就了一个庞大的市场。阿里巴巴公布的 2019 财年财报显示，截至 2019 年 3 月底，淘宝和天猫移动终端月度活跃上网用户达到 7.21 亿人，比 2018 年同期增长 1.04 亿人；年度活跃上网用户达 6.54 亿人，比 2018 年同期增长 1.02 亿人；此外，天猫实物产品交易额 2019 财年同比增长 31%。移动互联网的发展，使企业都千方百计地利用移动互联网来开展营销活动。

13.2.2.3　网络营销在中国

我国互联网的应用开始于 20 世纪 80 年代。1994 年 4 月 20 日，中国的 NCFC(National Computing and Networking Facility of China)工程通过美国 Sprint 公司连入互联网的 64kbit/s 国际专线的开通，实现了与互联网的全功能连接。随后中国的互联网迅猛发展，企业也将其纳入经营管理活动中，以提高效率。1998 年，我国迎来了第一笔网络交易；2005 年 9 月，中国互联网协会网络营销工作委员会正式成立。

经过多年的发展，我国的互联网用户数量剧增，形成了庞大的网络市场。《中国互联网络发展状况统计报告》显示，1997 年 10 月，我国上网计算机数为 29.9 万台，上网用户数为 62 万，其中大部分用户是通过拨号上网的。现在，我国不仅在互联网用户的数量上发生了令人惊叹的变化，而且上网的形式、内容以及网络的应用形式都是当初无法预想的。

第 44 次《中国互联网络发展状况统计报告》显示，截至 2019 年 6 月底，我国 99.1%的网络用户使用手机上网，使用电视上网的比例为 33.1%，使用台式计算机上网、笔记本电脑上网、平板电脑上网的比例分别为 46.2%、36.1%和 28.3%。网络用户除了会通过互联网进行信息搜索、浏览新闻和即时通信外，还会通过互联网进行网络购物、点外卖、预订旅行、理财、支付、网络约车、在线教育等，互联网的各类新兴应用不断出现，用户规模均呈现快速增长态势。

在各类营销推广媒介中，互联网早已超越报纸、杂志等传统平面媒体，同时又以多元化的展现形式、相对较低的推广门槛和可评估的推广效果等优势，超越电视、电台等立体媒体，成为我国企业进行营销推广的首选渠道。在各种网络营销方式中，我国企业倾向于选择电商平台推广、搜索引擎营销、即时聊天工具营销、网站展示、邮件营销等较为成熟的网络营销方式。同时，其他较为新兴的网络营销方式，如网络直播、短视频营销、微博营销等也越来越受到我国企业的青睐。在网络营销受到重视、网络用户消费观念转变等因素的影响下，越来越多的企业打破单一的经营模式，在传统渠道外开拓网络渠道，以寻求新的销售增长点。传统企业对网络渠道的开发和应用不断深

【材料13-1】

中国互联网络信息中心简介及相关统计概念

入，其传统分销渠道和网络营销渠道正在加速融合。

13.2.3　网络营销与传统营销的关系

互联网信息技术不仅是网络营销的技术基础和手段，还是改变消费者行为方式和观念的关键因素。网络营销虽不同于传统的营销，但是也不能完全脱离传统的营销，为了改善企业的整体营销绩效，二者应当有机整合。

13.2.3.1　互联网对传统营销的影响

营销观念的产生总是基于一定的生产方式与消费方式的。工业经济时代的营销，从生产观念、产品观念、推销观念到市场营销观念都服从"大规模、标准化"这一生产方式和"千人一面"的消费方式。在网络信息化时代，社会生产方式和消费方式都发生了巨大的变化，这就导致了传统营销的一些观念和方法的失灵，主要表现在以下几个方面。

（1）企业营销观念的不适应。网络环境下的消费者渴望被关注，他们希望被企业视作独一无二的消费者，这一点在传统营销中难以实现。这是因为：一方面，传统营销中将目标消费者看作一群具有相似性需求的消费者群，而不是具有不同消费需求的个体；另一方面，传统营销中企业通常借助渠道商交付产品和提供服务，多通过传统单向传播媒介传递产品信息，与消费者之间缺乏直接的双向互动。而在网络营销中，企业与所选择的个体目标消费者建立关系，并同营销系统中的供应商和中间商等伙伴密切合作，为消费者设计、提供、实现高消费者价值，通过消费者满意、伙伴满意和员工满意来实现长期利润。即，企业在网络营销中由产品观念逐渐转向消费者观念。

（2）产品的概念需要延伸。在信息化网络环境下，企业与消费者、消费者与消费者之间都可以通过互联网进行互动。这种直接双向互动拉近了消费者与企业之间的距离。消费者的个性化需求可以借助这种互动得以满足，而且这种个性化需求内涵更加丰富，除了传统的产品的功能性价值外，还包括消费者在购物过程中的体验价值。因此，在网络环境下，产品的概念应该由实体产品扩展到服务和体验。随着高新技术的不断涌现，新兴产业群也不断涌现，这使得传统市场营销中的产品概念远远不能满足当今生产方式发展的需要。例如，4G通信技术下的手机不再只是满足传统的通信功能价值，而是需要手机生产商、软件商、网络运营商以及内容提供者共同努力，为消费者提供各种具有趣味性和娱乐性的价值。

（3）传统分销渠道需要借助新技术进行升级。传统经济是一种迂回经济，生产厂家和消费者之间没有直接的信息沟通，产品需经各级批发商和零售商送到消费者手中。互联网的发展使生产者与消费者可以通过网络迅速达成交易，极大地降低了交易成本和企业的运营管理费用。因此，线上渠道对传统分销渠道形成了巨大的冲击，但是传统分销渠道也是具有自身优势的，它可以给消费者带来线上购物无法带来的独特体验。对于企业而言，无论网络渠道还是传统分销渠道，都是通过给消费者提供更好的购物体验而提高自己的竞争力的。因此，企业需要充分借助网络渠道和传统分销渠道的互补优势来实现渠道协同发展。新零售就是企业以互联网为依托，运用大数据、人工智能等先进技术手段，对产品的生产、流通与销售过程进行升级改造，重塑业态结构与生态圈，并对线上服务、线下体验以及现代物流进行深度融合的新模式。通过新零售模式，企业可以实现网络渠道和传统分销渠道的协同发展, 改善市场营销绩效。

(4)大批量、标准化生产难以满足消费者的个性化需求。在网络环境下, 消费者的信息可以及时通过网络反馈给企业, 因此企业的生产组织方式发生了很大变化。所谓"虚拟垂直一体化", 就是对这种新的生产组织方式的描述。这种新的生产组织方式以国际品牌为龙头, 通过原厂委托制造(OEM)的方式把生产过程分包给下游厂商, 其极端的形式就是全部产品均为外包生产, 品牌公司只负责设计和营销。被认为是传统工业代表的汽车制造业就是通过这种生产组织方式, 利用具有快速反应能力且富有弹性的供销体系实现大批量定制生产的, 在节省费用的同时更好地满足了消费者的个性化需求。也有的企业利用网络即时反馈的信息, 采用柔性加工方式进行一对一定制生产, 这种生产方式既不会大幅增加成本, 也能满足消费者的个性化需求。

(5)消费者与生产者合二为一。传统营销理论只将消费者当成纯粹的消费者, 而在网络环境下, 消费者同时还是"生产者"。这是因为消费者为了满足个性化需求, 凭借网络与生产者直接沟通, 直接提出产品设计方案, 甚至直接参与生产过程, 使生产和消费合二为一, 从而达到预期使用效果而获得心理上的满足。传统营销将消费者看成纯粹的产品使用者, 因而只能依据消费者使用后的感觉来验证其产品或服务满足消费者的程度, 这是后验性的。网络环境下的消费方式要求产品效果的测定是先验性的, 即在产品生产前及产品生产过程中, 消费者就能评估这一个产品的使用效果。

13.2.3.2　网络营销的特点

网络营销的特点主要是由互联网的特点决定的。与传统营销相比, 网络营销主要有如下特点。

(1)网络营销建立在新的时空观念之上。以往我们赖以生存的传统的时空观已经不适应信息社会发展的要求了, 取而代之的是新的电子时空观。互联网的发展使人们的生活和工作不再受空间和时间的限制, 人们随时可以通过互联网获取信息、进行娱乐和商务活动等。企业则可以借助互联网技术每天 24 小时不间断地为全球各地的消费者提供信息和服务。

(2)网络营销可充分利用多媒体的优势。随着网络技术的发展, 信息在网络上传播时, 可以采用多种形式: 文字、表格、图像、声音、视频等。信息的传递没有容量和时间的限制, 并且及时、快捷、保真性好。因此, 企业可以利用网络的优势, 更详尽、更形象生动地展示其产品或服务的信息。

(3)信息传播模式由单向传播转为双向互动, 消费者参与网络营销的活动过程。在网络环境下, 信息的传播不再是传统媒介环境中的单向的传播(见图 13-5), 而是借助互联网的交互性实现企业与消费者之间、消费者与消费者之间的双向互动传播(见图 13-6)。在互联网环境下, 企业在网络上发布信息, 消费者可随时随地上网选择自己所需的信息。不仅如此, 消费者还会借助网站的互动性生成内容, 传播口碑, 并与网友分享自己的购物经历和产品使用体验, 这对于企业开展网络营销既是新的挑战也是新的机遇。

(4)企业设计和生产产品的方式发生重大变化。在网络环境下, 消费者将越来越多地介入产品设计和制造的过程。在网络环境中, 消费者的需求会表现出极大的个性化, 无论厂家生产的产品具有多少种类、型号, 都不可能完全满足消费者的个性化需求, 而互联网

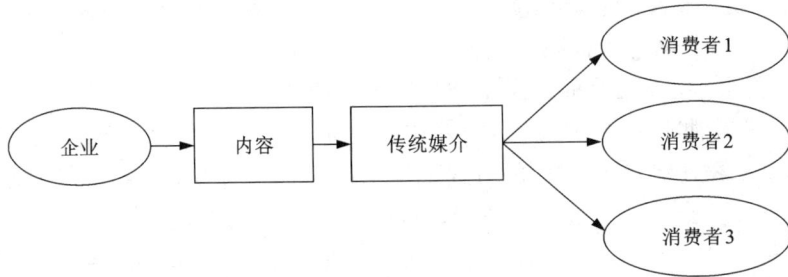

图 13-5　传统媒介环境中的单向传播

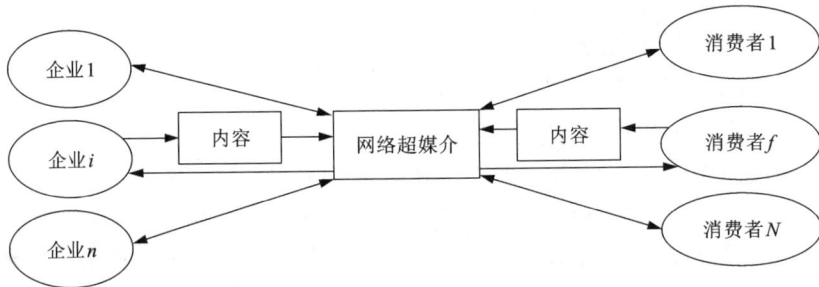

图 13-6　网络超媒介下的双向互动传播

可以使消费者直接登录企业网站或向其发送电子邮件来传递自己的需求意愿或定制满足自己需求的产品，甚至参与企业的产品设计和制造过程，从而获得个性化的产品体验。

（5）网络购物可以满足消费者对购物方便性的需求，提高消费者的购物效率。在传统的购物方式中，整个交易过程都需要消费者到售货地点完成，包括到达售货地点、选择产品、付款结算、将产品运回等一系列既耗时间又费精力的步骤。而网络购物可以大大地简化这个过程，并使网上购物活动充满乐趣。首先，企业在网站上发布图文并茂、丰富生动的产品或服务信息后，消费者坐在家中即可通过网络广泛地比较各类信息，做出购买决定；其次，整个交易过程非常简单，只需根据网页的提示，通过鼠标或键盘进行操作便可完成整个购物过程；再次，网络购物通过快递方式送货上门，或者就近取货，这种购物方式极大地节省了消费者的购物时间和精力；最后，如果购买的产品在使用过程中出现了问题，消费者可以直接通过网络与企业联系，从而及时地得到技术支持和售后服务。

（6）网络营销可以降低企业的营销成本，从而使产品或服务的价格有更大的下调空间。网络营销可以通过互联网技术实现针对目标消费者的精准传播，从而提高传播效率，并节省传播成本。此外，通过网络销售产品，可以节省零售门店的各种经营和管理成本，通过直销还可以减少传统分销渠道商的维护和管理费用。这些成本费用的降低使企业能以极为优惠的价格向消费者提供产品或服务。

（7）方便了解消费者的个人信息，利于有针对性地进行网络营销。当今的网络技术可以使企业获得消费者的大量个人信息。企业可以通过会员注册和购买行为分析等方式获得消费者的个人信息和消费情况，并将其保存到企业的数据库中，以便有针对性地进行营销推广和提供个性化服务。不仅如此，通过适当的技术手段，企业还可以得到消费者的一些重要的行为特征,如某个消费者通常是在什么时间登录网站、登录的频率如何、每次访问的时间长短、在某个页面停留了多长时间等。这样,企业就可以分析网络营销的效果如何。但需要特别注意的是,企业必须注重对消费者个人隐私的保护,不得泄露和利用消费者个人隐私牟取利益。

13.2.3.3　网络营销与传统营销的整合

网络营销与传统营销是一个整合的过程。虽然网络营销作为一种新的营销方式有许多优点,但是网络营销并不能完全取代传统营销。

首先,网络营销要以传统营销为基础。网络营销作为一种新的营销方式和手段,是营销活动的一个组成部分。如果想用网络手段创造价值,就必须将网络营销方式与传统营销方式结合起来,努力在某种程度上节省成本、提高效率和生产价值。否则,仅依靠个别信息手段来做网络营销,必将因为缺乏对行业的理解和相关资源而导致没有任何的优势可言。传统营销和网络营销之间没有严格的界限,网络营销理论也不可能脱离传统营销理论基础,网络营销与传统营销都是企业的一种经营活动,且都需要通过组合运用来发挥功能,而不是单靠某一种手段就能够达到理想目的。两者都把满足消费者的需求作为一切活动的出发点。互联网实际上是一种信息中介,互联网获得利润的优势就在于信息服务,互联网不可能完全取代传统的行为模式,大量的交易还是要通过离线方式进行。网络只是一种营销手段,并不是营销活动的全部。网络经济的主体是利用互联网提供的便利大幅度降低交易成本和向消费者提供更好的服务。只有传统的企业利用网络信息技术改造价值链,降低生产成本和交易费用,互联网经济才能有足够的支撑。

其次,网络营销不可能完全替代传统营销。这是因为互联网具有匿名性、无法传递全面的感官信息等特征,使消费者对互联网的感知风险较高。例如,消费者在购买有些产品时如不身临其境,就会有一种不踏实的感觉。因此,在产品的挑选上,传统营销比网络营销有更大的自主性,消费者到商场购物,可以对产品的各方面仔细查看,以确定产品是否完全满足自己的需求。

最后,网络营销理论是传统营销理论在互联网环境中的应用和发展,是企业整体营销战略的一个组成部分,网络营销活动不可能脱离传统营销环境而独立存在。如前所述,网络营销与传统营销各有优缺点,两者需要进行整合。为了实现二者的有效整合,企业需要在以下几个方面进行努力。

(1)变革管理体制,确定合适的市场定位。在互联网信息时代,消费者的权利意识提高,随着市场竞争加剧,企业就必须根据消费者的需求定制产品,并且能对周边社会经济环境的变化迅速做出反应。这意味着从前高层发号施令、中层管理人员负责执行、普通员工由部门分管的等级管理体制可能不适用。另外,互联网打破了地域和时间的限制,使企业之间的竞争激烈程度大大提高,这就要求企业依据自身特点确定合适的市场定位。

(2)建立优势网络品牌。品牌是一种承诺,建立优势网络品牌最重要的就是要建立企业信誉、产品信誉。通常,企业可从以下几个方面建立良好的信誉。

①可靠的产品。企业不要仅仅通过低价来扩张市场,更要保证产品具有可靠的质量,可靠的产品质量是网络营销信誉和品牌建立的基础。

②优质的服务。企业要随时为消费者提供真正需要的、方便的、卓越的服务。

③价值创新。企业不仅要向消费者提供质量更好的产品，满足消费者的功利性需求，还要向消费者提供更有新意、更有特色的产品，为消费者带来更多利益，满足消费者的享乐需求。

（3）适时改变价格策略和促销策略。传统营销的价格策略主要考虑产品的生产成本和同类产品的市场价格，并且同一种产品在不同国家、地区的价格也不相同，即实行价格歧视。在网络环境下，消费者可以利用搜索工具及时获得同类产品和相关产品的价格信息，这必然会给实行地区价格差异的企业带来巨大冲击。为了消除这些不利影响，企业一方面可以实行价格标准化，另一方面也可以实行网络产品和传统产品的差异化。

传统的促销策略主要是企业通过广告、人员促销、销售促进、公关宣传等方式来进行的，消费者处于被动地位。而企业开展网络营销，可利用网络论坛、微博、虚拟社区、电子邮件等网络工具与消费者建立互动关系，使消费者从被动地接收促销信息转变为主动地与企业互动，从而实现精准信息传递，这样做既可以降低促销费用，又可以减少消费者的反感。

（4）提高员工素质和服务效率。网络营销要求企业员工特别是营销人员和网络管理人员不仅要具备先进的技术知识，还要在市场营销方面有独当一面的能力；不但要有收集、整理、分析信息的能力，还要有强烈的服务意识和沟通能力。因此，企业要注意吸引和培养复合型人才，提高员工综合素质。网络营销对企业的组织结构和服务效率也提出了更高的要求。网络营销的特点要求企业对消费者的反映必须迅速、及时。为此，企业要与电子商务认证机构、金融部门和各类物流公司建立良好的合作关系，以保证身份认证、支付结算、物流配送的安全、快捷、方便。同时，企业要建立更加快捷迅速、服务周到的售后服务机制，包括退货机制。

（5）搞好网站建设。网站是企业进行网络营销的基础，企业通过建立有自己特色的网站，一方面可以树立企业形象，另一方面可以吸引新消费者，留住老消费者，而这一点又直接影响网络营销的效果。作为企业"脸面"的网站必须注意以下几点。

①尽可能吸引上网者。企业主页的版面设计、编排设计必须围绕企业的目标消费者群，而不只是一堆绚丽的图片和空泛的文字说明。

②快捷的信息提供。网站的内容要及时且不断地更新，以便消费者及时了解企业及产品的信息。

③提高网站的质量与专业性。精良专业的网站设计，如同制作精美的印刷品，会大大刺激访问者的购买欲望。

④加强网站的推广与宣传。优秀的网站同样需要辅之以成功的推广，企业要充分利用搜索引擎、互惠链接等方法大力地宣传企业网站。例如，有针对性的旗帜广告就会大大提高网站的知名度。此外，企业还可以借助传统媒介宣传来扩大企业网站的影响力。

⑤及时回应消费者的需求。网络化经营的企业对于消费者反馈的信息必须及时地做出反应。企业要设立专门职能部门处理消费者反馈的信息，可利用微信、微博等工具与消费者进行沟通。

⑥给访问者提供便利。如果企业想促使访问者在线购买产品或得到服务，那么必须为他们建立一条方便的通道，以便他们得到各种想要的信息，如在网页上添加快速进入网站各级页面的导航条、在网站上加入内部的搜索引擎、迅速回复消费者的留言等。

(6)控制营销绩效。企业应随时统计消费者进站访问的次数与消费者反馈的信息,做好消费者资料管理、消费者行为分析及成本效果分析,以便及时修正营销策略。

13.2.4 网络营销模式

13.2.4.1 平台模式

平台就是为合作参与者和客户提供的一个合作和交易的软硬件相结合的环境。平台模式则是通过双边或多边市场效应和平台的集群效应,形成符合定位的平台分工。每个平台都有一个平台运营商,它负责集聚社会资源与合作伙伴,为客户提供良好的产品,通过集聚人气,扩大用户规模,使参与各方受益,达到平台价值、客户价值以及服务最大化。

平台模式要健康运营,取得成功,必须具备以下六个条件。

(1)平台模式具有开放性特征,也就是对合作伙伴开放,合作伙伴越多,平台就越有价值。

(2)平台模式具有双边市场和网络外部性特征。平台企业为买卖双方提供服务,促成交易,而且买卖双方任何一方的数量越多,就越能吸引另一方数量的增长,其网络外部性的特征越能充分显现,买家和卖家越多,平台就越有价值。

(3)市场中要有大量(潜在)买家和卖家期望得到对接,也就是说,平台需要拥有聚合力。

(4)平台企业具有至少一项在行业中稀缺的且有竞争力的核心能力或核心应用,如资金、品牌、关键技术、渠道通路、运营能力。

(5)平台企业与其合作伙伴不存在直接的竞争关系,而是具有不同的盈利模式与市场目标。

(6)平台企业通过打造开放平台、扶持合作伙伴等策略,能给合作伙伴和第三方开发者带来利益。

目前平台的竞争已逐渐形成不同的模式。从平台的业务属性角度来看,当前,应用型平台模式是移动互联网平台模式的主流。应用型平台模式主要有以下几种。

(1)新媒体平台模式。如新浪、搜狐、微博、微信以及各类媒体 App 等。

(2)垂直应用平台模式。指专注于某类产品或某一类目标市场而打造的平台,如阿里巴巴、优酷土豆、盛大文学、我买网等。

(3)电子商务平台模式。如京东商城、当当网、淘宝网、唯品会等。

(4)综合服务平台模式。通过与产业链合作伙伴合作,为客户提供多种产品和服务的平台。如腾讯公司是综合服务平台模式的典型企业,不仅提供即时通信服务,还向客户提供游戏、音乐、视频、安全软件、支付等各类服务。

13.2.4.2 垂直模式

(1)垂直电子商务模式的内涵。垂直电子商务模式是指在某一个行业或细分市场深化运营的电子商务模式,简称垂直模式。垂直电子商务网站旗下商品都是同一类型的产品,这类网站多从事同种产品的 B2C 或者 B2B 业务,其业务都是针对同类产品的。垂直模式的优势在于专注和专业,能够提供更加满足特定人群需求的消费产品,符合某一领域用户的特定习惯，因此更容易取得用户信任，从而加深对产品的印象并进行口碑传播，形成品牌和独特的品牌价值。

"垂直"主要有以下两层含义。

①商品品类的垂直。例如聚焦于鞋类的 Zappos、聚焦于化妆品的聚美优品等。这类垂直电商非常注重产业链上下游资源的整合，从而为消费者提供具有更多附加值的产品和服务，将标准品做出特色，将非标品做出品牌。

②目标人群的垂直。例如聚焦于母婴群体的 Zulily、聚焦于军事爱好者的铁血君品行等。这类垂直电商通过挖掘特定人群的核心需求，进行品类的扩张，满足这类人群的综合购物需求。

(2)垂直模式与综合平台模式的差异。与垂直模式不同，综合平台模式指聚焦于各个领域、全面拓展的电子商务模式。垂直电商在产品、服务、渠道整合等方面更专业，可为消费者提供更好、更贴心的购物体验，也能有效地整合上下游供应链。但垂直电商模式也存在一定的劣势，如产品种类较少、市场占有率相对较低等。

13.2.4.3 网络生态系统

利用商业生态系统理论来分析电子商务的集群现象，可以发现，电子商务是一系列关系密切的企业和组织机构，超越地理位置的界限，将互联网作为竞争和沟通平台，通过虚拟、联盟等形式进行优势互补和资源共享，结成了一个有机的生态系统，即网络生态系统，也称电子商务生态系统。电子商务生态系统中各"物种"成员各司其职、相互交织，形成完整的价值网络；物质、能量和信息通过这个价值网络在联合体内流动和循环，共同组成一个多要素、多侧面、多层次的错综复杂的商业生态系统。电子商务生态系统中的"物种"成员按其定位可以分为以下几类。

(1)领导种群。领导种群即核心电子商务企业，是整个生态系统资源的领导者，通过提供平台以及监管服务，在电子商务生态系统中扮演资源整合和协调者的角色。

(2)关键种群。关键种群即电子商务交易主体，包括消费者、零售商、生产商、专业供应商等，是电子商务生态系统其他物种所共同服务的"客户"。

(3)支持种群。支持种群即网络交易必须依附的组织，包括物流公司、金融机构、电信服务商以及相关政府机构等。这些"物种"并非依赖电子商务生态系统而生存，但可以从优化的电子商务生态系统中获取远超依靠自身竞争力可得的利益。

(4)寄生种群。寄生种群即为网络交易提供增值服务的提供商等，包括网络营销服务商、技术外包商、电子商务咨询服务商等。这些"物种"寄生于电子商务生态系统之上，与电子商务生态系统共存亡。

对网络生态系统可以从不同视角进行分类。根据电子商务生态系统层次的不同，可以从宏观、中观、微观三个视角对电子商务生态系统进行分析。宏观层面主要研究电子商务与政治、经济、文化、技术等外部环境之间的关系，中观层面主要研究以核心要素为中心的子生态系统之间的关系，微观层面主要研究个人、企业以及其他物种之间的关系。

按生态核心的不同，可以将电子商务生态分为以客户为核心、以网商为核心、以电子商务服务平台为核心等；按生态关系的不同，可以分为网商与网商之间、网商与平台之间、平台与平台之间、平台与行业之间、行业与环境之间等。

13.3　数字营销

13.3.1　数字营销的定义

20 世纪 90 年代中期以来，随着互联网的广泛应用与大众参与度的大幅提升，数字科技在突破传统传播技术的基础上创造出庞大的数字媒体渠道。在这样的背景下，数字营销应运而生。数字营销最初被认定为包含两类活动，其一是利用新的交互式媒体（如万维网）在消费者和营销商之间建立新的互动和交易形式；其二是将交互式媒体与营销组合的其他工具结合起来。随着时代的变迁和技术的发展，数字营销的内涵和外延也在不断更新。美国数字营销协会将数字营销定义为：利用数字技术开展的一种整合、定向和可衡量的传播，以获取和留住客户，同时与他们建立更深层次的关系。学术界的部分学者把数字营销界定为：用相关的、个性化和成本效益的方式使用数字分销渠道到达消费者，以促进产品和服务销售的一种营销方式。近年来，数字营销的定义又被引申为一种适应性强、由数字技术支持的流程。通过该流程，企业可以与客户及合作伙伴协作，共同为所有利益相关者创造、沟通、交付和维持价值。因此，数字营销就是使用数字媒体推广产品和服务的营销传播活动，主要包括社会化媒体营销、移动营销、微电影营销等多种表现形式。

13.3.2　数字营销的发展历程

以标志性的数字技术应用为重要节点，本书将数字营销的发展历程分为四个阶段：基于 Web 1.0 的单向营销、基于 Web 2.0 的互动营销、基于 Web 3.0 的大数据精准营销、基于 Web 4.0 的人工智能式的智慧营销。

（1）数字营销 1.0：基于 Web 1.0 的单向营销。从技术上讲，Web 1.0 的网页信息不对外部编辑，用户只是单纯地通过浏览器获取信息，只有网站管理员才能更新站点信息，以雅虎、新浪、搜狐、网易、腾讯等门户网站为典型代表。

中国第一个商业性网络广告出现于 1997 年 3 月，由 Intel 和 IBM 共同出资投放于 ChinaByte 网站，广告表现形式同样为 468×60 像素的动画横幅广告，IBM 为其支付了 3000 美元。Intel 和 IBM 因此成为国内最早在互联网上投放广告的广告主，创造了中国互联网广告业的历史。

早期的互联网广告以单向传播为特征，即用户只能被动接受广告内容，且广告表现形式较为单一，主要为展示类的横幅广告，广告理念则是以销售产品为主要目的。这一阶段从 1994 年开始，可称为数字营销 1.0 时代。

（2）数字营销 2.0：基于 Web 2.0 的互动营销。与 Web 1.0 单向信息发布的模式不同，以 Facebook、Twitter、博客、微博等为代表的 Web 2.0 的内容通常是用户创作发布的，用户既是网站内容的浏览者，又是网站内容的制造者。这也意味着 Web 2.0 站点为用户提供了更多参与和互动的机会。即，Web 2.0 时代开启的一个主要标志是 SNS（社交网络服务）热潮的兴起。

这一时期的数字营销是依托于社会化媒体的兴起而形成的互动营销，企业和消费者在社会化媒体的"桥梁"上平等对话，在建立良好的品牌与消费者关系的基础上达到促进销售的目的。这一阶段从 2002 年开始，可称为数字营销 2.0 时代。

（3）数字营销 3.0：基于大数据的精准营销。2013 年被称为"大数据元年"，从此数字营销进入了 3.0 时代。

这一阶段的数字营销跟前两个阶段的显著区别在于：通过对大数据的挖掘，企业可以做到比消费者自己更了解他们，也就是说，基于消费者在门户网站、搜索引擎、电商平台等留下的数据，可以分析出他们的消费习惯和偏好，企业的营销可以有的放矢，更加精准，在减少无效营销的同时，大大提升消费者体验和营销效果。李颖在《陈潜：大数据时代的营销变局》中指出，大数据浪潮绝不仅仅是信息技术领域的革命，更是在全球范围内加速营销变革、引领社会变革的利器，企业要抓住大数据的机遇，让营销拓展到大数据领域，挖掘其潜在的大价值，才能获得大发展。

（4）数字营销 4.0：基于 Web 4.0 的人工智能式的智慧营销。人工智能这一新技术引发的"智能革命"也波及了营销行业。基于 Web 4.0 的人工智能式的数字营销相较于前三个阶段数字营销的显著特征在于它拥有类似于人类的智慧。比如，饿了么推出的语音点餐系统依托于智能语音设备，通过语音交互的方式实现点餐流程，以最大限度节省点餐时间和人力成本；阿里巴巴开发的人工智能设计师"鲁班"在"学习"了淘宝和天猫平台上海量的海报作品以后，每秒能自动创作 8000 张海报，然后向不同的用户推送不同的海报，实现"千人千面"，不论是在成本控制还是作业效率上都显示出惊人的能力，昭示着人工智能巨大的技术潜能以及对现有营销作业链的冲击力。

基于 Web 4.0 的人工智能式的智慧营销除了更加精准之外，还更加智能化和自动化，这让消费者的体验和使用便利性都得到了巨大的提升。可以说，从 2017 年开始，数字营销进入了 4.0 的新时代。

需要指出的是，数字营销的四个发展阶段并非后者替代前者，而是叠加式地升级。也就是说，当数字营销迈入一个新阶段时，前一阶段的数字营销方式并未消失，而是与后者共同存在，相互补充。企业应根据具体情况恰当地选用数字营销模式，互相配合，以达到营销效果的最大化。

13.3.3　数字营销的方式

13.3.3.1　社会化媒体营销

互联网的高速发展和手机、平板电脑等移动终端的普及，使社会化媒体的使用越来越广泛，在改变人们媒介使用习惯的同时也颠覆着人们的生活方式。基于"使用与满足"的传播学理论视角，社会化媒体可以满足人们的认知、社交、获取信息、消遣娱乐等需求。那么，到底什么是社会化媒体呢？

（1）社会化媒体概述。社会化媒体一词是由英文"social media"翻译而来的。最早提出"社会化媒体"一词的是美国学者安东尼·梅菲尔德，他在《什么是社会化媒体》中阐释了对社会化媒

【案例13-1】

优衣库：数字化转型进行时

体的总体性认识。他认为社会化媒体是一种给予用户极大参与空间的新型在线媒体，具有参与、公开、交流、对话、社区化、连通性等特征，其最大的特点是赋予每个人创造并传播内容的能力。他将社会化媒体的基本形态分为七大类，即社交网络、博客、维基、播客、论坛、内容社区和微博，并分别阐述了这些形态的运作方式。安东尼·梅菲尔德对社会化媒体下的简短定义是中外学者的研究起点。

德国学者安德斯·M.卡普兰和迈克尔·海恩莱因在安东尼·梅菲尔德的研究基础上，把"个人创造内容"与"个人传播内容"具体化，对社会化媒体给出了如下定义：社会化媒体是指建立在 Web 2.0 的思维和技术基础之上，允许创造和交换用户生产内容（user generated content，UGC），基于互联网的应用。这一定义解释了社会化媒体的产生机制，从理论上阐释了社会化媒体与 Web 2.0 及 UGC 的关系。他们对社会化媒体基于 Web 2.0 与 UGC 的应用的定义，是对社会化媒体定义的进一步发展。在此基础上，芬兰学者托尼·阿尔奎斯特等认为，社会化媒体概念应该包含三个关键元素，除了 Web 2.0 与用户生产内容，还包括人际关系网。这是一个重要而有意义的补充。

综合上述观点，本书认为社会化媒体是以互动为基础，允许个人或组织生产和交换内容，并能够建立、扩大和巩固关系网络的一种网络社会组织形态。它的思想与技术核心是互动，内容主体为 UGC，关键结构是关系网络，表现为一种组织方式。简单地说，它就是用户信息分享和社交互动的平台，或者是基于用户关系的内容生产与交换平台。

（2）微博营销。关于微博营销，百度百科的解释是"微博营销以微博作为营销平台，每一个听众（粉丝）都是潜在的营销对象，企业利用更新自己的微型博客向网友传播企业信息、产品信息，树立良好的企业形象和产品形象。企业每天更新内容就可以跟大家交流互动，或者发布大家感兴趣的话题，这样来达到营销的目的，这样的方式就是互联网新推出的微博营销"。还有学者将微博营销定义为"博主通过更新微博内容来吸引其他用户关注，并通过双方的沟通和交流时的信息传递来实现营销目标的一种网络营销方式""一种全新的以 Web 2.0 为基础的新媒体营销模式，企业可以通过利用微型博客，快速宣传企业新闻、产品、文化等，形成的一个固定圈子的互动交流平台"等。

综上所述，微博营销是基于微博这一新媒体平台的营销，是与微博新媒体特点紧密联系，并与其他媒体有效整合的营销方式。

微博营销除了用户覆盖范围广这一特点外，与其他营销方式相比，还有以下几个特点。

①立体化。从产品的角度来说，当今社会不仅产品同质化严重，而且新产品令消费者目不暇接，人们对商品的深入了解往往需要多种途径，在传递产品信息时，谁能做到将信息具象呈现，谁就可能激发消费者的购买欲望，进而使消费者坚定购买信心并采取购买行动；从品牌的角度来说，要提高品牌的"三度"，即知名度、美誉度、忠诚度，都离不开对品牌定位、品牌形象、品牌文化等的宣传，渠道的选择更是宣传工作的重中之重。微博营销可以借助先进的多媒体技术手段（如文字、图片、视频等）对产品进行描述，具有视觉上的直观性和冲击力，使消费者能够全面地了解有关产品和品牌的信息。

②低成本。营销策划中资金预算是非常重要的，与传统的广告相比，微博营销不需要繁杂的行政审批程序，也省去了企业支付给广告刊播平台的费用，这样不仅帮助企业节省了推广费用，而且大大节约了人力和时间成本。在微博上，企业可以发布任何与企业相关

的文稿、图片、视频或者网站链接，免费进行企业宣传。

③便捷性。微博操作简单，信息发布便捷，只需要简单构思，就可以完成一条信息的发布。这比发布博客要方便得多，毕竟构思一篇好博文往往要花费很多的时间与精力。

④互动性强。"微博营销的互动性首先体现在给消费者提供发言的机会，其次是可以直接为特定的潜在目标消费者量身定制个性化的信息，使得企业的网络营销活动更富有针对性和人情味。"微博具有社交网络的开放性，用户可以对企业微博进行评论、转发等，企业则可以针对特定的潜在消费者进行互动，通过对用户的回复，让用户感到企业的人情味和趣味性，增强营销效果。

（3）微信营销。微信营销是网络经济时代企业对传统营销模式的创新，是伴随着微信的火热产生的一种点对点的网络营销方式。微信不存在距离的限制，用户注册微信后，可与同样注册的"朋友"形成一种联系。微信用户可以订阅自己所需的信息，商家则可以通过提供用户需要的信息，推广品牌与产品。微信营销主要表现为基于手机或者平板电脑中的移动客户端进行的区域定位营销，商家通过微信公众平台，结合微信会员卡展示商家微官网、微会员、微推送、微支付、微活动，已经形成一种主流的线上线下微信互动的营销方式。

微信营销是网络创新时代的新型营销方式，其特点主要有以下几个。

①低廉的营销成本。微信营销是基于微信这一平台进行的，微信的各项功能都可供用户免费使用，使用过程中仅产生少量的流量费。与传统营销方式相比，微信营销的成本极为低廉，几乎接近于零。

②强大的支撑后台。微信依托的是强大的"腾讯"，腾讯拥有新闻、游戏、QQ等多种产品形态，多年的发展积累了广泛的用户基础。在互联网行业中，用户的使用带来流量，流量进而带来红利，微信与腾讯固有的用户关联是微信用户数量如此庞大的一个重要原因。

③精准的营销定位。在微信公众平台中，通过一对一的关注和推送，企业不仅可以向粉丝推送相关产品及活动信息，而且可以建立自己的客户数据库，使微信成为有效的客户关系管理平台，通过用户分组和地域控制，针对用户特点，将信息推送至目标用户。此外，在朋友圈信息流广告中，企业可以借助微信后台掌握的标签化用户数据，使目标用户的触达更加精准。

④信息交流的互动性。微信的载体主要是智能手机，这意味着只要拥有智能手机，无论何时何地企业都可以与客户进行互动，了解客户的需求，进而满足客户的需求。微博营销虽然也可以与粉丝互动，但及时性比不上微信营销，而且与微博的开放性不同，微信在进行信息交流时具有私密性，更能够体现社会化媒体的强关系。

⑤信息传播的有效性。企业利用微信公众平台向客户推送信息，能保证客户100%接收到企业推送的信息。另外，客户是因为对产品或企业感兴趣而自愿扫描企业二维码或输入账号添加企业官方微信的，所以，当接收到来自企业官方微信的信息时，他们能有效地关注所接收的信息。

⑥多元化的营销模式。微信营销拥有位置签名、二维码、开放平台、朋友圈信息流广告、微信公众平台、微信小程序、竞价广告等多种营销模式。这些模式各有特点，企业可以针对不同的营销目的选择不同的模式组合。另外，微信支持多种类型的信息，不仅支持

文字、图片的传达，而且可以发送语音信息，这使得企业可以利用微信完成与客户的全方位交流和互动。

（4）SNS 营销。SNS 营销就是利用 SNS 网站的分享和共享功能，在六度空间理论的基础上实现的一种营销方式。首先，SNS 营销利用的是 SNS 社交网络，但是这并不意味着载体的唯一性，在微博、微信等社会化媒体迅速发展的今天，企业可以对各个平台进行整合，在充分利用 SNS 网站优势的同时，综合与其他平台的优势，从而形成全媒体无缝整合营销方案。其次，SNS 网站具有分享和共享功能，而且 SNS 是建立在人际关系基础上的，六度空间理论是它的理论基础，这就为企业利用 SNS 进行病毒式传播提供了便利条件。再次，SNS 营销的载体是 SNS 社交网络平台，其理论依据是六度空间理论，它有广泛的用户群，用户群之间形成了强关系链。

六度空间理论又称作六度分隔理论、小世界理论。简单地说就是你和任何一个陌生人之间所间隔的人不会超过五个，也就是说，最多通过五个中间人你就能够认识任何一个陌生人。

基于 SNS 的营销活动也具有以下独特优势。

①传播速度快、范围广。SNS 是由兴趣爱好相同者组建的网络社区，用户之间联系密切，关系黏性大。这种特殊的网际、人际传播方式使社区内的信息传播更有爆发迅速的特点，能够在很短的时间内聚集大批用户的关注；同时，由于社区用户的参与度和分享度都比较高，社区热点事件往往能够借助各种渠道和方式得以大范围传播。

②影响力比较大。SNS 社区的出现为广大网民提供了发表言论的良好平台。以共同兴趣爱好为基础组建的社区具有更好的用户黏性。当企业在社区传播产品和品牌信息时，社区内很容易形成对产品或企业评论的较强声音，从而对消费者的消费选择产生较大的影响。社区中意见领袖的影响力与日俱增，对传统话语权的冲击开始出现，对普通网民的影响力也日益增强。

③互动性、体验性强。互联网技术的迅速发展使得网民上网时间不断增加，上网习惯更加成熟。其主要表现在用户更乐意主动获取和分享信息，显示出高度的参与性、分享性与互动性。如果 SNS 社区用户发布新的信息，其社区内的朋友一定会立刻收到他更新的动态信息。所以说，SNS 最大的特点就是能充分展示人与人之间的互动，这恰恰是一切营销的基础所在。

④营销成本低。SNS 社区的最大特点就是社区参与者都是基于某种兴趣爱好聚集在一起的，社区用户关系有很好的黏性。在此基础上 SNS 信息传播的对象主要是社区用户，扩散方式主要是众口相传，因此与传统广告相比，无须大量的广告投入。

⑤精准营销，真实营销。SNS 网站的精准性完全基于网站用户的真实性，作为真实关系网络延伸的 SNS 网站会员信息的真实度与其他互联网应用形式相比是较高的，同时我们也可以依据用户信息和朋友圈去判断一个用户的真实程度。在广告主看来，SNS 网站最吸引人的一点就是有大量用户真实、详细、准确的资料。SNS 网站可以通过注册信息非常详尽地知道每一个用户的基本信息，从用户的使用行为中分析出其兴趣、经历、偏好、朋友圈、购物记录，这便为精准营销活动做好了数据积累。利用这些用户人口统计和行为信息，网站可以很轻松地转换为一个广告网络。

13.3.3.2　移动营销

（1）移动营销概述。从最早的短信营销开始，移动营销实际上已存在多年，但真正让移动营销引发大众关注的，还是 2009 年以来伴随智能手机的普及发展起来的移动化大潮。宋杰曾在《移动互联网成功之道：关键要素与商业模式》一书中描述，移动营销的未来将是用户移动化、终端移动化、应用移动化、流量移动化、收入移动化。从产业界来看，对移动营销的定义同样众说纷纭。2003 年美国市场营销协会将移动营销定义为通过移动渠道来规划和实施想法、对产品或服务进行定价、促销、流通的过程。2006 年移动营销协会（MMA）将移动营销定义为利用无线通信媒介作为传播内容沟通的主要渠道所进行的跨媒介营销。

移动营销的一个基本特点，就是利用无线通信媒介和无线渠道来展开营销，是一种广泛意义上的移动营销。与传统意义上的移动营销相比，在移动互联网的背景下，今天的移动营销主要是指基于无线移动智能终端，利用移动网络而展开的各种形式的营销活动，更是一种基于移动互联网的营销。

因此，我们将移动营销定义为基于以智能手机为主的智能移动终端，利用移动互联网展开的营销活动。

（2）二维码营销。二维码是由传统的一维条形码发展而来的。传统条形码由一组按一定编码规则排列的条、空符号组成，表示一定的字符、数字及符号信息。二维码又称二维条形码，是在一维条形码的基础上扩展出另一维的具有可读性的条形码。它是用按一定规律分布于平面（二维方向上）的黑白相间的图形记录数据符号信息的，在代码编制上利用构成计算机内部逻辑基础的比特流的概念，使用若干与二进制相对应的几何图形来表示文字数值信息，可以通过图像输入设备或光电扫描设备自动识读以实现信息的自动处理。

随着智能终端的快速普及和移动互联网的迅猛发展，二维码凭借自身的便捷性和应用领域的多样性在世界各地迅速普及。目前，全球 90% 的二维码个人用户在中国。

二维码营销主要包含以下四种形式：

①线下虚拟商店。电商是最早使用二维码营销这一方式的。这一方式的操作方法是在展示商品的旁边贴上二维码，消费者通过扫描二维码进行移动支付，进而完成对商品的购买。虚拟线下商店的发展使得消费者可以随时随地购买商品，不一定必须到实体店，为消费者提供了极大的方便。

②二维码广告。二维码广告最基本的做法就是在商品的平面广告中印上二维码。消费者通过扫描二维码便可以从线下转入线上，进入企业的官网或产品的页面，了解更多更全面的商品信息。这种方式最大的优点就是趣味性强。比如知名汽车企业雷克萨斯的二维码广告。印刷在杂志上看起来平淡无奇的雷克萨斯汽车平面宣传海报，其最不平常之处就在于如果读者扫描这个印刷广告背面的二维码，"奇迹"就出现了：雷克萨斯 ES2013 的前灯会亮起来，引擎也会旋转、咆哮，天空会闪烁光芒，汽车播放起音乐，并向读者展示它的内部构造。由此可见，二维码广告比传统广告更富有趣味性，更活灵活现。

③实体包装。实体包装形式的二维码传播已被很多淘宝卖家应用。许多淘宝卖家尝试用二维码刺激消费者进一步到线上去了解有关商品的信息，进而进行二次购物。各种快递包装盒、包装袋上都会印上店铺地址信息或微信公众号的二维码，并承诺扫码二次购买

会有优惠，以此激励消费者返回线上购物。此外，若鼓励消费者在特定时间段上网购物，还会拉动网站低峰时期的流量。总之，实体包装的形式促进了线上线下宣传的创新式结合。

④线上预订，线下消费。前面三种都是通过线下二维码吸引消费者转移到线上购物的形式。最后一种形式是消费者在线上完成对二维码的扫描，进而以二维码作为凭证转移到线下商店进行消费。比如麦当劳、哈根达斯的天猫旗舰店和许多团购网站，以及许多化妆品的电子会员卡也都采用了这种方式。这是一种快捷环保的操作方式。

(3) LBS营销。LBS这个名词对于很多人而言可能很陌生，但实际上我们可能每天都在使用它。当你使用微信时，可以通过"附近的人"这一功能查找在你周围的人并给他们发消息；当你打开团购网站时，可以选择"离我最近"的筛选条件，网站会根据你的地理位置反馈附近的商家信息。这些都是当前LBS的常见形式。

LBS是英文"location-based service"的缩写，即基于地理位置的服务。全球移动通信系统协会(GSM Association)将LBS定义为基于目标用户的地理位置信息而提供有附加价值的商务和消费者服务。该协会将LBS应用的实现分为两部分：一是提供用户位置信息；二是根据该信息提供服务。

LBS的营销模式大体有以下四种：

①生活服务模式。这类模式以生活服务为出发点，与人们的日常生活、旅游、购票等紧密地结合在一起。比如美团、饿了么等外卖类应用，都是基于人们的地理位置为特定商圈内的居民提供相关服务。这一模式的最大特点就是实用性极强。除了外卖等生活服务型应用、游玩网等旅游应用、以及M卡等会员卡应用之外，这种模式还随时记录用户的相关信息，并将服务渗透到用户生活的方方面面，可使人们的生活更加便利。

②休闲娱乐模式。休闲娱乐模式通常分为签到模式和游戏模式。采用签到模式的LBS应用有嘀咕、街旁等。用户可以主动签到记录自己所在的位置，附近的商家也会通过积分和优惠券等方式来激励用户签到。由于签到模式过于单一，这类公司后来大多销声匿迹或者转型了。游戏模式主要是让用户利用移动终端将虚拟与现实结合起来的一种游戏形式。比如2016年任天堂推出的手游 Pokemen Go 就成功引入了LBS，吸引了全世界的大批玩家。

③社交模式。社交模式的主要特点是地点交友。不同的用户只要在同一时间出现在同一区域，就可以建立用户关联。比如陌陌就是一款基于LBS的移动社交工具，用户可以通过视频、文字、语音、图片来展示自己，基于地理位置发现和认识周围的陌生人，并与其建立真实有效的社交关系。

④商业模式。LBS在商业方面的主要应用是团购。举例来说，美国 GroupTabs 的操作方式是 GroupTabs 的用户到一些本地的签约商家，比如一间酒吧，到达后使用 GroupTabs 的手机应用进行签到。当签到达到一定数量后，所有签过到的用户就可以得到一定的折扣或优惠。除了团购以外，还有优惠信息的推送模式。比如 Getyowza 就为用户提供基于地理位置的优惠信息推送服务，其盈利模式是通过与线下商家的合作来获得利益分成。

(4) 移动广告。简单地说，移动广告就是嫁接在移动终端上的广告，是随着手机的普及以及智能手机、平板电脑等的推广而逐渐流行的一种广告形式。过去人们看广告主要通过报纸、杂志、广播和电视等传统媒体，后来有了互联网，PC端的网络广告随之流行起来。如今，在移动互联网时代，移动广告必将大行其道。

总结来说，移动广告即存在于各种移动终端（如手机、平板电脑等）上的各种形式（如文字、图片、语音、视频、链接等）的广告。也可以说，移动广告是无线营销的一种形式，可通过图形、文字、视频等方式来推广企业的产品或服务。

移动广告包含以下八种形式。

①短信广告。短信广告是指通过短信平台向用户发送广告以达到营销目的的方式。短信方式虽然"古老"，但依然具有极高的打开率和阅读率，是广告传播的有效方式。短信广告的关键点在于手机是人们的私人用品，有效且合理地获得目标客户群体的手机号码并获得其许可一直是短信营销要努力解决的一大问题。事实上，发送短信必须以用户的好感与愿意接受为基础，这一点主要体现在对于品牌忠诚者的推销上。比如，用户已经对一个品牌十分有好感并且养成了购买的习惯，那么对该用户进行广告推送、活动宣传就会收到很好的效果，也为客户了解产品动向提供了极大的方便。狂轰滥炸式的漫无目的的广告推送反而会破坏产品形象，令消费者反感。

②WAP广告。WAP广告与互联网广告类似，它拥有图文、Flash视频、音乐等丰富的表现形式，主要是利用企业自有媒体和WAP媒体合作进行广告推广。广告主按照约定的标准核实后支付相应的广告费用。WAP媒体包括门户网站、手机浏览器、搜索引擎、社区论坛等，如手机腾讯网、手机新浪网、手机凤凰网等。

③语音类广告。语音类广告是指将广告主的语音类信息通过运营商的语音通道传递到终端用户手机上，包括炫铃、客服通道（如10010）、铃音等。如大家比较熟悉的集团彩铃就是语音广告的一种。该业务可以让拨打集团电话的主叫客户在接通等待时收听到统一定制的音乐和语音，以展现集团的整体风采，拓宽集团与外界沟通的渠道。

④植入类广告。植入类广告主要有两种表现形式。一种是终端植入型，通过SIM卡、REID芯片、客户端软件嵌入等方式实现。广告可以通过屏幕保护、壁纸、开关机画面、无线互联网接入画面、电源开关画面等方式来呈现，广告内容可以自动联网更新。另一种是内容植入型，包括手机游戏、手机电视、手机搜索等。例如，用户在玩植物大战僵尸游戏时，畅优植物乳酸菌的巧妙植入既没有干扰用户游戏的过程，又潜移默化地将乳酸菌"植物""消化"的概念映射到用户的脑海里。国外有一家名为Tap.me的手机游戏广告商，能够在网页和手机游戏中创建切合场景的逼真的广告，为各大品牌提供游戏内置广告解决方案。Tap.me会先让游戏开发者指出赞助广告的位置或功能，然后由广告赞助商在相应位置或功能中插入广告，当用户到某一位置或想要使用某功能时，便可看到赞助商的广告。

⑤虚拟现实（VR）广告。VR是virtual reality的缩写，即虚拟现实，是一种可以创建和体验虚拟世界的计算机仿真系统。它利用计算机生成一种模拟环境，是一种多源信息融合、交互式的三维动态视景和实体行为的系统仿真，可使用户沉浸到该环境中。VR技术与广告极高的契合度使其从一开始就受到了广告界的青睐，并在社交、医疗、旅游、汽车、电商、房地产等领域得到广泛应用。得益于交互性、沉浸感等特性，虚拟现实（VR）广告成为移动广告发展的新方向，而且VR能够实现定制化，配合品牌定制不同的营销场景，将场景营销的效果发挥到极致。例如，沃尔沃推出了虚拟展示厅，允许消费者观看虚拟汽车，查看内部构造；奥利奥为了推广新出的纸杯蛋糕口味限量版饼干，发布了360度全景体验广告，带消费者体验新品制作的全过程。

⑥增强现实（AR）广告。AR是augmented reality的缩写，中文含义是增强现实，是指

一种将现实世界的环境和计算机生成的虚拟物体实时融合在一起的技术。增强现实（AR）广告是一种可以将商品的 AR 版本加载在它周围的广告形式，是一种沉浸感更强的广告交互模式。通过消费者和商品直接交互的场景，能让消费者对产品留下更深刻的印象，消费者在观看的过程中，很有可能直接点击商品，甚至购买，这样便极大地缩短了购买的路径，是一种极为便捷和有效的广告形式。例如，宝马率先在 Snapchat 测试了 AR 广告，人们可以在视频或图像上滑动以触发相关的品牌镜头。宝马用它推出宝马 X2，让 3D 版本的汽车出现在镜头前，以便人们可以在它周围走动，就像在车展上看车一样。近年来，增强现实（AR）广告的市场规模急剧增长，品牌商、广告商投入积极，展示了其未来巨大的发展空间。

⑦比价网站广告。另一种比较有特点的移动广告形式是比价网站广告。这种形式主要由第三方的比价网站来操控，将交易数据建设成可用来比较服务和价格的数据库。这种广告形式可以结合前面所讲的二维码技术。当消费者走进一家店铺并扫描感兴趣的商品的二维码时，便可以跳转到比价网站的页面，显示此商品在其他线上或线下零售商的价格。又如，现在移动终端上比较流行的 App 应用口袋购物，当你对一个商品感兴趣时，按相应的按钮便可以跳转到比价网站看它在其他店铺的销售价格。

⑧LoopMe 模式广告。英国有一款名为 LoopMe 收件箱按钮的应用，有 5%～10% 的用户会点进收件箱看一看，这一比例是横幅广告点击率的 10 倍而且相当稳定。用户点进 LoopMe 收件箱之后，可以一次性看到许多商家的优惠信息，这种广告比单个横幅广告具有更好的展示效果。此外，LoopMe 还允许用户对广告进行投票，剔除不合格的广告。

（5）App 营销。App 即 application 的缩写，表示移动终端上的应用程序。在 PC 时代，用户基本上是通过打开网页来浏览信息的，在 PC 终端上很少提"应用"这个词，能够脱离网络开展的工作大多局限于软件，如微软办公软件、Photoshop 制图软件等。进入移动互联网时代以后，移动终端取得了更大的优势，个人化的应用提供了更加迅捷而愉悦的用户体验。如果说过去智能手机大多用于接打电话、收发信息、网上冲浪，那么 App 的出现使其从工具转变成了人们的贴身顾问。我们可以把 App 理解为可以从应用商店下载的移动终端设备的应用程序，App 营销就是应用程序营销，是利用第三方移动平台发布应用程序来吸引用户下载使用，从而开展相应的营销活动。

目前可供移动终端使用的应用数不胜数，经常使用的大体可以分为以下类型。影音娱乐类，如腾讯视频、爱奇艺、网易云音乐、唱吧、斗鱼直播、喜马拉雅等；实用工具类，如 UC 浏览器、讯飞输入法、Wi-Fi 万能钥匙、天气预报、闹钟、手电筒、计算器等；社交通信类，如微信、微博、小红书、百度贴吧、soul、易信等；教育类，如得到、金山词霸、有道翻译词典、考研帮、作业帮、扇贝单词等；新闻阅读类，如腾讯新闻、今日头条、网易新闻、天天快报、微信读书、懒人听书、豆瓣阅读等；拍摄美化类，如抖音短视频、B612 咔叽、美图秀秀、小影等；美食类，如美团外卖、下厨房、盒马、京东到家、肯德基等；出行导航类，如滴滴出行、铁路 12306、车来了、神州租车、交管 12123、高德地图等；旅游住宿类，如去哪儿旅行、途牛旅游、携程旅行、飞猪等；购物比价类，如手机淘宝、拼多多、唯品会等。

（6）短视频营销。短视频是一种互联网内容传播方式，一般是在互联网上传播的时长在 1 分钟以内的视频内容。随着移动终端的普及和网络的提速，短平快的大流量视频内容逐渐获得各大平台、粉丝和资本的青睐。不同于微电影和直播，短视频制作并没有像微电影一样具有特定的表达形式和团队配置要求，既具有生产流程简单、制作门槛低、参与性强等特点，又比直播更具有传播价值。短视频既可以为用户提供一个自我展示的平台，又可以成为企业数字营销的新阵地。

短视频主要有如下几种类型：

①短纪录片。"一条""二更"是国内较早出现的短视频制作团队，其内容多以纪录片的形式呈现，且制作精良。其成功的渠道运营优先开启了短视频变现的商业模式，被各大资本争相追逐。

②网红型。papi 酱等网红形象在互联网上具有较高的认知度，其内容制作贴近生活，庞大的粉丝基数和用户黏性背后潜藏着巨大的商业价值。

③草根恶搞型。以快手为代表，大量草根借助短视频输出搞笑内容，这类短视频虽然存在一定争议性，但是在碎片化传播的今天也为网民提供了不少娱乐谈资。

④情景短剧。套路砖家等团队制作内容大多偏向此类表现形式，该类视频短剧以搞笑创意为主，在互联网上有非常广泛的传播。

⑤技能分享型。随着短视频热度不断提高，技能分享型短视频也在网络上有非常广泛的传播。

⑥街头采访型。街头采访也是短视频的热门表现形式之一，其制作流程简单，话题性强，深受都市年轻群体的喜爱。

⑦创意剪辑。这类短视频利用剪辑技巧和创意，或制作精美震撼，或搞笑鬼畜，有的还加入解说、评论等元素，也颇受欢迎。

13.3.3.3 微电影营销

(1) 微电影营销概述。数字媒体技术不断进步带来的数字革命浪潮，促使新的媒介形态也不断发展，新的媒介形式不断涌现。2010 年由《一触即发》引发的微电影狂潮标志着中国微电影元年的到来。2011 年微电影继续蓬勃生长，开始被很多广告主用来开展营销活动，"微电影营销"的概念应运而生。也就是说，微电影营销是商业和微电影联姻的必然结果。

【案例13-2】

奔驰：携手王家卫推出
新春短片《心之所向》

微电影营销直到今天都没有明确统一的定义。有学者把微电影营销定义为"广告主利用短小的电影制作模式，将特定广告主品牌文化、精神、产品等代表广告主形象的符号，融入具有完整故事情节的剧本，于无形中推广广告主品牌、渲染广告主文化，以期使消费者在观看视频的过程中既享有娱乐的快感，又达到推广目的的一种介于传统广告与商业电影之间的营销模式"。

简单地说，微电影营销就是微电影广告营销，其本质是微电影的广告植入。值得注意的是，微电影式广告和广告式微电影还是有细微差别的。微电影式广告的侧重点是电影，即以电影的故事情节为主、植入的广告为辅。比如由赵奕欢主演的《女人公敌》就是在讲述故事的同时巧妙融入聚美优品的广告。广告式微电影则不同，它以广告内容为主，把一系列广告情节拼凑起来形成故事完整的电影。比如益达《酸甜苦辣》篇。它通片以益达口香糖为主要传播内容，只是因为制作者试图将情节串联起来，才形成了一个完整的故事，使一部广告片具有了电影的特性。实际上，过多强调区分微电影式广告和广告式微电影，

正如过多地纠结微电影营销本身的定义一样，对于市场营销来说并没有太大的意义。通常情况下，我们可将微电影式广告和广告式微电影统一划入微电影营销的范畴。

（2）娱乐营销。所谓娱乐营销，"就是借助各种娱乐活动与消费者实现互动，将娱乐元素融入产品或服务，通过娱乐元素将品牌与顾客情感建立起联系，从而实现推广品牌内涵、培养顾客忠诚、促进产品销售等营销目的的营销方式"。比如借助热门电影、社会热点新闻等制作的微电影。企业要注重微电影的娱乐性，将娱乐元素注入微电影的故事情节，与顾客建立联系，以达到产品促销和品牌形象宣传的目的，但在运用微电影进行娱乐营销时要注意适度。

（3）情感营销。情感营销就是"把消费者个人情感差异和需求作为广告主品牌营销战略的情感营销核心，通过借助情感包装、情感促销、情感广告、情感口碑、情感设计等策略来实现企业的经营目标"。现在很多营销活动都喜欢打感情牌，试图通过感人的情感故事触动受众的内心，以期达到与受众在消费层面产生共鸣的目的。微电影也不例外。

（4）网络口碑营销。网络口碑营销（Internet word of mouth marketing，IWOM）是指"利用互联网上的口碑传播机制，通过消费者以文字等表达方式为载体的口碑信息传播，实现塑造广告主形象、推广广告主品牌、促进产品销售等营销目的的网络营销活动"。口碑即利用人际传播的优势，达到一传十、十传百效果的营销方式。一部好的微电影往往能够引起受众的兴趣，打动受众，促使其自发评论、分享、转发，利用人际传播机制达到广告主的营销目的。网络口碑营销成本低，收效高，已经成为广告主喜闻乐见的营销方式。

（5）明星营销。明星营销是指"具有一定名气和影响力的明星间接通过网络手段代言某种商品的营销事件"。大牌明星齐聚虽然会增加微电影的制作成本，但名人效应带来的营销效果也是显而易见的。很多资金实力雄厚的公司通常都会选择微电影的明星营销方式。例如，百事集团拍摄了微电影《把乐带回家》系列贺岁片。从 2012 年到 2022 年，百事每年拍摄的春节微电影都邀请众多当红明星，整体风格一致，收获了巨大的关注量和话题讨论。

本章小结

1. 新媒体。新媒体是以网络技术、数字技术等现代信息技术或通信技术为支撑的，具有高度互动性、融合性和非线性传播的，能够传输多元复合信息的大众媒介形态和平台。同时，新媒体也常常指主要基于上述媒介从事新闻与其他信息服务的机构。新媒体的本质在于人人都可以是生产者，人人也都是传播者。新媒体的意义在于每个人都可以发声，人人都有对内容的投票权。

2. 新媒体营销。新媒体营销是指企业或个人在新媒体思维的指导下，充分利用新媒体平台的功能、特性，通过对目标受众的精准定位，针对目标受众的需求，研发个性化的产品和服务，采取新媒体营销方法，开展新媒体营销活动的全过程。

与传统营销相比，新媒体营销改变了传统的自上而下、单向线性传播信息的方式，而是采用多向互动式的信息传播和交流方式，更加注重消费者的想法和感受。

3. 网络营销。网络营销则是指组织运用互联网信息技术创造、传播、传递消费者价值，并对消费者关系进行管理，目的是组织和利益相关者创造收益。狭隘地理解，网络营销就是将互联网信息技术应用到传统营销活动中。

互联网信息技术不仅是网络营销的技术基础和手段，而且是改变消费者行为方式和观念的关键因素。在具体实施过程中，网络营销主要包含平台模式、垂直模式和网络生态系统三种实现模式。

4. 数字营销。数字营销是网络营销发展至今的新营销状态。简单来说，数字营销就是使用数字媒体推广产品和服务的营销传播活动，主要包括社会化媒体营销、移动营销、微电影营销等多种表现形式。

数字营销对于当代消费者和企业而言具有极其重要的价值。对于消费者来说，数字媒体使得人们获取信息的渠道更加多样化、"互联网+"已经融入消费者生活、消费者对数字媒体的接触时间长且频率高、互联网打破了时空局限性。与此同时，各个企业在数字营销领域的投入也在逐年增加，传统行业和企业也纷纷进行数字化转型。

思考与应用

1. 新媒体和传统媒体的异同点是什么？
2. 什么是新媒体营销？新媒体营销的核心是什么？
3. 网络营销应该如何与传统营销相结合？
4. 网络营销有哪些实现模式？
5. 什么是数字营销？数字营销包含哪些具体应用模式？
6. 结合你熟悉的一个品牌说明如何实施数字营销。

课外阅读

1. 胡玲. 新媒体营销与管理：理论与案例[M]. 北京：清华大学出版社，2020.
2. IMS（天下秀）新媒体商业集团. 新媒体营销学[M]. 北京：清华大学出版社，2022.
3. 王玮. 网络营销（第2版）[M]. 北京：中国人民大学出版社，2020.
4. 肖凭. 新媒体营销实务（实战版）[M]. 北京：中国人民大学出版社，2018.
5. 阳翼. 数字营销（第2版）[M]. 北京：中国人民大学出版社，2019.
6. 科特勒，卡塔加雅，塞蒂亚万. 营销革命4.0：从传统到数字[M]. 北京：机械工业出版社，2018.

中国营销·案例分析

"双十一"购物狂欢节：电商界的造节神话

自2009年阿里巴巴首创淘宝"双十一"购物狂欢节以来，在国内各大电商企业的疯狂血拼下，每年的"双十一"已经成为名副其实的全民购物的盛大节日。可以说，正是阿里巴巴开启了电商界的"双十一"神话。

2009年是光棍节的"被购物"元年，有27个品牌参加，销售额为5200万元；2010年

"双十一"销售额达到 936 亿元，同比增长 1772%；2016 年突破千亿元大关，达到 1207 亿元；2018 年销售额超 2000 亿元，最终定格在 2135 亿元。"双十一"交易额不断刷新纪录，让人们惊叹于网民购物的巨大热情，同时也惊叹于阿里巴巴卓越的营销策略。

1. 广告全面覆盖

若想让一个产品深入人心，轰炸式的广告就必不可少，更遑论一个新造的概念了。"双十一"的成功与它的广告宣传是分不开的。在每年"双十一"到来前的一个月，天猫就开始进行广告宣传，各大社交媒体上"双十一"的优惠信息不断跳动刷新，公交站牌、地铁站等户外媒体也纷纷换上了"双十一"的宣传海报，不断唤醒和加深消费者对"双十一"的认识，使之成为购物狂欢节中的一员。

2. 微博互动营销

微博作为一个有效的双向沟通平台，特别适合与消费者进行互动，从而增加营销内容的到达率和转化率。从 2015 年 10 月 20 日开始，天猫开辟了微博分会场，专门进行"双十一"活动宣传推广，效果十分显著。2015 年微博上参与抽红包的人次超过 3600 万，共发出 500 多万个红包，红包相关博文累计阅读量接近 4 亿，主话题讨论量高达 4300 万，"双十一"期间的话题累计阅读量超过 17 亿。

天猫准确把握微博的平台特性，与"双十一"购物节的特点相契合，将粉丝经济和购物节绑定，关注消费者的主体性和群体性，进行互动营销，不仅满足了消费者的表达欲，提高了其参与度，同时由明星、网红等共同组成的买手天团更是激发了消费者的购买欲。

2018 年，天猫抓住"十周年"这一具有话题性的节点，在微博掀起了热议。天猫在微博上发起"十年一转眼"的话题，邀请了包括影视、文化、体育等多个领域的名人明星，由他们讲述自身十年来的变化与坚持的故事，以此来呼应 2018 年天猫"双十一"十周年的广告口号——精彩，才刚刚开始。明星的独家十年故事更是换来了粉丝对自家偶像的关注。在明星矩阵和社交裂变的共同影响下，活动上线 5 天，便吸引了近千万用户参与，晒出超过 150 万张自己的十年对比照片。

3. "明星+晚会"直播模式

2015 年，天猫首次举行"双十一"晚会直播，利用"明星+直播"的模式，获得了极高的收视率和关注度。主办方邀请众多国内外高知名度的明星，使晚会更具吸引力。"双十一"晚会还强化互动体验，从"摇一摇"抢红包变成"一块摇""一元购"，与全场观众互动。用"手机+电视+直播"的霸屏互动进一步挑战互联网娱乐的想象极致。"明星+晚会"的直播模式，巧借电视和网络传媒的传播力度，让线上线下百万人共同参与活动，进一步强化了"双十一"购物狂欢节品牌活动。

4. 加强娱乐性

2018 年天猫"双十一"的福利玩法更简单直接，如预售、优惠券、津贴、红包雨、88VIP 等，其中值得一提的是"双 11 合伙人"。"双 11 合伙人"集能量活动曾经在"双十一"期间刷屏互联网。该活动通过活跃用户组队 PK 的形式带动一些非活跃用户，达到促进产品（包括阿里巴巴旗下其他产品）活跃度的作用，也进一步宣传了"双十一"活动。

在 2018 年经济下行压力不断加大、电商竞争日益激烈的背景下，"双十一"购物狂欢节的汹涌客流和堪称奇迹的单日成交量展现了我国网上消费的巨大潜力，这对拉动内需、促进传统企业转型无疑是一个积极的信号。但是，巨大的销售额背后是仓储成本上升、物流发货延迟、用户体验下降等问题。同时，大量的低价和折扣容易让用户过度关注价格，忽视品牌带来的附加价值。

资料来源：知乎网，2018年，内容有改动。

思考问题：

1. 阿里巴巴是如何利用新媒体优势进行营销创新的？

2. 中国式"双十一"购物节与欧美国家的"黑色星期五"（圣诞促销活动）相比，有何异同点？

3. 近年来，"双十一""618""双十二""318"等各种购物节层出不穷，中国电商界面临哪些发展瓶颈？接下来该如何发展？

第 14 章 市场营销新发展

14.1 绿色营销

案例导入

阿里巴巴
利用大数据打假

自 20 世纪 70 年代以来，全球环境的恶化对人类的威胁得到世界普遍而广泛的关注，环境问题成为全球的热点问题，倡导绿色环保成为人类社会的主题，而且也是人类可持续发展的呼声。如何在满足当今人类需求的同时，不危及未来子孙满足其需求，已日益融入企业责任和社会责任，"绿色营销"也日益成为企业的主流营销战略。

14.1.1 绿色营销的内涵

毕提指出，绿色营销是一种能辨识、预期及符合消费与社会需求，并且可带来利润及永续经营的管理过程。绿色营销观念认为企业在营销活动中，要顺应时代可持续发展战略的要求，注重地球生态环境保护，促进经济与生态环境协调发展，以实现企业利益、消费者利益、社会利益及生态环境利益的协调统一。魏明侠等指出，绿色营销是在可持续发展观的要求下，企业在产品研制、开发、生产、销售、售后服务全过程中，采取相应措施，达到消费者的可持续消费、企业的可持续生产、全社会的可持续发展三方面的平衡。张世新和魏琦认为，绿色营销是企业从保护环境、反对污染、充分利用资源的角度出发，满足消费者的绿色需求，实现自身的盈利。

总体来说，绿色营销是指企业在生产经营过程中，将企业自身利益、消费者利益和环境保护利益三者统一起来，以此为中心对产品和服务进行构思、设计、制造、销售和沟通的营销过程。

14.1.2 绿色消费

2001 年，中国消费者协会提出绿色消费有三层含义：一是倡导消费者选择未被污染或有助于消费者健康的绿色产品。二是引导消费者转变消费观念，崇尚自然、追求健康，在追求生活舒适的同时，注重环保，节约资源和能源，实现可持续消费。三是在消费过程中注重对垃圾的处置，不造成环境污染。可以看出，绿色消费除了要求消费者消费有益于环境的产品外，也要求消费者消费有益于自身健康的产品。

绿色消费至少有以下几个特征：第一，消费者在购买、使用、处理等消费全过程中不污染环境或浪费资源；第二，消费者注重抵制和不消费破坏生物多样性等生态环境的产品；第三，消费者在消费过程中不能损害他人的需要和利益。根据以上特征，绿色消费可以定义为一种以"文明、节约、保护、低碳、可持续"为宗旨和趋势，有益于资源能源持续利用和生态环境保护的消费方式。

绿色消费不仅体现在产品的购买方面，还体现在产品使用和处理回收方面。例如，即使消费者购买的是节油型汽车，但是在存在便捷公共交通工具的情况下仍然普遍使用私家汽车，这便属于非绿色消费。消费者多数还是根据其自身利益确定其绿色消费倾向的，即当绿色消费与自身利益相一致(即无须消费者付出额外经济成本)时，消费者更易于实行。反之，消费者实行的可能性就会降低。

14.1.3 绿色营销与传统营销的差异

与传统营销相比，绿色营销不仅在理念层面上有所不同，而且在企业的营销目标、具体手段及策略上也有明显的差异。

14.1.3.1 营销观念的升华

与传统的营销观念相比，绿色营销观是继20世纪50年代营销观念由产品导向转向顾客导向之后的又一次根本性变革。

(1)绿色营销观是以人类社会的可持续发展为导向的营销观。首先，企业在营销中要以可持续发展为目标，注重经济与生态的协同发展，注重可再生资源的开发利用、减少资源浪费、防止环境污染；其次，绿色营销强调消费者利益、企业利益、社会利益和生态环境利益等的统一，尤其强调生态环境利益，将生态环境利益的保证看作前三者利益持久地得以保证的关键所在。

(2)绿色营销观更注重社会效益。企业作为社会的一个组成部分，不仅要注重企业的经济效益，而且要注重整个社会的经济效益和社会效益。绿色营销观要求企业注重以社会效益为中心，以全社会的长远利益为重点，在营销中不仅要考虑消费者欲望和需求的满足，而且要符合消费者和全社会的最大长远利益，变"以消费者为中心"为"以社会为中心"。

(3)绿色营销观更注重企业的社会责任和社会道德。首先，实施绿色营销的企业要有效利用社会资源和能源，争取以低能耗、低污染、低投入取得符合社会需要的高产出、高效益，在提高企业利润的同时，提高全社会的总体经济效益。其次，应注重企业的社会责任。企业应通过绿色营销的实施，保护生态环境，通过绿色产品的销售和宣传，满足消费者绿色消费需求，促进全社会的绿色文明的发展。再次，注重企业的法律责任。企业实施绿色营销，必须自觉地以目标市场所在地制定的包括环境保护在内的有关法律和法规来规范自身的行为。最后，企业应自觉遵循社会的道德规范。企业实施绿色营销，必须注重社会公德，抵制以牺牲环境利益来取得企业经济利益的行为。

14.1.3.2 目标的差异

传统营销研究的焦点是由企业、顾客与竞争者构成的"魔术三角"，并且通过协调三者间的关系来获取利润。传统营销不注意资源的有价性，将生态需要置于人类需求体系之外，往往不惜以破坏生态环境利益来获得企业的最大利益。

绿色营销的目标是使经济发展目标同生态发展和社会发展目标相协调，促进总体可持续发展战略目标的实现。绿色营销不仅考虑企业自身利益，还考虑全社会的利益。

企业实施绿色营销，往往在从产品的设计到材料的选择、包装材料和方式的采用、运输仓储方式的选用，直至产品消费和废弃物的处理等整个过程中，都时刻考虑对环境的影响，做到节约资源、安全、卫生、无公害，以维护全社会的整体利益和长远利益。

14.1.3.3 经营手段的差异

绿色营销强调营销组合中的"绿色"因素。它注重绿色消费需求的调查与引导，注重在生产、消费及废弃物回收过程中降低公害、符合绿色标志的绿色产品的开发和经营，并在定价、渠道选择、促销、服务、企业形象树立等营销全过程中都考虑以保护生态环境为主要内容的绿色因素。

14.1.4 绿色营销的实施

企业的绿色营销的实施过程包括如下七个环节。

14.1.4.1 树立绿色营销观

树立绿色营销观念，开发绿色产品，开拓绿色市场，已成为 21 世纪企业营销发展的新趋势，也给企业创造了新的机遇。绿色价值观不能仅表现在绿色产品所能带来的利润上，而是要深入到生产经营者的经营理念中。

(1)要确立全局和长远发展意识，建立绿色运行的有效机制。企业要将绿色营销观覆盖企业发展规划和生产、营销和管理的各方面，从"末端治理"这种被动的、高代价的对付环境问题的途径转向积极的、主动的、精细的环境管理，以保证长远的永续经营作为企业发展的宗旨，实现一种环境可以持久支持的利润最大化。

(2)需要正确认识资源的价值，树立"绿色"企业文化。资源的价值不仅表现为资源本身的价值，而且包括资源的使用所造成的环境代价。企业要形成提倡保护生态环境、杜绝资源浪费的牢固意识和企业文化，在企业内营造一种"绿色"文化氛围，将绿色意识渗透到每个员工的内心，使其成为人们的一种自觉意识和行为。

(3)建立专门组织，推行绿色管理体系。树立绿色营销观念，必须最终落实在执行机制上。企业要建立专门组织来推进绿色管理，使绿色管理系统化、标准化；在产品的设计生产、原料采购、营销行为等经营管理的全过程，建立标准规范的绿色管理体系，以实现企业经济效益和环境效益的最优化。

14.1.4.2 制定绿色营销战略

要适应全球可持续发展战略的要求，实现绿色营销战略目标，求得自身可持续发展，企业必须使自己向着绿色企业方向努力。为达此目的，企业必须制定绿色营销战略，塑造绿色企业形象。

(1)绿色营销战略计划。企业在生产经营活动之前，要制定一

【案例14-1】

全棉时代的绿色之路

个绿色营销战略计划，包括清洁生产计划、绿色食品开发计划、环保投资计划、绿色教育计划、绿色营销计划等。

（2）绿色企业形象塑造战略。企业要塑造绿色企业形象，统一绿色产品标志形象识别，加强绿色产品标志管理，提高企业经营绿色产品的保护能力，增强企业竞争意识。

14.1.4.3 搜集绿色信息

企业要实施绿色营销，绿色信息的搜集是相当重要的。绿色信息包括绿色消费信息、绿色科技信息、绿色资源和产品开发信息、绿色法规信息、绿色组织信息、绿色竞争信息、绿色市场规模信息等。

14.1.4.4 开发绿色产品

绿色产品开发是企业实施绿色营销的支撑点。开发绿色产品，要从产品设计开始，包括材料的选择，产品结构、功能、制造过程的确定，包装与运输方式，产品的使用直至产品废弃物的处理等都要考虑对生态环境的影响。

（1）设计。绿色产品的设计是研制阶段的关键。它强调对资源和能源的有效利用及对生态环境的保护。在产品设计时，要综合考虑各种因素，如材料选择、产品制造、品牌、功能、包装、回收、节能、无污染、安全等。

（2）制造。生产过程应是一种"清洁生产"。它包括两方面的内容：一方面，是清洁的生产过程。例如，避免使用有毒有害的原料及中间产品，减少生产过程的各种危险性因素；采用少废无废的工艺；进行物料的再循环（厂内、厂外）使用；运用简便、可靠的操作和控制，完善的管理等；另一方面，是清洁的产品。包括节约原料和能源，产品在使用过程中以及使用后不含危害人体健康和生态环境的因素；易于回收、复用和再生，合理包装，合理使用有益的功能（如节能、节水、降低噪声），易处理、易分解等。

（3）品牌。企业在给产品命名和选择品牌时，要符合绿色标志的要求，符合"环境标志"，使人们在接触到该产品时，就会联想到葱郁的植被、茂密的森林、诱人的花草、优美的环境和生态的平衡，认识到产品从生产到使用、回收处理的整个过程符合特定的环保要求，对生态环境无害或损害极小，并有利于资源的再生回收。

（4）包装。包装是实体产品的一个重要组成部分，具有保护和美化产品、便利经营和消费及促进销售的功能。在绿色营销的理念中，产品在设计包装时，应加入增强用户环境保护意识的设计，为降低残余物质对环境的污染选择材料，以及考虑包装废弃物处理等。

（5）服务。企业在产品或服务满足绿色消费的同时，还要考虑废弃物遗留的问题，应尽量考虑废弃物的再生利用性、可分解性，并提高包装品及其他废弃物的回收服务，以免给环境带来污染。

14.1.4.5 制定绿色价格

制定绿色价格是指企业制定价格时要树立"污染者付费""环境有偿使用"和"能源节约使用"等观念，把企业用于环境方面的支出计入成本，成为绿色价格构成的一部分。绿色价格是针对自然和生态环境在人类利用过程中的价值补偿。因此，绿色产品的成本也就高于普通产品，价格也应当定得高些。比如芬兰政府允许绿色食品价格比一般食品高30%以上。

14.1.4.6　选择绿色渠道

选择恰当的绿色销售渠道是拓展销售市场、提高绿色产品市场占有率、扩大绿色产品销售量、成功实施绿色营销的关键。企业应从如下几个方面来努力。

(1)在大中城市建立绿色产品销售中心。大中城市一般具有优越的地理位置，在此建立销售中心可以作为一个销售窗口展示全国及本地区的绿色产品；还可以作为一个信息窗口沟通生产企业与市场的联系，架起联产促销的桥梁。

(2)建立绿色产品连锁商店。绿色产品销售网点需要实行严格的"五个统一管理"，即统一库存调配、统一商号、统一价格、统一核算、统一管理。同时还要成立连锁总店的配货中心，组织联购分销。这样做既可因大批量直接进货享受价格优惠，增强与其他同类产品的竞争力；又能够缩短渠道，减少污染。

(3)建立一批绿色产品专柜或专营店。选择中间商时，要把重点放在与本企业有相同的环境保护意识、有良好的绿色企业形象并能真正合作的中间商上。商店一般要选择繁华地段、居民文化层次比较高的地段及客流量比较大的地区。

(4)直销。对于一些易腐烂变质或丧失鲜活性的绿色食品，如蔬菜、水果等要尽量缩短流通渠道，以免遭受污染和损失。具体可以采取直销方式。通过直销，既减少了流通环节，避免了污染；又降低了价格，增加了市场销售量。

14.1.4.7　开展绿色促销活动

现代企业开展绿色推广活动可从广告战略、公共关系、人员销售和销售促进等方面入手。

(1)绿色广告。绿色广告是宣传绿色消费的有力工具，它的功能在于强化和提高人们的环保意识，使消费者将消费和个人生存危机及人类生存危机联系起来。运用绿色广告就可以迎合现代消费者的绿色消费心理。对绿色产品的宣传，容易引起消费者的共鸣，从而达到促销的目的。

(2)绿色公关。绿色公关是树立企业及产品绿色形象的重要传播途径。绿色公关的主要对象是顾客、环保组织成员、法律团体、一般性团体以及企业内部人员。绿色公关的方式多样，既可通过一定的大众媒体开展，诸如演讲、环境保护教材及资料、有声音像材料等；又可通过相关的公关活动来宣传企业的绿色形象，诸如绿色赞助活动及慈善活动等。

(3)绿色销售促进。做好销售促进工作，使消费者认识并购买企业的绿色产品或服务是绿色推广成功的关键。销售人员必须了解消费者绿色消费的兴趣，回答消费者所关心的环保问题，掌握企业产品的绿色表现及企业在经营过程中的绿色表现。企业还可通过免费试用样品、竞赛、赠送礼品、产品保证等形式来鼓励消费者试用新的绿色产品，提高企业知名度。

14.2　关系营销

在营销过程中，企业不可避免地要与消费者、竞争者、供应商、分销商、政府机构和其他利益者发生各种各样的联系和相互作用,其关系的好坏直接影响企业营销的进程和效果。并且,只有通过这些关系的建立,企业才能形成一个完整的营销系统。因此,建立、维持和发展与相关利益者长期、密切的关系是企业生存和发展的基础。

14.2.1　关系营销的内涵

早在1983年,贝瑞就提出了关系营销的概念,即"关系营销就是提供多种服务的企业吸引、维持和促进顾客关系"。杰克逊在1985年提出:"关系营销就是指获得、建立和维持与产业用户紧密的长期关系。"1990年,格罗鲁斯提出:"营销就是建立、保持和加强与顾客以及其他合作者的关系,以此使各方面的利益得到满足和融合。"菲利普·科特勒认为:"关系营销就是要与关键的利益相关者建立起彼此满意的长期关系,以赢得和维持业务。"

所谓关系营销,就是把营销活动看成一个企业与消费者、供应商、分销商、竞争者、政府机构及其他公众发生互动作用的过程,其核心是建立和发展与这些公众的良好关系。它以系统论为基本思想,将企业置身于社会经济大环境中来考察市场营销活动。关系营销将建立与发展同所有利益相关者之间的关系作为企业营销的关键变量,把正确处理这些关系作为企业营销的核心。

14.2.2　关系营销与传统营销的比较

关系营销以一种系统思维观来研究营销问题。它是关系导向的,以建立和维持利益相关者的良好关系作为营销的核心。传统营销也称为交易营销。它是交易导向的,注重企业的短期利益。因此,两者在理念、营销手段等方面有较大的差异。

14.2.2.1　营销重心的转移

在传统的市场营销活动中,企业看重的是实现每一次交易的利润最大化,强调企业利润的最大化满足,没有把与顾客建立和保持广泛密切的关系摆在首位。而关系营销把营销视为企业建立市场关系的活动,认为企业与顾客、供应商、分销商等建立起牢固的互相依赖的关系是营销的重点,并通过关系的建立形成一个营销网络。在这个网络中,企业的营销目标不是追求每次交易的利润最大化,而是追求网络成员利益关系的最大化,最后形成网络成员互惠互利、共同发展的局面。关系营销的方向是努力把顾客的购买行为转变为惯例性行为,建立起顾客对企业的忠诚。所以营销重心的转移也是关系营销和传统营销观念的本质区别。

14.2.2.2　市场范围的扩大

传统的营销把其视野局限在目标市场上,也就是通过市场细分而确定的顾客群。而关系营销的市场范围则大得多,不仅包括顾客市场,还包括供应商市场、中间商市场、劳动力市场、影响者市场和内部市场。顾客是企业生存和发展的基础,建立和维持与顾客的关系是企业营销成功的保证。因此关系营销仍然把顾客作为关注的焦点,并把它放在建立各种关系的首要位置。而在企业的关系营销中,与企业关系最为直接和密切的是供应商和中间商。各种金融机构(如银行、证券、投资公司等)对企业的经营和发展也会产生重要影响,因此企业必须把这些部门作为一个影响市场的因素进行考虑。同时内部市场也被关系营销列为营销的范畴。内部营销在树立企业员工责任心、建立企业内部人员和外部顾客对企业的认同感、消除经营活动的功能性障碍方面起着重要的作用(见图 14-1)。

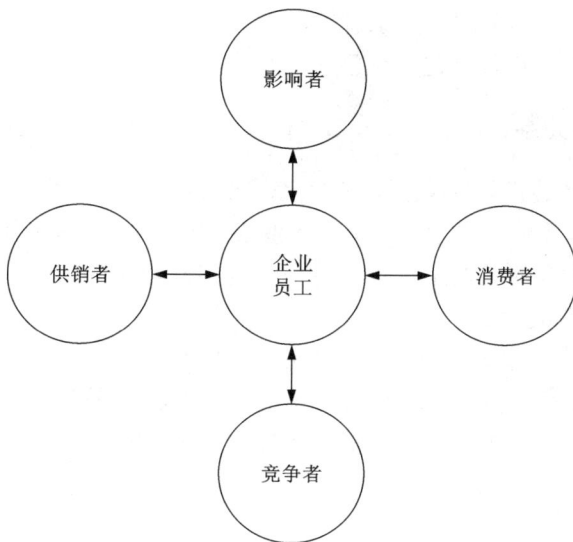

图 14-1 企业营销基本关系

14.2.2.3 服务观念的强化

在传统的市场营销中,产品和服务是分开的,企业仅仅满足于如何把产品卖出去,占领更多的市场份额,获取更大的商业利润,认为服务是可有可无的。而在关系营销理论下,产品和服务之间的界限正在变得模糊起来,产品服务化和服务产品化都已成为明显趋势。产品和服务的日益融合,使许多企业被重新定义。那些既生产产品又提供服务的企业被称为服务型企业。企业的产品营销也是服务营销,服务的地位越来越高。服务观念的强化是关系营销的内在要求。企业只有通过提供良好的服务才能同顾客建立亲密无间的伙伴关系,并使顾客接受企业提供的更多的产品或服务,进而实现关系营销的最终目标。

14.2.3 关系营销的基本路径

关系营销的重心在于企业与顾客以及相关者的相互关系,所以关系是关系营销中的一个重要因素,关系营销的基本路径就是围绕关系进行的。首先是建立关系,其次是维持关系,最后是促进关系,这三者的联系如图 14-2 所示。

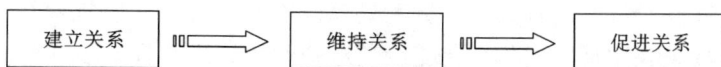

图 14-2 企业关系营销基本路径

14.2.3.1 建立关系

建立关系主要有两种方法：一种是通过产品路径，以自身的产品与服务吸引顾客；另一种是通过网络路径，以相关网络关系进行顾客口碑营销、数据库营销。这些都是以企业能够在顾客的心目中建立比较高的可信度为基础的。

14.2.3.2 维持关系

建立并维持与顾客的良好关系是企业关系营销成功的基本保证。顾客是企业生存和发展的基础，市场竞争实质就是争夺顾客，企业必须高度重视现有市场和老顾客关系。一般来说，吸引一个新顾客的成本至少是保持一个现有顾客的 7 倍，而且企业 80% 的营业额来自 20% 经常惠顾企业的顾客。

维持顾客关系的关键方法有两种：一种是质量路径，一定要保持自身产品的质量，而在产品质量、功能、价格不相上下的时候高质量的服务就是保持老顾客的竞争利器；另一种方法是感情路径，即以增进双方的感情联系保持顾客，增强顾客的品牌忠诚度。

14.2.3.3 促进关系

促进关系也有两种途径：一是学习路径，即以合作中的相互学习或创意发展促进顾客关系；二是联盟路径，即以相互持股或合资经营促进顾客关系。通过这两种途径，企业与顾客之间进行了深度关联，在不知不觉中增加了顾客的情感转换成本，进而留住了顾客。

14.2.4 关系营销的实施策略

关系营销将内部和外部利益相关者都纳入其研究的市场范围，并用系统方法考察企业所有活动及其相互关系。因此，关系营销的策略实施主要集中在与这些利益相关者的关系建立与维持上。

14.2.4.1 员工关系营销策略

员工关系是指在企业内部管理过程中形成的人事关系。其具体对象是企业的全体员工。员工从内部关系角度来看是企业的对象，从外部关系角度来看又是企业的主体。他们是企业赖以生存的活细胞，是企业产品的生产者、服务的承担者，在对外时又是企业形象的代表者，与企业的利益和目标关系最密切。企业的一切方针、政策、计划、措施，首先必须得到他们的理解和支持，并身体力行付诸实施。员工的技术水平、创新精神、职业道德、精神风貌、服务态度等直接影响社会公众对企业的整体印象和评价。因此，任何企业都必须首先处理好内部员工关系，这是实施关系营销的基础。其具体措施包括①提高员工的企业满意度；②造就员工积极向上的价值观念；③承认和尊重员工的个体价值等。只有这样，才能切实保障员工的主人翁地位。员工只有以主人翁身份和感觉存于企业时，才能把企业的发展看成自我实现的过程，才能以塑造企业形象为己任，通过自己的具体工作为企业的良好形象增光添彩。

14.2.4.2　顾客关系营销策略

顾客关系即企业与企业产品或服务的购买者、消费者之间的关系。企业与顾客的关系不仅是商品与货币的交换关系，还包括广泛的信息交流关系、感情沟通关系。顾客关系营销的实质就是通过互动和交流，与顾客建立一种超越买卖关系的非交易关系。其目的就是促使顾客形成对企业及产品的良好印象和评价，提高企业及产品在市场上的知名度和美誉度，为企业争取顾客、开拓和稳定市场关系。建立并维持与顾客的良好关系是企业营销成功的保证。为此，应采取以下措施：①树立以顾客为中心的经营思想；②了解顾客的需要，提高顾客的满意度；③科学地进行顾客关系管理，培养顾客的忠诚度等。顾客关系营销的重点也是难点在于发展一种同企业最佳顾客之间的特定关系，使顾客从中感到良好的双向沟通，并认为自己得到了特别关注和奖励。许多研究表明，仅仅让顾客满意是不够的，当出现更好的产品供应时，满意的顾客经常更换供应商。但高度的顾客满意度能培养一种对品牌情感的吸引力，并且有助于建立起高度的顾客忠诚度。忠诚计划、会员制市场营销、一对一市场营销等都是解决顾客关系营销难题的比较有效的手段和方法。

14.2.4.3　合作者关系营销策略

合作营销又称联合营销，是企业与企业或企业与其他机构通过合作的方式，共同研究市场、开拓市场、进入市场、占有市场，共同开发产品、构建分销渠道、传播信息、促进销售，通过各种协议、契约而结成的介于独立的企业和市场交易关系之间的一种松散型组织状态。其本质是企业与他人建立伙伴关系。合作营销策略主要分为纵向合作竞争型营销策略和横向合作竞争型营销策略。前者是指具有供需关系的企业间的策略合作，在这种合作中通过信息、技术共享等方式，降低整个价值链的成本、提高总体利润，实现"双赢"，并以此击败共同的竞争对手；而后者是指生产能相互代替产品的企业间的策略合作，也就是与同行、竞争对手间的策略合作，这是为了寻求资源共享和优势互补，在竞争的同时也通过彼此之间的合作进行经营，以增强竞争双方的实力。

14.2.4.4　影响者关系营销策略

企业作为一个开放的系统从事营销活动，不仅要关注企业内部的员工关系、企业与客户的关系、企业与合作者的关系，还必须注意企业与股东的关系、企业与政府的关系、企业与媒介、社区、国际公众、名流、金融机构、学校、慈善团体、宗教团体等的关系，这些组织和个人都是企业经营管理的影响者。面向影响者的企业市场营销策略通常借助公共关系的宣传型、服务型、社会型、交际型以及征询型等活动，有效地提高企业的知名度、美誉度、和谐度，最大限度地获取无形资源，树立企业的良好形象。

14.3　文化营销

文化是人类从一代传到下一代的观念、价值、习惯、技能、艺术和行为。文化与经济紧密相连、双向推动,实现一体化,是世界性的潮流。企业之间的竞争,不仅是外在实力的竞争,而且体现在企业内在文化理念的竞争,文化营销也是市场营销理论的热点所在。

14.3.1　文化营销的内涵

文化是指经过人类耕作、培养、教育、学习而发展的各种事物或方式,它是与大自然本来存在的事物相对而言的。早在 1871 年,英国文化人类学家泰勒就在其代表作《原始文化》中写道:"文化或文明,就其广泛的民族学意义来讲,是一复合整体,包括知识、信仰、艺术、道德、法律、习俗,以及人类在社会中所获得的一切能力和习惯。"

文化营销是基于文化与营销的契合点,有意识地通过发现、甄别、培养或创造某种核心价值观念来达成企业经营目标(经济的、社会的、环境的)的一种营销方式。文化营销以消费者为中心,强调物质需要背后的文化内涵,并把文化观念融会到营销活动的全过程,是文化与营销的一种互动与交融。

14.3.2　文化营销中的价值

由于文化营销以价值观念为基础,而非以产品实体为基础,它的目的不是通过产品质量,而是通过凝聚在有形产品中的价值信念来达到的。

14.3.2.1　文化营销中的价值认识

任何一种商品,既有其实用性,也有其文化性。一种商品,从其造型、命名、生产、包装、广告到推向市场,都凝聚着人的精心劳动,体现着生产经营者的文化观念、文化素养和审美情趣。也就是说,商品是文化的载体之一,既承载着一个时期的科学技术,又承载着人们的审美观念、审美情趣;既承载着宗教信仰,又承载着风俗习惯;既承载着伦理观念、道德风尚,又承载着民族精神、民族风格。

生产技术的不断发展和国际贸易壁垒的拆除,使得生产技术共存化,带来了产品的同质化,很多商品在实用功能上的差异已越来越少,而个性化的塑造更多地来源于文化。文化是商品的内涵,是商品的灵魂,也是价值实现的重要因素。

14.3.2.2　文化营销中的价值创造

文化营销的价值创造就是让企业在商品或服务的正常价值之外增加附加价值的创造。它是企业的差别竞争优势在文化差别上的体现。物有所值不仅值在实用性上,文化价值也是其中的重要部分。例如,一瓶法国香水,其成本可能不过几欧元,但售价可能高达几百甚至上千欧元,其增值就在其浪漫、神秘、高贵的文化品位上。

文化是特定社会群体共同享有的东西。把文化发扬光大,就是挖掘文化中有价值的部分。一方面,文化是人类历史沉淀的精髓,开发文化商品,其实是文化的历史延伸;另一方面,文化自身具有价值,一种文化会带来一种产业。例如,美国迪士尼公司便是通过塑造米老鼠、唐老鸭等形象,创造出众多的卡通人物,这些形象和卡通人物以其独有的魅力风靡全球,形成了一个巨大的独一无二的西方文化市场。

14.3.2.3　文化营销中的价值提升

市场需求的多元化和多变性使每一个企业都面临着竞争的压力。面对这种情况，许多企业采取了价格竞争，即通过降价或变相降价的方式来吸引消费者购买其产品。这种严酷的对抗性竞争，一方面使企业面临生存的竞争威胁，不得不采取各种应对措施，以期降低成本，从而减少由降价引起的利润损失；另一方面，使消费者无法真正享受降价带来的利益，因为大多数情况下，企业的降价也意味着产品质量保证体系的下降甚至崩溃。价格的竞争和博弈，最终使双方出现"两败俱伤"的结果。因此，要避免恶性循环的价格竞争，使消费者加深、巩固对企业价值观的认识，企业必须不断进行文化创新，激发与扩充消费者更高层次的享受与发展需求，拓展市场空间，创造一个新的理性的竞争市场。

14.3.3　文化营销的实施

文化营销的实施要求企业家和管理人员要注重提高自己的文化素养和强化文化意识，在注意挖掘文化资源和积累文化资源的同时，因势利导，将本土文化与当地文化，或将本国文化与东道国文化巧妙融合，利用文化魅力激发和创造消费需求，在实际运用中注重文化营销的具体实施模式。

14.3.3.1　产品文化营销

产品文化营销是指在营销过程中更加注重产品文化的意义和作用，以文化突出产品，以文化带动营销，它是文化营销的核心。产品文化营销主要包括文化包装和文化广告两方面。

(1)文化包装。文化包装是指设计、生产容器或包装物以表达某种价值观念的活动，或者蕴含价值观念的包装物或容器。文化包装的特性有实用性、消费者自我服务、艺术审美以及公司和品牌形象。它的作用有二：一是传统的包装保护和便于运输贮藏；二是文化意义上的标志、美化、个性强化。文化包装的设计应重点突出包装的形状设计、图案构思、颜色搭配和文字说明。

第一，形状设计。包装的形状有着一定的文化意义，如欧美包装设计注重形体的曲线流畅感，因此诞生了可口可乐的瓶装。这种瓶子底部较小，中部鼓起，瓶口处以优美的线条收缩，整个横切面看起来有着强烈的线条美感，已成为可口可乐公司形象的有力标志。

第二，图案构思。图案是文化包装的主体，精美图案可传播文化价值，而且这种传播采用的是艺术性的世界语言，不同文化背景的消费者都能对其产生共鸣，所以图案的设计有着许多共性。首先，图案的设计要简化。以资生堂为例，其早年的图案是典雅仕女的形象，现在则只有一个产品商标 Bravas 加产品名称。其次，图案的设计要形象。最后，图案的设计要传统。有些产品，如酱油、醋及一些传统调味品等，采用传统的图案易引起人们的怀旧情结，给人以浓缩历史的感觉，如恒顺醋标签以淡雅的古代酿造工场及酿制工人操作图案为情景，无声胜有声地向人们叙述了一部值得骄傲的创业史和悠久的生产史。

第三，颜色搭配。色彩有着强烈的视觉效果，不同的色彩可表达不同的文化感受。比如，美国产品一般使用鲜艳的颜色表明活泼、明朗、华丽的特色；欧洲产品所用颜色大多较为柔和、浅淡，力求接近大自然；中国产品所用颜色有两类：一类为淡雅古朴，一类为鲜艳明快的大红大绿和金色。色彩还被人类赋予了各种象征意义。因此颜色的各种感受和其带来的联想，以及与包装的图案、形状等要素的结合，有利于丰富产品形象，突出产品包装中的文化价值观念。

第四，文字说明。文字是对图案、色彩等形象的有力补充，能直接体现产品特征。如王致和臭豆腐乳的简洁对联"遗臭万年，香飘万家"，以嗅觉和味觉上的反差旗帜鲜明地标榜了产品独特的魅力；绍兴黄酒在经过文化包装后诞生了"贵妃出浴""太白醉酒""武松打虎""八仙过海"等一百多种艺术形象，被外商称为"东方酒文化的瑰宝"。

（2）文化广告。文化广告是指企业在运用广告促销时，把象征人们某种情感的文化内涵作为广告诉求的重点，并借此来感化消费者，触动其购买欲望。广告也是文化的一种表现，已成为产品文化表现力最强的一个工具。企业在制作广告时必须注意广告实施的文化背景、广告风格中的文化因素以及广告内容中的文化现象。文化广告重在沟通和创意，能够准确向消费者传达信息和给人印象深刻的广告创意是文化广告成功的关键。值得注意的是，由于文化不同，不同国家的消费者对广告的态度和要求存在差异。

14.3.3.2　品牌文化营销

现代意义上的品牌已超越了区别的功能，成为产品形象和文化的象征。品牌是产品的一种"视觉语言"，以其独特的形象给消费者留下深刻的印象。企业要想正确地实施品牌文化营销战略，必须以消费者的文化、审美需要为导向，并且主要通过产品文化设计与开发、品牌文化定位与宣传、品牌文化延伸与提升等一系列步骤来实现目标。

（1）产品文化设计与开发。企业在产品设计与开发中，应努力从消费者的文化意识和精神享受方面着手，并将产品的文化内涵在市场中加以强化。一般要经过以下四个阶段：

第一，文化构思。企业必须深入产品市场和文化市场，调查市场需求、社会文化和消费时尚的变化，研究消费者的价值观念、文化心理以及对原有产品的文化认识，以形成产品设计开发的文化理念。这是文化构思的重要途径和原则。

第二，概念推广。这些还要将文化构思发展成消费者能够认识和接受的概念，即用一定的符号或语言形式将概念表达出来。消费者看到的将是成文的精心制作的概念说明。企业对概念的发展各有不同，有的发展为对产品性质的诉求，有的发展为一定的心理利益，还有的是两者的结合。

第三，市场检验。产品在消费者心目中的形象和其文化价值能否被接受都要通过市场的检测来获知。这可以运用教育、传导、沟通和反馈来实现；也可以先行拍摄简短的广告片，寻找一些消费者观看，然后请他们说出印象最深之处，进行评价；还可以选择有代表性的区域和人群投放产品，测试市场反应。

第四，全面推广。产品全面推向市场时，必须加强产品文化宣传。企业需要精心选择宣传的方式、时机、地点、媒体，并做好费用预算。

（2）品牌文化定位与宣传。品牌文化定位必须建立在一定需求的基础上。品牌文化定位首先需要分析市场需求状况，如需求特性、需求总量等。企业要在分析市场需求的基础上，根据需求的不同偏好再细分市场。然后，企业要对各细分市场进行逐个深入分析，从中选择具有前景且能发挥企业资源效率的细分市场作为品牌文化的目标市场。最后，企业将根据目标市场设计产品的外形，确定品牌标志的表现方式，实施有定位的广告宣传，让品牌文化深植于消费者心中。

（3）品牌文化延伸与提升。品牌文化可以赋予品牌强大的生命力和非凡的扩张能力，并充分利用品牌的美誉度和知名度进行品牌延伸，进一步提高品牌的号召力和竞争力。品牌延伸实际上是利用某一成功品牌从现有产品扩展到其他产品，以成功品牌的影响推出新产品，从而快速启动市场的行为。一个成功的品牌有其独特的核心价值，若这一核心价值能包容延伸产品属性，就可以大胆地进行品牌延伸。但如果以与品牌本身属性并不相关的延伸产品进入市场，则将无法说服消费者，不仅很难立足，而且会损害品牌价值，导致"品牌稀释"。

【案例14-2】

故宫博物院的文创产品

14.4　体验营销

经济快速发展的 21 世纪，随着消费形态的逐步改变，已从过去的农业经济、工业经济、服务经济转变至"体验经济"。美国未来学家阿尔文·托夫勒预言，服务经济的下一步是走向体验经济，人们会创造越来越多的跟体验有关的经济活动，商家将靠提供体验服务取胜。在市场竞争的环境中，消费者购买产品与服务时，不仅是以功能导向来满足意愿，更在显示个人品位、追求刺激或触动人心方面寻求体验。相对于传统营销注重产品的性能及利益，体验营销则将焦点放在顾客体验上，注重提供感官、情感、思考、行动及关联上的价值。在竞争日益激烈的环境下，企业也逐渐意识到体验营销的价值：企业的竞争优势不仅仅来自产品创新、营销组合或价格竞争等策略，也来自给予顾客有价值的体验。当企业所提供的产品及服务与竞争对手越来越相近时，未来的营销战场将集中于消费体验。

14.4.1　体验营销的内涵

体验营销与"体验"关联。所谓"体验"就是人们响应某些"刺激"的个别事件。体验通常是由对事件的直接观察或参与造成的，不论事件是真实的还是虚拟的。美国学者施密特在他所写的《体验式营销》一书中指出，体验营销要求企业必须从消费者的感官、情感、思考、行动、关联五个方面，重新定义、设计营销策略。这种思考方式突破了"理性消费者"的传统假设，认为消费者的消费行为除了包含知识、智力、思考等理性因素以外，还包含感官、情感、情绪等感性因素，消费者在消费前、消费时、消费后的体验才是研究消费者行为与企业品牌经营的关键。

体验营销就是企业通过让目标顾客观摩、聆听、尝试、试用等方式使其亲身体验企业提供的产品，让顾客实际感知产品的品质和性能，促使顾客认知、喜欢并购买这种产品，最终创造满意交换，实现双赢目标。在产品和服务日趋同质的今天，如何吸引新顾客和保留老顾客成为营销的首要任务。在这种情况下，企业要关注体验营销这种新的营销思维，通过向顾客提供各种体验来提高经营绩效。

比如当咖啡被当成"货物"贩卖时，一磅卖 300 元；当咖啡被包装为商品时，一杯就可以卖 25 元；当咖啡加入了服务，在咖啡店中贩卖时，一杯要 35~100 元；但如能让顾客体验咖啡的香醇与生活方式，一杯就可以卖到 150 元甚至好几百元。星巴克真正的利润所在就是"体验"。在施密特的理论中，营销工作就是通过各种媒介刺激消费者的感官和情感，引发消费者的思考、联想，并使其行动和体验，通过消费体验，不断地传递品牌或产品的好处。

14.4.2 体验营销与传统营销的比较

体验营销是伴随着体验经济的到来而产生的新的营销方式，它以服务为舞台，以商品为道具，围绕着消费者创造出值得回忆的活动。简言之，就是满足消费者体验需求的营销活动。体验营销强调消费者的参与性和接触性，强调引起消费者的"情感共振"，正在成为企业获得竞争优势的锐利武器。体验营销作为一种全新的营销方式有其鲜明的特征，与传统营销之间存在着巨大的差异。

14.4.2.1 关注的焦点不同

传统营销注重产品和服务本身的特色及其给消费者带来的功效，企业通过产品的销售获利。体验营销关注的焦点是消费者的感受、情感、创造性认知、行为和社会特性等体验，企业通过为他们提供全方位的、有价值的体验而获利。传统营销更着重于满足消费者的物质性或功能性需求。事实上，消费者同时具有物质性需要和精神性需要，两者不可偏废。在物质生活比较丰富的今天，人们对物质的需要退居其次，转而更加强调精神或文化方面的需要。体验营销恰好适应了经济发展的需要，在强调消费者物质需求的同时更加侧重于突出他们的精神感受，关注企业给他们带来的值得回忆的体验。

14.4.2.2 对产品分类和竞争的观点不同

对传统营销人员来说，竞争只存在于定义狭窄的产品类别。与现有的产品和竞争分类相反，体验营销把消费视为一种整体体验，考虑哪些产品适合这一消费情况，以及什么样的包装和广告能提高这种消费体验，这改变了对市场机遇的看法，拓宽了产品类别的范畴，并把具体的消费情况置于更广泛的社会背景下考虑。在体验营销者眼中，麦当劳不仅在与其他任何形式的快餐店竞争，还在与各种"速食店"和"消磨时间的地方"竞争。消费者也不再评价个体产品，而是考虑每个产品是否适合整体消费需求情况及其提供的体验。

14.4.2.3 对消费者的认识不同

传统营销假设消费者是理性的，认为他们通过理性的过程进行购买决策，这一过程通常包括确认需求、收集信息、评价方案、决定购买、购后行为几个阶段。如果消费者的所有购买过程都依照这一程序，那么一个简单的购买活动可能花费消费者大量的时间和精力，会使他们感到厌烦。事实上，在大多数情况下，消费者的购买没有这么复杂。体验营销者认为消费者既是理性的，又是感性的，是两者的综合体。消费者在感性和理性的综合作用下进行购买，有时更多凭借的是他们以往的消费体验。凭借这种体验，他们可轻松地完成购物，而不是必须经历一个复杂的理性过程。

14.4.2.4　消费者在营销中的地位不同

传统营销在营销过程中侧重于产品的分类、怎样确定产品的特色和功效、企业在竞争中的营销定位,主要是站在企业角度确定企业自身的特征,然后在此基础上制定营销组合。可以说,传统营销并非真正以消费者为中心的营销,在某种程度上它是以企业为中心的营销,消费者被动地接受企业的产品或服务,企业的营销行为实际上是以产品为导向的。体验营销则更注意在广泛的社会文化背景中为顾客制造各种消费体验情景,且能真正地吸引消费者的眼球,营销所起到的作用会更加明显,同时对消费者的认知作用会更强。它实施客户体验管理(CEM)。这是真正注重消费者的管理理念,是一个注重他们满意过程而不是满意结果的理念,更多地强调怎样使他们产生难忘的积极体验。体验营销主要是按照体验的产生过程进行营销,侧重于为他们确定体验的主题,站在他们的立场为他们着想,是真正以消费者为中心的营销。

14.4.3　体验营销的实施

开展体验营销同样也要做好营销定位。影响体验者消费行为的关键因素是其千差万别的个性和心理,这使得营销定位战略在体验营销中的重要性比其他营销更加突出。体验营销的市场细分应以行为变量和心理变量为主,并以此来判断消费者的主要需求,从而进行针对性较强的体验设计,其产品定位必须集中体现在主题上。

【案例14-3】

顺"疫"而变:
米诺(MINO)咖啡
的体验营销之道

因为体验营销的目的是依靠消费者参与事件来生产和让渡体验,从而获得消费者的货币支付,所以体验营销组合应紧紧围绕着体验的生产和消费来建立。体验营销组合可以分为五大要素。

14.4.3.1　体验

体验是体验营销组合中最基本的要素,描述了企业要提供给消费者什么样的体验。体验营销策略必须建立在对消费者需求深刻理解的基础上,尽管体验需求的识别具有一定的难度。在体验设计的过程中,首先应在研究消费者需求的基础上确定体验主题,即确定体验中最核心的、最能引起他们共鸣的部分;其次,应寻找合适的体验类型来表达体验主题。体验共有以下五种类型:

(1)感官式体验。感官式体验是通过视觉、听觉、触觉与嗅觉建立感官上的体验,主要目的是创造知觉体验。感官式营销可以突出公司和产品的识别,引发消费者购买动机和增加产品的附加值等。

(2)情感式体验。情感式体验是在营销过程中,要触动消费者的内心情感,创造情感体验,其范围可以是一个温和、柔情的正面心情,如欢乐、自豪,也可以是强烈的激动情绪。情感式营销需要真正了解什么刺激可以引起某种情绪,以及能使消费者自然地受到感染,并融入这种情景中来。

(3)思考式体验。思考式体验是启发人们的智力,创造性地让消费者获得认识和解决问题的体验。它引发消费者产生统一或各异的想法。在高科技产品宣传中,思考式体验营销被广泛使用。

(4)行动式体验。行动式体验是通过诸如影视歌星或著名运动明星等大众偶像来激发消费者，使其生活形态予以改变，从而实现产品的销售。耐克在这一方面可谓经典。该公司成功的主要原因之一是有出色的"JUST DO IT"广告，并经常地描述著名篮球运动员迈克尔·乔丹，从而升华身体运动的体验。

(5)关联式体验。关联式体验包含感官、情感、思考和行动或营销的综合。关联式营销让人和一个较为广泛的社会系统产生关联，从而建立个人对某种品牌的偏好，同时让使用该产品的人们形成一个群体。关联式营销战略特别适用于化妆品、日常用品、私人交通工具等领域。

14.4.3.2 情境

情境就是企业为消费者创建的"表演舞台"，是产生体验的外部环境。它既可被设计成亲临其境的场景(如星巴克咖啡店设计的店堂环境)，也可被设计成虚拟的世界(如网站经营者设计的虚拟社区)。情境策略对体验的生成有极大的促进作用，同时又是事件开展的必要条件，因此必须重视情境策略在体验营销中的运用。情境策略必须服务于体验策略，否则就发挥不出整合效果，甚至可能产生相反的效果。服务场所尤其适合采取这种策略。星巴克咖啡店就是将情境体验发挥到极致的情景营销专家。其起居式风格的家具摆设和装修，高雅的色调，热情得体的服务，精美的咖啡器具，轻柔的音乐，考究的咖啡制作工艺，都为消费者烘托出一种典雅悠闲的"星巴克情调"。星巴克努力把消费者在店内的情境化作一种内在的体验，因此尽管它的咖啡价格不菲，人们还是为这种"星巴克体验"所倾倒。

14.4.3.3 事件

事件是指为消费者设定的一系列的表演程序。以往对体验的定义一再强调作为经济提供物的体验必须要消费者亲自参与表演，但其作为企业文化又不能由他们任意表演，因为那样做将很难为他们提供特定的体验。如果企业提供的体验零散而无法辨别，那么将很难在消费者心目中形成一个清晰的概念和定位。因此，企业必须对表演的过程进行特别设计，这就是事件营销。事件策略有两种模式：一种是设立严格的程序，在线游戏的体验营销就属于这种；另一种是设立相对宽松的程序，使其存在一定弹性，允许消费者在一定程度上按自己的理解去诠释。比如迪士尼生日俱乐部组织的农场体验活动，就可以让游客发挥自己的想象在农场里体验旧式的农家生活。在事件策略的制定过程中，除考虑消费者自身的活动外，还要考虑消费者之间的关系。因为在体验活动中，经常是许多消费者同时参与，如果不注意协调他们之间的活动，就很容易带来负面的体验。

14.4.3.4 浸入

体验营销关注的是消费者的主动参与性，浸入策略主要是指要通过营销手段使消费者真正浸入到企业所设计的事件中，因此设计一个什么样的角色给消费者非常关键。浸入策略要求在角色的设计中一定要使消费者成为真正的"演员"，而不能将其看成观众。诱使消费者主动表演是浸入策略的关键所在，因为他们只有在事件过程中真正地参与进去，才能使其心理真正融入设计的情境中，才会最终导致体验的产生。

14.4.3.5 印象

体验营销在向消费者让渡体验的过程中，必须关注消费者重复购买问题，在体验营销组合中引入印象策略正是基于这一考虑。体验是深刻的和难忘的，体验的难忘过程产生了印象，因此印象就成了维持长期消费者关系的一个重要因素。但是，印象会随着时间的推移逐渐衰减，如果不对印象进行"管理"，长期的消费者关系就很难保持。印象策略就是对印象进行管理的策略，比如，将体验过程记录保存、拍照留念，赠送体验纪念品和建立体验会员俱乐部等。

在体验营销的组合策略中，各个因素之间并不是相互孤立的，而是存在非常密切的联系。首先，体验策略是体验的设计过程，是情境策略、事件策略和浸入策略的前提和基础，其他策略必须服从和服务于体验策略的基本内涵和思想；其次，情境策略、事件策略和浸入策略是体验的实现过程，企业通过实施这三个策略，完成体验的生产和让渡，同时也使消费者完成了对体验的消费；最后，印象策略是体验影响的管理过程，它建立在前几个策略的结果之上，又是下一个体验过程的输入，并影响着下一个体验过程的策略组合。

【案例14-4】
大士茶亭：体验
营销创造顾客价值

14.5 大数据营销

14.5.1 大数据营销的内涵

曾任谷歌首席信息官的道格拉斯·梅里尔说过："如果数据不充分，就无法得出你所认为的结论。如果有大量数据，你可能会发现之前的关联并不真实可靠。数据是一种才能。"数据在当今时代越来越重要，急速膨胀的信息和大数据的商用价值正在改变现有的营销模式和企业的其他活动，大数据营销也应运而生。

大数据营销是一种精准营销模式，与传统的数据营销模式大不相同。传统的数据营销是一种基于市场调研中的人口统计数据和其他主观信息（包括生活方式、价值取向等）来推测消费者的需求、购买的可能性和相应的购买力，从而帮助企业细分消费者、确立目标市场并进一步定位产品的营销模式。大数据营销是通过收集、分析、执行从大数据所得的洞察结果，并以此鼓励顾客参与、优化营销效果和评估内部责任的过程。

14.5.2 大数据

盖特乐这样定义大数据：大数据是海量、高增长率和多样化的信息资产，需要全新的处理模式才能从这一信息资产中获取更强的决策力、洞察力和流程优化能力。舍恩伯格和库克耶的《大数据时代》提到了大数据分析思维方式的三个改变——从以往抽样数据、精确数据、探讨因果关系向全数据、混杂数据、探讨相关关系转变。

通常用四个 V(volume，variety，value，velocity)可以概括大数据的基本特征。这些特征使得大数据区别于传统的数据概念。大数据的概念与海量数据又有所差异。海量数据偏向于强调数据的量，而大数据不仅用来描述大量的数据，还进一步指出数据的发展形式、数据的时间特性以及数据分析、处理等的复杂程度。具体而言，大数据的基本特征包括以下几个方面：

(1)数据体量大。数据体量大是大数据的基本属性。互联网时代社交网络、电子商务和移动通信已经把人类带入一个以 PB(1PB=1024TB，1TB=1024GB，1GB=1024MB)乃至 EB(1EB=1024PB)为单位的数据新时代。百度数据表明，其新首页导航每天需要提供的数据超过 1.5PB，这些数据如果打印出来将超过 5000 亿张 A4 纸。而到目前为止，人类生产的所有印刷材料的数据量为 200PB。

(2)数据类型多。类型的多样性让数据被分为结构化数据和非结构化数据。相对于以往便于存储的以文本为主的结构化数据，非结构化数据越来越多，包括网络日志、音频、视频、图片、地理位置信息等，这些多类型的数据对数据处理能力提出了更高的要求。

(3)价值密度低。价值密度的高低和数据总量的大小成反比。以视频为例，一部 1 小时的视频在连续不间断的监控中，有用数据可能仅有一两秒。随着互联网以及物联网的广泛应用，信息感知无处不在，信息海量，但价值密度较低。如何结合业务逻辑并通过强大的机器算法来挖掘数据价值是大数据时代最需要解决的问题。

(4)处理速度快。数据增长速度快，处理速度快，时效性要求高。比如，搜索引擎要求几分钟前的新闻能够被用户查询到，个性化推荐算法要求尽可能实时完成推荐。这是大数据不同于传统数据挖掘的最显著特征。数据处理始终坚持"1 秒定律"，这样就可以快速地从各种类型的数据中获取有价值的信息。

14.5.3　大数据营销与传统营销的比较

传统营销并非没有数据，只是产生的是小数据。从传统营销到大数据营销的转型与变革主要体现在以下几个方面：

14.5.3.1　从抽样调查到全样本分析

传统营销中，数据的分析建立在一定理论下的抽样调研的基础之上。但是抽样调查有其自身的局限性，比如时效性不强、有抽样误差等。大数据的出现有效地弥补了这些缺陷。仅仅取得海量数据远不能满足当前的营销需求，大数据营销的重点在于有效利用数据，即在全样本海量数据的基础之上进行广泛的关联分析，从而获得全新且有价值的信息。

14.5.3.2　从单一属性到全方位解读

大数据营销是基于全方位分析的营销，它通过掌握消费者画像实现与消费者的良性互动，预测潜在规律和变化，从而对营销策略进行调整。在传统企业数据库中，消费者的属性过于单一。传统营销经过简单的单向分析得出消费者进一步购买的可能性。大数据营销则通过关注消费者的整体行为提升数据质量，从而改善营销的效果。

14.5.3.3　从广泛撒网到精准营销

在传统营销中,企业因无法掌握消费者更全面的信息,往往把面铺得很开,这是一个广泛撒网的过程。而在大数据营销中,企业可以根据收集互联网用户的大量信息来挖掘潜在消费者,通过数据分析预测消费者行为,给产品以精确的定位,有针对性地进行营销传播活动。对于老顾客,企业则可以根据收集到的购买行为数据进行分析,推断其购买偏好和倾向,从而实现一对一定制化的商品推送和个性化服务,并大幅提升营销的精准度。

14.5.4　大数据营销的特征与应用

14.5.4.1　大数据营销的特征

大数据营销的特征主要有以下四个方面:

(1)多平台。大数据营销的数据来源是多方面的,多平台的数据采集使得我们对消费者的画像更加全面和准确。多平台数据采集的途径有 PC 互联网、移动互联网、智能电视及各种传感器等。

(2)个性化。与传统营销广泛撒网不同,企业通过大数据分析可以了解消费者身处何地、关注何种信息、喜欢什么,从而实现为消费者量身定制的个性化营销。

(3)时效强。在移动互联网时代,消费者面对众多诱惑,其消费决策极易在短时间内发生改变。大数据营销能帮助企业及时掌握消费者的需求及其变化趋势,从而提升营销的时效性。

(4)高效率。大数据营销可以让广告主的广告投放做到精准,还可以根据实时的效果反馈及时对投放策略进行调整,从而最大限度地减少营销传播的浪费,实现高效率营销。

14.5.4.2　大数据营销的主要应用

大数据营销包含多种应用,且主要体现在以下六个方面:

(1)消费者洞察。企业通过大数据挖掘可以获得对消费者需求的关键洞察和理解,并识别创新机会;此外,还可以通过分析消费者的行为数据洞察他们的购买习惯,并按照其特定的购物偏好、独特的消费倾向进行一对一的商品推送。比如,亚马孙根据用户的商品搜索记录推荐相似或互补的产品,不仅大大节约了用户在网上四处搜寻的时间,而且能刺激消费者后续更多的消费。

(2)产品定制化。大数据营销将消费者留下的信息数据变为财富,成为企业改善产品的一项有力依据。例如,新闻顾客端"今日头条"基于数据挖掘及推荐引擎技术,根据用户的阅读偏好与习惯为用户量身定制与其兴趣相匹配的内容,因而使每个用户看到的内容都是不一样的,实现了"千人千面"的个性化推荐。

(3)推广精准化。大数据营销可以通过积累足够多的用户数据,分析得出用户的购买习惯与偏好,甚至做到"比用户更了解自己",帮助企业筛选出最有价值的用户进行产品推广。例如,B 站通过分析用户的日常使用数据和用户画像得出年轻化的运营方针,在相关节目的制作和传播中锁定年轻群体。2020 年 B 站推出了针对年轻人的说唱节目《说唱新世代》,为 B 站带来了更多的年轻用户。同样,淘宝运营团队通过分析用户使用数据发现,用户在观看晚会时容易被明星同款吸引从而产生购买行为。于是，在 2019 年及 2020 年的淘宝"双十一晚会"上，淘宝都在内容直播的旁边设置了"明星同款""边看边买"等通道入口和链接，以方便用户在观看晚会时实现快速购买。

（4）改善用户体验。改善用户体验的关键在于要真正了解用户对产品的使用状况与感受。例如，国外的某些汽车企业可以通过遍布全车的传感器收集车辆运行信息，并在用户汽车的关键部件发生问题之前提前向用户和 4S 店预警，从而大大保障了用户的安全，同时也改善了用户体验，使汽车品牌获得了良好的口碑。

（5）维系顾客关系。拉回放弃购物者和挽留流失的老顾客也是大数据营销在商业中的应用之一。例如，外卖 App"饿了么"会根据用户的订单习惯对有一段时间没有利用 App 下单的濒临流失的用户发送相关短信，以提醒并鼓励他们重新使用"饿了么"App。

（6）发现新市场。基于大数据的分析与预测对于企业家提前发现新市场是极大的支持。例如，腾讯游戏在前期深入分析手游市场大数据的前提下制定战略，从而率先领跑手游行业。2020 年腾讯的手游收入为 391.73 亿元，手游收入同比增速连续三个季度超过 60%。可见，大数据营销可以通过对市场数据的处理和分析找出其中的相关性，从而对市场进行预测，帮助企业找到新的发展领域，挖掘新的业务增长点。

14.5.5 大数据营销的流程

大数据营销的流程是指在合适工具的辅助下，对海量的不同结构的数据进行采集和处理，并按照一定的方式进行存储，最后利用合适的模型对存储的数据进行分析与挖掘，以对营销战略和策略的制定与实施进行全方位的指导。

14.5.5.1 大数据的采集

大数据的采集是企业进行大数据分析和商业洞察的基础，也是大数据营销流程中重要的一环，其核心是实现与用户的互联。用户是大数据最重要的来源，也是大数据营销服务的终点。因此，收集一切与用户相关的数据是成功进行大数据营销的前提。大数据的采集是一项十分复杂的工程。比如，在大数据采集过程中，一个很重要的环节是大数据的智能感知，它能实现大数据源的智能识别、感知、信号转换、适配、传输、载入等技术。在智能设备的数据中，还会涉及结构化、半结构化和非结构化等各种数据，这与纯粹结构化数据的采集有很大的不同，因此存在许多需要克服的技术难题。高速、可靠的数据采集技术是当前需要重点突破的方向。

按照数据产生的主体来划分，大数据主要来源于四个方面：

（1）政府。在社会高度信息化与数据化的今天，政府作为城市管理与民生服务的主体拥有大量的高质量数据资源，这些数据一般来自行政记录。行政记录数据是政府部门在行使其行政管理职能过程中通过审批、注册、登记等记录的大量信息数据，包括个人信息记录数据、政府机构信息记录数据、自然和资源记录数据等，由政府统计部门进行采集和整理。这些数据是各个职能部门为自身行政管理需要，通过信息化手段建立开发信息管理系统，以标准数据库形式存储的。这些数据质量相对较高，连续性较好，标准化程度也较高。

（2）企业。企业的数据一般来自其生产经营管理过程的信息记录及商业交易的数据记录，如企业资源计划（enterprise resource planning，ERP）、顾客关系管理（customer relationship management，CRM）、供应链管理（supply chain management，SCM）、办公自动化（office automation，OA）等各种企业应用软件产生的数据。这些数据具有及时、丰富和多样的优点。随着电子商务的不断发展，采用在线管理和交易的企业越来越多，商品交易的数据也日益增多，这些数据具有很大的挖掘价值。

（3）用户。用户的数据一般来源于社交网络、电子商务网站、搜索引擎等互联网平台。互联网每时每刻都在产生海量的数据，如百度、谷歌等搜索引擎为用户检索出大量需要浏览的内容，并实时记录下关键词的搜索密度；微博、微信等社交媒体也不断产生互动数据。互联网信息庞杂，数据量巨大，数据记录易获得，但是互联网中的用户数据具有不稳定性和非结构化的特点，数据的碎片化程度较高。

（4）机器。机器产生的巨量数据也是大数据的重要来源之一，其中包括应用服务器日志、传感器数据（天气数据、水文数据、智能电网数据等）、图像和视频数据、射频识别数据（radio frequency identification，RFID）、二维码或条形码扫描数据等。如谷歌的无人驾驶汽车就是海量数据的制造者，因其配备大量的传感器，每秒钟会产生多达 1GB 的数据。

14.5.5.2　大数据的预处理

现实世界中数据大体上都是不完整、不一致的"脏数据"，无法直接进行数据挖掘，或挖掘结果较差。为了提高数据挖掘的质量，需要对数据进行预处理。在小数据时代，数据的处理包括数据清洗、数据转换、归类编码和数字编码等过程，其中数据清洗占据最重要的位置，包括检查数据的一致性、处理无效值和缺失值等操作。在大数据时代，面对分散在不同地区、不同平台、种类繁多的异构数据，进行数据整合并非易事，要解决冗余、歧义等"脏数据"的清洗问题，仅靠手工不但费时费力，而且质量难以保证；另外，数据的定期更新也存在困难。如何实现业务系统的数据整合是进行大数据处理时需要考虑的难题。

ETL 数据转换系统为数据的预处理提供了可靠的解决方案。ETL 是 extract（抽取）、transform（转换）、load（装载）三个单词的首字母缩写，用来描述将数据从来源端经过抽取、转换而装载到目的端的过程。首先是抽取，即将数据从各种原始的业务系统中读取出来，这是所有工作的前提；其次是转换，即按照预先设计好的规则将抽取得到的数据进行转换，使本来结构不同的数据格式能统一起来；最后是装载，即将转换完的数据按计划增量或全量导入数据仓库。

数据源经过 ETL 预处理后，交易数据可用于分析用户的基本属性和购买能力；电子商务数据可用于分析用户的线上购买能力和行为特征；会员数据可用于分析用户的基本属性、兴趣爱好和价值；潜在用户数据可用于分析用户的购买意愿；社交数据可用于分析用户的社交特征和关系网络；全网数据可用于分析大量的碎片化信息，与当前数据进行匹配合并，从而形成用户画像，并通过这个用户画像进一步开展精准营销和个性化推荐。

14.5.5.3　大数据的存储

大数据由于来源不同而具有多样性的特点。在数据的结构化程度方面，传统的数据库存储的数据结构化程度较高；而大数据来源于日志、历史数据、用户行为记录等，更多的是半结构化或非结构化数据。另外，大数据的存储格式和存储介质具有多样性，例如有的数据是以文本文件格式存储，有的数据则是网页文件等。大数据应用需要满足不同响应速度的需求，其数据存储提倡分层管理机制，所以多种数据及软硬件平台都必须有较好的兼容性来适应各种应用算法，这就让传统的存储技术无计可施，而成本低廉、具有高可扩展性的云存储技术得到了业界的广泛认同。

目前，云存储技术正在颠覆传统的存储系统架构。云存储系统具有良好的可扩展性、容错性以及实现对用户透明等特点，这一切都离不开分布式文件系统的支撑。现有的云存储分布式文件系统包括 HDFS(Hadoop Distributed File System，Hadoop 分布式文件系统)、GFS(Google File System，谷歌文件系统)、Lustre(一种平行分布式文件系统)、FastDFS(Fast Distributed File System，快速的分布式文件系统)等。

14.5.5.4　大数据挖掘

数据挖掘的目标是从海量的数据中发现有价值的信息，为企业营销实践提供借鉴和指导。通过数据挖掘洞察用户需求是大数据营销流程中最关键的一环，而数据挖掘的核心即通过大数据分析构建立体的用户画像。

数据挖掘是利用机器学习、统计学、模式识别等技术，从大量含有"噪声"的数据中提取有效信息的过程。数据挖掘其实就是一种深层次的数据分析方法，其主要特点是对海量数据进行抽取、转换、分析和其他模型化处理，从中提取出辅助决策的关键数据。大数据时代的数据挖掘并不是一门新的学科，其基本原理与传统数据挖掘并无本质区别，只是由于所需处理的数据规模庞大、价值密度低，而在处理方法和逻辑上被赋予了新的含义。

14.5.6　大数据挖掘

14.5.6.1　大数据挖掘的流程

为了系统地进行数据挖掘，通常会遵循一个通用的流程。跨行业数据挖掘标准流程(cross-industry standard process for data mining，CRISP-DM)是目前应用最广泛的一种标准化数据挖掘流程。图 14-3 描述的就是该流程，其包括商业理解、数据理解、数据准备、模型建立、模型评估和模型应用六个主要步骤。

(1)商业理解。商业理解是对数据挖掘问题本身的定义，重点在于对项目目标的理解和从商业角度洞察用户需求，同时将这些内容转化为数据挖掘问题的定义和完成目标的初步计划。在建立数据模型之前需要掌握用户的真正需求，了解真正要解决的问题是什么，根据需求制定工作方案。这一阶段需要较多的沟通和市场调研，以了解问题的商业逻辑。从大数据建模开始到结束都要以商业理解为基础，了解相关的数据与业务问题的内在联系，在最后阶段，需要利用业务知识来塑造模型，建立起来的大数据模型要能解答业务问题。

(2)数据理解。数据挖掘项目需要处理明确的业务需求，针对不同的业务分析需要不同的数据集合。在理解商业目标后，要从大量可用的数据源中识别相关数据。例如，一个服装零售业的数据挖掘项目需要通过人口统计信息(如收入、年龄、职业和受教育程度等)、信用卡交易记录和社会经济属性来识别购买当季服装的顾客的消费行为和购物偏好。此外，还应深入了解各个数据源的特征，例如数据的存储形式、数据的更新情况以及各个

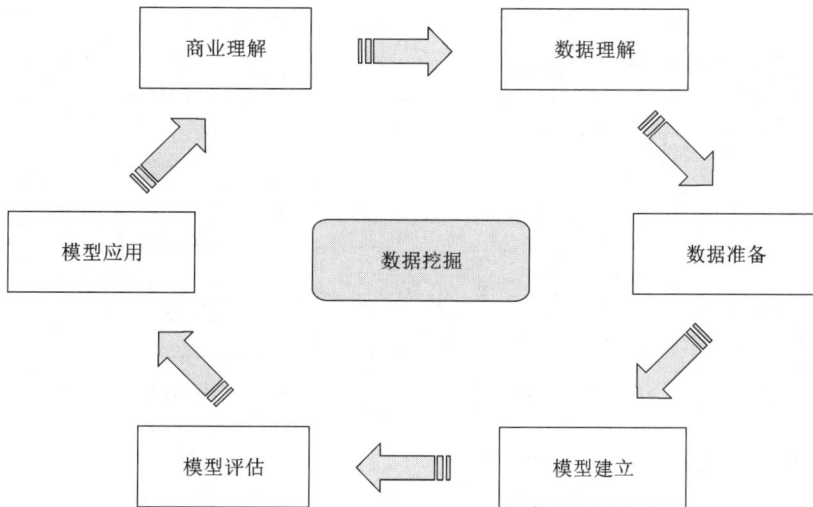

图 14-3　CRISP-DM 数据挖掘流程

变量之间可能存在的联系。

(3)数据准备。数据准备指的是对原始数据的预处理,主要包括数据的抽取、转换和装载(即 ETL),它是整个数据挖掘流程中最耗时的环节。数据处理的方法是否得当以及对数据中所体现出来的业务特点的理解是否准确,将直接影响模型的选择及其效果,甚至决定整个数据挖掘工作能否实现预定目标。

(4)模型建立。模型建立是整个数据挖掘流程中最关键的一步,需要在数据理解的基础上选择并实现相关的挖掘算法,同时对算法进行反复调试。模型的建立和数据理解是相互影响的,通常需要经过反复的尝试和磨合,在多次迭代后才能建立真正有效的模型。大数据建模要从数据中发现问题,解释这些问题,通过预测提供新的决策参考。

(5)模型评估和模型应用。传统的模型建构一般是先定义营销问题,收集对应的数据,然后根据确定的模型或分析框架进行数据分析,验证假设,进而解读数据,然而解读的空间却有限。而大数据提供了一种可能性:既可以根据营销问题封闭性地对数据进行验证,也可以开放性地探索,得出一些可能与常识或经验判断完全相异的结论,因此可以解读的点也变得非常丰富。在数据挖掘工作基本结束时,需要对最终的模型效果进行评测。在算法挖掘初期需要制定最终模型的评测方法、相关指标等,以此判断最终模型是否实现预期目标。模型通过评测后即可以安排上线,正式进入商业化运作流程。

14.5.6.2　数据挖掘的算法与应用

一般来说,数据挖掘的算法包括四种类型,即分类、预测、聚类、关联(详见图 14-4)。这些方法分别从不同的角度对数据进行挖掘分析,并建立模型,帮助企业提取数据中蕴含的商业价值,提升企业的竞争力。

(1)分类。分类是数据挖掘中最常用的应用,指的是将数据库中一组数据对象划分为不同的类别,其目的是通过模型将数据库中的数据项映射到某个给定的类别。分类算法广

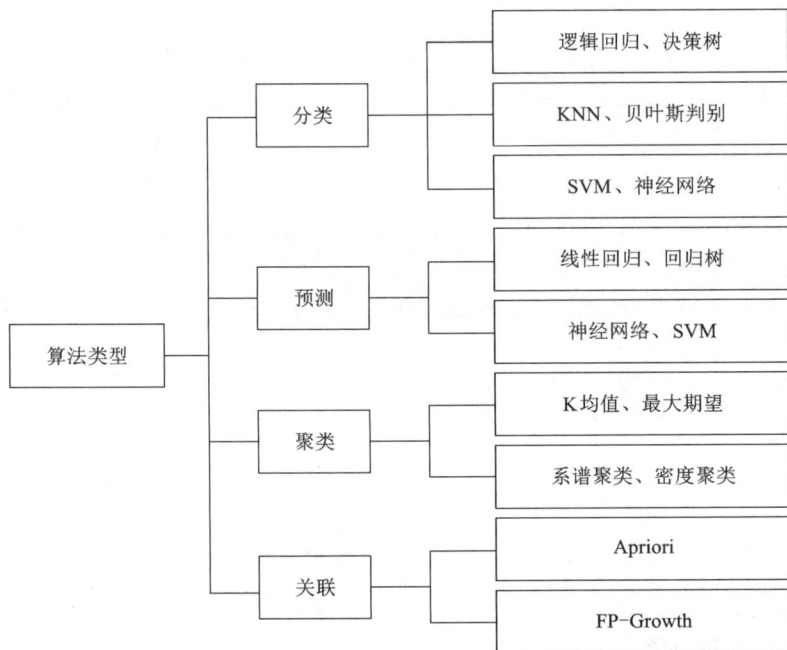

图 14-4　数据挖掘的算法类型

泛应用于顾客的分类、顾客的属性和特征分析、顾客满意度分析、顾客的购买趋势预测等。比如，一个汽车零售商按照对汽车的喜好将顾客划分为不同的类别，这样营销人员就可以将新型汽车的广告手册直接邮寄到有这种喜好的顾客手中，从而大大提高营销的精准度。再比如，淘宝商铺将用户在一段时间内的购买情况划分成不同的类别，根据情况向用户推荐关联类的商品，从而增加商铺的销量。

常见的分类算法包括逻辑回归、决策树、K 最邻近(k-nearest neighbor，KNN)、贝叶斯判别、支持向量机(support vector machine，SVM)、神经网络等。

(2)预测。预测是基于观测数据建立变量间适当的依赖关系，以分析数据的内在规律，解决相关问题。它主要研究数据序列的趋势特征、数据序列的预测以及变量间的相关性等。预测通常被应用到大数据营销的各个方面，如寻求与维系顾客、预防顾客流失、分析产品生命周期、预测销售趋势及开展有针对性的营销活动等。

预测算法和分类算法的最大区别在于，前者的目标变量是连续型的，后者的目标变量是分类离散型的(例如，是否逾期、是否为垃圾邮件等)。常见的预测算法包括线性回归、回归树、神经网络、SVM 等。

(3)聚类。聚类是把一组数据按照相似性和差异性分为几个类别。其目的是使同一类别数据间的相似性尽可能扩大，不同类别数据间的相似性尽可能减小。聚类与分类不同，在做聚类分析之前我们并不知道会以何种方式或依据来分类，所以在聚类分析完成之后，数据和对象被分成若干群，我们还必须借助专业领域知识来解读分群的意义。

聚类分析的核心思想就是物以类聚、人以群分。聚类分析可以应用于顾客群体的分类、顾客背景分析、市场细分等。比如，金融行业中对不同股票的发展趋势进行归类，找出股价波动趋势相近的股票集合。常见的聚类算法包括 K 均值（K-means）、最大期望、系谱聚类、密度聚类等。

（4）关联。关联是描述数据库中数据项之间存在的关系，即隐藏在数据间的关联性或相互关系。受益于条码扫描仪等自动信息收集技术，使用关联算法从超市销售点终端系统的大规模交易记录中发现用户的购物偏好在零售业中是很常见的，因此在应用领域，关联算法通常被称为"购物篮分析"。沃尔玛超市"啤酒和纸尿裤"的销售策略就是通过购物篮分析发现的。在顾客关系管理中，通过对数据库里的大量数据进行分析挖掘，可以从大量的记录中发现有趣的关联，找出影响营销效果的关键因素，为产品定位、定价与定制顾客群，顾客寻求、细分与保持，营销风险评估等提供参考依据。

关联规则挖掘描述的是在一个事件中不同物品同时出现的规律。在现实生活中，顾客的购买记录常常隐含着很多关联规则。例如购买圆珠笔的顾客中有65%也购买了笔记本，利用这些规则，商场人员可以很好地规划商品的货架布局。在亚马逊等电商网站中，利用关联规则可以发现哪些用户更喜欢哪类商品，当发现有类似的顾客时，可以将其他顾客购买的商品推荐给相类似的顾客，以提高网站的收入。常见的关联算法包括 Apriori、FP-Growth 等。

【案例14-5】

正泰集团：传统制造企业的数字化转型

14.6　私域营销

私域营销也称为私域流量营销，是指通过引流用户到私域、满足用户需求、运营用户关系以实现产品或服务交付与品牌收益增加的组织功能或手段。私域营销与"私域流量"相关联。要想理解私域营销，就必须先理解私域流量。

14.6.1　私域流量

14.6.1.1　私域流量与公域流量

私域流量可被定义为沉淀在品牌或个人渠道的，可随时及反复触达的，能实现一对一精准运营的用户流量。与私域流量相对的概念是"公域流量"。公域流量是指来自开放平台的流量，通过传统媒体、搜索平台、电商平台、长视频平台、内容聚合平台等获得的流量都属于此列。垄断性和付费性是公域流量的两个基本特征。而私域流量则更强调流量的私有，它来源于由品牌、平台或者个人自己建立并完全拥有的地盘，对这部分流量的利用不需要再付出额外的成本。私域流量的发展离不开社交链，像社群、微信个人号、企业微信号、朋友圈、社区以及品牌的官网、App、小程序和各种平台账号等都是较为常见的"私域流量池"。私域流量可以看作是"免费的"，因为一次获客后不再需要额外为流量付费，营销成本低廉。

但私域流量和公域流量并不是完全对立的关系。一方面，部分私域流量正是由公域流量转化而来，比如用户通过淘宝首页推荐进入品牌店铺中，被品牌和产品所吸引，最终完成购买并成为会员。另一方面，私域流量和公域流量是相辅相成的，任何一个企业或品牌都不可能只进行公域或者私域的流量运营，比如，作为私域流量代表的完美日记，在公域也进行了大量广告投放。品牌的公众形象只有在公域中基本塑造完成后，才有机会进行私域用户的拓展。

14.6.1.2　私域流量的产生

私域流量产生的直接背景是公域流量获客成本的提高。在电商发展之初，互联网线上营销的低廉成本使其成为与线下实体店竞争的利器。线下实体店有高昂的房租与人工支出，且有多级批发、代理、经销等中间环节。而网络上信息高度透明、渠道扁平化，这一巨大优势在推动淘宝、京东等电商快速崛起的同时，也加速了消费者群体的迭代。然而，随着入驻电商平台的厂家越来越多，网络用户总量已趋于饱和。平台商家争夺流量，导致公域流量成本激增，传统电商的高提成和强制促销，加重了商家负担。而社交平台的日益壮大成熟，为私域流量的发展提供了条件。

微商的全面启动，使电商生态由买卖关系走向准朋友关系，封闭流量池逐步产生，自媒体营销登上历史舞台。关键意见领袖开始对朋友圈发布商业信息，自媒体内容生产功能全面启动，而且具有极高的转化率，但同时也衍生出了灰色、黑色产业链。不少用户深受广告信息骚扰，微信生态遭到破坏。这一阶段，私域流量业态虽然已经产生，但仍处于试水阶段，行业规范缺失。随着微信、微博影响力的日益扩大，以及抖音、快手、B 站、小红书等社交平台的不断涌现，私域流量的空间条件日臻成熟，在 2019 年得到迅速发展。新冠疫情促使线上购物蓬勃发展，直播带货、社交电商风生水起，传统电商也纷纷转型。由此，社交电商与传统电商聚焦私域流量的新竞争格局形成，私域流量时代真正来临。

14.6.1.3　私域流量的基本特征

私域流量具有"完全私有"和"强目的性"两个基本特征。

（1）完全私有。完全私有是指私域流量中的一切顾客信息、数据资产、触达渠道等资产的使用、分割、分离、让渡等财产权利均为商家所有，不会落入各类平台或负责销售工作的一线员工手中。这有利于商家规避因平台规则变动、雇员流动等情况带来的成本上涨或顾客资源损失风险，也可以在一定程度上摆脱外部规则约束，拥有更完全的自主性。

（2）强目的性。强目的性是指商家在运营私域流量时，追求的是其高转化率和高变现能力。与传统的营销方式相比，运营私域流量时营销转化周期更短、运营结构更扁平化，因此更能提高单次活动的转化率，给企业带来直观的变现收益。但这并不意味着私域流量的运营是短期的，恰恰相反，私域流量的建设与维护需要长期的积累，才能达到厚积薄发式的效果。

14.6.2　私域流量的运营

14.6.2.1　私域流量运营的基本理念

在公域流量时代，营收＝流量×转化率×客单价。因此，流量对于电商而言相当于实体店的客群，是一切营销的基础。拥有足够大的流量，即使转化率相对低，总额依然会很高。

同时，巨大的流量使得消费者被更加精细化地分类，同类型人群的转化率随之也提高。因此，流量思维是公域流量时代电商运营的基本理念。

但与公域流量运营的理念不同，私域流量运营的基本理念是用户思维。私域流量的拥有者是企业，企业通过运营获取的流量完全沉淀在企业内部，而且对企业与品牌有一定的忠诚度。企业需要将私域流量中的用户转化为忠诚用户。在私域流量的运营中，流量不是企业的利润源，用户才是。因此，企业需要树立更强的品牌和口碑意识，建立用户思维，提升私域流量用户的数量规模、活跃程度、裂变增量、变现比率等。

私域流量推动企业与消费者之间的关系由单向输出向双向交流转变。未来，市场营销与研发将更加紧密地结合在一起。过去，研发部门研制产品之后，会由生产部门予以制造，然后将商品投放市场，消费者无法改变厂家的制造过程，属于单向输出。随着私域流量池的建立，消费者不仅可以拉动销售，而且可以反向指导生产与研发。消费者的大量数据是企业研发的重要方向，而且清晰的用户画像、直接的用户反馈，都为运营的优化提供了条件。企业可以通过公众号、小程序等多个板块完成数据沉淀，从而引导研发，精准把握不同群体的消费习惯。待产品正式上市时，一方面，产品的成熟度已大大提升；另一方面，核心消费群中的口碑已产生巨大的预热效应，可以省去大量的广告费用。

14.6.2.2　私域流量的管理

私域流量的管理主要涉及主体管理、数据管理以及用户管理等方面。

（1）主体管理。主体管理主要是指企业对用于进行私域流量运营的账号、平台、关键意见消费者等主体进行统筹管理，主要包括以下几个方面：第一，主体的形象管理。例如，运营账号主体的 IP 性格、视觉形象、内容风格等特征与流量运营工作中的整体定位、目标人群、品牌个性紧密匹配，向流量用户展现具有美誉度的主体形象。第二，主体的权责管理。一方面，要对账号以及内容的权益归属给予明确界定；另一方面，要明确涉及账号主体或创作内容的权利归属，避免不必要的纠纷。第三，主体的预算管理。即对企业旗下不同平台账号的周期运营工作进行科学的预算核算、资金分配、投产比分析等工作。第四，主体的风险管理。指建立账号内容发布审核与监管机制，避免因公司内外部个人原因，使用公司平台主体发布有损于公司品牌形象的负面内容。

（2）数据管理。数据管理主要是指企业对旗下私域流量账号及平台运营过程中所沉淀的各类数据进行妥善存储、分析以及使用，包括但不限于用户拉新数据、转化数据、沉淀数据、裂变数据、变现数据等重要内容。一方面，企业应重视私域流量数据的存储安全，避免因非正常因素导致重要数据缺失；另一方面，企业应强化对已有数据的分析研究，找到企业私域流量管理过程中关键指标的变化并挖掘变化背后的原因，从而为公司整体品牌运营提供指导路径。

（3）用户管理。用户管理通常与私域流量的运营紧密结合。用户管理的目标不仅在于从企业的利益出发，保障用户运营过程中的高效与顺畅，而且要从用户的利益出发，保障用户的个人利益诉求与品牌感知，维护品牌的用户口碑。其中既包括对用户个人隐私数据的保护，不对外泄露任何用户的个人数据，也包括减少对用户的肆意打扰，比如运营过程中内容与信息的推送时间、风格、内容质量不得引起用户反感。

14.6.3 私域营销的原则与本质

14.6.3.1 私域营销的兴起

(1)公域流量营销成本高且缺乏黏性,品牌需要新势能。现在我国互联网的用户流量从增量时代进入存量时代,流量竞争变得愈发激烈,价格居高不下。而高成本却没有带来高转化率,企业的利润空间被持续攀升的获客成本所挤压,企业不得不另谋出路。而且,用户一般是冲着平台的工具属性(如社交工具、购物工具、娱乐工具)而停留在平台,对平台的忠诚度远远高于对品牌的忠诚度。品牌对公域平台上的流量缺乏主动权,也就难以有效触达用户,建立信任。可以说,私域流量兴起的本质在于公域流量垄断性的增强与性价比的降低。私域流量的出现让企业看到了新方向,把用户从第三方平台收集到自己的池子中,并对用户进行精细化管理,随时触达,放大单个用户对品牌的价值。

(2)D2C品牌的崛起增强了企业对私域营销的信心。D2C(直接面向消费者)品牌是近年来兴起的互联网原生品牌(比如完美日记),主要集中在消费品领域。D2C品牌从诞生伊始就利用社交媒体做品牌传播,注重满足用户的情感体验,并在短期内取得了不错的成绩。D2C品牌的发展共性是重视KOL(关键意见领袖)和种子用户的力量,一方面借助KOL在垂直领域的圈层影响力,另一方面用各种利益形式激励种子用户在社交媒体进行推荐,从而消融与消费者的天然屏障,进入"私域流量"的领地。D2C品牌的崛起让众多企业看到了私域营销的力量。

(3)新冠疫情带来的市场困境驱使企业加速转型。2020年初暴发的新型冠状病毒感染疫情让所有品牌的线下销售受阻,营收增长成为大多数企业生存和发展的主要命题,众多企业把目光转移到了"线上"。线上社交平台的活跃直接刺激了企业品牌加快在私域流量上的投入和布局。2020年,北京和上海的盒马鲜生实体店通过快递、外卖等方式形成的线上消费占比超过75%。线上消费在大城市的被接受度较高,相比之下线下营销空间被极大地压缩了。2020年,新冠疫情促使直播带货大行其道,体现了企业转型线上的努力。直播带货是私域营销的一种形式,许多有一定社交媒体流量的明星、KOL、KOC(关键意见消费者)都加入到了这个阵营中,有的主播展现出高活跃、高转化的商业价值,也促使很多企业积极尝试私域营销。

14.6.3.2 私域营销的优势

(1)降低获客成本。现在流量越来越贵,企业、商家每次引流都需要支付大笔的费用,并且这些顾客都是一次性顾客,后续想举办活动时依然需要再付费引流获客。但是,拥有了自己的私域顾客后,企业不需要再付费,就可以把产品推给顾客,可以多次反复甚至免费触达顾客,这就大大降低了企业的获客成本。

(2)提升转化复购率。企业、商家有了自己的私域流量池后,就可以通过朋友圈、视频号、社群等渠道与顾客沟通,建立联系,和顾客进行亲密互动,推送产品信息。这不仅拉近了与顾客之间的距离,还能够有效促进顾客的二次购买,甚至老顾客还会再拉新顾客,这样的老带新方式非常利于变现。

(3)有效减少顾客流失。企业、商家无法保证用户会一直购买自家产品,用户总会被更低价或是更优质的产品所吸引,这样就造成了顾客流失。企业建立了私域流量池后,在一体化私域运营的过程中,可以有效提高用户对企业、商家的信任感,大大增加用户黏性和用户忠诚度,从而保证用户不易流失,降低顾客流失率。

14.6.3.3　品牌的私域营销原则

(1)注重品牌资产积累,小圈群内塑造品牌形象。品牌的真正发展一定要有溢价能力,积累长期价值。这就要求品牌在用私域营销为自身发展破局之时要注重品牌资产的积累,不能放弃品牌价值的锻造而注重短期即时的利益收割,不能只注重 KOC 在私域流量中的"裂变"和带货,即要思考如何在小圈群内塑造品牌形象和产品品质的问题。没有过硬的产品和优良的品牌形象,即使私域运营得再好,也不容易经受住市场的考验。

(2)利用数据工具进行用户的精细化运营。私域流量一般建立在用户对品牌有一定的信赖度和好感度的基础之上,但有的也可能是因为低价吸引或熟人关系。所以成立初期品牌与用户之间、用户与用户之间基本都是弱关系。用户的精细化运营不仅是品牌自身破局的需要,也是品牌提高竞争力的需要。随着私域生态的逐渐扩大,品牌主会把"如何增强用户黏性、如何开展用户感兴趣的营销"作为新的竞争点。

用户的精细化运营要重视数据的力量,通过数据分析来建立用户画像,从用户行为中发现需求,从而对用户进行细分和有针对性的沟通。品牌主可以借助私域技术服务商的力量来做数据分析,利用他们建立的 CDP(消费者数据平台)和数据工具来解决数据可视化管理的问题。以数据之力来撬动私域的精细化运营将会成为品牌未来的发展重点。

(3)与公域营销协同作战,形成优势互补。品牌要想更好地发挥私域营销的作用,就要注意与公域营销的协同配合。目前的私域流量池来源有一大部分是公域平台的引流。事实上,没有公域平台对品牌的宣传,也就没有用户对品牌的认识,私域也就难以建立。私域大多是封闭或半封闭的且覆盖有限,很难为品牌建立知名度。而且,当品牌的私域流量在社交媒体上形成对品牌的忠诚后也会流向公域,从而增加品牌声誉。私域与公域的循环流动形成了品牌完整的线上生态。

此外,品牌需要警惕的是私域平台的不稳定性,其可能会因言论不当或者政策调整而出现封号的状态,这样就会使所积蓄的流量灰飞烟灭,造成意外损失。所以,品牌在不同的发展阶段,应该发挥私域营销和公域营销的互补效应,使二者有机结合在一起并进行管理。

14.6.3.4　私域营销的本质

尽管私域营销对于品牌营销效率的提升具有一定的作用,但私域营销并不是撬动品牌营销的核心杠杆。企业对私域营销回应的根本原因还是寻找具有高性价比的营销传播渠道和工具,私域营销能带来的即时销量的提升也对企业很有诱惑力。当下私域营销的流行也许会给许多品牌造成误区,认为做好社群、积累了用户就能做好品牌。但事实是品牌成长并没有这么简单,当下私域运营的现状基本都是低价策略和熟人消耗。当下私域营销比较局限于如何引爆、如何裂变人群,缺乏品牌核心价值的运营,难以进行

【案例14-6】

完美日记的
私域营销之路

品牌资产积累。而且，私域营销看似无须付费，但要真正做好需要很多时间、精力和耐心来培养客群关系。

事实上，私域营销是一种消费者运营手段的创新，是适应社交媒体发展的产物，即使它的价值再高也是在流量思维的框架里，"流量"即使在封闭的空间里也可以流出，真正能抓住"流量"的永远不是营销，而是品牌所具有的价值。所以，对私域营销的认识一定要清醒，它只是一种新的工具、新的手段，虽与以往的公域营销工具相比具有一定的相对优势，但不具备全然替代性，而是一种有益的互补。

🎵 本章小结

1. 绿色营销。绿色营销观是以人类社会的可持续发展为导向的营销观，注重社会效益、企业的社会责任和社会道德。绿色营销的目标是使经济发展目标同生态发展和社会发展的目标相协调，促进总体可持续发展战略目标的实现。它强调营销组合中的"绿色"因素，包括绿色产品的开发、定价、渠道选择、促销、服务、企业形象树立等，在营销全过程中都要考虑以保护生态环境为主要内容的绿色因素。

2. 关系营销。关系营销是把营销活动看成一个企业与消费者、供应商、分销商、竞争者、政府机构及其他公众发生互动作用的过程。它以系统论为基本思想，将企业置身于社会经济大环境中来考察市场营销活动。关系营销将建立与发展同所有利益相关者之间的关系作为企业营销的关键变量。它以建立和维持利益相关者的良好关系作为营销的核心。传统营销也称为交易营销，它是交易导向的，注重企业的短期利益。

3. 文化营销。文化营销是基于文化与营销的契合点，有意识地通过发现、甄别、培养或创造某种核心价值观念来达成企业经营目标的一种营销方式。它以消费者为中心，强调物质需要背后的文化内涵，把文化观念融入营销活动的全过程，是文化与营销的一种互动与交融。文化营销是以价值观念为基础的，它的实现方式主要是通过凝聚在有形产品中的价值信念来达到的。

4. 体验营销。体验会涉及顾客的感官、情感、情绪等感性因素，也会包括知识、智力、思考等理性因素，同时也可以是身体的一些活动。体验营销要求企业必须从消费者的感官、情感、思考、行动、关联五个方面，重新定义、设计营销策略。

体验营销强调消费者的参与性和接触性，强调引起消费者的"情感共振"，与传统营销之间存在着巨大的差异。二者的差异主要体现在四个方面：关注的焦点不同；对产品分类和竞争的观点不同；对消费者的认识不同；消费者在营销中的地位不同。体验营销组合可以分为五大要素：体验、情境、事件、浸入、印象。

5. 大数据营销。大数据营销是一种精准营销模式，是通过收集、分析、执行从大数据所得的洞察结果，并以此鼓励顾客参与、优化营销效果和评估内部责任的过程。大数据营销的流程包括大数据的采集、大数据的预处理、大数据的存储和大数据挖掘。大数据挖掘的算法主要包括分类、预测、聚类和关联。

6. 私域营销。它是指通过引流用户到私域、满足用户需求、运营用户关系以实现产品或服务交付与品牌收益增加的组织功能或手段。私域营销与私域流量相关联。私域流量是沉淀在品牌或个人渠道的，可随时及反复触达的，能实现一对一精准运营的用户流量。

品牌的私域营销原则：①注重品牌资产积累，小圈群内塑造品牌形象；②利用数据工具进行用户的精细化运营；③与公域营销协同作战，形成优势互补。

思考与应用

1. 企业如何实施绿色营销？
2. 关系营销的核心是什么？如何实现？
3. 文化营销是如何体现和创造价值的？如何进行产品文化营销？
4. 体验营销的形式有哪些？结合某类产品说明如何实施体验营销。
5. 大数据有什么特点？如何实施大数据营销？

课外阅读

1. 邢鹤，唐定芬. 我国绿色营销的现状、困境及发展对策[J]. 改革与战略，2015（10）.

2. 周筱莲，孙峻，庄贵军. 关系营销理论在中国的几种观点之比较研究[J].西安财经学院学报，2016，29（3）：60-67.

3. 王菲，门睿. 私域流量的定义、特征与局限[J]. 国际品牌观察，2020(32).

4. 吴凤颖. 私域营销：品牌破局之新方向[J]. 传媒，2022(2).

5. 薛可，余明阳. 私域流量的生成、价值及运营[J]. 人民论坛，2022（Z11）：114-116.

6. 吴建安，聂元昆. 市场营销学(第六版)[M]. 北京：高等教育出版社，2018.

7. 倪自银. 新编市场营销学(第2版)[M]. 北京：电子工业出版社，2013.

8. 聂元昆，贺爱忠. 营销前沿理论[M]. 北京：清华大学出版社，2014.

9. 杨旻旻，梁宁，王亚娟. 绿色营销实务[M].北京：化学工业出版社，2021.

10. 阳翼. 大数据营销(第2版)[M].北京：中国人民大学出版社，2021.

11. 科特勒，德里亚斯迪贝斯.水平营销：突破性创意的探寻法[M].北京：机械工业出版社，2019.

12. 史密斯，哈努福. 体验式营销：世界上伟大品牌的成功秘诀及营销策略[M].黄巍，译. 北京：人民邮电出版社，2017.

13. 卢泰宏等. 消费者行为学——中国消费者透视[M]. 北京：高等教育出版社，2014.

中国营销·案例分析

元气森林：如何让 Z 世代恋恋不舍

元气森林成立于 2016 年 4 月，短短 6 年时间靠着互联网打法成功成为饮料行业最大的黑马。在其快速发展的过程中，元气森林受到了众多 Z 世代用户的支持与喜爱。那么，作为饮料行业的后起之秀，元气森林是通过什么方式吸引大量Z世代用户并与之建立起不可割舍的感情的呢？

Z世代是指1995年至2009年出生的人。中国的Z世代人群有2.75亿，他们赶上中国经济腾飞的时代，沉浸在社交媒体中，受全方位多元文化的熏陶，兴趣消费的属性很明显。元气森林成立之后，线上方面在综艺、电视剧以及各大互联网平台大量投放广告，线下方面选择入驻连锁便利店，如此双管齐下，使其产品如雨后春笋般全方位出现在Z世代用户的视野中。随后，元气森林又通过主打"0糖0脂0卡"的气泡水以及精致的包装充分迎合了Z世代用户的需求，受到了众多Z世代用户的喜爱和追捧。

Z世代用户需要的不仅仅是一款健康好喝的饮料，更是一个与其他品牌有所区别、和自己调性相合的品牌。元气森林结合这些诉求设计文案并搭配其产品图片发文。文章一经发出，直接打开了Z世代用户的话匣。对于颜值超高、喝了不胖以及精致包装的元气森林气泡水，他们有着说不完的话题。有关元气森林气泡水的文章的浏览量瞬间达到367.1万。同时，Z世代用户非常乐意去分享自己的所感所想并向网友不断"种草"，在发文的过程中实现与网友的互动，其中好的推文还会使作者获得大量的粉丝、关注、点赞以及评论。慢慢地，元气森林的产品成了大家的"社交谈资"。粉丝们在茶余饭后都不忘说一说，元气森林最近又推出了什么好的产品。

元气森林深知新消费品牌的打造需要利用数字化的打法进行"降维打击，内容为王"，于是开始了线上跑量内容营销，传播完整覆盖了90后人群日常聚集的全媒体平台，包括线上在微信、微博、抖音、b站、今日头条、小红书、百度搜索、知乎等进行广告投放，线下与楼宇、车身、地铁、户外等大众媒介进行战略合作。如此，用大量曝光保持声浪，最终超越区域限制，将销售触角伸到电商深处，使Z世代用户纷纷涌入了其创造的"小空间"。

Z世代用户进入服务号后能够享受到元气森林每周推出的优惠活动，这充分迎合了他们喜爱"薅羊毛"的性格，从而刺激了他们的消费欲望。元气森林根据用户的消费记录，通过大数据处理得出Z世代用户的消费习惯并形成了用户画像，从而将满足用户潜在需要的产品提供给用户，如此往复大大提高了用户复购率。薅到羊毛的Z世代用户也更愿意留在元气森林创造的"私域池"内。元气森林在自己的公众号中将产品与节日、天气以及重要时刻等元素相结合进行推文，例如"再不喝，夏天就要过去了"，充分迎合了Z世代用户喜欢给自己找"口号"的特质。通过这些推文，Z世代用户与元气森林的距离越来越近。元气森林公众号推文涉及Z世代用户购买决策各阶段和不同的消费场景，完美实现了对用户的高度绑定，从感性层面让Z世代用户直截了当地感知到元气森林对自己的关心。

元气森林逐渐成为众多Z时代用户的"香饽饽"，但只有不断地让Z世代用户投入时间、精力在元气森林上，才能促使他们从持黏性到强黏性的转变。在2022年2月4日开始的北京冬季奥运会上，元气森林所签约的谷爱凌、徐梦桃、苏翊鸣3名运动员获得了"4金3银"的好成绩。在得知三位冠军都是元气森林的代言人时，众多网友纷纷表示要"路转粉"，成为元气森林的小迷妹和小迷弟，相关博文数量达到了3501条，有1742位博主发表了相关博文，总点赞数达到43.38万，带来了1.40亿的预估阅读量，并在各大热榜高居不下。Z世代用户把对代言人的好感，转移到元气森林身上。借助偶像的力量，元气森林成功地提高了品牌影响力和市场竞争力。

电商购物时代，提高用户体验成为提高竞争力的关键。元气森林经常在"元气会员店"发布新品测评官招募活动,其忠粉便会主动申请试用,并在专门的试吃交流群内,发表测评反馈及改进意见,刺激潜在用户的购买转化。同时,元气森林借助大数据工具,对反馈内容进行分析,以挖掘更深入的洞察。元气森林把经过初步验证的产品先挂到电商平台售卖,通过电商数据指标来判断一款新品是否达到了规模化生产标准,再决定线下渠道是否铺设。例如东北地区的用户表示了对荔枝的"情有独钟",元气森林便快速研发测试,推出区域限定版荔枝味气泡水。果然,推出的荔枝味气泡水在东北好评如潮。同时,这批用户又到小红书、抖音等各大平台去种草元气森林的产品,通过发布精美图片和文案来为元气森林吸引更多的用户。新媒体用户黏性高且稳定,这一特性为元气森林提供了传播和裂变的机遇。

　　Z 世代用户已经将自己的心血慢慢注入元气森林,就像对待自己的孩子一样喜欢元气森林、保护元气森林。虽然众多品牌都推出了无糖饮料,可这些已经不能够撼动 Z 世代用户与元气森林之间的感情,他们此时此刻就是一个整体——"你中有我,我中有你"。

　　资料来源:牟玲玲、王云平、刘骏,《元气森林:如何让 Z 世代恋恋不舍》,中国管理案例共享中心,2022 年,内容有改动。

思考问题:

　　1. Z 世代用户为什么喜欢元气森林,其用户黏性如何?

　　2. 元气森林如何实现公域流量到私域流量的转变,对其增加用户黏性产生什么影响?

　　3. 请分析当前元气森林在增加用户黏性的过程中还存在哪些值得改进的地方,并给出合理建议。

图书在版编目(CIP)数据

市场营销学 / 王启万,陈欣欣,佟金萍主编. —长沙:
中南大学出版社,2023.6

ISBN 978-7-5487-5428-2

Ⅰ. ①市… Ⅱ. ①王… ②陈… ③佟… Ⅲ. ①市场营
销学—教材 Ⅳ. ①F713.50

中国国家版本馆 CIP 数据核字(2023)第 110351 号

市场营销学
SHICHANG YINGXIAOXUE

王启万　陈欣欣　佟金萍　主编

□出 版 人	吴湘华
□责任编辑	彭辉丽
□责任印制	唐　曦
□出版发行	中南大学出版社
	社址:长沙市麓山南路　　邮编:410083
	发行科电话:0731-88876770　　传真:0731-88710482
□印　　装	长沙雅鑫印务有限公司

□开　　本	787 mm×1092 mm　1/16　□印张 22.5　□字数 568 千字
□互联网+图书	二维码内容　PDF 64 个　字数 120 千字
□版　　次	2023 年 6 月第 1 版　□印次 2023 年 6 月第 1 次印刷
□书　　号	ISBN 978-7-5487-5428-2
□定　　价	55.00 元

图书出现印装问题,请与经销商调换